天津市教委科研计划项目(人文社科)研究成果
《基于自媒体知识分享矩阵的天津市大学生创新创业教育模式研究》
(项目编号:2022SK104)

私域掘金系统

私域流量池的建立、裂变、运维、优化、变现流程实操手册

高学争　杨　珮　尹　影　著

天津出版传媒集团
天津科学技术出版社

图书在版编目（CIP）数据

私域掘金系统 ：私域流量池的建立、裂变、运维、优化、变现流程实操手册 / 高学争，杨珮，尹影著. -- 天津 ：天津科学技术出版社，2024.6

ISBN 978-7-5742-2187-1

Ⅰ. ①私… Ⅱ. ①高… ②杨… ③尹… Ⅲ. ①网络营销 Ⅳ. ①F713.365.2

中国国家版本馆CIP数据核字(2024)第110095号

私域掘金系统 ：私域流量池的建立、裂变、运维、优化、变现流程实操手册

SIYU JUEJIN XITONG : SIYU LIULIANGCHI DE JIANLI、LIEBIAN、YUNWEI、YOUHUA、BIANXIAN LIUCHENG SHICAO SHOUCE

责任编辑：张建锋

出　　版：天津出版传媒集团 / 天津科学技术出版社

地　　址：天津市西康路35号

邮　　编：300051

电　　话：（022）23332490

网　　址：www.tjkjcbs.com.cn

发　　行：新华书店经销

印　　刷：天津印艺通制版印刷股份有限公司

开本 787×1092　1/16　印张 19.5　字数 445 000

2024年6月第1版第1次印刷

定价：68.00元

推荐序

本书作者老高是一位在电商领域独树一帜的学者，他凭借扎实的理论功底和丰富的实践经验，将理论与实践完美结合，为电商行业的发展贡献了自己的智慧与力量。我有幸在第一时间阅读了老高的新作《私域掘金系统——私域流量池的建立、裂变、运维、优化、变现流程实操手册》，深感受益匪浅。老高的深入解析颠覆了我对私域流量的传统认知，令人耳目一新！

记忆中认识老高大概是 2008 年，算来已有近 20 年的友谊。老高其实比我年轻，然而自从我们认识起，“老高”的称呼就已经深入人心。尽管年纪轻轻，老高却展现出了超乎常人的成熟与稳重，以其少年老成的智慧和深耕电商领域的决心，成为电商领域的佼佼者。他深知电商行业变化莫测，只有不断学习、不断创新，才能跟上时代的步伐。因此，他始终保持着一颗谦虚好学的心，不断吸收新知识、新技能，为自己的事业发展不断注入新的活力。他敏锐地洞察电商行业的发展动态，准确把握私域流量的运营密码，为行业提供了宝贵的战略指导和建议。

私域运营，作为当今数字化营销的新宠，以其独特的魅力和强大的潜力，正日益受到企业和营销者的青睐。在这个信息爆炸的时代，如何在茫茫人海中找到目标客户，并与之建立深厚的信任和连接，成为每一个营销者都需要面对的挑战。而私域运营，正是应对这一挑战的有力武器。私域运营，顾名思义，是指在私有领域内进行的运营活动。它不同于传统的广告推广和公共领域的营销，更加注重与用户的深度互动和个性化服务。私域运营的本质是建立起一个稳定、可信赖的用户关系网络，通过持续的价值输出和情感连接，实现用户与品牌的共同成长。

该书旨在全面解析私域运营的核心理念、实践方法和成功案例，帮助读者深入了解私域运营的内涵和价值，掌握私域运营的关键技巧和策略。该书堪称一套系统完整的有关私域流量运营的实操逻辑指南，既有传统线上线下企业通过私域破局的方法，也有小微创业者进行私域创业的实操技巧。全书共分为上中下三篇：上篇为思维与认知，对私域从业者的思维和认知进行重塑；中篇为私域流量运营实操——辅助与支撑部分，创造性地提出了“三级诱饵理论”，用以指导私域的整体运营链路；下篇为私域流量运营实操——运营变现部分，重头戏是 12 种不同应用场景下社群的运营变现实操。对于所有正在或者准备拥抱私域的从业者来讲，这本书是一本不可多得的理论与实践工具书。

在私域运营的世界里，没有一成不变的规则，只有不断创新的思维。该书鼓励读者在实践中不断探索和创新,将私域运营的理念和方法与自身的业务特点相结合,打造出独具特色的私域运营模式。同时,作者结合自身的实践经历,为读者提供了一些实用的私域运营技巧和工具。为了测试大量的私域实战方法和相关个体小微创业项目,老高专门组建了一个10余人的团队。在过去的3年中,他们经历了难以想象的困难和波折,坚持在一线进行项目和方法的测试,为这本书提供了源源不断的素材。这些经验和技巧让读者更加直观地感受到私域运营的魅力和成效,对于想要提升私域运营效果的读者来说,无疑是一笔宝贵的财富。

这部私域运营著作不仅具有很高的理论价值,还具有很强的实践指导意义。无论是私域运营的初学者还是有一定经验的从业者,都能够从中获得启发和收获。如果你对私域运营感兴趣,那么这本书绝对值得一读!

总之,老高作为在电商领域实现理论与实践完美结合的杰出代表,他的研究成果和实践经验为电商行业的发展注入了新的活力和动力,也为我们提供了宝贵的启示和借鉴。我们期待高老师在未来能够继续为电商领域的发展贡献更多的智慧和力量。

最后,希望该书能够成为您私域运营之路上的良师益友,陪伴您一起成长和进步。让我们携手走进私域运营的世界,共同探索其中的无限可能!

天津财经大学商学院　梁强
2024 年 3 月 28 日

自　序

完成这本书并成功出版,实际上是一项非常艰巨的任务。虽然这本书包含了30余万字的内容,涉及百余个私域实战技巧,以及近3年的时间里在电脑键盘上的辛勤耕耘,但这些并不是我强烈推荐这本书的主要原因。我之所以想专门写一些内容来郑重其事地推荐这本书,主要是基于以下几点原因:

第一,为了测试大量的私域实战方法和相关个体小微创业项目,我们专门组建了一个10余人的团队。在长达3年的时间里,他们经历了公司其他同事难以想象的困难和波折,坚持在一线进行项目和方法的测试,为这本书的完成提供了源源不断的素材。在此,我向他们表示最诚挚的谢意。

第二,在写作过程中,我自己的意志甚至都发生过动摇。庆幸的是,我最终坚持了下来,我坚信:那些只会在朋友圈刷屏、在微信群狂推广告的做法,不是真正的私域;那些靠资本积累起来的规模,不是真正的私域;那些整天以群发的方式进行一对一沟通的,不是真正的私域。私域,是一个有温度的东西。

第三,在本书语言风格的选取过程中,我经历了多次的犹豫和摇摆,这导致本书的草稿经过了多次的修改。考虑到本书的目标读者群可能更多的是小微个体和私域一线操作人员,我最终决定采用较为通俗,甚至是略带口语化的文字。在此,我要对出版社的编辑团队表达我由衷的感激和敬意,感谢他们在这一点上给予我极大的鼓励和支持。

本书阐明了一套非常完整的关于私域流量运营的实操逻辑,包括:私域流量池的建立、裂变、运维、优化、变现等整个链条。其中既有关于传统线上线下企业通过私域破局的方法,也有小微创业者进行私域创业的实操技巧。对于所有正在或者准备拥抱私域的从业者来讲,都是一本不可多得的理论与实践兼具的工具书。

历经三载,虽然不能说困难重重,但每一步都走得实属不易。在此,我要向我的合作伙伴杨珮、尹影两位老师表达最诚挚的谢意,特别是在实战环节的编写上,她们付出了巨大的努力;同时,我也要感谢我的妻子,在我写作的过程中,给予了我莫大的支持和鼓励。

高学争

2024年5月20日

目　　录

篇：私域流量运营实操——辅助与支撑部分

上篇：思维与认知

一、未来是一个超级个体时代

以前的商业社会是人围着商品转。然而，未来的商业社会则是商品围着人转。人将会成为消费的核心入口。越来越多的消费将会在个体分享和推荐的基础上产生。给大家讲几个发生在我身边的小事儿。在未来，我们将会看到更多相似的消费场景。

（1）请朋友吃饭

有一次，我有几个朋友从上海来。我想请他们吃正宗的天津菜。于是，我打开了某APP，在美食频道点击了“天津菜”，选择了“人气优先”，认真筛选了搜索结果，并且仔细阅读了部分网友的评价。最终，我选中了一家餐馆，并打电话确认是否还有位置。

这时，我的一个同事（天津本地人）从我身边走过，看我正在浏览这个APP，就跟我聊了几句。当听说我要去吃天津菜时，他跟我讲：“想吃天津菜你问我呀，我熟！你去XXX，非常正宗。我去过好多次了。每次外地的朋友来，我都带他们去XXX。他家的特色菜是XXX、XXX和XXX。我还有他家电话，一会发给你。”

接下来的发展似乎都在情理之中，尽管我刚才在某APP上费力筛选——这也体现了商家在平台上的营销策略，但最终这些都不如我同事随意的一次推荐有效。

（2）买泳镜

我是一个比较喜欢运动的人，但并不是专业运动员。前几年，因为我运动得比较狠，如打球、健身、长跑等，导致我的膝盖受损严重。去年，我不得不接受左膝半月板摘除手术。由于手术，我无法继续从事原来的许多运动，只能选择游泳。于是，我报名参加了游泳私教课。

有一天，我上完课后发现泳镜有一点儿进水，所以想重新买一副。按照之前的购买习惯，我会打开某购物APP，搜索“男士泳镜”，然后选择几个商品进行对比分析。在综合考虑后，我会下单购买。但是那天，我直接问我的游泳教练：“你能推荐一副适合我现在这种段位的泳镜吗？”当天晚上，教练在微信上给我发了两个链接。简单比较后，我轻松且愉快地下了单。

（3）购买车险

去年，我的一个同事购买了一辆新车。今年，当车险快要到期时，他接到了很多保险公司业务员的电话，他们纷纷报价、提供返点和礼品等优惠，使用各种销售手段来吸引他。由于车险属于刚需，必须购买，所以这个同事在与几家保险公司的业务员沟通后，选择了一家他认为不错的保险公司，准备深入了解一下就购买。

那天中午我们在一起吃饭时，偶然间聊到了这个问题。听说他要购买车险，我就跟他说："我爱人的同事的丈夫在保险公司工作，我们家几乎所有的保险都是在他那里购买的，他人很实在。要不要我把他的微信推给你?"

我同事说："好呀，我正愁怎么选呢。"

然后，这位同事就在我推荐的保险业务员那里购买了车险。这意味着：尽管之前那些保险公司的业务员费尽心思推销，但他们的努力都不如我不经意的一次推荐有效。

这样的例子还有很多，关键在于，在未来的消费行为中，这种依赖人际关系的推荐将会是一种常态。那么，这又意味着什么呢?

我们先从人类社会的四次工业革命说起。每一次工业革命都成为人类社会发展的重要里程碑，推动了人类社会的进步和发展。第一次工业革命源于蒸汽机的发明，始于18世纪末；第二次工业革命源于电力的发明和使用，始于19世纪末和20世纪初；第三次工业革命源于计算机的普及和互联网的应用，始于20世纪70年代和20世纪80年代；而第四次工业革命，开始于本世纪初，因为物联网、人工智能、大数据等新技术的出现，人类社会开始从数字化向智能化转变。

前两次工业革命的本质是提高生产效率和降低生产成本，从而推动了全球经济的快速增长。而第三次工业革命则是人类从自动化向数字化的转变，这一过程主要解决了流通效率问题，降低了流通成本。

在这三次工业革命期间，那些率先提高了生产效率或者流通效率（本质上就是降低了成本）的公司，都能迅速崛起。

第一次工业革命时期的通用电气，第二次工业革命时期的福特汽车，以及第三次工业革命时期的阿里巴巴（解决流通效率问题），都是典型的例子。虽然他们提高的是不同效率，但是这三次工业革命期间的商业社会都有一个共同点：都是人围着商品转，都是为了能够尽可能高效率、低成本地生产成品，然后将其运送到消费者手中。

然而，随着第四次工业革命的到来，这一情况将会被颠覆。人工智能等新技术推动了生产效率和流通效率的进一步提高，导致大量社会消费品供过于求。人们生活水平大幅度提高，消费时更加追求个性化。而机器日益增强的智能和自适应能力，使个性化定制消费逐渐成为可能。

所以，在未来的商业社会中，人不再围着商品转，而是商品围着人转。整个社会（包括生产商、渠道商、营销中介等）都将致力于实现这样一个目标：如何在最恰当的时间，把最合适的商品送到最需要它的消费者面前。这本质上是提高分配效率的问题。

那什么是分配效率呢?我们举一个简单的例子。

有一个富二代和一个比较贫困的大学生，都想买一件衬衣。他们都打开了某购物APP，然后在搜索框里面输入"衬衣、男、新款"，出现了搜索结果。我们现在假设出现的衬衣有八九十元的、一两百元的、两三百元的。但是富二代看到这些搜索结果是什么感受呢?他可能会想："怎么都这么便宜啊，这些衬衣有法儿穿吗?"

可是，那位比较贫困的大学生会怎么想呢?他可能会想："衬衣不便宜啊，都有两三百的了。”

为什么会这样呢？因为对于富二代来说，他希望买的是上千块甚至更贵的衬衣；而那个大学生可能更希望找到19.9元包邮的衬衣。这就是分配效率低的表现：没有把各自最想买的商品，推送到他们面前。

当然，我上面所说的“买衬衣”的例子，几乎不太可能出现了。因为各个平台都在谈“个性化推荐”技术，而个性化推荐技术最大的贡献就是提高了分配效率。个性化推荐技术依赖于大数据。

未来的商业社会一定是商品极大丰富的时代，丰富到什么程度呢？丰富到对于消费者而言，已经不仅仅是“挑花眼”的问题了，是“都懒得去选”的问题。如果这时候能有一个人，或者一个组织，帮助消费者在海量的商品中挑选出最适合他们的商品，然后加上一个合理的利润卖给他们，这一定是多方都乐于看到的一种局面。想想我开篇所讲的三个小案例，是否也是这样？

现在的网红直播带货，本质上就是这些大网红利用自己的专业能力（选品），提高商业行为中的分配效率。他们持续地把优质的高性价比的商品卖给自己的粉丝，粉丝得到了实惠，更加信任他们。然后，这些大网红就成了一个超级个体。

未来是一个超级个体时代，但这个超级个体不仅仅指的是大网红。未来真正厉害的、能够在商业社会中发挥举足轻重作用的，不再是“能生产优秀产品”的人，而是“能把对的商品带到对的人面前”的那些人。帮助目标人群做正确的购物决策、创造价值、赚取服务收入，只要你能做到这些，就能成为一个超级个体，无论是大超级个体还是小超级个体。

网红直播带货之所以厉害，本质上是因为信任。在无线互联网时代，越来越多的成交将基于这种信任而达成。因为这种信任机制，消费者在购买产品时，会降低对品牌、价格等多个营销要素的敏感程度。也就是说，你可以这样理解：消费者成交，并不是因为你卖这个东西，而是因为这个东西是你卖的。

因为有社交工具和自媒体工具，每一个素人都有成为超级个体的机会。未来将是一个超级个体时代。

二、中国互联网的下半场属于私域小微个体

如果要对中国互联网的发展进行阶段性划分（这里主要针对互联网环境下的商业行为进行分析），可以将直播带货的出现作为一个分界点。在此之前是上半场，包括整个PC时代和部分无线时代；在此之后是下半场。在某种意义上，直播带货承担了一定的上下半场过渡职能。

按照之前的分析，第一次和第二次工业革命解决的是生产效率问题，而互联网的上半场则解决了流通效率问题。以阿里巴巴为首的互联网公司，在互联网的上半场，借助流量红利，对实体经济产生了巨大冲击。消费者可以直接面对品牌方，中间环节大幅减少，流通效率得到极大提升。

效率提升的直接反馈就是成本下降，所以我们现在能够用比传统商业模式下更低的价格购买到更丰富的优质商品。从这个角度来看，淘宝、拼多多等平台的出现并非偶然，而是生产力和技术发展到一定程度的必然结果。

无论是传统的商业模式（如商超、便利店等）还是互联网上半场的电子商务模式，商业社会的基本细胞都是企业，社会的基本结构是“公司 + 员工”，社会上的每一个“需求”和“供给”往往都是由企业完成的。

然而，直播带货的出现，让这一现状得到了改变。要探究这背后的原因，需要先对直播带货有一个相对清晰的认知。

直播带货是直播娱乐行业在直播过程中推广商品的一种现象。直播带货的出现源于移动互联网的普及，以及年轻人普遍每天对着手机并热衷于观看直播。一些早期的电商公司开始与主播合作，由主播帮商家带货，而主播获取提成。这就是直播带货的由来。

中华人民共和国商务部新闻发言人高峰在发布会上表示，网络直播促销作为一种新兴的电子商务营销模式，可以帮助消费者提升消费体验，为许多质量有保证、服务有保障的产品打开销路，同时，任何业态模式的运行都必须符合有关法律法规，必须保障消费者的合法权益，我们将继续会同有关部门一道，推动电子商务的规范化发展，切实维护电子商务市场的秩序和广大消费者的合法权益。

定义本身并不重要，重要的是我们要通过定义了解直播电商与传统电商的区别。

第一，两者在展示度方面存在差异。在最早的 PC 机时代，传统电商的主要展示方式是文字和图片。到了无线互联网时代，随着短视频的兴起，又增加了短视频的展示方式。然而，这些展示方式都存在两个天然的缺陷：①展示不够充分。虽然短视频的出现能够在一定程度上弥补这种不足，但依然无法全方位、立体化地展示商品。②消费者感受不真实。文字不必多说，网站上的图片和视频都是经过美化和剪辑后才展现在用户面前的。

相较于传统电商，直播电商无论从展示的充分性还是真实度来看，都具有显著优势。在直播间，主播可以根据粉丝对商品的提问，随时对商品进行全方位、多角度、立体化的展示，用户所见即所得（在不欺骗的情况下）。有人认为直播电商只是将电视购物搬到了互联网上，这一点我是不赞同的，根本原因在于：电视购物展示出来的视频都是经过剪辑的。

第二，两者在体验感方面存在差异。电子商务从出现的第一天开始，“虚拟性”的缺陷就被展现得“淋漓尽致”，即看不见、摸不着。而这种看不见、摸不着的特性，在大多数情况下都是缺点。但是直播电商虽然依然摸不着，却可以通过现场讲解、回答提问的方式，尽可能贴近现实，让用户了解每一个产品细节，从而大幅度提升体验感。

第三，两者在互动性方面存在差异。对于传统电商而言，即使有客服，也只是单方面的信息传递，消费者往往是商品信息的被动接受者。而在直播间，互动性大大增强，主播可以根据用户的提问，对商品进行全方位的展示。直播间可以实现有问有答（如果是小直播间，甚至可以做到有问必答）、多维互动。比如：根据用户的要求，展示商品的细节，进行现场试穿、试用、试吃，甚至进行相关的实验。

“如果是小直播间，甚至可以做到有问必答”。大家要记住这句话，因为这句话对于我们后面的分析具有非常重要的支撑作用。至少对于当前头部网红而言，基本上做不到有问必答。

我们来做一个总结，你会发现大家谈论直播带货并非偶然：

◆直播带货打破了传统商品展示方式的局限性；

◆客服效率得到大幅度提高，从原本的一对一详细讲解，变成了一对多详细讲解；

◆直播过程中的互动性增强，消费者的参与感更高；

◆现场气氛比较热烈，容易带动从众购买（电视购物的优势）；

◆测款、预售都更加方便和科学；

◆能够在一定程度上激发用户的非紧迫性需求（如夏天买羽绒服），促进消费；

◆给客户推荐产品，让用户减少选择的困扰。

接下来，我们对当前主流的直播带货模式进行分析，以进一步推断这部分内容的结论——中国互联网的下半场属于私域小微个体。

（1）秒杀模式

这种模式适合流量很大的头肩部主播，他们对品牌方和厂家具有较强的议价能力，能够拿到比传统渠道更低的价格。从商品范围来看，容易比价的实际意义上的标品（即谈到某个商品名称时，大家都能清楚地知道是什么，比如华为 Mate 60）、用于清仓的商品、大众需求的日常消费品等，是主要选择。这种直播带货模式因为超低的价格和超高的性价比，很容易带动现场气氛。

（2）代客选货模式

这种模式很适合粉丝量不大的主播，常见于两种情形：一是供应链建立的直播基地，比如服装等垂直类目；二是在产业带上的直播，比如河北省衡水市枣强县大营镇的皮草城。主播代客选货，跟商家谈价，能够为每个粉丝提供优质服务。这种直播带货模式的本质就是“云逛街”，而主播可以理解为“云导购”。这类模式以服饰等非标准化商品为主，不太适合大众日用消费品。对于主播而言，站在粉丝的角度考虑问题，为粉丝选择最合适的产品，是其核心生存之道。

（3）砍价剧本模式

很多大主播会采取这种方式进行直播带货，提前设置好各种各样的剧本，现场砍价。剧本包括：吵架式（与厂家吵、团队内部吵、运营和主播吵等）、主播内讧、情感大戏、上错价格等。这类直播带货模式一定要选择价格弹性很高的非标准化商品，比如酒类、化妆品、护肤品等。但这种模式有一个缺点逐渐显现：越来越多的人知道了这些剧本是假的，除了在某些平台对部分消费者有效外，很多人对此已经十分反感。

（4）产地直播模式

产地直播模式适合粉丝黏性比较高的网红，因为这意味着网红推荐什么，粉丝就买什么。主播会在产品的原产地（或者工厂）进行直播，让消费者对这类产品有更加系统的认知，真实感更强。最常见的就是对农产品、非遗产品、地标性产品等进行直播带货。这种模式一定要提前预热，因为大多数情况下，产品会比较单一，对转化率的要求会比较高。在实际执行的过程中，可以通过设置多个 SKU，来满足不同顾客的需求。

（5）KOL 模式

这种模式适合在某一个领域比较擅长的主播：选房、选车、选珠宝、选化妆品、健身领域……，所有做垂直类价值输出的网红主播都可以。粉丝信任的是该主播的专业能力，

KOL 的本质就是用专业建立信任度，引导消费。该模式适合品牌差异性比较大的商品，主播的专业性极为重要，一定要能够给自己的粉丝选出来真正适合的商品。

（6）店铺自播模式

店铺（包括线上店铺、线下品牌商、线下渠道商等）自己的主播对店铺在售商品进行详细讲解、推荐、营销等，引导粉丝下单。几乎所有的店铺、所有的类目都可以进行店铺自播。但是这种模式本质上与传统的商业模式没有区别，只不过展示上更加立体、互动性更强，依然是以“商品”为核心。消费者进入店铺自播的直播间，往往是带着确定的购买需求而来的。

（7）互动模式

在直播过程中，通过设计许多有趣的互动环节，让用户参与整个直播。比如：卖土鸡的主播可以让粉丝现场挑选，然后由主播去抓；卖珍珠的主播可以现场开蚌。这种带货模式比较适合量不大但个性化非常明显的商品，需要现场频繁互动，注重与每一个用户的互动交流。

（8）在线答疑模式

主播必须是某个领域的专家，比如母婴、宠物用品、教育（东方甄选在线卖书）、服务类商品（电商第三方）等，对粉丝的提问进行在线答疑，同时进行产品推荐。主播要能够真正解决粉丝所提出的问题，如果是一对一连麦，效果更好。适合那些对专业性要求比较强的商品，客单价最好不要太低（太低可能不经济）。

这八种直播带货的模式，我在拆解的时候，并没有进行逻辑上的梳理（也就是说，想到哪个就写哪个了）。但是我们仔细分析一下会发现：

秒杀模式、砍价剧本模式、产地直播模式、店铺自播模式，本质上都以产品为核心。这些大主播实际上还是企业，他们通过批量采购、直接对接品牌方等方式，解决的仍是流通效率问题，降低流通成本，从而使商品价格更低。

然而，另外四种模式（代客选货模式、KOL 模式、互动模式、在线答疑模式）已经展现出“以人为核心”的特性，我们开始看到“商品围绕人转”的影子。这四种直播带货模式意味着新的商业模式的出现：人们先聚集到一起（成为某个网红的粉丝），然后商品再去寻找人（网红选品、选货）。

以前的商业模式主要关注如何让用户更高效地买到自己需要的产品；现在的趋势则是如何能够把产品送到最合适的用户面前。直播带货的出现使这一种趋势更加明显。但是，为什么我会说直播带货是这种趋势的过渡呢？

现在，直播带货的主流是头部网红、大的品牌店铺自播等。在某种意义上，他们之所以成功在于积累了更多的流量。虽然相较于之前的商业模式有了很大进步，但本质上还没有脱离“以商品为核心”。

接下来，我们可以预料到，上述第 2、5、7、8 种更适合中小微网红的直播带货模式将会越来越多，需求会更加细分、人群也将更加精准。围绕着一小群标签清晰、特征明显的人群，用心做好服务，从而成为特定圈子范围内的中小微意见领袖，这将是未来商业社会中最为活跃的商业模式。

这才是真正的商业社会分配效率提升的表现。所以，中国互联网的下半场属于私域小微创业者，每个人都可以成为特定圈子范围内的意见领袖。

这一天越来越近，你准备好了吗？

三、公域电商和私域电商

私域电商，就是利用自己的私域流量，也就是你能够掌握的社交资源（微信好友），从事相应的商业活动，并且盈利。

相对于公域电商，私域电商依赖平台（比如淘宝、天猫、京东、拼多多、抖音小店等）。它们的主要区别如下。

（1）流量成本的问题

任何一个平台的本质都是卖流量。淘宝、天猫、京东、拼多多、抖音、快手、今日头条都是如此。在这些平台上创业或做生意，你必然要面对买流量的问题（因为平台需要变现，不可能免费提供流量），并且随着竞争加剧，你的流量成本会越来越高。而私域流量相当于你自己的养鱼池，无论是变现还是运营，从某种意义上说，你的成本都是零。你自己的社交资源越多，你的流量成本优势就越明显。

（2）有限和无限的问题

理论上来讲，平台上的流量（也就是公域流量）是无限的，只要你愿意花钱，就可以无限制地购买；而私域流量是有限的，消耗一个就少一个。所以，在运营时，私域流量需要比平台电商更加重视客户黏性的维护和客户关系的管理。

（3）运营逻辑的问题

对于平台电商，运营的重心是获取流量。因此，在降低流量成本的前提下，不断增加曝光是运营的起点。在这个基础上，提高转化率、提高客单价等都是重要的目标；而对于私域电商，运营的重心是每个客户的维护和终身价值的挖掘。这主要是因为私域流量有限。

（4）稳定和持久性问题

做公域流量的最大问题在于不确定性，因为平台会因为各种原因调整流量分配机制，每次调整都可能导致店铺经营环境的巨大变化。而且，从本质上讲，公域流量属于平台，商家没有所有权，所以生意的稳定性和持久性都不是很好。但私域流量不同，所有权属于你自己，只要运营逻辑没有问题，不使用运营公域流量的方法运营私域流量，收益就会持久且稳定。

（5）经营范围问题

作为平台商家，一般需要有明确的定位，经营特定品类，这是平台的要求，也是市场营销规律的要求。但在做私域流量时，经营范围可以无限扩大，只要能够满足目标受众的需求，都可以进行。

充分理解这些不同之处，有助于我们从底层逻辑出发，梳理出一套真正适合私域运营的方法和技巧。

四、私域成交的底层逻辑是什么

有众多的购买渠道（如淘宝、天猫、京东、拼多多、商超、便利店、网红直播等），用户为何会在你的私域流量池中成交？这确实需要一个理由。因为我们必须承认，无论是产品的丰富程度、供应链的稳定性，还是价格、服务等方面，私域并没有明显优势，那么，成交的底层逻辑到底是什么呢？

私域这个词并不新，也不难理解（虽然理解得并不一定正确），很多人都能给出一个他们认知里私域的概念。私域指的是个人或组织拥有的可重复、低成本甚至免费触达用户的场域。私域业态是线上线下一体化的自主经营阵地，也是个人和组织自主发展、全面掌握客户关系、线上线下联动的新业态。

从这里，我们可以提炼一些关键词：可重复、低成本、免费、自主。其他的，我们可以暂时先不关注。在这些关键词的“引导”下，目前我们能看到的私域流派主要有以下几个。

（1）资本派

很明显，这个门派有钱（至少相对于个体和小微企业有钱得多），可以直接花钱购买流量和粉丝（微信好友）。绝大多数类目的粉丝价格都是100元起，比如招商加盟（每个粉丝300元以上）、教育（每个粉丝100元以上）、茶叶（每个粉丝150元以上）等。

注意，这仅仅是粉丝的价格，还要考虑转化比例，所以获得新客户的成本通常轻松破千，招商加盟的成本甚至超过5000元。在这种情况下，除了所经营的产品必须有高毛利外，强大的销售管理能力和追销流程等都是成功的必要条件。

几百块钱才能买一个粉丝，不是土豪怎么能办得到。所以，该门派被称为资本派（或者土豪派）。

（2）工具派

工具派常见于商家粉丝私域，尤其是那些能够利用强大的渠道网络和订单基数，轻松搭建起私域流量池的商家，比如商场、大型平台卖家、大品牌商的粉丝群等。

该门派非常注重投产和效率，所以他们是各种工具的忠诚拥护者，希望通过软件和工具提高私域运营效率，包括但不限于：群发、自动回复、自动踢人等。在日常的运营策略中，主要以在群内发优惠券、福利商品、秒杀活动等为主。

然而，工具派似乎很少考虑一个问题——对于私域运营而言，在没有解决效果的情况下，谈什么效率？

（3）代理派

该门派大部分由传统微商转型而来。随着传统的面膜式微商模式衰退，他们急需重新带领团队寻找到新的出路。快团团等私域工具的出现为他们指明了一个方向。此外，一些品牌和企业也会搭建属于自己的APP或小程序，并招募代理。

对于代理派而言，目前主要有以下几个问题：

第一，代理的成材率太低。成功的开团团长或者品牌依赖于代理的数量而非质量。换句话说，代理的成功与商家没有太大关系，更多取决于代理自身的因素。

第二，传销风险。因为成材率太低（意味着代理通过卖货赚钱的难度很高），所以为了维护团队，一些代理采取了不正当手段，如鼓励发展下线和拉人头，以此获取数量上的优势。

第三，代理流失率太高。尤其是能够真正卖货的代理，因为供应链信息越来越透明，一件代发、落地配等模式很成熟，一旦代理能够持续稳定成交，往往会选择脱离当前的上家独立发展。

第四，对代理的赋能太差。这是造成上述三个问题的核心原因，团长或和品牌方无法为代理提供真正的赋能。无论是选品、售后还是销售技巧等方面的培训，都更多地从自身利益出发。

（4）IP 派

随着各大自媒体平台的崛起，依附于各大平台的网红和相关领域的意见领袖成了该门派的主力。他们通过在各大平台以文字、短视频的方式输出价值，赢得信任，从而将粉丝转化为私域流量池内的主要用户。这种情况在数码、美妆、母婴、穿搭、护肤等类目中尤为常见。

IP 的专业性是其立足之本，粉丝基于专业产生直接信任。私域流量池内销售的商品也常与这些意见领袖在平台上输出的价值方向有关。这个门派多见于网红、意见领袖。

（5）散兵游勇

这类私域从业者主要是小微个体，没有特定的门派。他们可能拥有一个果园、一个小工厂、服装店、水果店，或者在家里做烘焙然后通过朋友圈在同城范围内销售。这些从业者的想法很简单：他们经营一类产品（或者服务），然后在自己的朋友圈内销售，仅此而已。

在这五大流派中，我们经常能看到以下情况。虽然这些也可以称为私域，但是它们并不是真正的私域，更确切的说法是——打着私域的幌子，做着公域的事情。一个简单的事实就可以证明这个结论：遇到下面所说的“私域”，大家都会选择屏蔽，甚至拉黑、不屑。

拉群卖货；

在朋友圈刷屏推品、发广告，这就是常见的微商；

做社区团购，拉群然后卖东西；

成为帮卖团长，或者成为开团团长，招募代理；

……

为什么会这样呢？难道私域电商是个伪命题吗？是个赚不了钱的模式吗？当然不是，恰恰相反，私域才是未来商业模式的核心和主流。并且，上述所说的这些情况，并不是都做不好，也有做得好的，并且做得很出色。

接下来，你有没有想过，如何才能做好私域电商，才能赚钱，以及怎样避免被屏蔽或拉黑。所以，在这里，我们要尝试找到私域成交的底层逻辑究竟是什么。找到了底层逻辑，你就能够掌握私域赚钱的关键。

首先，我们来思考一个共性的问题：无论在哪个平台（或者渠道），购买任何商品时，促使你下单的最本质的原因是什么？也就是说，你为什么选择在这里购买，为什么买这个品牌，为什么现在购买。

当然，大家可能有各种答案，比如品牌、价格、服务等，但实际上，你会发现这些只是表现形式，而这些表现形式会归结到一个根本的点上，那就是信任。只有你信任某一个渠道、品牌或者人时，才会下单。早期的 C2C 电商之所以爆发式增长，就是因为解决了信任问题。换句话说，信任是所有成交的前提。

最早的时候，消费者信任中国中央电视台，所以上了中国中央电视台的品牌，就是好品牌；后来，消费者信任明星，所以大家都请明星做代言；再后来，消费者信任草根网红，所以直播带货成为潮流；现在和未来，消费者信任的是身边的他（她），这就是私域成交的核心底层逻辑。

我们来看两个假设的场景，这将帮助你清楚地理解信任的重要性：

东方甄选的某当红主播在做直播时表现出色，转化率和 GMV 等数据都很好。即使直播间的商品价格并不是最实惠的，成交也不受影响。现在，我们假设同样的商品、同样的营销活动、同样的直播间粉丝受众、同样的价格和同样的场景布置，但是让一个素人进行直播。与该网红相比，直播效果一定天地之差。

2023 年 8 月，我在济南举办的第 21 届亚洲金融高峰论坛上，做关于私域的主题演讲。跟我一起演讲的有一个做保险很厉害的女士，一场活动可以成交上千万的保单。我当时就跟下面听课的参会者讲了一个问题：同样的受众、一模一样的活动流程、一模一样的产品，一个普通的保险业务员去做，成交的保单可能不足这位女士的千分之一。

为什么会这样？道理很简单：受众信任该当红主播，所以很轻松就成交了；不信任你，所以成交就变得很困难。参加沙龙的人信任这位女士，所以可以成交上千万的保单。不信任你，所以可能一分钱都不会成交。

同样的道理，看这本书的人，如果你做过帮卖团长，就会发现：大家同样是建群，然后在群里推品卖东西（也就是拉群卖货这种最初级的私域模式），即便推荐的产品一模一样，发布的广告一模一样，价格也一模一样，但就是有人卖得好，有的人卖得不好。在这种情况下，“信任”成为影响成交量的关键因素。

所以，在做私域电商的时候，如果你想成交，想提高转化率，那只有一个方法——在你的目标受众中，通过一些模式建立一种信任机制。只要他们信任你，成交转化会很轻松。这就是最底层的逻辑。

那么，私域电商的唯一的密码也就找到了——打造信任机制。私域运营的技巧（也就是这本书当中所有落地实操的技巧），全部归结到一个基础上，即为提升信任度。这种信任可以分为三种模式。

第一种：直接信任

直接信任就是你的目标受众对你的信任，比如你的熟人会直接信任你，你的好朋友会直接信任你。现实生活中，私域电商做得好的人（尤其是小微私域），通常是那些本身社交资源比较丰富、人缘又比较好的人。

第二种：背书信任

当别人跟你不熟，或者你并非某一领域的专家时，你仍有一些东西给你做背书，让别人信任你（这种可以理解为一种间接信任）。你有特殊的角色身份，如医生、律师、大学老师、政府工作人员，这些身份通常会让人们觉得你不会骗人；你拥有一个线下实体店，如超市、便利店、菜鸟驿站、水果店等，这些实体店面相比于虚拟商店，更容易获得人们的信任。

第三种：推荐信任

推荐信任是间接信任的另外一种形式。如果别人不信任你，但他们信任的人推荐了你，这种信任就可以传递到你身上。比如，在一个车友会的群里，我只是一个普通的群成员，如果我直接在群里卖东西，肯定卖不动（假设不被踢）。但如果群主推荐一下我，我再卖，结果会完全不同。

只要你能够建立上述三种信任模式中的任何一种，就一定可以做好私域电商。这就是私域成交的底层逻辑。

五、有多少人和组织正在做着伪私域

在分析了第三节和第四节后，我们来看看当前的私域运营现状。

现状 1：用绝对数量掩盖私域运营的失败事实

如何定义私域运营的好坏？当然有一个非常重要的指标：GMV（一定时间段内的商品交易总额，多用于电商行业）。但遗憾的是，这是一个绝对值指标。

2021 年，我的一个供应链合作伙伴与我聊天，谈到了他合作过的一个“非常牛的”渠道商——某私域工具的头部团长。当时上线了一款赣南脐橙，设置了 3 个 SKU，客单价在 48 元到 78 元之间。这个“非常牛”的结论是怎么得出的呢？这个头部开团团长，用了不到一小时的时间，卖了 5000 单。

对于当时的私域来讲，确实是一个非常不错的成绩，这名“非常牛”的开团团长也成功地引起了我的兴趣。我很快就找到了这名团长，但也很快地让我发现了一个极为尴尬的事实——他有 30 万的代理。换句话说，当他开团这款赣南脐橙的时候，哪怕没有任何一名代理帮卖，也是 30 万的私域流量（代理们都会收到通知）。

事实是，这名团长就是典型地用绝对数量掩盖私域运营的失败事实。他之所以能够卖 5000 单，某种意义上跟他的私域运营没有任何关系，如果有关系，也是一种极差的表现。5000 单的成交量，来自绝对数量的积累。这种现象出现在绝大多数“TO 小 B 端”的社群团购模式中。

对于开团团长来说，如果想获得好的 GMV 表现，大量的工作和运营成本用在了开发新的代理上。30 万的代理，哪怕只能对其中 1% 的代理做好赋能，成为能够真正卖货的代理，也不仅仅是 5000 单的业绩。甚至，哪怕只运营 B 端，30 万的私域流量也不应该是这个成绩。

这就是一种“伪私域”：用绝对数量掩盖私域运营失败的事实。

现状 2：借助天然的流量 + 品牌优势

在诸多“成功的”私域案例中，我们能见到不少线下连锁店、商超、大型的餐饮连锁的影子。他们一般都是较为知名的品牌，有足够多的线下连锁店。他们在建立初始私域流量池方面，有着得天独厚的优势：线下流量优势 + 品牌优势。随便一些简单的福利和优惠，就可以轻松建起数量庞大的微信群。

比如，在天津，有一个著名的烘焙连锁店，他们建群的策略非常简单：只需扫描二维码进群，就可以免费领取一袋汤圆，单粉成本绝不会超过 5 块钱。关键是，所有进群并免费领取汤圆的人，都是已经在门店消费过的顾客。

所以，很多人常说："建群太简单了。"这是有道理的，因为对于这些线下连锁品牌来说，建立一个群聊几乎是轻而易举的事儿。比如，某大型连锁商超，他们门店的每一名员工（包括理货员和导购员），都管理着至少一个微信群。

这些线下品牌在建立私域流量池后，得益于庞大的人群基数，品牌效应和相当有力度的福利促销（通常是日常消费品，价格很低），数据表现通常也很亮眼。比如，一年下来的销售额可能达到数十亿，甚至能够表现出不错的增长态势。

但实际情况是什么呢？这些群聊中，管理得较好的，由店里的员工兼职管理，平时在群里发布公司统一的活动广告和促销商品信息。管理得不好的，则直接使用软件管理，一个人可以管理上千个群。这能称为私域吗？与公域有什么区别？大量这类私域社群，在有广告时发布广告，没有广告时就变成了死群。

现状 3：拿资本说事儿

在我们之前讨论私域流派时，提到过"资本派"，很大程度上就是这种类型的"伪私域"。这种现象的"成功案例"主要集中在招商、教育培训、茶叶、旅游等行业。他们的套路几乎是一致的：

第一步：花钱在各大平台（百度、今日头条、抖音、朋友圈等）投流。买流量的概念因行业而异：对于招商行业，基本是获取一条有效信息；对于茶叶、旅游等，是成功加一个微信好友。目前，一个流量的价格，便宜的要几十块钱，贵的甚至要三五百块钱。

第二步：通过"以微信群发为主、朋友圈教育为辅"的方式，持续不断地进行追销变现。

这种模式确实有成功的案例，但是有几个先决条件是必须具备的：

首先，你必须有足够的资金购买流量，一个流量平均一两百元，对于绝大多数私域从业者而言，这是不现实的。这也是为什么我们在之前的私域流派划分中，把这种模式称为"资本派"的原因。

其次，产品必须是高毛利且具有复购性，否则无法支撑高昂的流量成本。所以，这种模式多见于培训、茶叶、股票服务等行业。

最后，对于整个运营团队的销售管理能力要求很高。

一个不具有普遍性的方法，即使有成功的个案，也不能被称为适合大多数小微企业的方法和技巧。

现状 4：把平台上的粉丝当成私域

对于各大平台来说，现在都从"增量"过渡到了"存量"阶段。平台真正在乎的已经不是"你能带来多少新客户"，而是"你能让用户在我的平台上创造多大的价值"。因此，各个平台也都在倡导私域的概念，比如天猫店铺的粉丝、美团上商家的粉丝群、抖音上的粉丝群等。那么，这些能称之为私域吗?

其实，以下三个简单的理由就可以轻松揭示这种所谓的私域的本质：

第一，你在平台上无论有多少粉丝，但是决定流量分配的依然是平台。比如，你在抖音上有上千万的粉丝，但如果你的作品很平庸（甚至是违规作品），照样得不到推荐；无论你的天猫店铺粉丝级数是多少，当你的产品被平台认为“不具备竞争优势”时，这个产品照样没有机会。

第二，在平台上，你一天不工作就一天没有收益。最关键的是，当你离开平台时，这些粉丝并不是你的资产，你什么都带不走。换个角度思考，如果是自己的养鱼池（真正的私域），有一天你不想继续干了，难道里面的鱼就都不是你的了吗?

第三，在平台上的任何私域形式都会受到各种限制。平台有足够的条款可以封杀你，有足够的利诱限制你。有时候，之所以“放过你”，是因为你还不值得平台动手。

所以，平台上的粉丝不能算作真正的私域。

上述的四种现象，我们更愿意称之为“伪私域”，或者说是打着私域的幌子，做着公域的事情。

六、为什么私域微商和小微帮卖团长的成材率很低

在私域从业者中，有两个非常庞大的群体：微商和帮卖团长。但因为它们本质上都是“TO 小 B”模式，所以很多内容我们可以一起讨论。

最早是在 2013 年，有一批商业嗅觉比较敏感的人开始在朋友圈进行代购、化妆品、奢侈品等生意，这可以被视为最早的微商。但 2014 年才被称为微商发展元年，同时也被称为“面膜式微商”时期。各大面膜品牌创造了“营业额超 10 亿”的商业神话。然而，因为产品质量无法保证，品牌混杂，再加上传销属性，社会对微商的质疑和讽刺也越来越多。

从 2015 年开始，微商从单一的面膜式微商逐渐增加了服饰、化妆品、洗护用品等不同品类。然而，传销属性下的层级代理模式也引起了国家对不法分子的打击。即使如此，我们不能否认微商正在朝着正面的方向发展。

2017 年，微商行业经历了一次大规模的洗牌，越来越多的传统企业开始进入微商市场。同时，随着微商行业逐渐得到外界的认可，市场上也开始出现了不同的运营模式，比如社交商城的分享模式、社区团购模式等。特别是在 2020 年，由于疫情的影响，“团长”这一角色迅速崛起。2021 年，快团团成立，开团团长和帮卖团长成为私域从业者中不可忽视的一股力量。越来越多的小微个体开始以微商、帮卖团长的身份进入私域。

然而，在微商和小微帮卖团长群体日益扩大的同时，另一个现状却显得尤为尴尬：成材率极低。成材的标准有两个：一是能够持续稳定地赚取利润；二是能够获得相当可观的利润。

当然，能赚多少才算是“相当可观的利润”，并没有统一的标准。但我们可以从另一个侧面来认识这种现状：

绝大多数的微商和小微帮卖团长，在建立微信群（TO 小 B 模式下的代理建立私域流

量池的主要模式）后，能够保持 7 天后社群依然活跃的非常少；能坚持发朋友圈（微商和小微帮卖团长做私域的另外一种主流模式，也是早期的微商模式）7 天的，同样是少之又少。这就是我们在谈论这种情况时，经常会用到的一个概念：社群 7 天必死。

为什么成材率这么低呢？我们可以从四个不同的角度来分析。

（1）微商和私域小微帮卖团长本身的问题

这二者，我们可以统称为代理。让我们先回顾私域成交的底层逻辑——信任。我们在上文的第四部分提到过，能够做得好的私域，都是因为建立了自己的信任机制。通过对大量小微帮卖团长和微商的分析，我们发现，能够成功的，都能建立以下三种信任机制中的至少一种。

第一：直接信任

直接信任来自两个方面：一是其本身就是一个大 IP，尤其在其他平台已经积累了一定粉丝的专业 IP，比如育儿专家、专业的健身教练等；二是熟人关系，客户与其有强社交关系，如同学、同事、朋友、亲戚或家人。所以，一些成功的微商和小微帮卖团长往往拥有丰富的社交资源，他们可能平时人际关系处理得较好，拥有许多信任他们的朋友。

在这样的情况下，成交自然容易。但问题是，大多数微商和小微帮卖团长既不具备这样的专业性，也没有这么好的社交资源。大多数人的微信好友只有一两百人，甚至只有几十人，而且主要是家人和同学，尤其是对社交恐惧者来说。

第二：背书信任

背书信任也有两种形式，一种是角色背书，即在实际生活中拥有能直接获得信任的特殊角色，比如老师、医生、公务员；另一种是实体背书，比如拥有超市、便利店、菜鸟驿站的人，他们更容易建立信任机制。其实，这背后的道理非常简单，用户会认为“跑得了和尚跑不了庙”。

然而，对于大多数人来说，既没有实体背书，也没有特殊角色背书。

第三：推荐信任

你的用户不信任你，但是他信任的人推荐了你，这就是信任的转移。比如，在天津的一个车友会中，我只是一个普通会员。群里的其他人不认识我，当然对我也没有什么信任度。然而，我在群里举办过几次卖水果的活动，每次都卖得不错。原因在于群主每次都会推荐我，而群成员对群主充满信任。

问题是：哪来找那么多人推荐你？

（2）上家的问题

微商和小微帮卖团长都有上家，这些上家最大的问题在于对代理的错误赋能。当然，每个上家都声称自己提供赋能，如专业选品、全品类供应链的支持、售后支持、培训支持等。

前面的东西都很虚，我们就谈培训支持。确实有的上家提供培训赋能，教授代理如何吸引流量、运营和变现等。我对一些大团长的培训做了总结，发现他们所谓的私域运营技巧主要包括以下几点：

◆你一定要在群里多发信息，发布更多商品，多更新朋友圈。原因是，用户不一定随时有时间看群（或者你的朋友圈），这次发没看到，但是总有看到的时候；你发的商品，用户不一定恰好就需要，但是他不需要这个，可能需要另外一个。

◆你自己要用。原因在于，只有亲身体验，你才能真实地分享给私域流量池里面的用户，增强社交属性。这一点我们在本书的后面会有详细介绍。只不过这一点运营技巧，不能脱离一些必备条件。

◆送一些给别人。尤其是新品，当别人还在犹豫时，你先赠送出去，别人用了觉得好就会购买。

◆要不断地加新人。因为你流量太少，想快速成交更多单子，就需要不断吸引新用户。当然，他们肯定会向你介绍所谓的拉新技巧。

但问题在于，他告诉你去拉新，却没有告诉你拉新是有成本的，或者很多拉新的方法你根本操作不了。

比如，我告诉你，成为抖音上的一个大网红，就可以拉新。这方法有问题吗？没问题。问题在于，怎么成为抖音上的大网红。

上面的这些技巧有没有问题？这些实际上是打着“赋能”的幌子，诱导代理从上家那里购买更多的东西。至于代理能不能赚钱，上家并不关心。这叫赋能？不，这更像是洗脑。

(3) 思维本身的问题

这其实很好理解：目前绝大多数的小微帮卖团长和微商的做法，即在微信群里销售产品、在朋友圈刷屏，这种模式在思维方式上依然停留在公域层面。公域电商的思维是什么？流量为王。

获得足够的曝光（因此要求你多发信息）——获取足够多的流量（你要不断拉新）——转化（要教你推销技巧和话术）——实现高客单价——高回购率——分享。

但问题是，我们是在做私域。如果还在用公域的思维来做私域，当然是不合理的。

(4) 难以逃脱的7天必死困局

很多微商和小微帮卖团长之所以成材率很低，是因为他们做一段时间就不做了，没有坚持下去，也就是我们之前提到的“社群7天必死”。那么，有没有想过他们为什么很快就不做了？为什么无法逃脱“7天必死”的困局？

答案也很简单：反馈太慢，奖励滞后。因为如果想要真正把私域做好，对于微商和小微帮卖团长来说，绝不能上来就建群卖货、在朋友圈刷屏，而是必须经历一个较长时间的积累，这个过程是构建信任的过程，也是构建私域成交底层逻辑的过程。比如，你需要输出内容，要在群里保持活跃，需要进行运营。这个过程可能不赚钱，甚至很多时候会亏本。但只有建立了信任度，之后的赚钱才会越来越容易。

然而，问题在于，这种做法的奖励太滞后，导致绝大多数人不满意，这和嗑瓜子的道理是一样的。大家为什么喜欢嗑瓜子？第一，动作很简单，两三秒钟就能完成；第二，完成后能获得奖励，即淡淡的香味；第三，奖励很及时，一嗑完就能享受到。如果换一种方式：让你先嗑瓜子，但是不能吃，要等到半小时以后才能一起吃，你还会喜欢嗑瓜子吗？道理是一样的。

这就是微商和中小帮卖团长成材率低的四个原因。

七、对于小微个体来讲，未来私域创业的机会在哪里

很多时候，我们谈私域，不是“做或者不做”的选择题，而是“如何做好”的必答题。无论是个人还是商家，都是如此。在这一部分，我们不谈商家，只谈小微个体。

今天我们只讨论小微个体（也就是普通人）如何在未来的私域浪潮中寻找机会。关于私域这件事儿，现在有很多成功案例，但很尴尬的一点是：这些案例都是大企业、大品牌的故事，很少有关于个体如何做私域的内容。

再加上我们之前分析的结论：微商和小微帮买团长（小微个体做私域的主要形式）的成材率很低。这让我们产生了一个很现实的疑惑：对于小微个体来说，未来私域创业的机会在哪里？

在思考这个问题之前，我们先来探讨两个看起来不相关，但实际上对私域小微创业影响很深远的问题。

（1）未来的消费方向在哪里

听起来很高大上又很务虚的一个问题——什么是消费方向？未来的事情谁能预测得准？你能说了就算吗？当然不行，所以我们要从客观事实出发。

可以从现在年轻人的消费行为（年轻代表趋势，这一点总该认同吧）上，看到一些很有意思的现象：

他们可以花上千块钱买手办，但是不包邮是绝对不行的；

他们可以买几十块钱一杯的奶茶，同时又对二手商品乐此不疲；

他们热衷于拼团、抢各种优惠券，也享受着大几十块钱一斤的车厘子；

……

抢优惠券、团购、秒杀、二手、共享、拼多多……，随着在年轻人群体中谈论这些的越来越多，很多人在感慨——消费降级。但消费真的降级了吗？还是从互联网说起。互联网最大的贡献就是：

全球任何一个角落的人，在合理合法的情况下，理论上是可以买到全球任何一个角落的任何一件商品的。

在没有互联网的时候，消费者之所以热衷于奢侈品、高档消费品，本质原因在于稀缺。我有，你没有，所以值得炫耀。比如买一款高档手表，其实并不是为了看时间，而是为了炫耀这种稀缺性。

可以想象一下：以前没有互联网，一个相对闭塞的小县城，不用说买到奢侈品，可能连“耐克”这样现在大众眼中很普通的品牌，都很难购买。

在以前，人们追求的就是“物质层面的不断丰富和满足”。但是随着互联网的飞速发展，海淘快速崛起，生产力不断发展，人们的生活水平也不断提高。拥有一件高档的消费品，买到一件奢侈品，越来越成为一件“平平无奇”的事情。

而上千块钱的手办、几十块钱一杯的奶茶、上百元一斤的车厘子，反映的又是什么呢？归根结底都是精神层面的追求。物质层面被满足了，接下来一定是精神层面的富足。

这在马斯洛的需要层次理论中讲得很清楚。

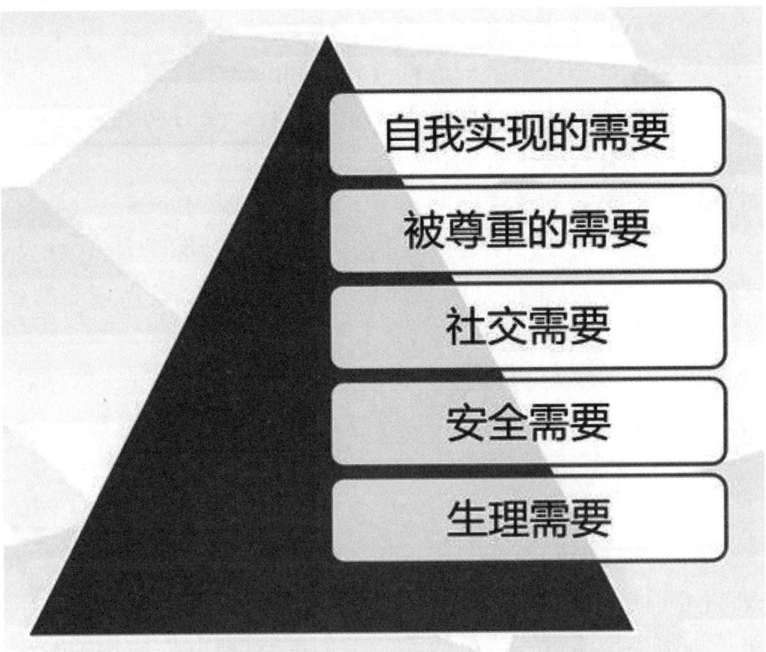

马斯洛把人的基本需要分成了五个层次：生理需要、安全需要、社交需要、被尊重的需要、自我实现的需要。在这个理论中，有一个非常重要的描述：人的低层次需要一旦被满足以后，高层次的需要马上就会产生。所以，在这里，我们没必要分析太过复杂的内容，只需要注意一点：物质需要被满足后，精神需要就产生了。

所以，对未来的消费趋势，可以做出两个方向上的判断：

第一，纯粹有形的物质产品的价格被无限压缩，利润越来越低。一方面是信息变得越来越充分和透明，有形的物质商品很难再通过“信息差”获得较高的毛利（那些依靠信息差赚差价的中间商，如果思维不变，结局必然是失败）。同时，消费者也不再因为得到一件“高档的纯有形商品”而炫耀，而是转而炫耀无形的服务和精神层面的提升。

第二，消费者精神和情感的需求将会越来越多地被研究。当然，这会在有形商品的基础上进行。举个简单的例子会更容易理解：

同样是卖生鲜，如果一直强调价格便宜、配送及时，那么无论你怎样努力，最终还是很可能会被多多买菜等巨头打败。因为在采购、供应链、服务等诸多环节，普通人和普通的小微企业没有任何优势。

对于私域小微创业者来说，如果你在拉群卖货时，还在纠结“这个产品与拼多多比，没有价格优势，怎么办?”，那你的私域方向百分之百做错了。因为你几乎永远不可能有优势。

那应该怎么做呢？只有做到这一点，才有出路：

用户之所以在你这里下单，并不是因为你卖的是生鲜，而是这个生鲜是你卖的。

要做到这一点，就必须在用户的精神和情感方面提供更多价值。比如，同样是卖西红柿和鸡蛋，能否在销售的同时，还让消费者学会怎样做最好吃的西红柿炒鸡蛋。提供菜谱（甚至视频）、搭配好的西红柿和鸡蛋（避免浪费），甚至赠送一点儿葱花……，这些才是真正的私域价值。

（2）影响商品价格的因素是什么

这是学过马克思主义政治经济学的人都耳熟能详的一个问题：价值决定价格，价格围绕价值上下波动，这就是价值规律。而价值又是由社会必要劳动时间决定的，所谓的社会必要劳动时间指的是在现有社会正常的生产条件下，以社会平均的劳动熟练程度和劳动强度下，制造某种使用价值所需的劳动时间。

这里所说的现有的正常的生产条件，是指现时某一生产部门大多数产品生产已经达到的技术装备水平。有社会必要劳动时间，就有个人劳动时间。之所以有的企业赚钱，有的企业亏钱，本质上就是个人劳动时间的差别。

当然，在这里我们不需要分析得过于复杂。对于价格的高低，除了价值外，还有成本、供需、信息差、效率等因素，我们可以从这些影响因素来分析私域小微创业未来可能的机会在哪里。

第一，价值。价值的本质就是劳动时间。从底层逻辑上看，一个人能赚多少钱，取决于他能提供多少劳动时间。但问题在于：不管你是一个什么样的人，每个人的时间都是一样的，一天都是 24 小时。

无论是高级培训师还是路边发传单的人，他们都有同样的 24 小时。但是，一个高级培训师出去讲课一小时可以收到一万块钱；而一个发传单的人，一小时只有十五块钱。

这就是单位时间价值的不同。如果你想卖一个好的价格，首先要提升你自己的单位时间价值。

所以，对于私域从业者来说（尤其是小微个体），学习非常重要，需要持续不断地学习。这是一个提升自我的过程，是一个让你自己的单位时间价值提高的过程。

现在很多做私域的小微个体（绝大多数是被割了的韭菜），妄图发发朋友圈、拉个群卖卖货就能赚钱，怎么可能？

第二，成本。这一点大家都理解，但理解得不一定透彻。大家都知道一个企业如果能够扩大规模、提高生产效率、降低原材料采购成本、降低人力成本，产品的总成本就会下降（本质上就是个人劳动时间减少），价格上就会具备一定的竞争优势。

分析得没错，但还不够全面。因为还有一个很重要的成本没有提到，而在互联网环境下，大量新零售模式的崛起很大程度上是因为降低了这个成本，从而给传统制造业带来了致命冲击，这就是流通成本。

比如，一瓶饮料的实际成本非常低（只有几毛钱）。在传统的商业环境下，之所以要卖到两三块钱，是因为存在大量的流通成本。而依托于互联网的各种新零售模式，比如社区团购、直播等，让大量中间环节得以省略，消费者甚至可以直接面对品牌商。所以，在直播间你甚至能够买到 7.8 元/组（每组 12 瓶）的汽水，而传统的线下渠道，这样的汽水再便宜也要卖到 1.5 元一瓶。

我曾多次提到一个问题：未来的商业社会将会是以“人”为核心的，商业活动不再围着商品转。你将会看到越来越多的“消费者集合起来与厂家（品牌方）谈判”的场景。

这也就意味着流通成本将会被极限削减。那时候，私域将能发挥更大的价值。

第三，供需。这个无须多说，每个人都懂，哪怕你没有学过经济学，也会知道供不应求的时候价格高，供过于求的时候价格低。但问题是，日常生活中还有哪些消费品是供不应求的状态呢？貌似很少了。这很正常，随着生产力的发展，物质产品越来越丰富，利用供需赚钱的机会也就越来越少。

第四，信息差。这个大家也都懂。中国改革开放富起来的第一批人，就是利用信息差赚钱的人。从广义上来说，这种信息差就是：我知道你不知道的，我有你没有的。举个特别简单的例子：

1997 年我上高中，高二选择的是文科。众所周知，文科生大多爱读书。尤其我们那个年代，金庸、三毛、席慕蓉等人的作品都很有市场，因为除了读书，貌似也没有其他娱乐活动。

我生活的小县城，虽然有一个新华书店，但书都是按原价来卖的，我们也没有渠道买到打折书。当时班里有一个男生，大家也不知道他通过什么渠道，但他总是能带到学校一些大家都很喜欢的新书。这些书在原价的基础上还会打折。在 1997 年，这个男生利用这种“信息差”，为自己攒一个相当可观的小金库。

但遗憾的是，未来这种利用信息差、商业机密赚钱的事情将成为历史。信息变得越来越公开和透明。

第五，效率。前面提到的生产效率问题属于成本范畴，流通效率也是如此。这里提到的是另外一个效率，一个真正影响和决定未来商业模式的重要因子——分配效率。

什么叫分配效率？还是举个例子：一个富二代和一个普通大学生，都想买一件衬衣。他们同时选择了淘宝，然后搜索了同样的关键词：衬衣、男、新款。

搜索结果出来后，富二代看到的是很多 19.9 包邮的衬衣，而普通大学生看到的则是很多大几百甚至上千的衬衣。

结果，两个人都觉得这个平台不行，买不到自己需要的产品。但事实上，在淘宝这个平台上，既有几千上万的衬衣，也有 9.9 包邮的衬衣。只是这些衬衣并没有以一种最有效率的方式推送到相应的用户面前。这就是分配效率低下造成的。所以，有了个性化推荐的技术应用。这也是为什么抖音、今日头条能够迅速崛起的根本原因所在——它们解决了分配效率问题。

如果说以前的商业活动解决的是生产效率和流通效率问题（互联网上半场解决的就是流通效率问题），那么互联网的下半场（趋势）一定是去解决分配效率问题。

探讨完这两个问题后，我们发现它们与私域的关系很大。因此，我们也要从上面的分析中，尝试探索未来对于小微个体而言，在私域创业方面的机会到底在哪里。

机会一：未来私域的核心方向一定是打造信任机制

在私域流量池中，用户购买你的商品，并不仅仅是因为你卖的商品本身，而是因为信任你这个人或品牌。所以，做私域电商时，最大的误区就是“以产品为核心”，觉得选到价格便宜的商品，就能够成交；觉得在群里不断推品，总归会碰到用户“恰好想要的”。这些观念都是错误的。私域流量池内的成交（尤其是对于小微个体），唯一的理由就是信任，在建立了信任机制的基础上，你能够把合适的产品以合理的利润推送到目标受众面前。所以，小微个体在做私域时，核心策略应该是构建一种属于自己的、能够掌控的信任机制，其他的都是锦上添花。

机会二：私域更重要的点在于提升服务

前面分析到了，消费者将会越来越追求精神和情感层面的富足。随着纯有形商品的利润越来越低，如果想赚钱，一定要在服务方面做足文章。虽然我一直不太提倡用大团队的所谓成功案例去给小微创业者讲，但是豪车毒的例子还是值得一提。只讲一点：

车子交付给客户时，“豪车毒”会为汽车做极致的清洁美容，将油加满（还会放600元备用现金），配齐所有汽车用品。例如，配备客户喜欢的吊坠、日本进口的纸巾、瑞士进口的高端玻璃瓶矿泉水、日本进口医药防疲劳口香糖、航空真皮拖鞋、一大一小两把雨伞（大雨伞放后备箱，小雨伞放驾驶位左边）、收纳箱、真皮脚垫等，最后还有一捧鲜花和花语卡片。

“豪车毒”还会根据客户需求进行个性化交付，比如客户送车给女友庆生，需要半夜在酒店交付，“豪车毒”会把车用巨大的礼盒包装好，安装好灯光，配好音乐，礼盒里放上鲜花气球，然后汽车作为礼物满足了客户想象到的和没有想象到的惊艳。

想想你买车的时候，4S店是怎么给你交付的，你就知道差距了。这才是做私域，真正的态度所在。

机会三：私域需要打破的是“产品思维”的限制

现在很多人和组织在做私域时，最大的障碍是产品思维的限制。举一个简单的小例子：

我们小区有小两口是做卤味的，在家里的厨房做，食材、卫生条件都很好，口味也很不错。做好后，用个小推车推到小区的门口卖。其实他们算是有私域意识的，通过送卤鸡蛋的方式，用了不到一周的时间就拉起了一个300多人的群。因为产品好，小两口也实在，所以社群挺活跃的。信任机制也有，小两口就在小区里面住，大家都是邻居。

但是这个群运营了一年多，我从来没看到过群里销售除了卤味以外的其他商品，就更不用说服务了。所以，很遗憾，小两口辛辛苦苦，一个月也就能赚到1万多块钱。因为，卤味再好吃，大家也不会天天吃，天花板看得到，这一万多块钱就是。

换一种思路呢？既然有信任机制在，大闸蟹上市的时候能不能去找？苹果下来的时候能不能卖？可不可以去找一个清洗抽油烟机的，来一次小区团购，去谈不就可以了吗？

机会四：从对流量总量的追求转移到对单个流量的总价值追求

只有一个结论：追求流量总量是公域思维的表现，用公域思维做私域，结局只能是失败；私域的思维核心应该是充分挖掘顾客的终身价值。关于这部分的详细讲解，将在本篇的第十一节（私域核心——深度挖掘顾客的终身价值）中进行阐述。

八、真正的私域就是打造一个属于你自己的微型生态系统

在谈这个问题之前，先来看几个与大家日常消费生活息息相关、正在发生且越来越明显的变化。充分认识和理解这几个变化，对每一个个体、企业未来的发展，都会有一定的启发。

第一，这不再是一个物品短缺的时代，且未来也不会再有这样的时代。技术更新的速

度会越来越快，生产力极度发达，产品极为丰富。对于绝大多数的消费领域，都很难再出现供不应求的局面。相反，大多出现非常大幅度地供过于求。同时，互联网又给人们生活带来了一个非常大的改善：在合理合法的范围之内你几乎可以买到任何你想买的商品。

这意味着什么呢？意味着无论是什么样的广告和推销行为都已经很难让消费者有所反应了。记住，这很重要，甚至是对传统营销理论的极大颠覆。

第二，我们生活在一个信息爆炸的时代。这是一个信息爆炸的时代，爆炸到什么程度呢？你想知道什么信息，都可以知道；爆炸到，现在是一个没有新闻的时代。先不用谈信息获取的渠道，仅看普通用户信息获取方式的变革，以此来看这种信息爆炸：

在没有互联网的时候，必谈四大媒体：报纸、杂志、广播、电视。这四大媒体的共同点是滞后性（电视和广播的现场直播把这种滞后性的缺点在一定程度上弥补了）。而互联网的出现，最大限度地解决了这个问题。

早期的互联网我们可以称之为 Web 1.0 时代，本质上与传统的四大媒体没有什么区别，依然是单方面的信息传递，只是即时性更好，所以门户网站崛起了。

然而，用户希望能够在看到一个消息的时候表达自己的感情和相应的观点，所以接下来就是论坛的时代；然后用户想更加系统完整地表达自己的观点，所以就是博客时代；想表达观点的人更多了，但并不是每个人都能写长篇大论，所以微博时代到来了；后来加上公众号、知乎、小红书、抖音等平台的迅速崛起，自媒体时代正式来临。至此，信息真正爆炸了。

信息爆炸的好处是：你想知道什么信息几乎都能知道（先不论真假）；坏处是什么呢？不知道看什么好了，因为时间是有限的。当一堆信息扑面而来（注意：这种信息同样包括商品信息），消费者不知道如何选择的时候，非常希望有人帮助他甄别和筛选。

一是因为懒，再有也是不专业。这其实就是当前各大平台的头部主播强大的一条很重要的原因：他们有极为专业的选品团队，能够大概率地帮助自己的粉丝选到他们满意的商品。

第三，能提高分配效率的企业才能得到消费者的青睐。工业社会取代农业社会、互联网时代颠覆传统制造业时代，内在原因都是因为效率的提高，其中前者提高的是生产效率，后者提高的是流通效率。这两次大的变革中，能够做到效率提升的企业都发展起来了。那么，接下来还能有什么层面的提升呢？答案就是分配效率。

什么是分配效率？把消费者最想要的商品，在最恰当的时机，以合理的价格展现，这就是分配效率。有没有想象过这样一种购物场景：头天晚上，你在家里熬粥的时候，发现家里的米不是很多了（但还可以吃两天），所以你想着等明天的时候，抽个时间从网上下单买一袋米。

转天早晨，你打开房门，竟然发现有一个包裹，包裹里面恰好就是你家经常吃的那种米。这时候，你需要做的就是把米拿进屋里，付款就可以了。这并不是科幻，而是也许用不了几年就切实能够发生的购物场景——商家甚至会想到你的前面，提前满足你的需求。这就是分配效率的极致。而一个优秀的私域成交系统，完全可以把这种分配效率的提高当成一种常态。

第四，信任机制会成为企业和个人最大的财富。在以前的时候，企业和个人要想获利有很多的方式，比如信息、资源、管理模式、品牌价值、领先的技术等。然而，随着技术的快速迭代更新，这些都将不再成为优势。举个例子，比如说信息。其实传统的商业行为，很多人赚的都是信息的钱：我有，你没有；我知道你不知道。举个例子：

有一种水果叫作安梨，俗名酸梨。虽然它的口感可能不受所有人喜欢（至少我不喜欢）。但营养价值很高。尤其是在冬天，将一两个大枣、一把枸杞和几块冰糖与它一同熬成梨水，不仅味道可口，还能提高抵抗力，预防感冒。

这种梨并不常见，很多人可能没有见过。假如某个企业把这种梨进行简单包装，每两三个梨配上一份料包（包括大枣、枸杞、冰糖），并告诉大家如何熬梨水，那么几乎所有人都能预见：这样一份熬梨汤的原材料加上料包，再结合养生的概念，售价两三块钱应该是很容易接受的。

但是，成本是多少呢？在河北省的遵化，这种梨甚至到了最后都没有人去树上摘，因为还需要人工成本。这就是信息差的问题。但是互联网高度发达的时代，这样的机会几乎不存在了。因为如果这种“原材料 + 料包”的模式真的非常畅销，那么遵化种梨的老百姓可能会快速提高价格，直到几乎没有利润。

那么，在未来，对于个人和企业来讲，什么才是最重要的资产？答案是——信任机制。一种属于你自己的信任机制。未来的消费者在买东西时，会越来越多地出现这种情况：我之所以买，不是因为你卖的是这个东西，而是因为这个东西是你卖的。

以东方甄选的一位知名主播为例，在他的直播间里，难道所有商品都有很高的性价比吗？错！相反，有些商品的性价比还比较低。但粉丝为什么还下单呢？不是因为他卖的是玉米，而是因为玉米是他卖的。

就这么简单，这就是信任的力量。

第五，接受存量时代的到来。这主要是针对互联网时代而言的。本来让所有人接触互联网还需要一段时间，想想包括阿里巴巴、京东在内的互联网企业在前些年布局农村的战略，可以看出他们想把市场慢慢做大。

然而，中国在基础设施建设方面的表现非常出色——全国几乎任何一个角落都可以无线上网，并且至少是4G网络。再加上智能手机被中国的品牌商们做成了白菜价，现在连农村大爷大妈的业余时间都被手机占领了。

所以，市场增量没有了。对于各个互联网平台来说，只能将目光转向存量市场。今年大家都在提降本增效。企业想在平台上赚钱，会越来越难，就更不用说个人了。但问题是，在平台上赚钱虽然困难，却并不意味着你可以离开平台。我们还要在平台上讨生活，在平台上努力赚钱。在这种情况下，私域成了挽救小微个体和中小企业的“利器”，横空出世。

综上所述，我们可以得到这样一个结论：未来一个成功的公司或个人，并不在于你提供了什么样的商品，而在于用户会因为基于对你的信任，而在你这里消费任何商品（包括有形的商品和无形的服务）。

这就是微型生态系统。阿里巴巴、腾讯、抖音等企业，建立了大的生态系统，而我们要做的，就是依托于这个大的生态系统，去打造属于你自己的微型生态系统（私域流量池）。当然，这样理解微型生态系统，会比较虚。我们用更本质的一种说法，或许更加清晰明了：深度挖掘客户的终身价值。

关于顾客终身价值，在本篇的第十一节，还会有详细介绍。这里先做一个简单的解释：多维度地让客户给你创造价值。这包括时间维度、需求维度、影响力维度。

九、私域趋势下，所有的生意都值得重来一遍

关于私域的认知，一直存在一个容易被人认为是“正确”的错误观点：并不是所有的行业都适合做私域。服饰、食品、宠物用品、母婴、商超百货等适合；而家居建材、汽车、大家电等，很难通过私域实现业绩突破。理由也简单：很难复购。

首先，这反映了大众对于私域的误解——所谓的私域电商，就是持续不断把自己的产品卖给私域流量池里的客户。关于这一点，请注意本篇第十一节的内容，私域流量的本质就是深度挖掘客户的终身价值。持续反复消费仅是从时间维度考虑。

为什么说在私域趋势下，所有的生意都值得重来一遍。这是一个非常关键的基础，是所有行业、所有人（尤其是小微创业者）都可以做私域电商的基础。按照上文的描述：

做私域，本质上就是通过搭建一种信任机制，成为特定圈层内（私域流量池内）的意见领袖，然后通过信任引导消费。

如果想成为意见领袖，那就一定要找到一个自己擅长或者专业的点，然后通过自己的努力，成为特定圈子范围内这个点的专业人士。这里只讲专长，先不谈别的信任机制的打造模式。所有人都可以，哪怕很普通的人，因为一定可以找到一个非常细小的细分领域。

如果你实在想不到在哪方面有所专长，这里有一个窍门：找到你的爱好，因为爱好往往更容易变成专长。可能你自己并没有意识到，在你眼中仅仅是一种爱好，但很有可能这就是你的专长。比如，你是一个健身爱好者，与专业的健身教练相比，你确实不够看。但如果与你的同学、朋友、亲人相比，你可能就是一个专业人士。

再比如一个大学生，其所在的班里一共也不会有几个人是健身爱好者，可能就一个（这就是唯一）。那么，在这个特定的圈子里（班集体），很容易就成为健身领域的专业人士。又或者王者荣耀打得特别好，甚至就是一些单机小游戏玩得特别好，比如超级玛丽、斗地主等，都可以成为意见领袖。

再给大家讲两个发生在我身边的小案例。我的邻居，一个 50 多岁的大叔，其实他没有什么擅长的，但也成了一个意见领袖。我现在居住的小区是从 2012 年开始交房，在业主收房的时候，这个大叔特别热心，谁家收房他都会主动地跟着进去看。可能由于他的生活经验比较丰富，他会在旁边帮助找出一些小毛病、小问题，并且找得很准，也会帮着与物业沟通。

这位大叔就是很热心，也没有什么利益上的诉求。很快小区里大部分人都和他非常熟悉了。后来我们建了一个业主群，这个大叔很快就成了群内的意见领袖。大叔在群里说话发表意见的时候，下面应者如云。

我另外的一个朋友，他擅长什么呢？在别人的眼里，他就是一个特别普通的人，真的没什么特长。他有一个很厉害的地方：特别喜欢吃。他并不是美食家，而是在天津，只要能够叫得

上名来、比较有特色的小吃，比较特色的饭店，几乎全都知道。所以，如果吃饭我们不知道去哪吃的时候，就给他打电话：我现在在某某地方，你觉得这个地方哪个饭店比较好？

他立刻就会告诉你哪个餐馆比较好，甚至都可以告诉你这家店的特色菜是什么。后来他干脆就建了一个群，把自己的这些好友都拉到群里，谁哪天想去外边吃饭的时候，就直接把位置给他发过去，问他：群主，你看这附近有什么好吃的？他就会推荐一个好的饭店。

他现在已经有两个群了，群里的成员每天的交流主题就是美食推荐。你到一个地方以后，想找好吃的，问他就可以了，他一定可以推荐一个有特色的餐厅。

所有人都应该尝试做私域电商。未来，每一个企业，甚至每一个人，都应该考虑以意见领袖为基点的私域电商模式。无论是工业品、消费品、渠道商、品牌商还是工厂，所有的生意在私域电商的理念下都值得重来一遍。

你应该确定目标受众，在这个圈子里建立自己的权威，成为意见领袖。之所以有这样的结论，主要基于以下三点：

（1）一个立体的人格更容易带动品牌认知

比如，当我们谈到格兰仕、万科、阿里巴巴、京东、腾讯等企业时，你是不是能够马上能想到各自的标签人物。实际上，我们会发现很多知名企业，都有一个立体的人格形象，所以，我们才会看到很多企业的领导人愿意通过互联网对外宣传自己，因为这本身也是对企业品牌的一种宣传。通过私域流量池的打造，可以建立意见领袖的地位，塑造立体人格，从而促进品牌的认知和传播。

（2）消费者愿意从社群中寻找归属感

建立以意见领袖为基点的私域流量池，实际上是以某一个点为核心，建立一个圈子。比如，大家都是宝妈、大家都喜欢篮球、大家都是吃货等。这个圈子能够给群成员带来归属感，这才是每一个企业需要认真关注的理论核心。

这来源于一种社会现象：人越来越孤独。而这种孤独，是因为无线互联网技术和手机的发展造成的。以前亲朋好友一起出去聚餐，彼此聊天沟通感情，现在就是每个人拿个手机在那玩儿，刷微博、看朋友圈；甚至家庭聚会时，每个人也都拿个手机在那里玩儿；一对儿恋人约会，以前是卿卿我我，现在哪怕看电影，都要拿个手机，不管是刷朋友圈还是干什么，手机已经变成生活的一部分。

从表面上看，互联网让人们的社交范围变得更广了。实际上，人们变得更孤独了，因为你的世界就变成了你和手机。但人是有爱和归属感需要的，这属于马斯洛需要层次理论中的社交层面。微信群（私域流量池）的出现，最大程度地解决了这个问题：你的手机还在，你还能与意见领袖交流、与群内其他好友交流，消费者能从社群中寻找到这种情感上的归属感。

（3）没有企业可以脱离无线互联网

这一点已经不需要再做过多的解释了。现在没有任何一个企业可以脱离无线互联网而存在。现在不管你做什么行业，都要跟无线互联网紧密联系。

基于以上三点，在私域的趋势下，所有的生意都值得重来一遍。

十、关于双社电商

双社指的是“社群 + 社交”。目前，“社交电商”和“社群电商”都没有清晰地界定。双社概念的提出，是为了解决当前单一社交或社群电商实操过程中所出现的问题，通过理论和逻辑上的补充与完善，使其能够成为私域破局的关键。

（1）社交电商

从基本定义上来看，社交电商是基于人际关系的。其通过互联网社交工具，将关注、分享、讨论等互动元素应用于经营中，进行商品或服务的销售。其中，互联网社交工具包括社交平台的工具（如微信、QQ、陌陌等）和电商平台的社交功能（如阿里旺旺、拼多多的砍一刀等）。

社交电商归根结底还是零售，它利用人与人的信任关系降低了交易的破冰成本。在平台电商（京东、天猫、淘宝等），渠道成本可能占 30% 以上，而社交渠道可能只需 20%。这也是每个平台和企业都在社交电商领域发力的原因。

一般主流观点在谈到社交电商时，会谈到三个核心特征：

第一，社交电商引导消费的作用。从消费者角度出发，社交电商引导消费的作用主要体现在购买前的店铺选择、商品比较，购买过程中与电商企业间的交流互动，购买商品后的消费评价与购物分享。通过社交好友或者陌生人的推荐，社交电商起到了引导消费的作用。这里的关键是——信任。

第二，社交化元素。用户和用户或者用户与企业之间，会借助社交工具进行互动与分享，可以是一对一私聊，也可以发朋友圈动态，即具备了社交化元素。这里的关键是——价值。

第三，裂变传播机制。对于品牌商来说，这是最重要的特征。他们会通过社交化工具的应用，以及与社交化媒体、网络的合作，完成品牌销售、推广等商业行为。在这个过程中，依托社交链条的裂变效应扩大用户规模和转化机会。这里的关键是——主动。

而当前主流的社交电商模式，恰恰在这三个核心特征上出了问题：信任、价值、主动。

◆首先就是信任问题。目前，很多打着“社交电商”名义的模式或平台，还没有一个能够真正做到把消费者的利益放在首位。比如，大量微商的不诚信行为，在慢慢消耗用户的信任。即使成交，也是通过消耗用户的信任来换取订单，尤其是前几年的面膜式微商。

◆其次是价值问题。社交分享的关键是价值。换句话说，真正的社交电商应该基于有价值的分享，只有有价值的内容才值得被分享。然而，现实中我们在微信上看到的许多“砍一刀”分享链接，你觉得有价值吗？

◆最后是主动。也就是在社交裂变过程中，目标用户的主动行为至关重要。只有这样扩大的私域流量池，才能带来真正的转化机会。而更为重要的是，当前大多数社交电商的探索与实践，几乎都集中在“非主动”的一对一私聊模式。

（2）社群电商

某种意义上讲，现在谈到狭义的社群电商，就是在微信群内所从事的商业行为。我们可以把社群理解成一个群体。

社群经济下的电商行为，有三个非常重要的特征：

第一，基于意见领袖的社群经营。每一个社群里，都应该有基于某一个维度的意见领袖：专业人士、活跃分子、明星大咖等。社群的基础是粉丝，而粉丝一定是意见领袖的铁杆追随者，他们的消费行为是基于对意见领袖的追随与信任。

第二，场景化营销。营销刺激消费者产生购买欲望的高级境界就是打造相应的场景，让消费者触景生情、触情而动。在没有社群时，以前的营销传播行为更多的是通过电视等媒介进行，在没有与消费者互动的前提下，场景的打造非常困难。而依托社交工具的社群的出现，再加上无线互联网技术和移动终端的普及，使得这种营销场景的搭建变得很轻松。

第三，即时响应。在当前的互联网商业时代，以人为本是关键。企业对用户回应的效率会深刻影响用户体验，而不良的用户体验可能对企业造成严重打击。社群在沟通上的即时性，可以近乎完美地解决这个问题。

社群的核心在于社交关系链。这也意味着微信群的建立应该基于某个共同点、需求或爱好，将人们聚集到一起，形成稳定的群体结构和一致的群体意识。成员之间要有一致的行为规范和持续的互动关系。而不是说，你随便拉起来一个群就是社群，然后在群里发产品广告、卖东西就叫社群电商。而这恰恰是当前绝大多数所谓的社群电商存在的致命问题：只有商业行为，缺乏社群的本质。

（3）双社电商

我们提出的双社电商概念可以理解为：通过社交引导社群，从而解决两方面的问题。其一，解决社交电商中的信任问题、价值问题、非主动裂变问题；其二，解决社群电商中的“只有商业行为，缺乏社群的本质”的问题。这样，我们可以打造出真正的私域电商模式。

十一、私域核心——深度挖掘顾客的终身价值

在运营私域电商的过程中，由于流量的有限性，我们必须认真对待每一个流量，通过持续运营不断提高客户黏性，充分挖掘客户的终身价值。对于客户的终身价值，我们的理解应当是这样的。

（1）时间维度的挖掘

简单地理解就是：长时间内吸引客户持续消费。在这个维度上，私域电商会通过三方面的努力来实现这一目标。

第一，尽量选择能够重复消费的、高性价比的、能提高生活品质的商品，比如生鲜、各地特产、各种健康美食等。

第二，通过大量的社群活动、社群福利，增强客户黏性，稳固私域流量池。

第三，运用专业且反感度几乎为零的追销活动及追销技巧，如优惠券、红包、会员制度和预存等，促进持续销售。

(2) 需求（空间）维度的挖掘

简单理解就是：让消费者可以在你的私域流量池内购买更多商品，满足消费者的多样化需求。在这个维度上，真正的私域电商会通过三方面的努力来实现这一目标。

第一，以提供与消费者生活方式相契合的商品和服务为营销目标，而不是局限于单一品类。

第二，打破传统平台电商“消费者有需要，然后来找”的逻辑顺序，通过优质的内容如文章、短视频、直播等，让“消费者看得到，感兴趣，然后购买”的逻辑顺序成为常态。这是私域电商能够实现多品类经营，并满足消费者多方面需求的关键。

第三，通过社群活动、内容的传播等，搭建各种各样的消费场景，以满足消费者的不同需求。

(3) 影响力维度的挖掘

简单理解就是：让你私域流量池里的客户能够影响他们身边的人，使他们也成为你的客户，并到你的私域流量池中消费。在这个维度上，私域电商可以通过三方面的努力来实现这一目标。

第一，通过各种专业、有趣的营销活动，如拼团、介绍有礼等，实现社交裂变。

第二，设立团队机制，允许用户推荐身边的人一起进行社交裂变。

第三，分享有价值的内容（文章、短视频、活动等），然后进行产品的软性植入，使这些内容本身就具备一定的裂变属性。

十二、关于本书

经过多年的探索与实践，我们已经总结了一套完整的私域流量运营实操逻辑。这套逻辑涵盖了私域流量池的建立、裂变、运维、优化、变现等整个链条。其中既有关于传统线上线下企业通过私域破局的方法，也有小微创业者进行私域创业的实操技巧。对于所有正在或者准备拥抱私域的从业者来讲，这本书是一本不可多得的理论与实践兼具的工具书。

中篇：私域流量运营实操
——辅助与支撑部分

第一章　基础辅助与支撑

一、私域流量运营的工具

在系统的私域流量运营过程中，需要用到的工具主要有四类：互动与沟通工具、营销传播工具、成交工具、客户关系管理工具。这里只做简单说明，因为每一类工具均有成熟的平台或者系统可选，从业者只需要根据自己的实际情况，按需选取即可。

◆互动与沟通工具——微信、QQ、陌陌等。

◆营销传播工具——直播平台、公众号、短视频制作工具等。

◆成交工具——小程序、平台店铺等。

◆客户关系管理工具——CRM 系统等。

在实际操作过程中，后三类工具主要起辅助作用，依托于双社的私域流量运营，本质还是在“社”，因此本书在讲解和分析时，核心会集中在：如何依托社交工具，进行私域流量的运营与变现。而在社交工具的选取上，当前的互联网环境下，微信凭借其广泛的用户基础和强大的社交功能，无疑是私域流量运营的王者。

二、账号的基础优化

绝大多数情况下，私域流量都是储存在微信里的。同时，从社交的角度看，微信是最基础、最核心、最重要的工具。在正式开始做私域电商前，微信朋友圈基本是这三种情况之一：平时基本不怎么更新（只是看，这是大多数）；以前做微商或者做别的行业的人，频繁更新的都是其他内容；偶尔发一些生活的日常或者分享一些东西。对于昵称、头像、朋友圈封面等，设置得也都比较随意。因此，为了能够让私域电商项目顺利过渡，一般情况下，我们需要进行基础优化。道理很简单，就是让别人知道你在做什么。

（一）关于昵称、头像、朋友圈封面、个性签名

以往的实践证明：通过优化处理昵称、头像、朋友圈封面、个性签名等，有利于形成品牌合力和快速确立定位，尤其是对于传统线上、线下企业所进行的有组织的私域流量运营而言。一些小微创业者担心账号重新优化后别人不认识自己；还有一些人担心亲朋好友看到自己优化后的内容，就知道自己是在卖东西，会觉得不好意思，怕被人看不起。

第一个担心完全没有必要。我们经过大量测试发现，只要保证昵称和头像在优化处理时的延续性，账号就很难被忘记。如果你有第二个担心，那其实你可以考虑放弃私域流量项目。

（1）昵称的优化

几乎每个人都有一个别人熟悉的昵称。昵称是需要延续的。优化昵称时，你可以延续现在的微信昵称，或者直接将微信昵称改成你自己的姓名。

（2）微信头像的优化

优化微信头像时，也要注意延续性。头像的主体部分是你现在的头像（一般我们会建议用自己的生活照或者大头像），在这个基础上会凸显你现在做的是什么、理念是什么等。这是给你自己贴标签的行为。

（3）朋友圈封面的优化

朋友圈封面是一个非常好的展示窗口。同时，更换朋友圈封面并不会影响微信好友对你的认知。

（4）个性签名

优化个性签名的基本要求是：避免使用激进语言，最好与积极健康的生活理念、生活态度等挂钩，且能凸显目前自己正在从事的事业。

（二）微信朋友圈日常内容的优化

微信朋友圈日常内容包括自己的动态、分享的一些内容、闲言碎语等。在保持人设的基础上，对于发什么，没有明确的要求，只需要注意以下几点即可。

（1）关于发的数量和频次

在非特殊情况下（即不需要主推某个产品、某个营销活动等），建议每天发朋友圈的数量控制在5条左右。每天发朋友圈的时间没有明确要求。在实际测试过程中发现，因为互联网技术和智能设备的发展，人们的生活时间变得高度碎片化，发朋友圈动态的时间除去深夜外，基本已经失去了时间段优化的必要性。

（2）什么内容最好别发

不发布违背主流价值观的内容，不传播负能量，不在朋友圈使用脏话或恶语相向，即使遇到令人愤怒的情况也应保持冷静。这不仅关乎个人形象的塑造，更是自我心态的修养。

（3）什么东西可以多发

你可以分享搞笑幽默的东西、生活的日常、你看到或想到的一些比较好的话，以及你对生活、工作的一些感悟等，且最好配上自己的评论或者自己的一些感慨。

（4）最好配图

大家自己生活中随手拍的、网上找的、从别人朋友圈看到的图片，都可以拿过来用。发朋友圈的时候，配图的效果远远好于不配图的效果。

（5）要坚持发

对于那些很少发朋友圈，或者从来没有发过朋友圈的人，在最开始的一段时间，我们建议每天至少发 5 条。这样做的好处有两个：唤起别人对你的注意，提醒别人你的存在；朋友圈出现的次数和内容多了，就更容易塑造个人标签。

（6）朋友圈权限设置

如果你的朋友圈没有什么不希望别人看到的东西，那么朋友圈权限就不要设置成三天、十天、一个月等，至少设置成半年，甚至对陌生人也要设置可见 10 条朋友圈。

三、做私域电商前要知道的事情

我很奇怪，竟然会有一小部分私域电商从业者，不好意思（或者说不敢）告诉别人自己是做什么的，怕被别人看不起、怕被别人笑话，甚至怕自己的亲朋好友问自己。有一个细节可以充分地体现这些人的心态：他们经常会问我，能不能用一个新的微信号来做私域电商，不想用老号，因为老号上面有很多朋友。如果你真有这样的想法，那现在就可以退出了。

所以，在刚开始做的时候，你一定要积极主动地告诉别人：你是做什么的，你所从事的事业是什么，你会分享一些什么。这一点儿不丢人，靠你自己的努力赚钱，分享的是高性价比的产品、有价值的内容。为什么会被看不起？这绝对是心理问题。

第二章　微信添加好友实操

私域电商就是利用自己的社交资源（微信好友），充分挖掘每一个微信好友的终身价值。然而，一定要把我们这里讲的加好友，跟那些传统微商（尤其是以面膜为代表的传销式微商）讲的加好友严格区分。

由于企业的产品和服务不同，所以在加好友扩充私域流量池时，对于目标受众的选取会有很大区别。与传统微商相比，仅从普通微信好友的角度出发，我们会发现以下三个主要区别。

◆目的不同

传统微商加好友的核心目的是招代理，所以他们让你加的人主要是宝妈、大学生。这些人是做代理的主力军。同时，只有招上代理，传统微商才能赚钱（靠零售是不可能赚钱的，尤其是那些面膜式微商）。然而，私域电商加好友的目的是扩大自己的私域流量池，并且充分运营每一个私域流量。

◆逻辑思路不同

传统微商加好友的逻辑思路是这样的：加更多的好友（相当于有更多的流量）——朋友圈的广告就会被更多人看见——就会有更多人转化，这是非常传统的平台电商逻辑；而私域电商加好友的逻辑是：扩大私域流量池——每一个私域流量都要运营——维护客户黏性（给客户提供价值）——充分挖掘客户的终身价值。

◆对待流量的态度不一样

传统微商加好友，被屏蔽就被屏蔽了，拉黑就拉黑了，他们总会陷入不断的拉新困境中；而私域电商加的每一个好友都被称为社交资源，是需要用心维护的。

在私域电商加好友的过程中，每一个方法和技巧建立的前提都是能够提供价值，加进来的每一个好友都要作为社交资源来运营，要关注每一个好友的客户终身价值。

一、如何加入更多的群

因为接下来讲到的很多方法，都是要先加入别人的微信群，所以先做一个基础的实操讲解：如何加入更多的群。群不怕多，能加则加。至于在群里说不说话，能不能卖东西，这都不重要。重要的是利用这些群来扩充私域流量池，即使它们不作为直接的营销阵地。。所以，让你加更多的群，并不是为了在里面卖东西，而是为了让你能够加更多的好友。这一点搞清楚了，才能理解后面的很多做法。

（一）同意任何人以任何方式的进群邀请

每个人都碰到过这样的情况：朋友圈里面的那些微商（或者做其他生意的人）主动

建群，要么就直接拉你，要么就直接发邀请链接，或者在朋友圈发群二维码。很多人不进，或者进去就退了，这都是常规用户的操作。从做私域电商的角度出发，我们就要换一种思维。

不管任何一种方式，只要是免费的，你就进群，进群后在里面别瞎说，别被踢出来，人家让什么就干什么。你需要做的就是设置消息免打扰，免得消息太多，对你造成困扰。不用想着在群里做广告、卖东西，我们需要做的是加好友。

（二）不放弃任何一个日常生活中的加群机会

什么同事群、同学群、老乡群、业主群、宝妈群、兴趣交流群等，只要有人建群，你就应该很开心地进入。同样，如果不是对你来说非常重要的群，就设置消息免打扰，并注意遵守群规。不在群里发广告、卖东西，而应按照我们后面讲的具体方法加好友。

（三）欢迎各种客户群、粉丝群

现在各行各业都有私域流量的意识。各行各业的人都在做这种微信的客户群、粉丝群等。常见的场景如下：

◆在便利店、蛋糕店、水果店、服装店等各种线下实体店购物后，相关人员邀请你加入粉丝群；

◆在外卖平台订购外卖的时候，包裹里面会发现一张小卡片，让你加粉丝群；

◆在电商平台买东西的时候，包裹里面有小卡片，让你加粉丝群，很多还会邀请好评返现；

◆菜鸟驿站也会有客户粉丝群；

……

总之，不要放弃任何一个可以加群的机会。更何况，很多运营方为了吸引粉丝，还会在群里发红包。只要你看到了微信群，能加就第一时间加进去。甚至，在日常生活中，我们应该主动挖掘这样的机会。

（四）利用一些微信群信息网站

目前，网上有很多微信群信息发布网站，其中有的还会每天更新，有的也已经存在很久。不管新旧，只要是能加入的群，你都可以尝试加入，不必过分关注它们是广告群还是其他类型的群。即使是所谓的“死群”，对你来说也只是一个简单的“加群——测试——退群”过程，既不会浪费你的时间，也不会产生任何成本。大家可以在百度上搜索以下关键词：微信群、微信群发布、微信群导航、微信群二维码、微信群分类网站，只要找到这类网站，你就可以打开并尝试加入能添加的群。

由于这类网站上的群很多，在加好友（或者加群）的时候，你可能想快速添加。然而，你一定要控制加群频率，因为添加过多可能会被限制。建议每小时加两三个群。如果你拥有多个账号，可以分开进行添加操作。

（五）其他找群的渠道

在微博、百度贴吧、豆瓣等平台，大家可以搜索微信群、微信群发布、微信群二维码、微信群分类网站等关键词。一旦找到相关信息，你可以尝试加入相应的微信群。

（六）一些付费渠道

在百度搜索相关关键词的时候，你就会发现一些利用百度进行推广的网站的介绍。如果你生意做大了，能够储存私域流量的账号多了，就可以采取这种渠道，交个会员费，获得更多的微信群信息。当然，这种付费其实很便宜，但是资源却很丰富。

（七）搜索相关的公众号或者小程序

你可以搜索公众号、小程序并添加，然后搜索相关的关键词，如“微信群”“微信群发布”等，无论出现什么结果，都可以进去看看。

特殊说明1：这种群很多都是为了营销，他们可能会让你加某个人的微信号，然后再将你拉进某个群。在这个过程中，你只需按照他们的指示操作即可。我们的主要目标是加入这些群。只要你以这个为目标，会发现很多事情变得很轻松。

特殊说明2：在你加群的过程中，不管出于什么目的，总会有一些人要添加你为好友，这时候，不用犹豫，直接添加就可以了。道理很简单：我们的目的是加好友。所以，你只需要确保自己不被营销，然后轻松通过内容引导实现反营销。

二、通过在群内送东西的方式加好友

只要有机会进入别人的群，你就进，不管是什么群。很多群都是禁止随便发广告、链接、视频等内容的。针对这些群，你可以采用下面提到的方法来实现“被动添加好友”，从而扩充自己的私域流量池。这种方法与常规送福利的方法有所不同，一般都是以“自己不用了”等为理由，将物品以加微信私聊的方式转送别人。

【私域实战技巧1】在群内通过“送宠物”的方式加微信好友

真正喜欢宠物的人，普遍都比较有爱心，行为比较感性。从这个角度来讲，以这种方式被动添加的微信好友，都是较为优质的私域流量。

基本话术：群里有喜欢猫咪的吗？我有一只养了五年的XX猫，非常温顺可爱，喜欢玩耍。但是因为最近要去外地一段时间，无法继续照顾它，所以希望寻找一个爱猫并且最好是同城的人免费领养。如果你感兴趣并且符合条件的话，请添加我为微信好友，然后我们可以私聊关于领养猫咪的详细事宜。

适用范围：同城交流群，或者你加的各种同城店铺的客户群、粉丝群，以及老乡群等都可以。只要群里跟你在一个城市的成员比较多，就可采取这种方式。

注意事项：你如果恰好有猫，并且确实想送，那简直完美。但如果没有，那也没关系。因为你有也就只有一只，但是加你的人绝不止一个。你只需要说：实在不好意思，猫已经送出去了。不过还是很高兴认识你，又多了一个喜欢猫的好朋友。当然，你有可能马上被删除，但是无所谓，因为肯定有不删除的。

只要你不介意这个方法不太地道，那么这个方法还是非常有效的。我们在测试的时候，找上十几个群发这些信息，一天下来，加个三四十人很轻松。

如果你觉得心里过意不去，可以准备一些小礼物作为补偿。如果对方愿意要这个小礼物，邮费可由他承担。你可以这样说——我这里还剩了一个猫玩具，如果你需要的话，我寄给你。

这些东西在阿里巴巴上可以找到，非常便宜，品质还很不错。你可以看作是花几元买一个优质粉丝了。这样做的好处是什么呢？通过寄送一个小东西，你和对方就建立起了一个链接，也就是从一个弱关系变成了相对的强关系，这非常有利于你后续的营销。

当然了，即使你什么都不送，就说“抱歉，已经送出去了”，也没关系。你完全可以不用有心理负担，要坚信：真正的私域运营，会在接下来的日子里，通过给对方分享和提供福利，创造更多的价值。

【私域实战技巧 2】在群内通过“送母婴闲置用品”的方式加微信好友

如果你有妈妈群，那这种方法就是适合的。只要你觉得闲置的物品如孩子的玩具、图书、小衣服、儿童车等没用了，就可以用这种方法。

基本话术：各位宝妈，我这里现在有一套 XX 图书，孩子也不爱看了，有需要的宝妈，免费送哈，可以微信加我好友私聊（群内不回复哈）。

注意事项：如果你有很多图书，那最好分几次送，不要一次性送出去。如果你觉得这种方法加好友的效果非常好，那可以买几套新的。这里面的问题同样是：你可能只有一套书，只能送给一个人。即使你一套书也没有，也不要有心理负担。这只是你的噱头。

但是，从流量成本的角度来看，花几元购买一个精准粉丝（宝妈绝对是优质的精准粉丝）是非常划算的。所以，你完全可以这样：去 1688 网站搜索相关产品，找那些成本在可接受范围内的儿童玩具、图书等，批发一些放在家里。只要你的发货量还可以，同城的快递成本基本能控制在 3 元以内。加上产品成本，单个加粉成本能够轻松地控制在七八元。

更为关键的是，通过这个“送”的环节，你能和对方建立一种有效的社交联系，实现从弱关系转到强关系的转变。这种方式也适用于做大学生的私域流量池，可通过送学习教材、学习用品、教辅资料等来增强联系。

【私域实战技巧 3】在群内通过“送各种会员卡”的方式加微信好友

该技巧中，送的东西范围非常广泛：你能以极低的成本获得的任何卡或会员账号，都可以作为赠品。甚至，你可以与当地商家合作，帮他们推广会员卡、代金券等。许多商家都愿意参与这样的合作。具体示例如下。

◆各大影视平台的会员卡、会员账号。如果有渠道的话，可以用特别便宜的价格拿到。

◆健身房的次卡。你可以找当地的健身房合作，用很低的成本甚至零成本，拿到这种次卡。这种方式可以扩展到各个领域，比如美容美发店、足疗店等。

◆各个饭店的代金券。你可以找当地的一些饭店合作。他们很乐意把这种代金券给你，让你去免费发放。

◆当然，如果你真的有这种健身卡、私教课，确实自己不想去了，也是可以赠送的。记住，一定要赠送，不要想着赚钱，否则性质就变了，效果会大打折扣。

◆游戏账号或者装备。适合那些本身就是资深游戏玩家的创业者。

基本话术：亲们，我这里有一个 XX 健身房的会员卡，还剩半年才到期。由于个人原因，我不再需要此卡。如果有人对此感兴趣并希望使用，我愿意免费转让。

注意事项：与【私域实战技巧 1】和【私域实战技巧 2】一样，如果你只有一个会员卡或者会员账号，就可以说已经赠送出去了，同时表达认识对方的喜悦。

适用范围：如果你送的是平台的会员卡，比如影视会员卡等，那么全国的社群都适用。你需要根据赠送物品的目标顾客群，选择相应的社群进行分享或赠送。

【私域实战技巧4】在群内通过“送会员资格或者课程”的方式加微信好友

在该技巧中，赠送的东西主要是在线的VIP会员资格和在线课程。我们自己的双社电商项目致力于为所有参与项目的小微创业者提供极大的便利。除了赠送当前所拥有的有关小微创业、淘宝运营的相关课程外，我们还在积极联系各领域专家，录制相关课程，比如理财课程、在线健身课程、营销课程、中医养生课程、育儿课程、各种英语培训类课程、职业资格培训课程等。

基本话术：亲们，我前段时间花XX钱买了一个XX课程，现在因为个人原因不再需要了。这门课程讲得还是挺好的，还有半年的有效期。如果您对这门课程感兴趣并希望学习，那我可以免费转送。您可以用微信加我好友，了解课程的更多情况。(群内不回复)。

适用范围：这种方法几乎适用于任何社群。

注意事项：只要有人加你，就可以送东西。通过赠送东西，双方的社交联系由弱变强。这对于我们后期营销变现的帮助很大。此外，你需要提前设定好话术程序，以确保整个过程看起来真实自然。

三、通过在一切可行的社区（平台）免费送东西的方式加好友

这个方法实际上是在群内通过送东西的方式来添加好友的方法的延续。这个方法适用于所有可以利用的平台，包括但不限于：百度贴吧、依然能有人活跃的论坛社区、QQ群，以及某一特定人群比较活跃的APP等。

【私域实战技巧5】通过在一切可行的社区（平台）免费送东西的方式添加微信好友

这种方式就是在社区或者平台发布动态（帖子），主题就是自己用的XX东西，因为XX原因，现在免费送。

基本话术：亲们，我自己新买的一个XX，还没怎么用，因为XX原因，免费送啦，有需要的小伙伴可以私信跟我联系哦!

适用范围：一切你可以发帖、发动态的平台均能使用这种策略。比如，可以在各个学校的贴吧发布送教材的消息。我们测试过，对于比较活跃的贴吧，送一本书，通常能够添加十几个微信好友。

注意事项：如果平台或者APP能够直接留下微信号或者二维码，那就最好了。如果平台或者APP不能留微信号或者二维码，那么可以引导对方进行评论或发送私信，随后在私信回复中提供微信或二维码。

四、通过在群里请教问题的方式被动加好友

这个方法同样适用于各种群。只要能进的群，不管是什么，都尽量先进去。如果你以

"添加好友"为目的，而不是以广告营销为目的，总会有很多的方法和技巧可以选择。

【私域实战技巧 6】女性账号在群里请教问题，被动加好友

这个方法在实际操作过程中，女性账号的优势比较明显。有以下五个细节需要注意。

（1）微信账号优化

在微信群里请教问题时，你必须承认一点：美女的问题更容易得到关注，也更容易得到解答。如果你自己本身就是个美女，那最好。但如果你长相很普通，这就需要进行相应的优化了（这里说明一点：这种优化是为了更好地营销，而不是骗人。但因为可能会涉及一些失实的内容，所以介意者可以忽略这个方法）。具体而言，这种优化行为主要涉及以下几个方面。

◆头像和昵称

如果你的形象还不错，那就用你自己的照片作为头像即可。即使你的形象一般也没关系，通过角度、美颜、PS、化妆等技术，也可以把自己的照片弄得特别漂亮。

◆个性签名

只要不包含负能量，大多数内容都可以作为个性签名。比如，你可以使用一些生活感悟作为个性签名，但要注意这些感悟不要太沧桑，也不要太有年代感。

◆日常朋友圈动态

作为女性账号定位，在这里提一点：每天都有一条是记录你自己生活状态的，可以发一些自拍，发一些出去吃饭、玩儿的内容，一些生活的感悟等。根据你自己打造的人设不同，语言风格可以是幽默、知性、调皮、开朗、性感……

◆视频号

拍摄并发布一两条视频到视频号。现在有非常多的视频制作软件可供选择，且制作过程不用很复杂，也不用有剧情。最简单的方式就是使用自己的生活照，加上一些音乐，制作成视频即可。

（2）问什么

在问题的选择上，一定要注意三点。

◆问一些能引起讨论的问题

最好不要问有标准答案的问题。比如，你可以问"有没有人推荐一下天津比较好吃的川菜啊（比较好的 KTV、比较好玩儿的地方等）""我最近想花 20 万买一辆车，不想要日系的，有没有推荐啊"。总之，你问的问题一定不要有标准答案，让每个人都有机会发表自己的看法，这样才能引起更多人的兴趣，增加发言和添加好友的机会。

◆不要问太专业、太细分的问题

最好问谁都能够回答的问题。如果你问的问题太专业、太细分，那会导致参与的人少，受众面小，这不利于添加微信好友。

◆多问生活方面的问题

最好多问生活方面的问题，比如你可以问附近哪里有开锁的、咱们小区物业啥时候开门等问题。这样的问题通常能够引起更多人的兴趣和参与，从而提高添加微信好友的概率。

（3）怎么问

你需要注意以下三点。

◆不要频繁地问

如果你在一个群里一直问，效果就会迅速打折扣。建议两三天问一个问题，而且每次的问题类型最好不要重复。比如，今天问“哪里有好吃的川菜”，过两天再问“哪里有好吃的烤串”，这就不太好了。

◆问的时候注意语气

保持自然，不要刻意提问。

◆引导“被动添加好友”

一般问完问题后，可以加上一句：为了不影响群里的其他人，知道的小伙伴可以私聊我哈（配上一些表情效果会更好）。

（4）主动地加别人

如果发现没有人加你，那么不妨在群内积极参与聊天。当有人给出建议时，你可以主动添加他们为好友。打招呼的话一般可以是：你好，我对你在群里提到的内容很感兴趣，可以详细聊聊吗？

（5）添加后的处理

添加好友后，你可以主动发起聊天，以建立初步联系。同时，你也需要适时终止聊天（不要给自己增加无谓的社交成本），一般可以说：谢谢啦，我再看看，先去做饭了；谢谢啦，回来我去试一下，先开车了。

五、通过分享内容和赠送礼物来加好友

用这种方法的时候，需要注意三点：找到合适的平台、需要真正有价值的干货内容、引导加人的相关技巧。可以说，我们现在 50 多个微信号，20 多万的高黏性社交资源（微信好友，并且大部分都是小微创业者），至少有 70% 以上的人是通过这种方式添加的。

【私域实战技巧 7】分享内容送东西，被动添加微信好友

在这个实战技巧中，你需要具备干货产出能力。在其他的私域实战技巧中，我们会给大家详细讲解：如何产出受欢迎的干货内容。

（1）在什么样的平台分享

目前，主流的平台就这么几个：知乎、今日头条、短视频平台（抖音、快手等），以及跟你自己目标受众相关的专业平台。针对我们的目标受众——互联网小微创业者，我们主要在千牛头条、卖家网等平台进行分享。

（2）需要真正有价值的干货内容

如果你自己在某方面是擅长的（或者是感兴趣的），那你一定可以找到一个合理的方式进行分享。下面举几个小例子。

◆我有一个学员，非常喜欢星座占卜的内容。她就在抖音上拍摄一些小视频，分享这

些小知识。通过这种方式，她加了很多的粉丝，开始卖星座元素的水晶饰品。

◆我们公司的一个小姐姐很会化妆，拍了很多化妆的短视频，发在抖音上。通过这种方式，她积累了一大批的粉丝。

(3) 引导加微信好友的相关技巧

绝大多数平台都不会让你在分享的内容里面直接加微信号，所以我们必须通过适当的方式进行引导。这个没有明确的方法，因为平台会不断地改变规则，所以你只能不断尝试。比如，抖音里一般都会说：评论区回复 XX，免费领取一套 XXX。当有人回复的时候，我们让对方添加微信即可。

六、发传单——复古但很高效的加好友方式

很多人看不起发传单，觉得这是一种已经被淘汰的方式。然而，只要你在设计、引导、发放等环节注意一些细节，这种方式的性价比还是非常高的。

（一）用具备实用价值的小东西代替传单

如果只是一张纸，那被快速丢掉的概率确实很高。然而，如果是一些有使用价值的小东西如车挂、纸巾、小扇子呢？这些小东西的成本非常低。你可以到 1688 网找这些东西，通常只需要几百元就可以定制一大批。这些有使用价值的小东西，最起码不会被快速丢掉，且在高频使用的过程中，可以让你的引导广告信息重复出现。

利用这种方法需要注意两点：第一，用什么东西；第二，上面的文案怎么设计。自己可以在 1688 网上寻找产品的定制厂家。

比如定制的纸巾，在批发网站上，成本不足 1 元。只要文案设计得当，这种策略的加粉效果会很好。

你可以在 1688 网上搜索“挂钩广告卡”“门挂卡广告”。“挂钩广告卡”“门挂卡广告”可以双面印制，可以挂在家里的门上，也可以挂在车把手上。这种传单主要有两个优势：一是由于其异形设计，人们不会轻易扔掉；二是这种传单具有一定的用途。

你可以在 1688 网上搜索“小扇子定制”。这种小扇子形式多样，成本低廉，每个才几毛钱。只要文案设计得当，它非常适合在夏天替代传统的传单。此外，你还可以根据自己的目标受众来定制小扇子的风格和文案。

（二）把传单设计得有吸引力

一般情况下，我们会规避那种常规的宣传单模式（A4 纸或者 32 开等），因为这是最容易被丢弃掉的。举个简单的例子：在很多高校里，大家经常在教室里发现各种培训的、考驾照的传单，但是这种传单不用说被看了，很有可能刚发下去没多久，就被打扫卫生的阿姨收走了。

其实你可以简单核算一下成本：你发传统的简易传单，一张成本是 5 分钱，但是你可能要发 300 张到 500 张传单，才能得到一个粉丝，相当于每个粉丝的成本为 20 元左右。如果你印制一些异形的传单且文案设计较为突出，一张印制成本可能要 2 毛钱，但是你可能发 20 张传单就可以得到一个粉丝，相当于每个粉丝的成本为四元。

你可以在1688网上搜索“异形传单”并根据自己目标受众的实际情况，选择合适的传单形式。当然，你也可以自己设计传单。

（三）发的时候要有针对性

发传单的传统思维是：有足够的量——会有人感兴趣——会有人转化，这种思维模式做起来很累，关键是你很受打击（发了很多，基本没什么效果）。所以我们要把思维模式转变成：关注每一张传单的效果。因此，第一步就是：发的传单要有针对性，也就是发给那些最有希望成为你目标客户的人。根据我们的经验，有以下几点提醒大家。

（1）对方会不会很熟练地运用微信

我们发传单的目的是添加微信好友。因此，在发放传单时，我们应该避免将传单发给那些不能熟练使用微信的人，因为这样做达不到我们加微信好友的目的。

（2）对方是否具备购买力

比如说中小学生，他们能够很熟练地应用微信，但并不一定具备相应的购买力。或者农村的一些用户，用微信也没有问题，但他们很显然更适合快手、拼多多等。对于这类用户，也没有必要给他们发传单。

（3）明显不是目标受众的人不要发

有些群体不会成为你的粉丝并且形成购买力。这就需要你了解自己的目标受众，并逐渐积累识人的经验。

（四）核心强调：传单的内容和文案设计

传单设计主要涉及两方面的内容。第一，要吸引目标受众的注意力，让目标受众对传单感兴趣。我们可以把传单设计成异形、有一定使用价值的实物等。此外，印刷传单的纸张不要太差，要有一定的品质感。第二，要注重发挥传单的吸引转化作用。这里的转化指的是加粉转化或反应转化，比如给你打个电话什么的，就代表一种反应。吸引转化靠的是内容和文案设计，包括营销活动设计、文案设计等。

七、利用双重诱饵加微信好友

【私域实战技巧8】利用双重诱饵加微信好友

这种方法通常以一定的小礼物为代价，通过设置双重诱饵的方式，吸引别人添加你为微信好友。此方法的主要涉及以下内容。

（1）双重诱饵的选取和设定

第一重诱饵一般为实物，第二重诱饵为虚拟产品，比如课程、优惠券、红包、会员等。为了防止对方加了自己好友后就删除，第二重诱饵的账面价值一定要比第一重诱饵高。比如，健身教练可以把弹力带等几元的小礼物作为第一重诱饵，把自己录制的针对这个弹力带的健身课程作为第二重诱饵，以此来吸引别人加自己的微信好友。

（2）小礼物的针对性

在选择小礼物时，我们应根据自己的人设和定位来做出决策。在这里给大家举几个简单的例子。

◆多肉植物

三五元可以买到质量非常好的多肉植物。你可以跟蛋糕店、水果店、小便利店等合作，在店铺门口摆个小摊位，不用给他们钱，因为你可以给他们带来客流量。你可以这样说：无须复杂的步骤，只需拿出手机，轻轻一扫易拉宝上的二维码，添加好友成功后，即可获得一盆多肉植物。此外，你还可以与对方交流养多肉植物的一些小知识，或者分享自己录制的养多肉植物的课程。

◆各种日用小百货

你可以在1688网上搜索“义乌小百货”，买十几种几元的东西。只要对方扫码添加你为微信好友，就可以免费任选一件。这个方法还可以延伸出一个更高效、成本更低的方法：摆摊送东西。具体的操作如下。

你可以找人流量大的地方，如小区门口、菜市场门口、超市门口、商业街天桥、学校球场边上，摆摊卖日用小百货。只要对方扫码添加你为微信好友，就可以免费送（或者1元购）。

◆小毛绒玩具

在1688网上搜索“毛绒玩具”，你可以把价格控制在5元以下。操作的手法跟上面的日用小百货差不多，只不过这种产品适合年轻的大学生或者宝妈。你可以根据实际情况选择恰当的地点，利用摆摊的方式添加好友。

当然，如果你想让活动更有针对性，不妨直接找到目标人群并通过赠送物品的方式添加对方为好友。这样做虽然可能减少添加的人数，但效率会更高。

（3）小礼物的价值感

不要因为是送的东西，就用粗制滥造，看起来档次、价值非常低的东西对付，那样即使加上人，也比较容易被拉黑。网上有很多质量非常好，又很便宜的东西。你要学会根据目标受众的特征筛选合适的小礼物。

八、线下渠道送试吃

这个方法跟上面“利用双重诱饵加微信好友”的方法有异曲同工之处。只不过这种方法的第一重诱饵为试吃，第二重诱饵为这款产品的优惠券。

【私域实战技巧9】通过在线下渠道送试吃的方式加微信好友

如果试吃的东西可以直接吃，就直接试吃。如果试吃的东西需要加工，就提前加工，比如鸡蛋可以提前煮好。这种方法的操作步骤如下。

（1）找到合作的场地

你可以在人流量较大的场所，如便利店、小超市、菜鸟驿站等，选择很小的一块儿地方，摆上几个样品。如果顾客想买你的产品，你也可以现场卖。此外，你还需要提前做好添加微信的易拉宝或者广告牌。

（2）与合作场地谈好利润分成

当然，如果你拥有自己的场地，那只需要配备适当的人员来管理和运营即可。通常情况下，现场销售的产品利润会相对较高，而在线下单的产品利润则可能会相对较低。

（3）在线设置好优惠券（或者红包）

利用一些在线购物的小程序，将商品上架，并设置好优惠券和红包。当对方有购买意向时，需要添加你为微信好友。然后，你可以在微信上把红包或者优惠券发给对方。对方收到红包或优惠券后，就可以直接下单，用优惠价格购买。

（4）试吃＋引导加微信

你可以让对方免费试吃。如果对方对产品感兴趣，就可能会询问价格。我们要确保正常价格也非常合适，比如一箱苹果 10 斤装，外面可能售价 50 元，而在我们这里只需 38 元就能购买。然后，你可以跟对方介绍：“现场预定，送货上门，立减 10 元，只需要 28 元。您这边扫一下我的微信，我告诉您怎么购买。”当对方添加了你的微信后，你把专门的优惠券（或者红包）链接发给对方，告诉对方如何使用，如何下单。

九、线下实体店加好友实操

线下实体店意味着一定数量的流量。随着线上冲击的加剧，你一定要珍惜每一个来店里的顾客，力争把他们加为微信好友，进入你自己的私域流量池，以便进行多维深度变现。

（一）美团等平台的线下商家

美团等平台的线下商家主要是各种小饭馆、水果店等。注意一点：对于这些上平台的线下小微创业者，如果不做私域流量，等待他们的就是“上平台找死，不上平台等死”的困局。虽然很多线下商家已经意识到私域流量的重要性，但是在运营变现环节却表现得非常乏力。

【私域实战技巧 10】美团等平台上的线下商家如何拓展私域流量池

单纯从加好友来看，线下商家做私域流量，实际上就是把平台当成公域流量池，通过利诱的方式，把流量真正变成自己的，而不是平台的。在实际的操作过程中，有以下三个技巧要注意。

（1）你的产品要给力

这是做私域流量的基础，比如做餐馆，如果饭菜没有特色、不好吃、价格贵，那么即使你把私域流量积累起来，也是个累赘。先不说后期变现问题，光是处理售后和应对吐槽就能让你身心俱疲。所以，你会发现，越有特色的小店越容易积累私域流量。只不过很遗憾，太多的人依然用做平台电商的逻辑运营私域流量，导致辛辛苦苦积累起来的资源被挥霍掉了。

（2）利诱是根本

想让别人加你，其实很简单：平台上有订单的时候，你在订单的包裹里面，加上一张小卡片或者宣传单，然后吸引别人添加你为微信好友。如果对方不是对你的产品超级感兴趣，并且是你极其忠诚的客户，在没有利诱的前提下，添加你为好友的概率很低。

具体用什么东西做诱饵，需要根据自己店面的实际情况来定，基本要求就是：有足够的吸引力，成本可控。下面给大家提供一些思路。

◆微信群专属特权

当然，你要让对方添加你为微信好友，然后再把对方拉进群。如果你运营的是一个有特色的小菜馆，可以在群里每天公布一款特价菜。特价菜一定要有特色，价格要极具吸引力，不赚钱甚至微亏都没有关系，因为顾客通常不会只关注一个菜品。

如果你运营的是一个面包房，那么你可以把店里最有特色的产品每天做限量供应，然后优先在微信群里面预订。在我住的小区附近，有一家名为“牛角先生”的店，店里的牛角面包非常受欢迎。他们的做法就是让大家加微信，并在微信群里优先预订牛角面包。如果你直接去店里买牛角面包，很难买得到。

◆加微信领红包

加微信领红包是一个很平常的套路，但是依然有效。红包不要太低，也没必要太高。5 元左右的红包比较合理。

◆在线的专业指导

在线的专业指导通常适合相对比较特殊、对“专业指导”需求比较大的产品。我有一个客户是做轻食（低脂低卡的健身餐）的。可以预见，只要是在平台搜索和订购这种餐食的，要么是健身的，要么是怕长胖的。所以，当时我们给他的一个建议就是做一张小卡片，上面写上：加专业老师的微信，可以指导你如何科学安排每天的饮食和锻炼，能够快速瘦身、减脂、增肌。

◆优惠券红包等

优惠券红包等适合那种有自己小程序的店铺（其实现在有很多小程序的平台，每年的费用多的也就一两千元，便宜的有几百元的）。你可以让粉丝在小程序里面下单。只要粉丝添加你为微信好友，你就可以送优惠券、红包等。从运营私域流量的角度看，这种小程序对于你加粉、运营私域流量等，帮助都很大。

◆交流社群

交流社群的实际效果关键看文案和社群的运营能力。如果运营不当，即使加了好友，也很可能面临僵尸粉的问题。比如，你可以尝试建立基于位置的吃喝玩乐交流群、互助群等。

（3）拓展变现渠道

在运营私域流量时，很多线下的实体店常常陷入困境：如果他们不投入时间和精力去维护私域流量，私域流量很快会失去活力；如果他们投入资源和精力去维护私域流量，就会发现可变现的产品和时机寥寥无几。

这时候，如果想让整个私域流量的运营稳定持久下去，就一定要拓展变现渠道，充分挖掘客户的终身价值，实现多维变现。这种变现渠道的拓展思路如下。

◆开展社区团购

线下实体店通常会基于位置建立私域流量池，所以很适合开展社区团购。记住，社区团购的产品必须是高性价比的好产品。只有提供高性价比的好产品，才能够赢得消费者的信任，从而维护并扩大你的私域流量池。

◆售卖其他产品变现

如果你能够找到合适的供应链，就可以在不干扰原有盈利项目的前提下，通过其他平台提供的产品来增加收益。

◆与周边其他的实体店合作

比如，如果你运营的是小饭店，那你可以找健身房合作，在你的私域流量池里面，售卖私教的体验课。

（二）便利店、小超市、菜鸟驿站等

这些线下实体店的最大特色就是人流量很大，所以应该充分利用这一优势。我一直强调一句话：流量就是水，流走就流走了，不用就是浪费。这些店面人流量大，但是缺乏有特色（或者定位明确）的产品，所以做私域电商的前提是先把流量储备起来。

【私域实战技巧 11】便利店、小超市、菜鸟驿站等如何储存私域流量

在实践过程中，我们总结的方法和经验如下。

（1）做试吃

试吃是非常好的方式。当然，你可以不以自己的身份，而以合作方的身份进行试吃活动。在店面里布置出一小块儿位置，一定要做得正式、干净卫生。

你需要准备好一些样品，可以选择不售卖或者设定一个稍高的售卖价格。同时，准备好易拉宝，把微信二维码和引导文案放在上面。引导文案的内容通常是：加微信好友，可以立领 XX 元红包、抵用券等。在对方添加你为微信好友后，你可以把购买链接和现金抵用券发给对方。

（2）组织社区团购

菜鸟驿站、小超市等人流量大的线下场所，由于其直观展示样品的特点，非常适合将社区团购与试吃活动相结合。我们已在多个菜鸟驿站进行了测试，其中表现最好的一个站点，在一天内成功添加了 300 多位微信好友，并售出了 150 箱苹果。

（3）送东西建粉丝福利群

小超市、便利店会有大量的临期商品。这些临期商品可以用来做赠品或福利活动。你可以在收银台放置一堆临期商品，让顾客在添加微信好友后任选一件。这里面要注意三个小细节：第一，不要用真正过期的商品，以免被发现后产生不良影响；第二，注意控制成本；第三，当加到一定数量的微信好友（例如六七十人）时，就建立粉丝福利群。

（4）建立社区交流群

便利店、小超市、菜鸟驿站等一般都是针对特定社区的，这使得社区交流群更容易形成归属感。如果你的小区没有这种群，建一个社区交流群几乎不用花什么成本。你可以在店面的明显位置放上易拉宝，但要注意易拉宝的设计和上面的文案。此外，社区交流群不仅要有专人管理，更重要的是要真正为小区业主谋福利，这样才能真正发挥其作用。

十、一些特殊身份人群的加人方式

如果你本身就有一定的特殊身份，那么在加好友的时候，可能就会有一些得天独厚的优势。你可以在做好本职工作的同时，做做私域电商，充分挖掘每一个流量的终身价值。

拥有特殊身份的人群，如老师（尤其是大学老师、幼儿园老师）、健身教练、销售人员、房地产中介等，可以利用他们的专业知识和服务吸引目标受众添加他们的微信。一旦成功加上了目标受众的微信，他们就有了后续维护和运营变现的机会。

十一、通过电话号码添加微信好友

如果你手里有大量的电话号码，就可以采用这种方式添加微信好友。采用这种方式时，需要注意四个操作细节。

（1）一定要提前告知，不要贸然添加

通过电话添加微信好友前，你一定要通过电话的方式和对方沟通一下，在电话里最好征得对方同意，然后再添加对方为好友。

（2）用上一定的利诱

由于电话营销泛滥，许多人接到这种电话后会很快挂断。为了保证成功率，我们需要加上一定的利诱手段。比如，针对淘系商家，我们打通电话后，就会分别以免费的店铺诊断、免费课程、干货运营大礼包等为利诱，确保顺畅添加微信好友。

（3）最好让对方添加你

无论是使用已久的老号，还是新注册的账号，主动添加微信好友都会受到一定限制。因此，如果能让对方添加你，将会是最好的结果。

（4）千万不要上来就做广告

添加微信好友后，有一个重要的注意事项：如果马上进行广告宣传，非常容易被拉黑，从而前功尽弃。因此，你应该先致力于维护与运营这段新建立的关系，逐渐建立信任。

十二、线上店铺如何添加微信好友

如果你的网店运营得当，那么在吸引新用户、扩大用户基础方面，就拥有得天独厚的优势了。每一个发出的包裹，每一笔完成的订单，都为你提供了与客户建立联系的宝贵机会。

【私域实战技巧 12】线上店铺如何储存私域流量

在实际的操作过程中，需要注意以下几个问题。

（一）要多重“保护”

很多商家会想到在包裹里放一张小卡片（或者是一张传单，高端一点的会放上一个小册子）来吸引客户添加微信，但这种方式的添加率并不高。为了提高添加率，我们通常需要设置至少三重保护措施。

◆第一重，付款成功后，系统自动发一条短信请添加好友。现在有很多第三方老客户营销软件，这种操作很好设置。一条短信的成本也就是几分钱。

◆第二重，配送成功后，系统自动发一条短信，邀请添加好友。

◆第三重，在包裹里面放一个传单，邀请添加好友。

（二）一定要给别人一个加你的理由

当然，讲到这里，很多商家想到的第一个（甚至是唯一一个）别人加你的理由一定是：发红包并要求好评返现。这种方式在很多平台（比如淘系）被视为违规操作。即使不考虑违规问题，由于这种方法已经过时，其加粉效果并不理想。当然，这并不是说发红包完全不行，而是我们应该根据产品和目标受众的特点来探索更具创新性的方法。接下来，下面将为大家介绍一些在实际操作中非常有效的方法。

（1）一些有一定专业性的产品

有一定专业性的产品包括健身器材、医疗器械等。下面给大家举三个例子。

◆食疗养生膏方。我在2016年的时候，为了调养身体（湿气重），就从天猫上买了一个祛湿的膏方。下单后，客服给我发了一条短信我加养生专家的微信，并告知我膏方怎么用。

◆婴儿益生菌。前些天，我的女儿有一些肠胀气，所以买了瑞典拜奥的益生菌滴剂。打开包裹后，里面有一张小卡片，上面的文案很简单：营养妈妈更懂妈妈，请您添加三级公共营养师的微信，他会指导您如何使用的。

◆健身小器械。我朋友专门卖那种家用的健身小器械，比如小哑铃、弹力带等。发货时，他会在里面放一个小卡片，上面写道：添加专业健身教练微信，他会告诉你如何利用这些健身小器械。

（2）一些可以形成兴趣交流的产品

可以形成兴趣交流的产品包括宠物用品、烘焙用品、户外登山用品，以及各种体育用品等。一般的话术都是：欢迎添加微信，加入XX兴趣交流群。群内有很多撸猫爱好者（铲屎官）跟你一起分享宠物的点点滴滴哦。此外，群内还有专业老师不定期为大家分享养猫知识。

这里注意，最好给你的社群起个好听的名字。你的社群规模越大，形成的合力就会越强。

（3）一些能够提供虚拟“诱饵”的产品

在吸引别人添加你为微信好友时，如果你还能提供一些虚拟产品作为诱饵，那么建群会更方便。比如，你卖弹力带，那么就可以在宣传单上写：加专业健身教练的微信，立刻解锁弹力带的20种家用健身方法，并能够得到专业健身教练的指导。

（4）一些针对特定圈层人群的产品

针对特定圈层人群的商品包括汽车用品等。如果你是做汽车用品的，那么你就可以建立全国性质的各种汽车品牌的车主群。这种车主群一旦建立起来，归属感会特别强，且具备巨大的变现潜力。

（5）一些针对特定需求的产品

针对特定需求的产品包括针对糖尿病人、婴儿、老年人的各类产品。这些人的需求都是特定的。你可以通过建立私域流量池、提供价值等方式，进行私域变现。

（三）不赚钱甚至微亏的情况下，能走量的方式都走

我一直强调一个观点：对于平台电商来讲，想赚钱其实很难（当然，如果你的线下品牌很厉害，赚钱还是没问题的，平台仅仅是一个渠道而已），所以每一个平台商家必须做私域电商。

如果你以添加好友为目的，那能够在不赚钱或者微亏的情况下走量，一定很划算。因此，只要是能走量的方式，你都可以尝试。当然，如果你还能赚钱，那就更完美了。

（四）尽量选择有明显优势的产品

有明显优势的产品就是你的这个引流产品（引的是私域流量）。这类产品不管是在特色、细节还是价格方面，都应该具备至少一个突出优势，以便用户能够一眼看出其与众不同之处。

（五）千万不要每天发广告

这其实涉及的是后期运营问题。如果你每天都发广告，那前期的努力就全都白费了。记住：用公域流量的玩儿法做私域流量，必输无疑。

十三、一元代取快递

这种操作模式相当简单：设计并印制好传单，然后在你所在的小区里面发放。传单的内容就是“一元代取快递”。我们测试过，这种方式能够快速吸引客户，从而建立起私域流量池。当然，代取快递服务本身并不能赚取太多利润，真正的盈利点在于后续的双社电商模式。

如果家里有 5 岁以上、具备一定社交能力的小孩儿，还有一个高效的方案：可以印制一些小名片，让孩子在小区里面发放。名片的内容如下。叔叔阿姨、爷爷奶奶、哥哥姐姐，我是 XXX，如果你们有事情不能去取快递的话，可以加我或者我妈妈的微信哦。我力气很大，只要是 1kg 以下的东西，我都能取，每件只收一元。您可以加我或者我妈妈的微信，我们会一起为您服务。

这项服务不仅能锻炼孩子的自力更生能力，还能让孩子通过跑来跑去锻炼身体。

第三章　朋友圈维护实操技巧

不管是否建群，在私域流量运营中，朋友圈的维护都是必需的。理念的传达、产品的介绍、活动的介绍、爆品的打造、价值的分享、人设的打造等，主要都是通过朋友圈的维护来实现的。

一、必须先弄清微信朋友圈的本质

最近几年，频繁听到这样的话：现在谁还看朋友圈，只要一打开，全都是微商在做广告。这确实是一个悲哀，一个原本极好的基于社交的营销工具，就这么被传统的微商给糟蹋了。虽然你现在有超多获取信息的渠道，如今日头条、新闻客户端、微博、公众号、百度等，让你对朋友圈的依赖有所降低。虽然确实有很多的微商刷屏广告、无脑炫富、无脑心灵鸡汤、传销式招代理，让朋友圈乌烟瘴气。然而，你必须承认，在打开手机的时候，你哪怕只是看个时间，还会习惯性地打开微信，看看有没有消息。而点开微信后，顺手浏览朋友圈也是自然而然的行为。

如果你想通过朋友圈实现营销目标，那必须明确一点：用户希望在朋友圈看到什么内容。因此，营销信息的核心在于传递用户真正关心的内容。

想象一下，你希望在朋友圈看到什么呢？是铺天盖地的产品广告、无脑式的炫富，还是令人反感的心灵鸡汤和负能量抱怨？答案显然是否定的。因此，那些传统微商频繁发布这些内容的做法，无异于将自己困入了死局。

朋友圈的本质是什么？答案很简单：社交。消费者希望在朋友圈看到的是微信好友的真实动态、情感分享、有价值的文章（如短视频、小游戏、直播）、好看的图片等。

所以，你应该明白在朋友圈发布什么内容最为合适了。

二、朋友圈维护的基本原则

朋友圈是私域流量运营的重要阵地。你要搞清楚在朋友圈发什么、怎么发、发多少的问题。下面我们来讲一些基本原则。

（1）什么能发，什么不能发的原则

发你的微信好友想看的东西，他们不想看或者不喜欢看的东西，就不要发。具体到细节，需要考虑如下内容。

◆充满负能量的东西不要发。

◆丑化别人的东西不要发。

◆违背主流价值观的东西不要发。

◆可以发你的自拍、生活动态。

◆可以发你看到的好的内容。

◆可以发一些励志的内容。

◆推荐一些你认为很好的东西。

◆可以发一些对热点的评论。

◆可以发平台集中营销的一些爆品。

我们之所以对朋友圈刷屏广告感到反感，就是因为他们发出来的东西，自己都没有试过。因此，我们才强调，如果要发产品的广告，一定要注意四个非常细节的内容。

第一，最好自己亲身测试。当然，这要根据自己的实际情况，其一经济上是否允许，其二是否真的需要。只有你自己测试过了，才可以判断是否可以推荐给你的微信好友。更重要的是，你才会有更多的个性化的、属于你自己的推广素材。这样看起来更真实，社交属性才会更强，转化率才会更好。

第二，集中精力推广少数精品。在朋友圈发布产品广告时，切忌频繁推送大量内容，以免浪费私域流量。如果你一次性推送了过多产品，会给人一种你没有真正试用过的印象。在私域环境中，没有亲身体验的产品推荐，很难获得他人的信任。因此，推荐产品时，一定要选择少数精品，并集中精力进行推广。

第三，推广时要有节奏感。比如，最开始你发的朋友圈可以是“我准备买回来试一下”，过两天再发你试用（使用）的体验，最后再给出推荐。

第四，不要直接发链接或者二维码。每次推广都应附上你自己的推荐语，并在下方提供宣传海报、购买链接等。

（2）发多少的原则

如果你分享推荐的东西一直都是很有价值的，那么一天发上几十条也没关系；但如果你发的是用户不爱看的东西，那么发一条都是多余的。从我们自己的精力、用户体验度、朋友圈运营效果三方面综合考虑，每天朋友圈的数量控制在5～10条都是合理的。如果你需要集中推荐一些爆品或者爆款活动，那么数量可以增加。

（3）什么时间发的原则

在社交电商或者微商培训时，有些“大咖”会言之凿凿地告诉你：每天6：00—8：00，12：00—13：00，17：00—19：00，21：00—23：00发朋友圈最为合适。因为在这几个时间段，人们是有时间看手机的，所以你发的东西更容易被看到，营销目的也更容易达到。咱们先说说这种言论中的逻辑错误。

第一，如果所有人都知道这些时间点大家有时间看手机，都在这几个时间段发，那你确信你发的内容更容易被看到吗？

第二，“被看到”和“被注意到”是一个概念吗？你要注意，用户在刷朋友圈的时候，会刷很长时间，所以相比于你什么时候发，你发的内容更关键。

第三，这几个时间段人们真有时间看手机吗？这个结论是“大咖”们自己“臆想”

的，还是有数据支撑？手机最大的特点就是把人们的生活碎片化了。你难道只有这几个时间段看手机吗？你吃饭、坐公车、工作、开会的时候都不看手机吗？

所以，在大多数情况下，你想什么时候发朋友圈就可以什么时候发。尽管有些“大咖”会推荐特定的时间段，但我们发现，除了深夜等少数时间段外，发朋友圈的时间对营销效果的影响并不明显。

三、朋友圈维护的实操技巧

大多数情况下，除了考虑一些基本原则外，对于朋友圈的维护并没有太多严格的限制。下面分享一些朋友圈维护的实操技巧。

（1）自己试用后再推荐比不用直接推荐的效果会更好

在进行商品推荐时，各个小微创业者一定要亲自测试。具体原因如下。

◆你买回来一定是很合适的

对于我们的双社电商项目，平台选取的商品在定价上已经具备很高的性价比。当你自用时，平台的系统设置允许你获得销售佣金，从而使你能够以非常优惠的价格购买商品。特别是对于那些有自己产品或者能够找到合适供应链的人来说，亲自测试就更加重要了。

◆你自己用过之后，可以增强对产品的信心

其实道理也很简单：一件事情也好，一件产品也罢，如果连你自己都不自信，或者没信心，那么你在推荐的时候一定会有束手束脚的感觉。只有你自己有信心，在推荐时才会更“硬气”。

◆你自己用过后，可以提供更多的推荐素材

通过使用产品，你能获得大量个性化的图片和视频素材。这些素材都是个性化的。在推荐爆品或者爆款活动时，相比于通用的网络素材，你自己的个性化素材更能吸引粉丝的注意。

◆推荐自己用的东西，更具备社交属性

你推荐的商品或服务，必须是你真正使用过并觉得好的，而不是仅仅因为你看到或感觉它不错就进行推荐。这种区别在用户体验上尤为明显，稍加留意就能感受到差异。所以，我们很抵制那些持续刷屏推荐大量商品的微商。无论是传统微商、淘宝客，还是所谓的社交电商，若采取这种方式，最终很大概率会失败。

（2）分享产品或者内容时，一定要加上自己的推荐文案

很多人确实喜欢分享，只要看到好的内容就一键转发到朋友圈。从社交的角度来讲，分享一定是要有理由的。所以，不管是分享内容，还是分享产品，都要加上自己的推荐文案。这种推荐文案也没有什么固定的格式，注意以下三个小问题即可。

◆字数不要太多，三四行即可。没必要长篇大论，可以说一些你的感受、你的观点，说一下你为什么推荐。

◆引导粉丝点开链接。一般在推荐文案的最后，加上一句话，表达的意思就是：感兴趣的话可以点开下面的链接。

◆适当用一些极限词、感叹词等。你的推荐语可以是：这是我见过最好的一篇关于如何育儿的文章；原来冬天这些东西都不能吃，我竟然长期吃第二种；对于这种无耻的行为，我们必须坚决抵制……

（3）不要遮遮掩掩

有一部分人好像觉得赚钱是一件很丢人的事情，既想赚钱，又怕被别人知道自己在卖东西，所以在朋友圈遮遮掩掩，不敢说自己是干什么的。如果真是这样的话，那我劝你放弃这件事情。通过自己的努力和本事合理合法地赚钱，不仅不丢人，反而是一种值得尊重的行为。所以，在朋友圈里面，该推荐商品就推荐商品，大大方方地告诉别人自己是做什么的。按照正确思路和理念运营私域流量，你不仅不会透支社交资源，反而会因为持续分享有价值的内容而成为一个意见领袖。

（4）展示出来一个活生生的人

从最本质上来讲，做私域电商是对“人”的运营。我们可以这样理解：人逐渐成为购物的核心入口。这种观点可能会颠覆你的认知。在传统理解中，我们通常认为购物的入口是线上或线下的售卖渠道。然而，如果你在日常生活中发现了越来越多的如下现象，那就说明，“人”正在逐渐成为购物的核心入口。

◆相比于电视上那些运动品牌的广告，在选择篮球鞋的时候，你更愿意相信你的篮球教练的推荐。

◆你大学同学的弟弟在澳洲留学，顺便做代购，所以你们家的很多消费品，都是通过他的朋友圈推荐，然后代购过来的。

◆你的岳母很喜欢某一个情感网红。不管这个情感网红推荐什么产品，你岳母购买的概率都很高。

◆你在刷朋友圈的时候，发现你的同事周末去了一家小龙虾餐厅。这家餐厅看起来很好。你向朋友要了这家餐厅的地址和联系方式，准备下个周末带着家人过去。

上述场景都说明，“人”正在逐渐成为新的购物入口。基于此，你一定要在朋友圈发一些生活的动态、自拍照等，进行真正有意义的社交。

（5）努力打造一个人设

其实，打造人设的过程就是塑造意见领袖形象的过程。关于如何打造意见领袖，我们将在本书中进行详细讲解。在这里，我想先提醒大家注意几个关键点。

◆你一定要找到自己的专长或者兴趣点

专长和兴趣点是打造成功人设的核心要素。你不要觉得自己什么都不擅长，对什么都不感兴趣。哪怕你就喜欢吃喝玩乐，照样可以打造人设。我在天津的一个朋友，就是喜欢各种吃，天津大大小小的餐馆，各种有名的、没有名的吃饭的地方，都门儿清。大家想吃什么的时候，经常会在微信上问他。后来他干脆就建了一个群，在群里分享自己吃过的好吃的餐馆。有谁想找好吃的，也可以直接在群里问他。后来群里有了300多人，他搞了一次团购，团天津本地的一家店的酱牛肉。通过这次团购，这家店的酱牛肉一天就卖了200多斤。因此，只要你有自己的兴趣爱好，就一定有机会打造人设。

◆分享和推荐一定不要敷衍了事

打造人设一定要通过分享和推荐来进行，其实道理很简单：你给别人提供价值，别人才会信任你。所以这一点很关键：你的分享和推荐一定不能敷衍了事。换句话说，你一定要给目标受众提供真正有价值的东西。你决不能仅仅为了赚钱而推荐，推荐的产品一定是真正高性价比的产品。

◆保持活跃

打造人设的本质目的是维护社交资源。你在朋友圈和社群里要保持一定的活跃度。看到别人发的朋友圈，一定要点个赞；如果你可以发表见解，就评论一下别人发的朋友圈；要多在微信群里面发言，有人说话就回复一下；对于你自己的群，每天发言，维持社群活跃度，是你基本的运营职责。

◆乐于助人

一个喜欢帮助别人的人，更容易得到尊敬（实际上，你爱帮助别人，这本身就是一种非常好的人设）。所以，当有人在群里问题时，你要积极回答。当别人遇到困难时，你要尽力帮别人解决问题。

◆坚持下去

其实这一点说起来最简单，做起来最难。打造人设不是一天两天的事，需要长期坚持。

（6）经常跟别人在朋友圈互动

这一条在前面已经提到了，目的很简单：刷存在感。除了发朋友圈外，你还要经常给别人点赞、评论等，注意评论的时候，不要找别人不爱听的说。别人如果给你评论了，一定要注意及时回复。

（7）学会在评论区营销

因为折叠、推荐技巧等问题，一个优秀的私域流量运营人员一定要学会在朋友圈的评论区进行营销。在长期实践过程中，我们总结出以下几个技巧。

◆发圈推荐（或者介绍），评论区引导下单

在发朋友圈时，你需要以推荐、介绍为主，可以在评论区评论，以评论引导下单。具体可采用以下话术：可以点击上面的链接直接下单购买；可以直接长按上图识别二维码购买；感兴趣的话可以点开上面的链接看一下；如果你也想要，可以微信联系我，我发你购买链接。

◆评论区进行继续教育和引导

其实，评论区的继续教育和引导是对朋友圈内容的补充。在发布朋友圈时，我们可以先发布核心内容，然后通过评论区发布补充内容。

◆集中回复问题，进行二次营销

我们可以通过公开评论的方式进行集中回复。这样不仅能解决用户的疑惑，还能实现二次营销的目的。这种方式实际上与上一条提到的策略有异曲同工之处。

◆私人问题，公开回复

尤其是对一些询问下单方式的评论，采取公开回复的方式最为妥当，因为这种方式能确保所有人都看到。比如，你可以回复：王总，您要的五箱苹果我已经给您安排好了，等着收货就行了；张姐，这款苹果您放心，不好吃我全额退您钱。

（8）注意朋友圈折叠问题

朋友圈折叠包括部分折叠和全部折叠两种。如果你写的字数太多，那只能显示其中的一部分，剩下的部分需要点击“全文”查看。对于部分折叠问题，我们通常要注意以下两点。第一，把需要在微信朋友圈发布的内容分开，其中一部分内容直接在朋友圈发布，另一部分内容通过评论区补充。第二，朋友圈内容应避免过于冗长，因为用户通常是在碎片化时间里浏览朋友圈，难以持续专注于长篇内容。

全部折叠通常发生在你有多个账号并复制粘贴相同朋友圈内容时。如果原朋友圈的内容字数稍多，进行复制粘贴就可能导致全部折叠。在这种情况下，首先要注意精简内容，尽量避免全部折叠的情况发生；如果内容确实难以精简，可以通过评论区进行补充。

（9）学会配图（图文并茂）

相比于干巴巴的文字，图文并茂的表达方式更容易被关注。一方面大家要养成在日常生活中随手拍照的习惯；另一方面要积累好看的图片。

（10）注意对积极健康的生活理念的日常传播

我们的双社电商项目所面对的目标受众是“彩虹族”。彩虹族是能在工作、生活中寻找最佳平衡点，每天生活都如彩虹般健康的人群。因此，我们要求所有小微创业者在朋友圈传播正能量、积极向上的内容。

（11）学会在朋友圈预热和埋伏笔

如果你想策划一场秒杀活动，那千万不要等活动开始了才在朋友圈发布推文。一定要学会提前预热，提前在朋友圈发活动通知等。这种通知也可以采用埋伏笔的方式，以增加悬念和吸引力。

（12）擅长用朋友圈搞活动

你需要准备一些小奖品。虽然这种小奖品不需要花费太多，但能迅速激活你的微信朋友圈。你可以去 1688 网站搜索，那里有很多品质好、成本低的小商品。

（13）关于朋友圈发各种截图

在发朋友圈截图时，一定要确保聊天截图、成交截图、售后截图、复购截图、群聊天截图等的真实性，不要作假。在发布之前，最好征求客户的意见。如果客户不愿意，可以考虑给头像和昵称打上马赛克或者不发布。

第四章　建群实操

双社电商就是“社群+社交”。私域流量池的展现形式有两种：一种是朋友圈；另一种是你建立起来的微信群。在日常生活中，每个人都会加入各种各样的群，如工作群、老乡群、兴趣交流群、学习群、同行群、粉丝群、客户群等。我见过加群最多的人，是我的高中同学。他加入了各种各样的群，总数加起来有300多个。至于怎么运营和变现，那是我们后面会说到的内容。这部分专门讲如何高效地建立精准社群，并探讨如何在初始群的基础上实现私域流量池的裂变。

当前，社群的主要建立方式有直接拉人和利诱吸引建群两种。

◆直接拉人——建群者主动

这是非常普遍的一种建群方式，由建群者主动拉人（或者邀请人）建群。这种建群模式又分为有选择地拉人建群和无选择地拉人建群两种。其中，有选择地拉人建群指的是根据特定目的，将特定的人拉到一个群里。你可以把购买过你产品的客户拉到一个群里。你也可以把你熟悉的、认识的人拉到一个群里。因为这种建群方式有特定话题，所以被接受起来相对容易一些。用这种方式建群成功后，群主要把建群的目的、社群的定位、群规等讲清楚。这种未经别人允许直接拉人的建群方式属于“打扰式”建群。除非是极其精准的用户群，否则在初期（至少一周内）应以活跃社群为核心工作，例如组织社群活动、发红包互动等，避免直接进行变现。

无选择地拉人建群是一种最不可取的、没得选才选的建群方式。这种建群方式没有提前预热，没有任何目的，也没有选择性，就是直接把自己的微信好友拉到群里。更有甚者，一些人把好友拉到群里以后，就直接发产品的广告。被拉入群的人往往感到莫名其妙，认识你的人可能会好奇地询问这是什么群，而不认识你的人则更有可能选择投诉，这样一来，你就有可能面临封号的风险。

◆利诱吸引建群

这是一种比较科学的建群方式，通过朋友圈或者群发的方式进行预热，放出诱饵，吸引目标受众主动进群，或者主动联系你，要求进群。这种建群模式目的性强、容易维护、易于裂变。

一、每一个社群都应该有明确的定位

每个社群的第一件工作，就是让目标受众知道这个群的定位。我们经常会提到一个结论：社群7天必死。这是什么意思呢？就是微信群建立起来后，最多运营7天，社群就会变成一个死群：基本没有人愿意发言，群消息被屏蔽，不断有人退群，甚至被投诉。

造成这种结果的原因其实只有一个：进群的人在社群内没有得到自己想要得到的东西。也就是说，社群没有为他们提供所期望的价值或利益。群里要么就是成天发各种广告，要么就是没人说话，要么就是没有任何目的的闲聊（或者只有几个熟悉的人在那里聊得热火朝天）。这种群谁又愿意待在里面呢？所以，社群建立起来后，一定要有明确的定位，要在最短时间内（最好是在进群之前），让群里面的人知道你的社群是干什么的，在你的社群里面可以得到什么价值。这种价值可以分为以下几类。

（1）能够学习到东西

在群里可以学习到想学习的知识，这也是大量学习型社群存在的主要原因。只要你有特长，就可以轻易地建立起来这种社群，通过提供一些有吸引力的内容或服务，就可以实现社群裂变。然后，你又通过你的知识分享，轻松地建立起来意见领袖的地位（至少在社群内）。

（2）能够对接到资源

如果你建立的社群能帮助群内成员对接资源，那这样的社群也会非常出色。一般的行业交流群都是以资源对接为定位的。

（3）能够获取更多的社交资源

很多的同城交流群、老乡群、同学群、吃喝玩乐群、会议群等，都是以此为目的的，所以这种群一定要足够活跃，让大家多交流。

（4）能够解决一些特定的问题

这也是另外一种学习型社群。前面介绍的学习型社群侧重于集中分享，然后学习，群成员不知道自己应该从哪里学、学什么、怎么学。这里介绍的学习型社群更加注重实战性和问题解决能力，群成员期望在遇到具体问题时，能够得到群内其他成员或专家的帮助和解答。

（5）能够得到各种福利（或者优惠）

单纯的粉丝群或者客户群能够给群成员提供各种福利和优惠，比如秒杀活动、零元购活动、大额优惠券、优先购买权等。

（6）能够得到精神食粮

比如，我们的双社电商项目专门策划了一种以提升执行力为目的的社群。这种社群能为群成员提供精神食粮。

（7）能够赚到钱

赚钱在任何时候都是永恒的主题。创业群等之所以能够轻易存在，是因为它们为那些渴望赚钱的人提供了一个交流、学习和合作的平台。

二、打造快速建群的双重诱饵

相比于建群者主动拉人建群，我们更倾向于通过“利诱”的方式，让目标受众主动进群，或者主动要求进群。双重诱饵的作用体现在两方面：第一，把群建起来——积累种子用户；第二，迅速把群扩大——裂变。

（一）给用户一个愿意进群的理由（第一重诱饵）

每个人每天的社交时间都是有限的。用户为什么要进入微信群呢？这需要一个理由。其实，这个理由很简单，就是告诉用户你能提供的价值是什么（第一重诱饵）。举一个简单而直接的例子：如果你承诺每一个进群的人，每天都可以得到100元的现金红包，那么你就可以迅速地建起多个满员的微信群。即使你的微信好友数量不多，只要你的价值足够吸引人，就一定会有人主动帮你裂变群组。

当然，这是不现实的，因为不可能有谁傻到去做这件事情。所以，选择“成本低且价值高”的诱饵就非常关键了。结合实践经验，以下都是很好的诱饵，你可以根据自己的实际情况进行选择。

1. 干货资料

干货资料是我们建群时最常用的一种“诱饵”。对于你来说，干货资料的边际递增成本为零。你仅需要支付干货资料的制作成本。一旦干货资料制作成功，就没有后续成本了。

（1）找到目标受众的痛点（他们喜欢什么样的诱饵）

你要分析目标受众可能会对什么样的干货资料感兴趣。不用担心他们对什么都不感兴趣，因为任何一个人都有信息获取的需求，只不过大家感兴趣的内容不一样罢了。在寻找兴趣点时，一方面要考虑目标受众的需求，另一方面还要考虑你的社群定位。我在这里给大家举一些例子，帮助大家拓宽思路。

◆你想做大学生的群

你可以为大学生提供四六级的免费课程、考研的免费课程、特定职业资格培训的电子版资料、免费的大学生职业生涯规划课程等。

◆你想做小微创业者的交流群

你可以为小微创业者提供互联网项目汇总材料、淘宝店铺运营干货等。

◆你想做宝妈交流群

你可以为宝妈提供各种育儿视频、不同母婴用品的口碑排行榜等。

◆你想做本地的吃喝玩乐群

你可以为群成员提供最新的本地各种美食餐馆TOP排行榜等。

◆你想做生活社群（也就是没有什么特殊指向）

你可以为群成员提供在线健身课程、烹饪课程等。

（2）干货资料的形式

在日常操作过程中，常用的干货资料形式包括以下几种。

【私域实战技巧13】常见的干货资料形式有哪些

◆PDF格式的电子书

这种格式不仅可以在微信上直接发送，还方便在微信内部直接浏览。大家可以用Word文档、Power Point演示文稿等Office办公软件进行资料的收集和整理，再用一些软件将文件转化为PDF格式即可。

◆视频干货

你可以自己录制视频，也可以从网上搜集视频。自己录制的视频有两种形式：第一种是露脸的视频——对录制的设备多多少少有一些要求；第二种是不露脸的视频——这种很简单，只需要做好课件，并在电脑上安装一个录屏软件即可。

◆音频干货

你可以自己录制音频，也可以从网上下载音频。录制自己的音频其实非常简单，每个人都可以轻松上手。有些人可能会担心自己的语言表达能力不够强，其实这完全不是问题。你可以先将准备录制的内容写在 Word 文档上，然后打印出来，接着找一个音频录制软件，照着读就可以了。在读的时候，你要保持自然，这样录制出来的音频效果就会非常好。

◆图片干货

你可以自己拍摄或制作图片，也可以从网上下载图片。现在有很多设计网站提供了丰富的素材。即使你没有掌握复杂的 PS 技术，也能通过在这些素材上添加或修改文案，轻松制作出非常专业且漂亮的图片。

◆思维导图

这种格式的干货看起来非常专业且吸引人，制作起来也相对简单。我通常使用专门的思维导图制作软件：Xmind。当然，市面上还有很多思维导图软件，大家也可以根据自己的喜好和需求去选用。需要注意，在思维导图制作完成后，如果想让更多人查看和分享，可以将思维导图导出为图片格式。这样一来，即便没有安装思维导图软件，也能轻松查看并理解思维导图的内容。

◆其他

你也可以直接用 Word 文档、Power Point 演示文稿等 Office 办公软件的格式。我们不建议用过于特殊的格式，因为要确保文件能够在微信中打开是一个基本条件。

(3) 干货资料应该具备的特点

不要因为内容是免费提供的就随意应付。作为吸引目标受众的第一重诱饵，我们一定要认真对待。干货资料应该具备以下四个特点。

◆一定要用心做

不管是搜集的资料，还是自己制作的资料，你的用心程度，目标受众一眼就能感受到。很显然，一份用心准备的干货资料，更容易赢得目标受众的认同和信任。

◆多而全更受欢迎

免费的内容，越多越好。尤其是从互联网上搜索的资料，我们应尽可能地多搜集，并列出详细目录，以便在宣传时能够清晰地展示给目标受众。然而，对于针对性极强的干货资料，我们则不必过分追求数量的多少。

◆成套成体系的内容更受欢迎

这确实是一个引人深思的矛盾现象：一方面，手机和无线互联网的普及使得信息获取变得日益碎片化，用户在获取知识和信息时都是碎片化的；但是另一方面，用户对信息还是有一站式需求的。比如，一个想祛痘的目标受众，她不仅想知道青春痘的危害，还想知道痘痘是怎么形成的，如何预防，如何治疗，如何选择护肤品，等等。因此，如果你的诱饵能够解决目标受众对信息的一站式需求，无疑会更具优势。

◆真材实料

内容必须真正有价值，必须是实打实的干货。这既有利于前期吸引目标受众进群，又有利于后期变现。

（4）干货资料投放时的预热和公告

干货资料的投放过程，其实就是向外界展示你的诱饵，从而吸引目标受众主动进群。常用的投放方式有两种：朋友圈预热通知、群发消息。此外，还有一种不太常用的方式，就是先无筛选地创建一个初级群，然后在群内发布公告。不过这种方式用得不太多，主要适用于直接用群建立私域流量池的情况。也就是说，从公域流量引流时，让目标受众先进群——而我们常规的做法通常是先添加微信好友。

预热和公告的核心就是文案设计。在实际操作过程中，关于文案设计，我们总结出以下几个小技巧。

◆限时限量类文案

一般可以说仅限 XX 人，限 XX 之前，是免费的，然后恢复原价 XX 钱（当然，在实际操作时，除了你自己，没有人知道实际情况）。

◆把干货资料的目录做成图片

把干货资料的目录做成图片并在朋友圈发布，可以给目标受众带来很强的视觉冲击力，进一步提升诱饵的吸引力，从而快速吸引第一批种子用户。

◆多次公告和预热

不要只发一次朋友圈，因为那样往往效果有限。我们需要进行多次预热，并掌握一个重要的小技巧：每次预热都要适当增加紧迫感，以激发目标受众的兴趣和行动欲望。

◆多用一些数字

数字能够直接刺激人们的感官，在文案中，我们可以巧妙地运用诸如“共计 100 个视频课程”“共 25 节内部 VIP 课程”等具体数字表达，以增强文案的吸引力和说服力。

◆群发时注意别违规

当文案中涉及一些违规的词汇时，系统会自动提醒你，这些内容是无法发布的。此时，你只需要注意修改这些部分，确保文案符合规定即可。

◆有证明干货资料价值的证据

你可以将干货资料放在平台上售卖。不过，别指望一开始就能卖出去，这通常不是一件容易的事。你需要先确定好价格，然后做好后续的推广和宣传工作。为了证明这些资料的价值，你可以分享购买链接，或者提供相关的截图作为证据。如果实在没有合适的平台可用，也可以直接将资料放在淘宝上进行售卖。

（5）如何发放干货资料

我们通常会把资料放到百度网盘。当需要将资料传给群成员时，我们只需要把百度网盘的地址和提取码发给他们就可以了。对于少量的图片或 PDF 格式的电子书，我们也可以选择将其保存在微信中，以便直接发送给目标受众。如果自己拥有知识变现平台，那可以直接将资料上传到平台。我们不建议将资料放在抖音等短视频平台，并引导用户关注抖音账号，因为这种方式对于积累私域流量池的作用并不显著。

（6）如何制作干货资料

很多人觉得自己不专业，不知道如何制作干货资料。其实，制作干货资料并不复杂。我把制作干货资料的步骤告诉大家。大家可以自己尝试。

【私域实战技巧 14】如何制作一份能当作“诱饵”的干货资料

◆确定干货资料的主题

本质上，我们需要确定目标受众对哪些信息有一站式需求。只有明确了主题，我们才能有针对性地搜集和整理相关资料。其实，这个过程并不复杂。我们只需要站在用户的角度，设身处地地思考他们的兴趣和需求。比如，胖子可能对与减肥相关的信息感兴趣，而宝妈则更关注育儿方面的知识。

◆搜集资料

绝大多数情况下，我们可以从互联网上获得满足我们需求的信息。但在百度、知乎、小红书、抖音、快手、今日头条等平台获取信息时，我们也需要学会筛选和辨别，以获取真正有价值的内容。

◆整理成相应的格式（电子书、视频、音频等）

根据你自己的能力、爱好、需求等，把搜集到的资料整理成相应的格式。

◆分门别类（形成目录）

把做好的干货资料进行分类整理，形成干货目录。然后，可以将干货目录转化为图片，便于在朋友圈或者通过群发的方式进行宣传。

◆塑造价值

如果你拥有自己的知识变现平台，那可以直接把干货资料上传到平台，并设定一个合理的价格。如果你没有自己的知识变现平台，那可以把干货资料当成一个虚拟产品上传到淘宝，并设定一个合理的价格。

2. VIP 会员资格

VIP 会员资格可以用作吸引用户的虚拟产品。对于提供会员资格的平台或商家，绝大多数情况下，边际递增成本都是零。很多人可能会想：我没有什么能给会员提供的服务或者权益，总不能随便设立一个 VIP 会员资格吧。其实，这件事没那么复杂。在日常运营过程中，有如下操作技巧可供参考。

（1）一定要给 VIP 会员定价

最好给 VIP 发放会员卡，至少应该有一个专属的会员码，而这个会员卡（码）一定要有价值，它代表着一种尊贵的身份，或者说是特权。事实上，很多人会为了享受特权而愿意支付 VIP 会员卡的费用，比如山姆会员店就是一个很好的例子，虽然会员费很高，但仍有大量的人办理和续费。如果 VIP 会员卡是赠送的，那你很可能不会对这种 VIP 会员卡感兴趣，很可能转手就把卡给扔掉了。当然，这种 VIP 会员不一定是直接通过花钱购买得到的，还可以是消费满一定金额后赠送的。

（2）一定要给 VIP 会员设置专属的权利

如果 VIP 和非 VIP 在待遇上毫无差别，那么这样的 VIP 也就失去了吸引力。专属的会员权利可以有多种表现形式，比如享有优先权、特价权；提供增值服务等。

(3) 没有特定服务或者产品的个人如何提供VIP特权

按照前面的分析，大家很容易发现一个问题：如果你想设置这种VIP会员资格，那要么有产品，要么有相应的服务，最好有线下的实体店。而对于大多数小微创业者来说，这显然是不现实的。那么，没有这种特定服务或者产品的个人能否提供这种VIP特权呢？答案当然是肯定的。下面我举一些例子来说明这一点。

◆你是拥有某些方面专业知识的人

比如，我一直做电商方面的知识分享，在理论和实操方面拥有非常丰富的经验。对我而言，有几种方式可以设置VIP会员特权：建立VIP会员群，每天在群里分享一个干货技巧；建立VIP会员群，每个会员每天享有三次提问并获得回复的机会；每天朋友圈分享的内容中，将有一部分内容设置为仅对会员可见。

◆对于一些行业交流群

在行业交流群里，VIP会员每月有数次以特定格式发布广告的机会；会员可以免费参加线下对接的茶话会；我们可以为所有的会员做一个行业电子宣传册，便于群成员集体推广。

◆你有某方面的特长或者爱好

我们可以组建以“兴趣交流”为内容的私域流量池。这种群可以提供一对一指导服务、专属课程等VIP特权。

◆资源对接群

资源对接群包括同城群、老乡群、同学群等。这些群的受众有推广自己的需求，所以其VIP特权设置可以借鉴行业交流群的做法。

3. 其他

除上述两种主要“诱饵”外，在实际操作中，我们还探索出了一些有效的模式，现举例如下。

◆优惠券

这种优惠券形式多样，可以是用于在线购物的优惠券，也可以是购买课程的专属优惠券，当然还可以是线下各个实体店的优惠券。如果你拥有基于位置形成的私域流量池，那么就可以轻松地找本地商家进行合作洽谈，获得他们提供的优惠券、代金券等。

◆社交资源

同城的吃喝玩乐群、老乡群等为什么比较好建立呢？甚至有时候你不需要提供利诱，就能轻松建立这种群。其实，这些群满足了人们的社交需求，而社交圈子本身就是吸引人们加入的一种动力。

◆大咖在线分享

根据社群的定位和自己掌握的实际资源，邀请大咖进行在线分享也是一种很好的福利。

◆有意思的活动

有意思的社群活动通常具有双重作用：一是有利于建群；二是有利于维护社群。关于这部分内容，我们将在后续的社群运营部分进行详细说明。例如，我们可以组织客厅健身房活动、一日生活规律化挑战、执行力训练营，以及彩虹夜听活动等。

◆赚钱的机会

在互联网上，赚钱始终是一个热门话题。如果你所创建的社群能够为用户提供赚钱的机会，那么这样的社群一定能很好地吸引用户，发挥出色的引流作用。

◆答疑解惑

“答疑解惑”侧重于一对一，指的是帮助用户解答疑难问题，消除困惑。

◆对接各种资源（行业交流群等）

各种行业交流群成立的目的是帮助用户对接各种资源。

（二）让进群的人愿意介绍别人进群（第二重诱饵）

如果说第一重诱饵是用来建群的（你也可以理解成“吸引种子用户”），那么第二重诱饵就是用来裂变的——基于种子用户扩充私域流量池。关于第二重诱饵的设置，在我们实践过程中，总结的操作技巧如下。

（1）第二重诱饵的形式

在形式上，第二重诱饵与第一重诱饵没有什么区别。第二重诱饵必须是有价值且边际成本递增为零的虚拟产品。

（2）第二重诱饵的价值要超过第一重诱饵

其实这很好理解，第一重诱饵已经把用户吸引进私域流量池了，接下来为了实现裂变（让用户去传播），必然要有更大的驱动力。比如，你的第一重诱饵是赠送价值 99 元的内部 VIP 课程，那么第二重诱饵就可以是价值 299 元的全套课程；第一重诱饵是入门级会员，那么第二重诱饵就可以是高级会员。

（3）第二重诱饵要让用户“工作”

第二重诱饵的核心目的就是裂变。裂变的核心在于让用户替你去传播，引导更多的人加入你的私域流量池。具体来说，这里面主要涉及三个问题。

◆干什么

第二重诱饵的本质还是通过社交来裂变。你需要提前准备文案，让用户转发到自己的朋友圈。这些文案一般都是以介绍和推荐的口吻，利用第一重诱饵吸引用户进你的私域流量池。

当然，你也可以直接让用户拉人进群，这种方式适合初筛群或没有明确定位的群。编辑好文案，让用户群发后拉人进群。此外，你也可以采取点赞的方式，例如让用户发朋友圈并设定一定的点赞数量目标，达到后即可获得相应的奖励或权限。

◆干多少

“干多少”就是工作量的问题。当然，理论上讲，你设置的工作量越大对你越有利。但问题是，人们都很懒，但凡你设置的工作量稍稍大一些，大家可能就不愿意干了，除非你的第二重诱饵超级吸引人。这样的话，裂变的目的就无法实现了。所以，对于用户而言，你设置的任务最好简单易行，用户只需简单动动手指即可完成，比如转发朋友圈（这是我们最常用的）、在自己的群里发消息、群发给指定数量的好友、拉几个人进群等。其中，核心在于你为目标受众设计的宣传文案。我们有三个基本要求：一是要以推荐和介绍的口吻，让文案更具吸引力；二是文案中需包含第一重诱饵，以吸引更多人进入私域流量池；三是内容要优先，确保文案的质量和吸引力，让传播者更愿意接受并分享。

◆注意事项

其实就是效果评估的问题。比如，对于发朋友圈，我们要求用户在发完后截图，以证明没有屏蔽好友；对于群内群发，我们要求用户截图，以证明群发成功。

（4）诱饵套诱饵

其实，诱饵套诱饵就是将第一重诱饵与第二重诱饵深度融合。下面，我举一个简单的操作实例来说明。

◆设置第一重诱饵

在朋友圈，你可以这样发：限时进入 VIP 会员群，每天分享一个电商运营的干货小技巧。

◆设置第二重诱饵

目标受众进群后，先按照你的要求改群名片、看群公告等。然后私信对方，告诉对方转发一个朋友圈，就可以得到一个价值 XX 元的 VIP 内部课程兑换码。

◆诱饵套诱饵

让对方传播的内容应该是这样的：我刚刚进了一个电商学习的 VIP 会员群，每天会分享一些干货内容，现在限时免费进群，进群后还可以获取 VIP 内部课程。有兴趣的话，您可以扫描下面的二维码。

三、让目标受众付出“代价”才能得到相应的诱饵

有人可能会问：既然是诱饵，那就是免费的，为什么要让目标受众付出代价呢？如果受众因此不愿入池应如何应对？这确实可能成为我们建立私域流量池的一个障碍，但是我们依然这样做的基础是：只有付出代价得到的东西，消费者才更愿意珍惜。为了让消费者付出代价，依然能够愿意入池，在实际操作过程中，我们的相关技巧如下。

（1）最好的代价就是用劳动换取金钱

毕竟是建池子阶段，还没有到变现的程度，所以让用户付出金钱的代价（哪怕很少）是比较难的，因此一般会采用“让目标受众做点事情”的方式。比如，转发一个朋友圈并获得一定数量的点赞，就可以作为进群的条件。这样的设计不仅可以增加活动的吸引力，还能通过提高诱饵的价值来激发客户的参与热情。诱饵的价值越高，客户就越有可能积极参与并争取更多的点赞。

（2）遵守规则也是一种代价

客户进群后，群管理员首先要@对方，提醒对方查看群公告。同时，我们要求对方修改群名片、做个自我介绍等，以体现对群规则的遵守。这样的做法不仅可以让群成员感受到群组的正规性，也能确保每位成员都能更好地融入和参与到群组的交流中来。

（3）如果想用金钱作为代价，需要注意什么

当然，如果想让用户更珍惜，使用金钱作为代价可以是一个有效的方法。在实际操作过程中，我们要注意以下问题。

◆不要太多

象征性地收取一定费用，通常设定在 10 元以内，能够达到较好的效果。然而，我们不必为了吸引更多人加入而无限度地降低价格。例如，在实际操作中，我们发现，收取 9.9 元和收取 3.9 元在效果上并没有显著差异。

◆一定要物超所值

也就是说，你让用户实际得到的东西，一定要远远超过用户的支付价格。

◆有实物价值匹配效果更佳

比如，你可以准备一个小礼物（入群小礼物）作为赠品，因为实物的价值相比于虚拟产品，更容易评估和衡量。

四、主动拉人建群的注意事项

实际上，主动拉人建群是指在未经目标受众同意的情况下，直接将他们拉进群里，或者邀请他们加入群聊。

（一）主动拉人建群的条件

一般情况下，我们不建议使用主动拉人建群的方式。然而，如果你的建群行为符合以下任一条件，那么也可以考虑主动邀请目标受众加入群聊。

◆有明确的共同标签

对于具有明确共同标签属性的群组，如老乡群、同学群、行业交流群、粉丝福利群及客户沟通群等，我们可以直接采取拉人建群的方式。

◆建吃喝玩乐群或者交友群

建立吃喝玩乐群或交友群时，一般都是基于城市范围的。比如，如果你在上海，可以创建一个针对上海的吃喝玩乐群，只需确保群成员都在上海即可。在这种情况下，你可以考虑直接拉人建群。

◆群成员都是跟你很熟悉的人

如果你和群成员都很熟悉，也可以直接拉群。这样做至少不会让对方觉得太反感。建群后，你可以通过发红包等活动快速活跃社群。

◆建立初筛群

初筛群的主要目的并非建立私域流量池，而是筛选出非目标受众的粉丝好友。

（二）主动拉人建群时的操作技巧

在主动拉人建群的过程中，为了最大程度地避免引起他人的反感，并成功建立高质量的私域流量池，实际操作时需注意以下几个关键技巧。

（1）*在朋友圈做基础预热*

基础预热其实非常简单，只需在朋友圈提前说明即将建立的群聊类型及能为大家提供的服务，这样做旨在让目标受众有个基本的心理准备。

（2）*建群后迅速说明建群目的*

由于你是直接拉人进群的，因此大家可能不清楚建群的目的，这往往会导致群内出现诸如“这个群是做什么的”、“为什么我会被拉进这个群”或“这是个什么性质的群”等疑问。因此，在成功组建群聊后（前 40 人可以直接拉入，无须单独邀请），务必第一时间向群成员说明建群的目的，并提前准备好相应的解释话术。在后续邀请新成员时，每当有人加入时，都应在群内重申建群的目的，以确保他们了解并认同群组的宗旨。

（3）制定一些简单的规则

在目标受众进群后，你需要制定一些简单的规则，比如不允许发广告，不允许骂街，不允许发违背主流价值观的内容，等等。这些简单的规则能使目标受众产生认同感。他们会认为这个群比较正规。

（4）前三天要活跃

为了避免社群 7 天必死的困局，你一定要在建群的前三天尽可能地刷存在感。通常情况下，前三天增加活跃度的方式有以下几种。

◆发红包

红包不用很大，每天花几十元就可以。发红包能迅速增加群组的活跃度。大家抢红包的时候，要的是一种感觉，而不是抢了多少。

◆做自我介绍

做自我介绍的方式适合行业交流群或同城交友群。作为群主，你可以让每个人在群里做一下自我介绍。这种方式相当于热场活动。

◆讨论热门话题

人们比较关注热门话题。在不违背法律法规、不违背基本原则的前提下，你可以组织群成员在群里讨论热门话题。

◆玩一些简单的小游戏

你可以组织群成员玩一些简单的小游戏，如猜电视剧的名字、成语接龙等。

（5）尽快给群成员发福利

目标受众之所以愿意待在你的群里，主要有两个原因：一是他们需要维系群内的社会关系，因此不能退群；二是他可以在群里获得相应的福利，因此不愿意退群。为了让他们更好地感受到群的价值，我们应该尽快为群成员提供福利，比如免费的产品、秒杀优惠等。

五、建立微信群的一些细节问题

在建立微信群后，为了更好地管理和运营私域流量池，我们还需要注意一些细节问题。

（1）社群规模的问题

从理论上说，微信群最少要有 3 个人，最多可以邀请 500 人。当群人数达到 40 人时，邀请新成员需要对方同意才能入群（40 人之前可以直接拉进群）。而当群人数达到 100 人时，被邀请人需要进行实名认证才能接受邀请并入群。

社群的人数应根据群的性质来决定。对于同城交友群、兴趣交流群、老乡群等大家地位相对平等且发言活跃的群，建议将人数控制在200人以下，以保证群内的交流质量。而对于福利群、粉丝群、会员群等地位有所区分、发言相对较少的群，人数可以控制在300~400人。至于那些主要用于发布公告、通知的群，如学员群等，则应尽量减少群内发言，但具体的人数上限还需根据实际情况来定，可以直接设定为微信群所允许的最大人数。

（2）群名称

取群名称时并没有明确的规定，但需要注意不要违反法律法规，避免使用有争议的字眼。群名称应让大家感受到归属感，并与群的定位相符，以便通过群名称就能判断这个群的主要功能或主题。如果群名与位置相关，应确保位置信息明确体现。如果需要一个具体的命名公式，可以考虑如下结构：位置+群定位+特殊词汇（如形容词、群主昵称等）+群号。

（3）群公告

群公告主要有两个作用：一是发布群规；二是发布重要通知。一般情况下，群规要包括以下内容：

◆这个群是做什么的；

◆是否需要修改群名片，群名片的格式是什么；

◆不能在群里吵架、谩骂、发布负能量的东西；

◆不能发布违背主流价值观的内容；

◆不能发布淫秽色情的内容；

◆不能发布政治敏感话题；

◆不能私自加人；

◆未经允许不能乱发广告；

◆不能发别的平台的链接，不能发别的小程序；

◆违规后的处罚是什么。

（4）群名片

群名片是否统一并没有明确的规定，但对于群成员身份或属性非常明确的群，如行业交流群、学员群等，建议尽量统一群名片。群名片的格式可以根据实际情况进行设定，常见格式如下：地区+昵称+行业。

（5）群聊天背景

其实，群聊天背景是展示社群定位的一个重要平台。群主或管理员可以根据社群的实际需求和定位设定合适的群聊天背景。在做私域流量运营时，因为企业可能会有多个社群，所以建议在这些社群的聊天背景上设置特定的元素，以更好地体现每个社群的特色和定位。

第五章　私域流量池的运营与维护实操——基于社群

你务必要牢记，运营是私域流量的核心。公域和私域的区别在于公域以流量获取为核心，而私域以运营为核心。之所以绝大多数私域玩家会失败，之所以会出现“社群7天必死”的困局，根本原因都在于“用公域的玩儿法来对待私域”。比如，传统微商的运营思路通常是：不断扩大人脉圈，添加更多潜在客户，并在朋友圈或社群中发布推广信息。通过提高曝光率吸引更多潜在客户，从而实现销售增长和盈利提升。这样的表述更为清晰、准确和流畅。这跟公域流量的运营思路区别不大。因此，传统微商最终只有两条路：一是走传销模式；二是灰溜溜地退场。

你可以把运营的过程理解成“养鱼”的过程。在这个过程中，你要实现两个目标：一是把小鱼养成大鱼；二是让鱼再生鱼。在社群运营环节，你需要为群成员持续提供价值，以保持社群的活跃度，增加社群黏性，甚至是增加社群依赖感。当用户足够信赖社群时，变现就成为一种自然而然的结果。

一、社群活动实操

丰富多彩的活动是一个极其有效地保持社群活跃度的手段。很遗憾，现在很少有私域玩家能熟练地运用社群活动，甚至连基本操作都未能掌握。下面给大家介绍的社群活动，都是我们在日常运营过程中积累下来的，群成员参与程度高且参与方式简单的活动。大家可以根据自己社群的定位、实际情况等进行选择。下面先介绍活动的基本原则。

（1）活动最好设置一些小奖励

单纯地玩儿也可以，但除非活动非常有吸引力，否则最好还是设置一些小奖励来提高大家的积极性。小奖励可以是实物，也可以是虚拟产品，包括但不限于下述类型。

◆实物商品

当考虑到赠品或促销品时，一箱苹果、一盒眼罩或化妆品小样都是不错的选择。大家可以在1688网上搜索这些产品，找到品质优良且成本低的供应商。如果是企业做私域，还可以考虑在这些产品上印制企业的LOGO和相关产品信息，以增加品牌曝光和认同感。

◆各种虚拟产品

比如，VIP课程、各大影视平台会员等都属于虚拟产品。

◆各种优惠券、礼品卡、红包等

如果你有购物小程序，不妨利用其生成各种优惠券、礼品卡、红包等，以激发用户的购买欲望。如果是企业做私域，那一定要有自己的购物小程序。

（2）全员都能参与

只有确保全员参与，才能让每个人在社群中感受到平等，进而增强社群凝聚力，让每个人对社群产生归属感。因此，活动应尽可能通俗易懂，避免过于专业和复杂。

（3）参与动作简单

通常情况下，活动的参与方式越简便，成员的参与度往往越高。当然，若活动奖励足够诱人，即便参与方式复杂，也能充分调动用户的积极性。

（4）保持活动的多样性

为避免用户因重复参与同类活动而产生厌倦感，企业应定期更换活动类型。这样不仅能持续激发用户的兴趣，还能有效提升活动的边际效用。

（5）组织和控场很重要

在活动开始前，务必明确游戏规则和奖励机制。在活动进行过程中，管理者应密切关注社群动态，及时处理突发事件，确保活动顺利进行。

（6）选好活动的时间

通过在群里发言、发红包等方式，你能轻松判断成员的活跃时段。在成员的活跃时段开展社群活动，往往能取得非常好的效果。

（一）根据海报猜电视剧名称或电影名称

【私域实战技巧 15】社群活动——根据海报猜电视剧名称或电影名称

（1）基本玩法

活动组织者在群里发一张电视或电影的海报，参与者需要快速输入对应的电视剧或电影名称。最先输入正确的几名参与者将获得奖励。这个玩法很简单，你只需要提前准备一些电视剧或电影的海报即可。

（2）注意事项

务必挑选热门的连续剧或电影，避免选取大多数人未曾观看过的内容。我们的目标是提升活跃度和增强社群黏性，因此题目应简单易答。由于网络延迟可能导致群聊天记录中显示的回答顺序不一致，组织者一定要明确说明“以组织者的聊天截屏为主”，以确保公平性。

所选海报不应包含电视剧或电影的名字，最好仅展示演职人员。如果海报上有名字，可能会让成员觉得题目过于简单，影响活动效果。应设定多个奖励的名额，以激发更广泛的参与热情。针对特定受众群体，如 80 后或大学生，应选择他们普遍熟悉的电视剧或电影内容。

（3）活动拓展

此活动具有较高的拓展性。除了可以猜电视剧和电影外，还可以猜综艺节目等。这样不仅能保持活动的新鲜感，还能吸引更多类型的参与者。

（二）送生日祝福

【私域实战技巧 16】社群活动——送生日祝福

（1）基本玩法

当社群里有成员过生日时，大家可以按照特定的格式送上生日祝福。这些格式可以包括：编写一段包含特定词汇或字符的祝福话语（可设定字数限制），制作一张生日祝福图，发送一段语音祝福，或者编写一个包含特定词汇或字的小故事等。过生日的成员可以从收到的祝福中选出最喜欢的，并给予相应的奖励。

（2）注意事项

字数不要太多，形式不要太复杂，这样才能保证参与者的积极性。通常情况下，越简单的东西，大家越愿意参与。

在选择中奖者时，不必仅限于一名。比如，你可以设立多个奖项，如“最动人祝福”、“最搞笑祝福”、“最温情祝福”和“最有感染力祝福”等。

为了确保公平性，中奖者应由过生日的成员亲自选择，并在群里公布结果，直接@中奖人。这样做不仅能彰显公平，还能增强活动的互动性和社群的凝聚力。

活动规则一定要以简单、通俗的语言阐释，确保每个成员都能理解并遵守。

注意平衡。也就是说，不要每次都让同样的人获奖，哪怕这个人确实每次都做得很好。尽量让更多的人都有“成就感”，都有收获。

过生日人员的获取。这就需要组织者或者群主与群成员多进行交流沟通。最初，可以从一些比较熟悉的人开始，或者在群里公开征集。

如果有两个以上的人在同一天过生日，在设置游戏规则时，应尽量兼顾每位过生日的成员。当然，对于你不知道的过生日成员，可以不作特别考虑。

（3）奖品获取

奖品除了可以由组织方（群主）提供外，还可以与过生日的人协商，看他们是否可以提供一些奖品。

（三）拜师活动

【私域实战技巧 17】社群活动——拜师活动

（1）基本玩法

群内有一些大咖，在某一些方面比较擅长，社交能力又比较强。为了表达对这些大咖的尊敬和感谢，其他群成员可以选择在群内拜师，并举行一个简单的仪式。拜师活动主要有三个目的。

◆强化大咖的意见领袖地位

无论是在某方面非常专业，还是社交能力出众，都可以成为社群内的意见领袖。这些意见领袖需要提前在社群内安排好，可以是你自己的小号，也可以是你熟悉的人，或者是你的合作伙伴。在营销变现和引导群成员方面，他们将发挥重要作用。通过拜师活动，可以进一步巩固这些大咖在社群内的意见领袖地位。

◆活跃社群

在进行拜师活动时，可以设计一些小仪式，比如让大家发一段包含特定关键词的祝福话语，并限制字数。这与前面的“送生日祝福”活动类似。拜师者（或大咖）可以从中选出最好的（如最搞笑的、最温情的、最具古风的等），并送出小礼物。

◆增强归属感

社群归属感是社群运营的重要目标之一。通过拜师活动，可以让群成员（特别是拜师者）感受到社群的价值，从而产生更强的归属感。他们会觉得在这个社群中能够真正获得成长和帮助。

（2）注意事项

在实际操作过程中，为了更好地活跃社群，要注意以下事项。

◆要培养大咖

除了自己以外，还要善于在社群中培养其他大咖和活跃分子，无论是自己的小号、合作伙伴，还是比较熟悉的人。这些人应该具备以下特点：在某些方面擅长、社交能力强且愿意在群里发言、情商高且充满正能量、能够轻松赢得大家喜欢，并最好具备一定的社会身份和地位（如老板、教师、律师、医生、擅长炒股票的人、基金经理等）。大咖的养成主要依赖于在群内的活跃度和适时地展示自己的优势，但要注意适可而止，避免引起他人的反感。

◆引导别人拜师

在意见领袖（大咖）帮助一些人解决问题后，你可以私下与意见领袖沟通，并在群里@被帮助的人，提议他们拜师。例如："XXX，你干脆拜师吧，XX 这么厉害，帮了你这么多，以后在群里你就有人罩着了。"

◆前几次私下安排好

万事开头难。为了顺利推进拜师活动，你可以在前三五次活动中私下安排好拜师者。经过几次气氛调动后，大家的积极性就会提高。同时，在收了几个徒弟后，大咖也可以在群里呼吁更多人拜师。当徒弟数量达到一定规模时，还可以考虑拉小群。这种小群的黏性会更高，变现能力会更强。

◆拜师一定是无偿的

拜师活动应该是无偿的，甚至作为师傅还应该给予一些小奖励，如小红包、一对一咨询服务等。一定不要让拜师者付出代价，这样才能保持活动的吸引力。

（3）关于奖品

通常情况下，奖品都是群主提前准备好的，因为这是为了活跃社群而设计的小活动。当然，如果拜师者愿意提供奖品也是好的，哪怕发个红包也是没问题的。

（四）黑故事游戏（一个出人意料的理由或者结局）

【私域实战技巧 18】社群活动——黑故事游戏

（1）基本玩法

这个游戏可以理解成在线版的桌游，玩法很简单，主要看谁能先解出谜题。游戏中的角色分两种：一是主持人；二是游戏的参与者。主持人不参与竞猜，只负责根据提问进行回答和引导。其他的群成员都是游戏的参与者，他们会根据主持人描述的故事情节和结局绞尽脑汁地提问。要求提出的问题只能以"是"或者"不是"作为答案，然后逐步还原出故事的全貌。

之所以叫作"黑故事"，是因为故事的结局都是出人意料的，需要参与者绞尽脑汁地去猜测。下面我们举一个"黑故事"的例子。一个女人走进了一家酒吧，点了一杯水。服务员从柜台下拿出来一支枪对准了她。女人说了一声"谢谢"，然后走了。请问，女人为什么会说了谢谢，然后走了。

（2）游戏流程

主持人要先讲清规则，然后描述故事情节和结局，并要求大家尽快破解这个谜题。然后群里的其他成员就可以开始猜测并提问，主持人只能回答“是”或者“不是”。当谜题被揭开时，就进入下一个黑故事。

（3）注意事项

这种黑故事游戏比较适合黏性高的社群，因为它需要互动、思考和长时间的专注力。以下是游戏进行时的注意事项。

◆确定主持人的权威性，其答案永远是对的

由于故事可能有多种情节或结局符合描述，比如前面举的例子中，主持人给出的答案是女人因打嗝被服务生用枪吓好而道谢，但也可能有其他合理的答案，如女人想轻生被服务生用枪劝止。为了保证游戏的顺利进行，必须以主持人的答案为唯一标准。这个游戏的本质是猜故事。

◆问题只能用“是”或者“不是”来回答

参与者不能提出其他类型的问题，例如不能问“这个人是高还是矮”，而应该问“这个人很矮吗”。

◆为了将故事引导到正确的方向，主持人可以用“无关”来作答

当发现提问者的问题与故事的最终情节无关时，主持人可以告知该问题与故事无关，并提示提问者换一个问题。这要求主持人对游戏有良好的把控能力。

◆提前安排几个小助手

这样做一是为了保证游戏的活跃度，二是在长时间没有正确答案时，小助手可以适当地进行引导。

◆关于奖励

谁最先说出了正确答案，就可以获得奖品。奖品一般由群主提供，实物或者虚拟产品均可。

◆结局很快出来的情况

网络上也有这些黑故事，可能你的群里恰好有人知道这些故事。一般碰到这种情况，可以直接跳到下一个故事。因此，你可以在发布故事时提前声明：如果有人已经知道这个黑故事，并在第一次发言时就把情节或结局猜出来了，那么该次猜测作废，我们直接进行下一个黑故事。

◆避免去搜索

现在互联网很发达，你发布黑故事后，可能会有人直接去搜索，这样结果很容易就能被找到。为了解决这个问题，我们一般有三个方法：第一，如果你有一定的创作能力，可以脑洞大开，自己创作网上查不到的黑故事；第二，你可以对已有的黑故事进行改编；第三，你可以事先做好说明，告诉大家不要搜索黑故事的内容或结局，否则活动就失去了趣味性。

（4）部分经典黑故事

大家可以直接去搜索“黑故事”，能找到非常多的经典故事，然后自己进行筛选、改编，甚至可以创作。下面给大家举一些“黑故事”的例子。

◆故事1：说谢谢的女人

一个女人走进一家酒吧，点了一杯水。服务员从柜台后拿出来一支枪对准了她，她却

说了一声“谢谢”，然后走了。请问为什么？

真相：这个女人在打嗝，来到酒吧想要一杯水压一压。服务员马上明白了她的意思，拿出一支枪指着她。她在受到惊吓后，打嗝停止了。她意识到服务员在帮她止嗝，因此道谢后就离开了。

◆故事2：绝望的女人

有一个女人走进了市里的图书馆，找到了一本书，发现书里夹着500欧元。然后，这个女人绝望地自杀了。

真相：这个女人是一名作家，出版了一本书并捐了一本给市里的图书馆。她特意在书里夹了500欧元，想作为奖励给第一个看她书的人。过了一段时间，她来到图书馆检查书的时候，发现钱还在书里。她意识到没有人喜欢她的书，因此绝望地自杀了。

◆故事3：致命的高跟鞋

杰西卡是一个女人，上午她去一家商店买了一双高跟鞋，并很开心地穿上它。然而，到了晚上，杰西卡却离世了。

真相：这个女人的丈夫是一名蒙着眼睛扔飞刀的杂技演员。在表演中，杰西卡负责辅助丈夫表演，比如把苹果放在头上，让丈夫投掷飞刀击中苹果。然而，她并未告知丈夫，自己新买了高跟鞋。因此，她丈夫不知道她比平时高了，还是按照平时的感觉投掷的飞刀，结果悲剧就发生了。

（五）猜歌名的游戏

【私域实战技巧19】社群活动——猜歌名

（1）基本玩法

主持人发一句歌词（如果主持人唱歌好听，建议唱一句），群成员们则需猜出这首歌曲的名字。首位猜对的成员将获得奖励，并且他/她还可以选择唱两句（但请确保成员们是自愿参与的，不要强迫）。

（2）注意事项

对于绝大多数社群而言，猜歌名的游戏都是一个非常好的活跃社群的活动，尤其适用于群成员彼此之间相对熟悉的社群。以下是活动的注意事项。

◆唱出歌词比直接发歌词好

建议采用唱歌的方式而非直接发歌词，这样可以避免歌词重复导致答案不唯一的情况，同时也能更好地营造活跃的氛围。因此，可以培养一些擅长唱歌的主持人（如果你自己擅长唱歌，那就更好了）。

◆公平原则

为了确保活动的公平性，请提前说明以主持人的手机截屏为准，因为网络延迟可能导致答案显示的顺序不同。

◆选歌的技巧

在选择歌曲时，请避免选取过于冷门或过于流行的歌曲，应选取那些大多数人熟悉但又不是特别烂大街的歌曲，以便更好地调动社群氛围。

（六）看图猜成语

在基本规格和注意事项上，看图猜成语与看图猜电视剧、猜歌词等的玩法很相似。大家可以去互联网上找这种图，只需要提前准备好就可以了。

（七）掷骰子游戏（存在被举报然后封群的风险）

【私域实战技巧20】社群活动——掷骰子游戏

（1）基本玩法

掷骰子游戏是一个非常简单的小游戏。主持人可以运用微信自带的骰子表情，提前设定好一个点数，比如可以设置3点。设置好后，群里的其他人都可以发这个骰子的表情，但是每人只能投一次（超过一次的作废）。谁第一个投出来3点，谁就获奖。

（2）相关事项

这个游戏很简单，完全靠运气。在做营销活动的时候，尤其是搞一些团购活动的时候，你可以用这个活动预热。例如，如果你计划在群里团购苹果，那么可以提前准备几箱苹果作为奖品。设定一个骰子点数，前几个摇出这个点数的人可以免费获得一箱苹果。当然，你也可以更具创意地设定规则：比如第一个摇出点数的人免单，第二到第五名可以1元购买，第六到第十名可以9.9元购买。

（八）猜价格

【私域实战技巧21】社群活动——猜价格

（1）基本玩法

猜价格游戏的玩法非常简单，特别适合与营销活动相结合。主持人会将产品信息发到群里，然后邀请群内其他成员来猜价格。第一个猜中价格的群成员可以享受免单的优惠。当然，为了增加游戏的趣味性和挑战性，你也可以设置更复杂的奖励机制，比如猜中价格的群成员免单，而价格差距在1元之内的成员可以获得5元的优惠券，差距在10元之内的成员可以获得10~100元的优惠券等。

（2）相关事项

◆可以针对多个产品

该游戏不一定只针对一个产品，可以针对多个产品。比如，我们可以为中秋节、元旦、教师节、情人节等节日找到多个不同的产品进行活动。一方面可以活跃社群氛围，另一方面可以充分调动大家的购买欲望。

◆关于产品信息

在发布产品信息时，你要借助图片、文字和短视频等形式充分展示产品，以便让群成员充分了解产品，从而更容易猜中价格。实际上，这样做的目的是引导所有群成员深入了解产品，从而产生购买欲望。

◆产品一定要有足够的吸引力

在最终的产品价格上，一定要有足够的吸引力，即目标受众在浏览产品信息后，看到我们公布的价格时，不会觉得价格不合理。

◆产品不要提前在平台上上线

我们可以提前一段时间进行猜价格游戏，然后在特定时间点上线产品，并公布猜中价格或最接近价格的群成员。

◆见者有份

所有参与猜价格游戏的人，都可以得到一张优惠券，以XX元的价格限时购买商品。

优惠券可以直接从主持人那里领取。

（九）快速找产品

【私域实战技巧 22】社群活动——找产品

这种玩法常见于那些积累了大量私域流量的企业，他们拥有众多的微信群。然而，从我们的角度来看，这并不算是真正的私域电商。这些社群往往只是在微信流量红利期积累了大量粉丝的伪私域的一种表现。

这些社群往往每天频繁刷屏发大量的产品广告，导致社群实际上变成了死群。然而，也有一种特殊情况：比如做代购的，他们因为一直诚信经营，所售产品确实优质，积累的粉丝全部都是忠诚的购物粉。对于他们来说，这种频繁刷屏发广告的方式也是可以接受的，因为用户的目的就是购买商品。所以，如果你建立的社群就是纯购物分享群，那么采取这种频繁发广告的方式是可行的，也适合开展“快速找产品”的游戏。

游戏规则很简单：我们设定每天晚上八点为活动时间，届时我会分享一款具体的产品，并标注其价格（如：价值 XX 元的 XX 产品）。群成员需要尽快找到这款产品，并将购买页面的截图发送到群里。第一个正确发送截图的成员将免费获得这款产品。这样的活动不仅能让大家更积极地浏览和分享产品，还能增加购物的乐趣和参与度。

（十）早晚报活动

这个活动的成功得益于私域流量运营人员的坚持。无论是分享小知识、要闻，还是当天的天气情况，都需要他们坚持早晚向群成员提供有价值的内容。这样做本身就是增加社群黏性、提高社群依赖度的有效途径。

二、玩转社群打卡

社群打卡活动，可以视作上一部分的延续，我们之所以单独将其拿出来进行讲解，是因为它在维护社群活跃度、提升社群黏性、增强社群依赖度，以及实现变现等方面，都展现出了明显的优势。在长期的实践过程中，我们的双社电商项目积累了大量的实操经验和非常有意义的策略。

（一）通用规则

在正式讲解相应的实践应用之前，我们先明确一些通用规则。私域运营人员在选择具体的社群打卡活动时，需要根据自己的实际情况进行灵活变通。

1. 对外宣传社群打卡活动的积极意义

一定要说明社群打卡对于群成员（参与者）的积极意义，且这种积极意义必须显而易见。只有这样，才能充分调动大家的参与积极性。社群打卡的积极意义一般体现在以下三个方面。

（1）提高执行力

社群打卡的外在表现形式就是让参与者持续一段时间做同一件事情，这对于执行力的提升一定是有帮助的。而提高执行力，显然是绝大多数人希望达成的一个生活目标。

（2）养成好习惯

坚持做某一件事情，本身就是一个好习惯。我们设计的所有社群打卡活动，都是为了让大家养成某一个好习惯，比如健身、读书、早起等。这些习惯与健康、积极的生活理念相契合。

（3）真正能够学到知识，能够成长

我们的双社电商项目设计的大量社群打卡活动，旨在促进参与者的学习和成长。因此，群成员在参与活动时，能够真正学到知识。

2. 社群打卡活动的任务设计

从形式上看，社群打卡活动就是设计一个任务，让参与者在一定的时间周期内坚持完成。私域电商倡导“彩虹族”的生活理念。这种理念体现一种积极、健康、充满正能量的生活态度。在设计社群打卡活动的相关任务时，我们一定要保持积极、健康、充满正能量的态度。我们会在后面给大家提供一些我们在实践过程中总结出来的活动示例，如读书、健身、早起、跑步等，大家也可以根据自己和目标受众的实际情况自行设计。

3. 参与活动的门槛

在组织社群打卡活动时，即使你的社群是付费群，也应重新设定一个活动门槛。如果不设置活动门槛，将会面临至少三个问题。首先，没有门槛，谁都能参与，不便于管理和控制。其次，大家会觉得反正谁都能参与，参与程度反而会下降。最后，大部分人自律都很难，基本需要他律。付出一定的门槛，哪怕这个门槛很低，对于参与者来说也是一种沉没成本，能起到一定的筛选和激励作用。这种门槛通常表现为要求用户付出一定的金钱，可以采取直接交现金、购买课程或者电子书的形式。

◆直接交现金

你可以设置一个收款账户或发一个收款二维码到群里，让参与者自行付款并将付款截图发给你，然后你再邀请他们加入指定的打卡专用社群。

◆购买课程或者电子书

如果是读书或学习的打卡群，可以将付费链接放到群里供大家直接购买。

需要注意的是，参与的门槛设置要适中，不宜过高也不宜过低。过高的门槛会降低参与度，而过低的门槛则失去筛选和激励作用，没有意义。

4. 完成后的奖励

根据实际情况，一般可以从数量和质量两个维度来设计不同的奖励方式和奖品。数量维度可以依据完成的天数来设定，而质量维度则可以依据打卡的质量来评判。在具体设计时，我们通常会采用以下三种方式。

（1）出勤的奖励

目的是激励大家积极参与，同时给全程陪伴和支持的参与者一定的鼓励。可以设定完成打卡的天数要求，如全勤或不少于特定天数。例如，在 30 天的打卡任务中，可以要求参与者完成 30 天或至少 25 天的打卡。

（2）对优秀者的鼓励

目的是筛选优质的打卡内容，本质上是激励大家认真打卡、活跃社群、提高社群黏性。同时，一些优秀的作品也可以分享到大群（非打卡专用社群）中，吸引未参与活动的人围观，有利于活动的传播。这种鼓励可以每天进行一次，选出一个或几个最优秀的打卡内容进行表彰（建议不超过参与人数的5%，具体根据预算来定）。奖励方式可以选择红包、虚拟产品或实物商品等。

（3）点赞最多奖励

鼓励参与打卡的用户将自己的打卡内容按照特定格式分享到社群中，并吸引其他成员的点赞。这种方式有利于活动的传播和拉新。在整个打卡活动期间，可以进行三到五次（占总天数的10%～20%）。建议采用实物奖励，因为实物奖励的刺激性通常更强。

【私域实战技巧23】社群打卡活动的具体奖励形式

在实际操作过程中，我们发现，以下奖励形式都是比较常用且有效的。

◆门槛押金全额返还（这是基础奖励）

把所有参与者的押金汇集起来作为奖金池（需要注意的是，这笔押金不应被组织者用作利润，因为这样做不仅数额太少不值得，还可能让参与者感到不舒服）。社群打卡活动结束后，将全部押金返还给符合规定的参与者。在返还押金时，你可以采取以下两种方式。

第一，只奖励达到要求的人。只有按照规定格式完成相应打卡天数的人才能平分奖金池的奖励，比如，如果有100人参与打卡活动，每人交10元押金作为奖金池资金，则总奖金池为1000元；若仅有20人达到要求完成了打卡任务，那么这20人每人将获得50元的奖励。

第二，未达到特定要求但完成了一定数量的人也可以获得奖励。这种情况通常适用于要求全勤（即完成全部打卡天数）的社群活动。例如，在30天的打卡活动中可以规定，未达到30天但完成至少25天的参与者也可以从奖金池中获得一定奖励。这种奖励通常低于门槛押金。若门槛押金为10元，则完成25天的参与者可获得5元奖励。扣除这些奖励后，剩余的奖金将平均分配给满足全勤要求的参与者。

这是基础奖励机制，意味着无论是否采用下面介绍的其他奖励方式，都必须全额返还门槛押金。这能够大大提高用户的参与度，并树立活动主办方的信誉：我们并不从奖金池中谋取利润，而是将押金全额返还给参与者。

◆奖励课程和电子书等

对你来说，将课程和电子书等作为奖励的额外成本较低或几乎为零。对参与者来说，这些奖励必须真正有价值。如果你设置的社群打卡任务本身就是学习相应的课程和电子书，那么你提供的奖励应该更有价值。

◆奖励实物商品

奖励实物商品通常更具吸引力，这取决于你的预算。预算多就可以多给一些人，预算少就少给一些人。

◆奖励优惠券、礼品卡等

奖励优惠券、礼品卡等也是一种选择。这些实际上相当于现金奖励。很多购物小程序提供了各种具有社交属性的营销工具供你选择。

◆精神奖励

精神奖励也很重要，比如为最终完成任务的参与者制作并颁发在线证书（以图片形式展示）。这不仅是一种精神上的鼓励，也能激发参与者在社群中分享他们的成就和喜悦。

5. 运营社群打卡活动的三部曲

想运营好一个社群打卡活动，核心内容包括三部曲：成员的招募、打卡群的维护，以及活动结束后的处理。

（1）第一部曲：参与者的宣传与招募

这里给大家介绍一个我们常用的宣传与招募流程。大家可以根据实际情况进行适当调整。

◆第一步：设计好活动介绍

活动介绍应涉及社群打卡的目的、规则、奖励等内容，并重点强调其带来的积极意义，如提高执行力、养成好习惯、真正学习到知识等。活动介绍可采用文字和图片两种形式。

◆第二步：在自己的私域流量池进行预热，做好铺垫

比如，你可以说："大家最近囤了很多书但是难以坚持阅读。为了让大家真正学到知识，养成学习的好习惯，我准备发起一场社群打卡活动，大家互相监督、互相鼓励。有兴趣的朋友请留言。"

◆第三步：提前安排积极参与者

为避免冷场，你可提前在群里安排几名积极参与者。在你发言后，他们可以表示非常感兴趣并参与互动。例如，你可以说："看来感兴趣的朋友不少啊，还有没有人想参加？冒个泡让我看看！"

◆第四步：群主顺势发起接龙

随着互动人数增加，群主可以说：这么多人感兴趣，那么我们下周就正式开始吧！具体的活动规则和介绍，我稍后会发到群里，想参加的请接龙报名。

◆第五步：交押金进群

你可以在私域流量池里面@一下接龙报名的朋友，让对方交押金，拉对方进群。这样可以刺激其他的观望者报名参加活动。

（2）第二部曲：打卡群的运营与维护

一般情况下，我们都会单独建立一个打卡活动群。在日常的运营过程中，这种专门的打卡活动群需要注意三个方面的问题。

◆提前安排好一些重要的角色

比如，你需要提前设置积极参与者，要注意培养群里的活跃分子和意见领袖。一般一个 100 人参加的活动，要有三五个积极参与者，要注意培养三五个活跃分子，至少要有一两个意见领袖。

◆营造轻松愉快的社群氛围

群主的沟通和社交能力对于营造轻松愉快的社群氛围非常重要。可以适当使用表情包来增加趣味性并保持说话风格轻松俏皮。主持人或暖场人员也能提高社群活跃度。

◆设计好奖励机制

除了我们提前设定好的奖励外，在社群运营过程中，你还可以根据实际情况不定期推

出一些额外奖励。比如，每天可以选出前一天的优质打卡内容，以此激发成员的荣誉感。选出来后，一定要在群里@对方并给予表扬；对于连续几天打卡的成员，可以随机赠送一份电子书作为奖励。对于在群里有持续优质发言的意见领袖，除了公开奖励外，还要有私下的沟通，将他们培养成有利于后期变现的关键角色。

（3）第三部曲：活动结束后的处理

活动结束后，首要任务是统计信息。为了避免最后的工作混乱，我们一般要求每天进行统计，这样最后只需要进行汇总即可。对于完成任务的成员，一定要及时发放奖励，并在社群内@获奖人员，进行公开表彰。你还可以鼓励获奖人员发表感言，并引导他们在朋友圈分享奖状。

活动结束后，社群是否解散要根据不同情况来决定。如果社群是专门为了打卡活动而建立的初始私域流量群，那么活动结束后自然不能立即解散。如果社群是从原有的私域流量池中重新组建的，则需要根据具体情况来判断是否解散。具体情况如下。

◆如果原社群不是很活跃，或者目的性太强（专门的同学群、老乡群、学员群、业主群等），导致不适合直接做产品营销（或者营销效果不好），那么这种打卡活动群在活动结束后就可以暂不解散，尝试营销变现。

◆如果原本社群已经很活跃了，并且原本就有较好的营销变现，社群打卡活动只是为了增加用户黏性、提高社群依赖度等，那么活动结束后，打卡活动群可以解散。

◆如果原本社群是一个初级筛选群，虽然可以营销，但是效率不高。那么活动结束后，打卡活动群可以不解散，继续维护并发展成为容易变现的高质量社群。

6. 社群打卡活动的课程及素材准备

我们的社群打卡活动往往要求参与者学习课程、读书等，因此在活动开始前，必须准备好相应的课程和素材。在实际操作过程中，我们发现这类打卡活动的课程或素材具有以下特征。

◆可以直接录制视频或制作图片，每个视频课程或图片都包含一个知识点（也可以以电子书、笔记等形式呈现）。

◆知识点或课程没有必要成体系，只需短小精悍即可，让大家每天都有收获。即使错过了前面的内容，也不会影响对当天内容的理解。

◆学习时间不要太长。我们在测试过程中发现，5～15 分钟的学习时长是最理想的，这样既能保障学习效果，又不会让成员感到压力过大。

◆内容一定要有价值。不要随便找一些内容来对付，学习到的内容一定要让用户有“收获满满”的感觉，而不是网上随处可见的知识。

◆制作要用心。不管是视频课程、图片、电子书、笔记等，制作的过程中一定要用心。比如，统一格式以形成品牌力、制作精美等。

◆注意版权问题。如果你直接使用他人的内容，那么一定要注意版权问题，确保征得了对方的同意。

7. 打造活动过程中的仪式感

也就是在社群打卡活动中，要人为制造一种仪式感。这样做的目的是督促打卡、增强归属感和增加社群成员之间的黏性。比如，你可以在每天打卡时间到期前发送打卡提醒；设置特定格式的打卡内容；在打卡截止前一个小时总结已完成打卡的人数，并提醒尚未打卡的人尽快完成；挑选优秀作品进行鼓励。

8. 关于打卡周期

一般打卡的活动周期不宜太长，以 7～30 天居多。周期太短则达不到预期效果；周期太长则用户容易感到疲倦。打卡周期的设置与以下三个因素有关。

◆交作业的频率

如果要求每天打卡，那最长不要超过三周（21 天），最短 7 天即可；如果要求两天打卡一次，或者甚至一周打卡一次（如每周读一本书的打卡活动），那可以将周期拉长到三个月甚至半年。

◆打卡目的

如果是为了学习课程内容，可以根据课程节数来设置周期，一般一个月左右为宜；如果是为了养成习惯或提高执行力，通常设置为 30 天（基本可以养成一个习惯）。

◆押金金额

押金金额越高，打卡周期就可以适当延长。比如，如果押金为 9.9 元，就可以设置 15 天的打卡周期；如果押金为 99 元，就可以设置两个月的打卡周期。

9. 社群打卡活动日常操作过程中的一些细节要点

在操作社群打卡活动时，由于目的、受众和主持人风格等因素的差异，很少有适用于所有情况的具体细节技巧。然而，仍有一些通用的要点可以供大家参考。

◆有一个明确的主题。比如，一起背单词、一起做数学题、一起早起、一起晨跑、一起跳绳锻炼等，都可以作为社群打卡的主题。明确的主题有助于形成社群氛围并活跃社群。

◆打卡动作要简单可操作，学习型打卡可以稍复杂些。比如，早起、晨跑等活动，可以发布一张相关图片或者一段固定格式的文字来完成打卡。如果是学习型的打卡，可以写一下学习心得或者分享课程中认为重要的知识点。

◆打卡的动作要让所有人都能乐于参与，具有交互性。举个简单的例子，比如早起打卡时，可以让大家分享今天的美妆、早餐照片或上班路上的随手拍。这些都是很好的选择，因为这样的打卡动作能引起成员间的互动。然而，如果要求大家在早起打卡时写一下今天的心情，这就不太合适了，因为有些人可能无法准确表达，再说心情本身的互动性也不强。

◆对积极打卡的人进行鼓励。除了常规奖励外，对于持续积极打卡的成员，我们应该给予一些额外的激励。比如，在群里@对方并说一些鼓励的话，或者设立一个打卡排行榜（只显示前五名），甚至颁发电子版的奖状。这种做法实际上是将游戏化的思维引入到社群打卡活动中，以增加趣味性和参与度。

◆尽量招募同频的人。在参与者数量足够的情况下，我们应该尽量筛选出与我们频率相近的人来参与社群打卡活动。大家有共同的诉求和行动目标，这样才能更容易地营造出良好的社群氛围。

◆建立互相监督小组。为了督促打卡，群内成员可以自由结对，建立互相监督小组。这样一方面可以增进群成员之间的感情，另一方面也可以提高打卡的完成率。

10. 确保社群打卡活动顺利进行的注意事项

◆第一天的打卡一定要简单

从我们的长期实践来看，第一天的打卡人数通常是最多的，然后后面每天只会减少。

也就是说，如果第一天不打卡，后面就不太可能打卡了。从用户的心理来看，也是第一天的新鲜感最强，接下来的积极性一定是逐步递减的。因此，我们第一天的打卡任务一定要设置得足够简单，确保每个人都知道这个打卡的任务，并且能轻松完成。

◆注意用户的疲惫期

所谓的疲惫期，就是用户出现不想打卡的情况，这一般会出现在活动的中期。如果打卡活动持续的时间比较长，还可能会出现多个疲惫期。比如，在7天的打卡活动中，有可能在第3或第4天的时候，会有人不想继续打卡了。一般这种情况，我们都会在常规的奖励之外，增加一些额外的激励。比如，在活动进行到中期的时候，你可以宣布："看到大家前面这么努力，我们决定为今天打卡的人增加一个特别抽奖活动！但不影响其他的正常奖励。"你还可以采取奖励坚持打卡的人、邀请优秀的参与者分享经验或者心得等方式，鼓励大家坚持打卡。

◆制定规范格式，让用户可以直接参考

我们在电商运营72绝技的社群打卡训练营中，每次打卡都会给出一个非常详细的打卡规范格式。这样，大家只需要按照给定的格式进行打卡即可。这个动作虽然看似微不足道，但是减少了用户的思考时间，降低了参与门槛。

11. 社群打卡活动的延伸玩法

一般的社群打卡活动都会采取押金制。如果群成员完成任务，押金全额退还，或者采取完成者均分全部奖金池奖金的做法。除了这种押金制外，社群打卡活动还有如下两种延伸玩法。

◆不完成就淘汰

这种玩法比较残酷：只要不完成任务，就会将参与者直接踢出社群。其核心原理就是利用人们的恐惧心理来制造立即行动的动力。

◆胡萝卜吸引策略

这种策略类似于游戏中的解锁关卡机制。只有完成任务后，才能解锁相应的福利。比如，你可以设置一个读书打卡活动，每周完成四次以上的参与者可以获得更丰富的资料包。这种玩法的关键在于：赠送的资料包要足够吸引人，并且任务要环环相扣，像打游戏解锁关卡一样。

（二）一日生活规律化

这是一类社群打卡活动的总称，主要目的是让群成员形成一些良好的生活习惯。毕竟，绝大多数人都希望拥有健康、规律的生活习惯。

【私域实战技巧24】社群打卡活动——一日生活规律化

（1）第一步：明确打卡主题

这个系列活动的主题是"一日生活规律化，一个月养成一个好习惯"。这个主题很好地把握了目标受众的痛点——没有良好的生活习惯，因此报名的人很多。可供选择的生活习惯有很多，比如每天6：30之前准时起床、每天吃早餐、早起一杯水、午饭后走一走、每天夜跑、每天30个深蹲、每天跳绳5分钟、每天冥想5分钟等。

（2）第二步：明确打卡周期

为了一个月养成一个好习惯，我们设定的打卡周期通常是30天。当然，你也可以根据实际情况将时间设置得稍短一些，比如 3 周。我们之所以选择 30 天这个周期，是因为考虑到在这相对较长的时间里，可以设置更多中间奖励、互动环节，如发放优惠券、礼品卡、抽奖等，从而增强用户参与感并实现营销变现。

（3）第三步：设定具体的活动形式

活动形式是每天打卡，目的是帮助参与者养成良好的生活习惯。参与者需要每天坚持做同一件事情，这件事情要么对身体有益，要么能够改善心境。

（4）第四步：设定具体的任务内容

根据不同的主题，设定相应的打卡任务。例如："6：30 之前准时起床"——起床后在群里发一句"大家早上好，坚持早起打卡第一天"；"每天午饭后走一走"——在群里分享一张散步时拍的照片（这样可以引发讨论，活跃社群）；"每天吃早餐"——晒出自己的早餐照片等。

（5）第五步：设定押金门槛

对于这类"一日生活规律化"的打卡活动，我们设置的押金门槛通常为 30 元。奖励机制是：每完成一天的任务，即可返还 1 元；全部完成的参与者除了可以全额退回 30 元押金外，还可以参与平分未能返还的押金形成的奖金池。

（6）第六步：设定奖励形式

除了押金返还奖励外，我们还设置了三种不同形式的奖励。

◆连续打卡一周的奖励。连续打卡一周的参与者将获得额外抽奖奖励，奖品包括实物、优惠券、现金红包等。

◆评选最美图片的奖励。其实就是对完成质量高的参与者进行奖励，一般我们会奖励一个现金红包。

◆对于满足特定条件（如打卡满 10 次）的参与者，我们将提供优惠券奖励。这些优惠券可在我们平台购物时使用。

（三）每天读几页书

这类活动的目的是让参与者形成良好的学习习惯。每天学习一点知识，逐步实现量变到质变的提升，进而丰富内心世界。从樊登读书会的成功和樊登读书社群的高黏性及线下读书会的火爆程度中，我们可以清晰地看到这类活动的巨大潜力和市场需求。

【私域实战技巧 25】社群打卡活动——每天读几页书

（1）第一步：明确打卡主题

这种读书活动的主题本质上是激发学习意识，让参与者意识到学习的必要性。活动能精准触及目标受众的痛点——缺乏学习的时间和动力，并渴望成长。当前手机上各种各样的应用占用了我们大量的碎片化时间，很多时候这些内容并未给我们带来实质性收获。因此，活动的目的就是让大家每天阅读书籍、学习课程，通过持续学习来充实内心，实现个人成长。书籍可以由社群内的意见领袖指定或推荐，也可以让参与者自选。

（2）第二步：明确打卡周期

根据指定书籍的字数来制定打卡周期，一般建议每天阅读的页数控制在 20 页以内，以确保参与者能够持续坚持。现代人的注意力难以长时间集中，因此基本考量是在 10 天左右读完一本书。

(3) 第三步：设定具体的活动形式

具体的活动形式可以分成两种：一种是每天制定打卡任务，然后每天交打卡记录；另一种是根据书的目录章节来制定阶段性打卡任务，比如3天一次、一周一次等。

(4) 第四步：设定具体的任务内容

组织者可以提前阅读书籍，根据内容和工作量，在打卡任务开始的前一天布置相应的任务内容。通常会设定一个截止时间，要求参与者在规定的时间点之前完成阅读任务。但我们建议每位参与者都培养自己的阅读习惯，比如设定一个固定的每天阅读时间段（例如从几点到几点）。阅读完成后，参与者需要针对所读内容撰写感想。感想的最低字数要求为150字，但不设上限。这样，组织者可以根据字数、内容等标准选择优质的感想进行打卡激励。

(5) 第五步：设定押金门槛

这种读书打卡的社群活动，我们设置的押金门槛一般比较低，只需9.9元即可参与。活动旨在鼓励大家积极参与，从内心激发学习动力，进而实现自我成长。

(6) 第六步：设定奖励形式

除了押金返还奖励外，我们还设置了三种不同形式的奖励。

◆连续打卡一周的奖励。连续打卡一周的参与者将获得额外抽奖奖励，奖品包括实物、优惠券、现金红包等。

◆评选最优读书感想（笔记）。其实就是对完成质量高的参与者进行奖励，一般我们会奖励一个现金红包。

◆对于满足特定条件（如打卡满10次）的参与者，我们将提供优惠券奖励，这些优惠券可在我们平台购物时使用。

（四）彩虹夜听

这是我们双社电商项目打造的一个非常有特色的活动，主题多样。其基本形式是：我们提前找好主播（声音主播），录制各种音频（单个音频控制在10分钟之内）。然后，我们会根据不同的需求设置不同的主题节目，并在每天晚上睡觉之前把相应的音频发到群里，供大家睡前用耳机收听。

【私域实战技巧26】社群打卡活动——彩虹夜听

“彩虹夜听”栏目的音频会附带内容文章一起发到群里。音频底部会植入广告链接，甚至在适当的时候，我们会直接将音频打造成软文广告，如推荐书籍等。活动组织者每天分享“彩虹夜听”的音频，旨在分享有价值的内容。

(1) 第一步：明确打卡主题

“彩虹夜听”的社群打卡活动可根据目标受众需求设立多种主题。在长期实践中，我们主要采用了以下几种模式。

◆充满正能量的小故事。这是最常采用的方式。我们精选一些充满正能量的小故事，邀请声音悦耳的主播录制，并配上相应的音乐。睡前聆听，既能学习新知识，又有助于睡眠，还能培养良好的睡前习惯。

◆当日热门新闻。我们可以针对特定领域或不针对特定领域，每天挑选并整理约10

个热门新闻话题，交由专门的主播录制成音频。这种模式的好处在于，它能让忙碌一天的群成员对当天的热点事件有个大致了解。虽然现在了解新闻热点事件的途径很多，但正是因为途径多样，用户反而更希望能够一次性获取主要的核心内容。

◆优美的散文。我们选取优美的散文，由声音悦耳的主播录制，同样配上音乐。睡前聆听一段，主要目的是放松心情，帮助睡眠。

◆知识点。如果你的目标受众是有学习需求的人，那你可以将一些知识点录制成音频，并通过“彩虹夜听”每天分享一个。当然，你也可以根据自己目标受众的特征，录制更加专业的内容。

（2）第二步：明确打卡周期

对于大多数社群来说，“彩虹夜听”打卡活动是长期进行的，我们会持续更新内容。但具体的打卡周期通常设为7～30天，具体时长可根据所收押金来决定，这个弹性空间很大。

（3）第三步：设定具体的活动形式

活动形式简单明了，即每天在固定时间（通常是晚上9点）将当天的“彩虹夜听”内容发送到群里。群成员可在当晚睡前听完。

（4）第四步：设定具体的任务内容

因为“彩虹夜听”栏目的变现属性，所以我们的打卡任务很简单：只需把当天的“彩虹夜听”内容转发到朋友圈即算打卡成功。这样做有助于实现变现软内容在纯自然状态下的裂变传播。为了让裂变传播的效果更好，我们会提前编辑好一段推荐文案，让打卡的人将推荐文案一起转发到朋友圈。

（5）第五步：设定押金门槛

押金门槛会设置得比较低，一般为9.9元。打卡周期设置为3周。这样大家参与的积极性会比较高，活跃度也会比较高。

（6）第六步：设定奖励形式

在操作“彩虹夜听”打卡活动的过程中，除了返还押金外，我们还会在奖励设置上进行创新，以便于传播和变现。

◆完成总天数15天以上的群成员可全额返还押金。扣除这些奖励后，剩余的奖金将平均分配给全部打卡成功的参与者。

◆连续一周打卡的参与者会获得实物、优惠券、现金红包等额外奖励。

◆对于满足特定条件（如打卡满10次）的参与者，我们将提供优惠券奖励。这些优惠券可在我们平台购物时使用。

◆在打卡活动期间，为了缓解“疲惫期”，我们在活动的第一周和第二周结束时，会为当天完成打卡的成员提供奖励。奖励通常是平台的优惠券。

（五）客厅健身房

这是一个非常有特色的社群打卡活动。其核心在于软性植入相应的产品广告，通过纯自然状态下的裂变传播，实现活跃社群并获得变现收益的目的。

【私域实战技巧27】社群打卡活动——客厅健身房

（1）第一步：明确打卡主题

“客厅健身房”活动需要紧扣的三个需求点如下。

◆基本需求点

随着生活节奏的加快和手机的普及（导致碎片化时间增多），人们对于短时间内的高效健身需求日益凸显。虽然每天持续、稳定的健身活动对身体更为有益，但这对大多数人来说并不容易实现。

◆户外运动的局限性

天气因素（如炎热的夏季、寒冷的冬季、雾霾天等）及空气质量问题（如汽车尾气污染）等都在一定程度上限制了户外运动。因此，“客厅健身房”的宗旨就是提倡室内运动。

◆健身房的诸多限制

去健身房需要花费金钱和时间，而且由于密闭空间、人流量大等原因，健身房可能并不是一个安全的健身场所。因此，在家里进行健身活动成了一个非常理想的选择。

（2）第二步：明确打卡周期

“客厅健身房”活动会根据不同的主题设定相应的打卡周期。一般来说，为了培养良好的健身习惯，我们通常会设定一个4周（28天）的周期。由于这类健身打卡活动的参与度很高，因此目标受众可以持续参与并不断获得新的体验。

（3）第三步：设定具体的活动形式

我们的活动宗旨是：让客厅也能成为专业的健身场所。根据目标受众的实际情况和需求，我们会设置不同的活动主题，如客厅有氧运动、瘦身塑形、腰腹锻炼、腿部训练、美背练习等。有专业的健身教练负责策划和指导，确保活动既能达到锻炼身体的效果，又能让参与者在家中轻松愉快地健身。

在客厅健身活动中，我们会自然地融入相关产品广告，如家用健身小哑铃、弹力带、健身球、瑜伽垫等。这些广告可以放置在视频下方或以直播的形式呈现，由当天的健身教练进行软性推广和销售。

为了让更多的人参与，我们通常将内容发到打卡群的时间设置为晚上8点。在这个时间点，群内成员已经吃完饭一段时间了，有足够的时间进行健身，然后洗个澡，舒舒服服地休息。

（4）第四步：设定具体的任务内容

在具体的任务设置上，因为“客厅健身房”栏目的变现属性，所以我们的打卡任务很简单：只需把当天的“客厅健身房”内容转发到朋友圈即算打卡成功。这样做有助于实现变现软内容在纯自然状态下的裂变传播。为了让裂变传播的效果更好，我们会提前编辑好一段推荐文案，让打卡的人将推荐文案一起转发到朋友圈。这种健身视频需要提前录制好，以文章的形式发布，并在文章中嵌入健身视频的链接或播放器，方便用户点击观看。此外，在特定的活动中，我们还可以采用直播的形式进行健身教学。

（5）第五步：设定押金门槛

押金门槛会设置得比较低，一般为9.9元。打卡周期设置为3~4周。这样大家参与的积极性会比较高，活跃度也会比较高。

（6）第六步：设定奖励形式

在操作“客厅健身房”的社群打卡活动过程中，除了返还押金外，我们还会在奖励设置上进行创新，以便于传播和变现。

◆完成总天数 75% 以上的群成员可全额返还押金。扣除这些奖励后，剩余的奖金将平均分配给全部打卡成功的参与者。

◆连续一周打卡的参与者会获得实物、优惠券、现金红包等额外奖励。

◆对于满足特定条件（如打卡满 10 次）的参与者，我们将提供优惠券奖励。这些优惠券可在我们平台购物时使用。

◆在打卡活动期间，为了缓解“疲惫期”，我们在活动的第一周和第二周结束时，会为当天完成打卡的成员提供奖励，通常是平台的优惠券。

（六）每天学习一个小知识

这个活动的特殊性在于如下几点。

◆每天学习的内容均以视频课程的形式呈现。

◆一般情况下，学习的知识都是针对某一个领域的专业知识点。

◆该活动可以以盈利为目标进行操作，但由于操作难度较高且涉及的专业人员和专业流程较为复杂，因此在这里不做介绍。

【私域实战技巧 28】社群打卡活动——每天学习一个小知识

在进行本社群打卡活动的过程中，我们可以巧妙地植入与课程相关的广告，从而实现变现。例如，在烘焙课程中，我们可以穿插介绍烘焙相关产品。

（1）第一步：明确打卡主题

本活动主要满足两大需求。

◆甩掉拖延症。许多人都有学习的愿望，但往往因拖延而无法完成学习计划。特别是在线学习，由于课程可随时回放，更容易让人产生“明天再说”的心态。结果，购买的课程大多未能完整观看。笔者自身也有这样的经历，虽然愿意为知识付费，但真正完整看完的课程寥寥无几。

◆坚持学习，积累知识。我们倡导每天坚持学习一个小知识点，通过持续努力，实现自我成长。这也是我们社群打卡训练营一直秉承的学习理念。

（2）第二步：明确打卡周期

根据不同的主题，“社群打卡学习训练营”会制定相应的打卡周期。一般而言，为了培养良好的学习习惯并确保学员能充分理解和吸收专业知识，我们至少会设定一个 4 周（28 天）的周期。例如，针对淘宝中小卖家的“电商运营 72 绝技”学习训练营，就设定了 72 天的周期，每天学习一个电商知识点。

（3）第三步：设定具体的活动形式

活动形式相对简单。我们会提前邀请专业人士将课程知识点录制成视频，然后每天在固定时间发布一个视频。每个视频时长基本控制在 15～30 分钟，以确保讲透一个知识点。如果知识点较为复杂，可以分成两节课来讲解。学员们通过点击链接进行学习。在发布课程的同时，组织者还会同步发布当天的打卡任务。这些任务可能是关于学习心得的分享，也可能是实践操作等。

（4）第四步：设定具体的任务内容

具体的打卡任务一般可以分为以下三种（根据课程和目的的不同而有所调整）。

◆撰写课程知识点总结，并以特定格式发送到群内（文字形式）。

◆将课程转发至朋友圈（以变现为目的），并附上相应的推荐文案。

◆以实践操作为目的，发布相应的实践任务。这时需要明确具体的任务格式，比如是以截图形式展示成果，还是以实际效果来体现，这都需要根据实际情况来制定。

（5）第五步：设定押金门槛

设定押金门槛时，通常会考虑活动的实际目的。如果活动不以变现为主要目的，而仅仅是为了活跃社群，且课程是免费提供的，那么押金可以设置得相对较低，例如19.9元。然而，如果活动的主要目的是变现，那么押金门槛就可以设置得稍高一些。但需要注意的是，押金最高不应超过700元，因为超过这个金额后，参与者的积极性可能会大幅下降。

（6）第六步：设定奖励形式

奖励形式通常以押金返还为核心，同时也可以配合其他奖励模式。具体的奖励设置，可以参考其他类似活动的做法。

（七）各种培训的社群打卡训练营

任何一种在线培训都可以采用社群打卡训练营的模式进行。在实际操作过程中，我们发现这种社群打卡训练营至少能够发挥以下三方面的直接或间接作用。

◆直接盈利

社群打卡训练营的收费一般为300～700元。根据我们的实践经验，这个收费范围是比较合理的。如果收费太低，可能无法覆盖成本；如果收费太高，可能会导致报名人数大幅减少。当参与者完成规定的社群打卡任务时，学费将全额返还。这样，直接盈利主要来自未完成任务的学员所支付的学费。

◆间接变现

从双社电商的角度来看，学员群在学习结束后往往面临解散或沉寂的风险。然而，学员群本身具有很高的黏性和活跃度，只要稍加维护，后期就有可能实现良好的变现机会。

◆提高满意度

在实际操作过程中，我们发现了一个意想不到的好处：由于我们为参与者设定了每天的学习和社群打卡任务，只要他们完成了任务，就可以获得全额的学费返还。这在一定程度上消除了常规培训中可能出现的学员对老师或课程内容的不满情况。

在社群打卡模式下，即使学员对课程或老师有所不满，他们也会更倾向于从自身找原因（例如认为自己没有好好学习），而不是归咎于培训机构。因此，在实际操作中，采用社群打卡模式的培训课程很少出现对课程和老师不满意的情况。

【私域实战技巧29】社群打卡活动——各种培训的社群打卡训练营

目前，我们倾向于操作的培训包括各种职业资格培训、与大学生相关的培训（英语四六级、考研等）。在操作过程中，我们还对一些传统培训进行了创新。比如，2019年，我们与北京一家考研培训机构合作，针对考研数学的培训推出了一个百天打卡训练营：一共包含100道数学题，每天提供一个学习视频，讲解其中一道数学题，并安排一个类似的练习题。任务是让大家学完后完成这道题。如果有不懂的地方，社群内有专业老师进行讲解和一对一指导。

（1）第一步：明确打卡主题

这个活动主要满足两个需求点。

◆克服拖延症。尤其是大学生，都知道在上大学期间考取一些职业资格证对就业非常有帮助。然而，大学生的自制力往往较差，报名后容易拖延或无法坚持。比如考研，很多同学可能觉得现在不着急学习，结果一直拖到考试就放弃了。这种社群打卡训练营可以帮助参与者克服拖延症。

◆帮助大家考试成功

通过每天坚持学习而不是拖延，每天掌握一个知识点，随着知识的积累，考试成功的概率也会大幅提高。

（2）第二步：明确打卡周期

这种培训型的社群打卡训练营的周期一般不要太短，以确保学习效果。我们通常按照学期设定，大约3个月。比如，英语四六级考试、公务员、考研培训、出国留学培训等，都是按照3个月为一个打卡周期的。

（3）第三步：设定具体的活动形式

根据培训内容，提前将课程录制成在线视频，每个视频涵盖一个知识点。每个视频的长度约为1小时，以保持内容的针对性和完整性。学员可以通过点击链接进行学习。学习完成后，会安排相应的练习题来巩固知识点。

（4）第四步：设定具体的任务内容

培训型的社群打卡训练营是为培训和学习服务的，所以我们的具体任务全部都是围绕知识点设计练习题，巩固大家学习的知识。但是这里有两点需要注意：一是练习题一定要配答案；二是任务完成不能以“练习题是否做得对和做得好”为标准，这会影响报名率。

（5）第五步：设定押金门槛

押金门槛会根据实际情况制定，价格通常为300～700元。如果培训产品周期较长或正常情况下在线培训价格较高，可以将整个培训产品分成若干小模块，按模块进行打卡收费。

（6）第六步：设定奖励形式

奖励形式一般以押金返还为核心，同时配合其他奖励模式。具体来说，我们可以对那些全部完成社群打卡任务并顺利通过考试的学员给予一定的现金奖励或其他形式的奖励。这样的奖励设置可以激励学员积极参与并坚持完成打卡任务。

（八）创业训练营（写作、短视频、直播）

我们的创业训练营是基于“双社电商”项目的，且训练营里面的创业项目除了可以服务于我们自己的平台外，还能服务其他创作型平台，比如今日头条、抖音、快手、淘宝直播等。

【私域实战技巧30】社群打卡活动——创业训练营

这种创业训练营主要包括写作、短视频、直播三个方面。我们主打的卖点是：免费学一门能创收的副业。学习完成后，如果想服务于我们的平台，可以进行创作并获得佣金；除此之外，我们还会提供其他创收渠道供自由选择。

（1）第一步：明确打卡主题

这个活动需要抓住两个需求点。

◆小微创业者想赚钱。赚钱是互联网上永恒的主题，大家都想赚钱，但是现在赚钱又很难，经济形势又不好，收入减少，所以增加一份副业收入很有吸引力。

◆提高执行力，免费培训。当前市场上，小微创业项目的培训大部分都是以赚钱为目的，很少能真正帮助小微创业者赚到钱，当然这也与小微创业者的执行力有关。我们的主打卖点就是免费培训，全面提高执行力。

（2）第二步：明确打卡周期

创业训练营是“学习＋实践”同步进行的。同时，赚钱是一个需要坚定执行的过程，尤其是小微创业，只要执行了，就很有可能赚到钱。因此，我们一般会设置2～3个月的“学习＋实践”社群打卡周期。在此期间，如果只是学习，大家可能会觉得周期长，所以应该将学习和实践同步进行，让参与者能够及时获得自己的成长反馈。

（3）第三步：设定具体的活动形式

活动形式很简单。我们需要提前把课程梳理成体系，分别是软文写作训练营、短视频拍摄训练营和直播带货训练营。每个课程会分知识点录制，每个知识点的长度为15～30分钟。至关重要的是，我们会紧密围绕每个知识点设计具有高度实践性的打卡任务，确保学员能够边学习边实践。

（4）第四步：设定具体的任务内容

以实践操作为目的，发布相应的实践任务。需要制定好具体的任务格式，比如是以截图来体现，还是以效果来体现，需要根据实际情况而定。但要强调一点：在最后返还押金时，不能以完成质量为标准（否则会大幅降低报名人数），而应该以是否完成为标准。

（5）第五步：设定押金门槛

活动押金一般设定为300～700元，为期两个月。只要完成规定的实践打卡任务，就会全额返还押金。

（6）第六步：设定奖励形式

一般以押金返还奖励为核心，配合其他奖励模式。具体可以参考活动的奖励设置。另外，如果是服务于我们“彩虹优选”平台，并达到一定质量的话，还可以获得其他奖励。

（九）双社电商训练营

“双社电商训练营”是基于我们平台的项目，旨在招募所有希望利用无线网络、在业余时间创造收入的小微创业者。

【私域实战技巧31】社群打卡活动——双社电商训练营

采取“学习＋实践”模式，实践过程即为盈利过程。完成规定的社群打卡任务后，学费将全额返还，并有机会继续进行双社电商的创业活动，持续创造收益。免费培训、全面提升执行力，以及稳定可靠的小微创业项目（零基础、零风险、简单易操作），这些优势足以吸引每一位寻求额外收入的人士加入我们的训练营。

在此过程中，每位组织者的核心目标是通过组织双社电商训练营，培养并壮大自己的双社电商团队。

（1）第一步：明确打卡主题

该活动主要满足两大需求。

◆小微创业者想赚钱。赚钱是互联网上永恒的主题，大家都想赚钱，但是现在赚钱又很难，经济形势又不好，收入减少，所以增加一份副业收入很有吸引力。

◆提高执行力，免费培训。当前市场上，小微创业项目的培训大部分都是以赚钱为目的，很少能真正帮助小微创业者赚到钱，当然这也与小微创业者的执行力有关。我们的主打卖点就是免费培训，全面提高执行力。

（2）第二步：明确打卡周期

双社电商训练营采用“学习＋实践”同步进行的方式。由于赚钱需要坚定的执行力，特别是对于小微创业而言，只要执行到位，就能实现盈利。因此，我们通常会设定一个2～3个月的“学习＋实践”社群打卡周期。

（3）第三步：设定具体的活动形式

活动形式简洁明了，我们提前将课程内容系统化地梳理为若干个知识点，并逐一进行录制（当前课程已全部录制完成）。每个知识点的讲解视频时长控制在15～30分钟，以便于学员高效学习。同时，我们针对每个知识点设计了具有高度实践性的打卡任务，确保学员能够边学习边实践。

（4）第四步：设定具体的任务内容

任务内容以实践操作为主，发布的实践任务均基于我们自身的双社电商平台。这些任务大多以变现为目的，对活动参与者而言，实践过程实际上就是创造收入的过程。

（5）第五步：设定押金门槛

我们统一设定399元作为押金门槛，持续两个月。只要学员完成规定的实践打卡任务，押金就会全额返还。

（6）第六步：设定奖励形式

一般以押金返还奖励为核心，配合其他奖励模式。具体可以参考其他活动的奖励设置。

（十）如何通过社群打卡活动建立私域流量池

除了用于社群运营外，社群打卡活动还可以在一定程度上用于建群和打造私域流量池。只要活动设置具有吸引力且目标用户定位准确，建群的优势将非常明显。

（1）第一步：明确打卡主题

如果目标受众是大众群体，设计的社群打卡活动通常以提高执行力为目标，具体形式可以包括一日生活规律化挑战、读书打卡活动、家庭健身打卡等。如果目标受众是大学生群体，则可以考虑职业资格培训打卡、英语四六级学习打卡等主题。

（2）第二步：明确打卡周期

在以建立私域流量池为核心的社群打卡训练营中，我们通常会放宽各项条件，以吸引更多人参与。打卡周期也不会设置得太长，一般持续10天左右，即1～2周为一个周期。在这期间，我们会精心安排内容，确保活动的有效性和吸引力。

（3）第三步：设定具体的活动形式

根据确定的主题，我们会安排活动形式。需要注意的是：活动一定要简单，不要复杂，这样才能吸引更多的人参与。

（4）第四步：进行宣传推广与招募参与者

为了扩大活动的影响力，我们通常会采用软文推广和朋友圈直推两种并行的方式。朋友圈直推即直接以广告的形式将活动推广出去，招募参与者。而软文推广则需要提前写好软文，发布在公众号后分享到朋友圈，并通过一些利益诱导吸引朋友圈的人帮忙传播。

具体操作流程为：撰写软文、准备利益诱饵、在公众号发布软文、分享到朋友圈和微信群、鼓励好友进行群发裂变。

(5) 第五步：设定具体的任务内容

具体的任务内容将紧密围绕主题进行设定，我们致力于确保任务的简单易行，以便能够吸引更多的参与者加入。

(6) 第六步：设定押金门槛

押金门槛一定要低，一般设定为9.9元。这样的金额既能体现一定的价值感，又几乎在每个人的承受范围之内。

(7) 第七步：设定奖励形式

为了吸引更多参与者，我们一定要把奖励设置得很丰富。

◆全返押金+均分奖金池剩余奖金。完成社群打卡任务的参与者可全额返还押金，并均分剩下的奖金池奖金。

◆连续打卡、最优任务等可设置红包奖励。对于连续打卡或完成最优任务的参与者，我们将给予红包奖励。

◆实物奖励。对于表现优秀的参与者，我们将给予实物奖励。

三、社群分享实操

社群分享是社群运营过程中非常重要的一个环节，指的是定期（或者不定期）安排大咖或者意见领袖，就某一专业领域的知识进行分享的过程。这个大咖或者意见领袖，可以是群主自己，可以是群主找来的人，也可以是群里比较厉害的成员。

一次成功的社群分享，至少能在以下五个方面给社群运营带来好处。

◆让群成员体会到价值

在众多的微信群中，有些群因为缺乏活跃度和价值而变成了“死群”，成员不再关注群消息甚至选择退出。高质量的社群分享能够让群成员感受到价值，从而产生“离不开”社群的感觉。

◆提高社群活跃度

社群分享过程中，成员们可以提问、讨论，这种互动有利于社群活跃度的提高，使社群更加充满生机。

◆增加社群黏性

分享的过程不仅是知识传递的过程，也是成员之间彼此沟通、建立联系的过程。通过分享，成员们可以增进了解，建立信任，从而增加社群的黏性。

◆打造意见领袖的过程

每一次的社群分享都是打造意见领袖的绝佳机会。分享者通过分享自己的专业知识和见解，可以逐渐树立起在社群中的权威地位，成为大家信赖和追随的意见领袖。对于双社电商而言，意见领袖的影响力有助于实现变现目标。

◆分享过程中的变现

社群分享过程中，可以针对特定产品进行推广和变现。例如，邀请中医专家进行中医养生知识的分享，并在分享过程中植入相关养生产品的推广，从而实现变现目标。

一次成功的社群分享需要遵循以下基本流程：确定分享嘉宾和主题、准备分享内容、进行宣传预热、做好分享前的准备工作、正式分享并控场、分享后答疑，以及复盘总结。

（一）确定分享的嘉宾

进行社群分享时，首先需要确定分享嘉宾。分享嘉宾是社群分享的核心，他们的专业知识和见解将为社群带来价值。虽然作为分享嘉宾需要付出一定的时间和精力，但他们也将因此获得成为意见领袖的机会，进而可以在双社电商领域变现盈利。很多人可能会担心自己不够专业或无法胜任分享嘉宾的角色，但实际上，每个人都有自己独特的知识和经验可以分享。本书将专门介绍如何成功地打造意见领袖，帮助大家克服这种担忧并提升自信。分享嘉宾的来源主要有三个方面：一是群主自己；二是专业领域的嘉宾；三是群内优秀的成员。

【私域实战技巧32】社群分享嘉宾的主要来源

（1）群主自己

其实，群主自己是最靠谱、成本最低且最容易实现的分享嘉宾。尽管很多人可能觉得自己不擅长表达或没有专长，因而成不了意见领袖或分享嘉宾，但实际上，每个人都有机会。因为每个人都会有自己感兴趣或擅长的东西，只要找到这个点，你就有机会成为意见领袖。比如，你很喜欢化妆，那你一定可以就化妆技巧做一次精彩的分享。

2012年，我从事贸易工作，主要产品是可可粉——一种可以与左旋肉碱搭配使用的减肥产品。当时，我的一个客户就是个尝试各种减肥方法的胖子。他特别爱交流，每次都会把自己的减肥历程（包括体重照片等）分享到他自己组建的QQ群里。结果，在使用左旋肉碱和可可粉减肥的过程中，他的体重确实有了明显的下降。他就在群里晒减肥成果的同时，分享自己的减肥方法。

最终的结果是，群里的其他人纷纷询问他的减肥方法，然后他就顺其自然地开始销售产品。那时候，光是从我这里发出的可可粉，每天就有三四百袋，利润相当可观。

所以，如果你自己做分享，想把自己打造成一个意见领袖，那只要找到自己喜欢的东西、感兴趣的东西就可以了。专业与否其实并不是关键，重要的是找到你热爱和擅长的话题。无论是烘焙、健身、养花养草、喜欢小动物，还是吃喝玩乐，都可以成为你分享的内容。互联网是一个强大的工具，它可以帮助你变得更加专业，至少在你的私域流量池内是如此。

（2）专业领域的嘉宾

邀请专业领域的嘉宾进行分享，内容会更加专业和深入。比如，可以找专业的健身教练分享家庭健身技巧，找理财专家教授理财知识，或者找养生专家分享日常养生方法等。

（3）群内优秀的成员

这也是一种非常常见的活跃社群的方式。社群里的成员来自各个领域，一定有所专长和喜好。在群主沟通能力足够的前提下，可以随时挖掘群内的各路大神进行分享。这种分享不局限于某一个领域，只要是在某方面擅长的成员，都可以邀请他们来分享自己的经验和知识。比如，如果群里有律师，就可以邀请他们针对热点法律问题进行分享；如果群里有财务方面的专家，则可以邀请他们分享理财方面的知识等。

（二）确定分享主题

确定主题需要考虑分享的形式和分享的内容两部分。

（1）主题分享的形式

【私域实战技巧 33】社群主题分享的常见形式

主题分享的形式可以根据分享者的擅长、群成员的兴趣点、分享的时间等共同来决定。以下是三种常用的主题分享的形式。

◆提前准备好内容的形式

如果分享者心理素质稍差或现场组织语言的能力一般，可以采用这种提前准备好分享内容的形式。这种方式需要提前把分享的内容录制成视频或整理成专题文章、图片等格式，并确定好分享的时间。到时候只需要主持人根据节奏把准备好的内容发到群里即可。

我们在操作过程中总结了一套很好的模式：内容导图（或文字要点）+视频。每个视频讲解一个知识点，并将该视频的主要内容做成思维导图以图片格式展示。在进行社群分享时，先把图片（或文字要点）发到群里，然后再发具体的视频讲解。这种模式的优点在于群成员可以知道每个视频的具体内容，并可以根据自己的实际需求有选择地观看和学习。

此外，无论分享者是否擅长演讲或是否专业，只要有提前准备好的内容，就可以进行一次专业的分享。这种模式对于分享时间的要求并不严格。因为这种模式不需要即时互动，所以无论群成员是否有时间都可以进行。但需要注意的是，这种模式的现场互动性可能会相对较差一些，因为毕竟属于录播形式，大家如果有问题可能无法及时得到反馈和解答。

◆现场直播的形式

如果分享者的口才和表达能力尚可，并且处理现场突发事件的能力也比较强的话，就可以采取现场直播的形式。具体可以选择视频直播（露脸或不露脸均可）、语音直播（在微信群内发语音），以及文字直播等方式进行。其中，文字直播的优势在于可以提前将分享的内容编辑好，在分享时直接复制粘贴即可，非常方便快捷。

◆讨论式的形式

这种分享形式其实更像是一种话题讨论，但与一般的话题讨论有所不同的是，主持人需要比普通的群成员具备更强的专业性，掌握更多的相关素材和信息。可以针对热点话题或大家感兴趣的话题进行讨论，在讨论的过程中进行相关专业知识的分享和解答。比如，针对某个热点事件或行业趋势等话题展开讨论，邀请相关领域的意见领袖或大咖参与并发表观点看法等。

（2）分享的内容

一次高质量的分享必须有一个明确的主题，在内容上面一定要注意三点。

◆要能够解决目标受众的痛点

目标受众的痛点就是目标受众真正关心的内容。比如，吃喝玩乐群可以分享美食；妈妈群可以关注育儿技巧；大学生群可以关注四六级备考策略。

◆要针对某一个具体点进行深入讲解

大而全的分享往往效果不佳，大家更喜欢针对某个具体问题的详细解答。例如，可以分享如何画出高鼻梁的化妆技巧，或者胖子参加晚宴时的合适妆容等。

◆要有一个吸引人的标题

在活动的宣传和预热环节，好的标题能提升参与度和传播热度。

（3）如何起一个吸引人的分享标题

【私域实战技巧34】17个标题写作模板

一个好的标题能显著提升内容的吸引力和传播效果。以下是我们总结的17个实用标题模板，供大家参考和套用。

◆在题目中设置前后对比。比如，一小时从化妆菜鸟变成绝顶高手；运营小白如何7天变成专家。

◆多用数字。数字的冲击力（尤其是阿拉伯数字）比普通的文字高很多，比如“月入30000+的社群电商实操技巧”或“月瘦30斤的减肥食谱大揭秘”。

◆设置悬念。设置悬念可以激发目标受众的兴趣。比如，标题“生活中一眼就能看透人心的7个超级技巧（必学）”通过设置“一眼就能看透人心”的悬念和具体提到“7个超级技巧”，来吸引读者的好奇心。同时，“必学”二字强调了学习这些技巧的重要性，进一步提升了标题的吸引力。

◆产生情感共鸣。一个好的标题应该能够触动目标受众的情感，让他们看完后立刻产生共鸣感，产生“我也希望这样”或“我也想这样”的想法。这就是情感共鸣的作用，比如标题“让你和孩子成为最好的朋友”或“如何做一个时尚的辣妈”就能很好地引发目标受众的情感共鸣。

◆盘点式标题。此类标题也被称为“十大式”标题。这里的“十大”是一个泛指的概念，可以是“十大”，也可以是“八大”“七大”“十三大”等其他数字。例如，“列举十大最能取悦女孩子的技巧”、“天津八个吃小龙虾最佳地点”，以及“全球五十大最值得一游的旅游景点”都是典型的盘点式标题。

◆借助名人效应。在标题中加入公众人物的名字，特别是当这些人物与热点话题相关联时，可以有效吸引读者注意。

◆正能量鸡汤。这种分享通常适用于非专业分享。

◆自问自答式。这类标题通常分为两部分，前半部分是个问题，后半部分把核心答案写出来。这样的标题简洁明了，能清晰地传达这次分享的主要内容。

◆超级吸引力。直接用一些极限词把目标受众的注意力吸引过来。大家注意，这里面虽然用到了极限词，但因为仅仅是社群分享，不涉及产品和品牌的广告宣传，不会触碰《中华人民共和国广告法》。

◆恐吓式。这类标题利用的是目标受众的恐惧心理，尤其是对未知事物的恐惧心理。

◆物以稀为贵。这类标题通常会加上一些代表“稀少”的词汇，比如唯一、仅有、稀有等。

◆着重强调。这类标题通常会加上表示强调的关键词，比如必须、肯定、一定等。

◆知乎体。顾名思义，知乎体是模仿知乎风格的标题，比如“人为什么最好在11点之前入睡”或“关于这类标题，大家打开知乎，一目了然”。

◆直接叙述。这种标题直接描述一个事实或结论，让读者一目了然。

◆给你一个解决方案。这类标题中明确提出了针对你遇到的一些问题的相应解决方案。例如，“如何快速吸引精准粉丝的解决方案”。

◆设定目标。这类标题能够为你设定一个可以实现的目标，只要听完这个分享就能实现。比如：“让你在10天内从小白蜕变成运营高手”就是一个典型的此类标题。

◆激发好奇心。你分享的内容与人们常规思维观念有出入时，就可以用这类标题。

（三）准备分享的内容

【私域实战技巧35】如何准备社群分享的内容

在确定好分享的主题后，分享者就要准备分享内容了。准备分享内容主要包括三个方面。

（1）列提纲

提纲其实就是给社群分享列出的一个基本框架，这种框架会因分享主题的不同而有所区别。但在这里，我想分享给大家一套万能的公式，这套公式对于绝大多数分享内容都是适用的，可以直接套用。

◆如何开头

对于绝大多数分享来讲，开头的核心工作是两点。第一，把目标受众关心的（当前遇到的、未来可能遇到的、以前遇到过的）痛点和问题列出来；第二，通过一些事实来寻找情感上的共鸣。

比如，你是一个健身教练，想做一次如何减脂的主题分享，那么开头部分的内容就可以是这样的：夏天到了，因为肚子上有很多的肥肉，所以穿不了漂亮的衣服，比如短裙等，只能穿宽大的T恤出门（列出来问题，找到痛点）；相亲约会都不敢出去，跟闺蜜约下午茶也一拖再拖（怕不好看，所以不敢出门，找到情感共鸣）。

◆正文内容

我们通常将正文内容设计成对比的形式以增强分享效果。因此，可以将正文分为两部分：第一，大家普遍知道但无法解决问题（或禁不起推敲）的内容；第二，真正正确的解决方法（即你分享的核心内容）。例如，作为电商从业者进行关于如何打造真正爆款的分享时，正文部分可以这样设计：大家为了打造爆款，肯定做过很多的尝试吧，比如说活动打造爆款、刷单打造爆款、淘宝客打造爆款等，但是大家发现，这些爆款打造方式在很大程度上是不适合中小卖家的（大家知道的东西，是不能解决问题的）；真正的爆款打造方式核心应该是标签打造（这是你真正分享的核心）。

◆如何结尾

分享的结尾要体现这次分享的价值，让目标受众觉得：今天值了。你可以用这样的描述来结尾：这个方法很少有人知道；这个方法我轻易是不分享给别人的；这个方法是我第一次公开分享；这个方法还没有人知道，是我自己独创的。

（2）搜集专业资料

如果说列提纲是做基本框架的，那“搜集专业资料”就是充实具体内容的。搜集资料时，涉及以下两个问题。

◆资料来源问题

如果分享嘉宾在某方面足够专业的话，那么可能不需要再搜集资料了。如果分享嘉宾需要搜集资料，那相关专业网站、小红书、知乎、今日头条等都是比较不错的资料来源。

◆资料专业度和准确性问题

如果分享的内容不够专业，甚至不够准确，那对于打造意见领袖是极为不利的。比如，如果嘉宾分享的电商运营知识还是很久之前的内容，这就是不靠谱的。

（3）形成特定的内容

准备好框架和资料后，嘉宾需要根据自己的专长来形成相应的内容。提前准备好内容的嘉宾应准备好思维导图（或图片、文字描述）并录制好视频课程；现场直播的嘉宾需准备好发言简稿；参与讨论的嘉宾则应准备好讨论要点。在形成特定内容时，还需特别注意一个核心事项：每5～10分钟，必须有一个爆点。

如果是提前录制好的视频，那么每个视频的时间应控制在5～10分钟，每个视频讲好一个知识点；如果是在线直播，则每5～10分钟应设计一个吸引人的爆点（包袱）；如果是讨论式的形式，那么每5～10分钟都要抛出你自己的专业观点。

（四）分享的宣传与预热

分享的宣传和预热就是让更多的人知道你的社群准备在什么时候进行什么主题的分享。在宣传和预热的实际操作中，需要注意以下几个方面。

（1）社群内的公告通知

在微信群里，建议按照以下频次发布即将进行的社群分享公告：提前3天、提前1天、当天早晨、中午各发布一次，以及在分享开始前再次提醒。

（2）群公告的设置

建议在分享前的一天重新编辑并发布群公告，同时@所有人以确保更多人能看到消息。将群公告设置成“群待办”可以进一步提醒群成员注意。

（3）朋友圈的宣传

朋友圈的宣传通常与社群内公告同步，其最核心的目的是扩充私域流量池。发布内容时，除了介绍分享的主题、嘉宾和时间外，还可以加上一句邀请语：“还没有进群的，想要听分享的小伙伴，微信联系我，我拉你进群。”

（4）制作宣传图片和海报

无论是群内宣传还是朋友圈宣传，使用图片和海报的效果通常比纯文字效果更好。

（5）裂变传播

如果分享的内容质量很高，那么很容易实现裂变传播，从而进一步扩大私域流量池。以下是两种裂变方式的具体介绍。

◆传播软文裂变

如果你想做一次小微创业方面的专业分享，就可以通过软文的方式实现裂变传播。软文的基本结构如下。在小微创业过程中，大家会碰到很多问题，比如不赚钱、项目投入太大、专业性太强等。我们邀请到了XX大咖，准备在XX时间，在内部社群进行一次在线分享，告诉大家如何可以“零成本、零基础，真正实现小微创业”。现在限时开放50个名额，可以免费进群，听专业的在线分享。想进群的小伙伴可以扫描下面的二维码，加我微信，我拉你进群。有人加你微信咨询时，可以要求对方将软文转发至朋友圈以实现裂变效果。

◆直接的朋友圈裂变

发布朋友圈时，我们通常会配合宣传海报进行。在评论区，我们会说明："对分享感兴趣的朋友，请通过微信联系我，我会将您拉入内部分享群。"当对方联系我们后，我们会告知进群的条件，即需要按照我们提供的内容转发朋友圈。通常，我们会在海报上放置二维码，方便大家扫码加入。需要特别注意的是，我们要求转发的朋友圈内容应以分享价值和推荐为主，避免过于明显的广告性质，以确保内容的吸引力和可信度。

（五）正式分享前的准备

在正式分享之前，你还需要做以下准备工作。

（1）选择分享的平台

在绝大多数情况下，社群分享活动主要借助微信群进行。语音直播、文字直播、提前准备好内容的文档专题分享、视频课程分享等，都可以直接在微信群内完成。如果是视频直播，可以选择使用视频号，并且视频号的内容可以直接分享到微信群，群成员点击即可观看。此外，荔枝微课、小鹅通等平台提供的直播功能，也可以将直播地址分享到微信群中供群成员观看。除了微信群外，QQ 群也是私域流量池的一种重要表现形式。尽管现在大家更习惯于使用微信群，但这并不意味着其他社交工具失去了价值。QQ 群、钉钉群、支付宝群等都值得我们关注。尤其是支付宝群，这是我们近一两年来发现的一个非常重要的私域流量承载工具。虽然用户数量相对较少，但用户活跃度非常高。比如，在蚂蚁森林这个游戏中，就存在大量的浇水互助群。这些互助群还进一步衍生出了许多其他类型的群组。

（2）提前预演

在正式分享之前，分享者最好提前完整演练一遍。当然，如果分享者对自己的能力足够自信，对内容足够熟练，那这个步骤也可以省略掉。提前预演至少有四个好处。

◆提升熟练度。熟练的分享与磕磕绊绊的分享给受众带来的感受截然不同。你的专业度和熟练程度将有助于你更好地树立意见领袖的形象。

◆及时发现问题。无论是内容还是逻辑方面，提前练习一遍都有助于你提前发现并解决相关的问题。

◆完善分享内容。在预演过程中，你可以对分享内容进行补充和修正，使社群分享活动更加完善。

◆控制时间节奏。通过预演，你可以更好地把握节奏和控制时间，确保分享的顺利进行。

（3）找好助手

你需要为分享者找一些小助手。他们可以是你自己（如果你不是分享者的话）、你的好朋友或你的追随者等。在分享活动中，他们主要承担以下几个方面的作用。

◆分享前的宣传推广。在分享开始之前，小助手负责相关的宣传和通知工作，确保有足够的人数参与并了解分享的现场规则。这样可以减轻分享者的负担，同时也有助于提升分享活动的知名度和参与度。

◆暖场。分享前半小时，小助手可以进行暖场活动，比如发红包、组织抽奖等，以激发群内成员的活跃度，营造轻松愉快的氛围，为分享做好铺垫。

◆分享过程的互动。在分享进行时，小助手主要负责两方面的工作：一是维护群内秩序，对于违规行为给予警告或采取移出群的措施；二是积极参与互动，回应分享者的内容，提出问题或分享心得，以带动其他成员的参与热情。

（六）正式分享

在分享环节中，分享者应根据事先准备好的提纲进行分享，并注意控制好节奏和时间。一般来说，分享时长不应超过1.5小时，且每10分钟左右应抛出一个亮点或干货内容来吸引听众。关于提问环节，可以选择允许听众在分享过程中提问，或者制定禁言规则以保持秩序。如果决定允许提问，最好做到有问必答，且不要拖延太长时间。这种方式比较适合专业能力较强且主题相对宽松的直播分享。

（七）分享后答疑

通常情况下，即使在分享过程中允许提问，分享结束后也应安排专门的答疑环节。即使没有人主动提问，你也可以请小助手来提出几个问题，为分享活动做一个圆满的收尾。这样的答疑环节通常可以达到以下几个目的：深化分享效果，巩固和塑造专业意见领袖的形象，发现并修正分享中可能存在的问题，增加与粉丝的互动交流，以及发掘潜在的付费用户。

（八）复盘

分享结束后，对整个分享过程进行全面复盘是非常必要的。从筹备到结束，每个环节都应该仔细回顾，以便发现问题并为下一次分享提供改进方向。在复盘过程中，可以邀请群内一些活跃分子进行私聊，诚恳地询问他们对本次分享的感想和看法，并积极吸纳他们的意见和建议。

四、社群答疑实操

从某种意义上说，社群答疑活动与社群分享活动在目的和效果上有着相似之处，但它们的形式有所不同。社群答疑活动在形式上更加自由，因为它需要面对各种个性化的问题，因此对专业度的要求也更高。此外，社群答疑活动在提高社群活跃度方面往往能取得更好的效果，它在“社交属性”上的体现也更为突出。根据形式的不同，这种社群答疑活动可以分为以下三类。

（一）有组织、有针对性的社群答疑

当然，不论哪种形式的答疑，都要先找答疑的专业人士、大咖或者意见领袖。

【私域实战技巧36】如何做一次有组织、有针对性的社群答疑

所谓的有组织、有针对性地答疑，主要包括三方面的内容：确定时间和地点，通常在微信群里进行，并规定具体的答疑时间；确定主题方向，针对哪个领域进行答疑；确定答疑规则，包括如何提问等。这种社群答疑的常规流程如下。

（1）确定时间及答疑的主题

答疑时间通常选择在20：00—22：00这个时间段，因为这个时段大多数人都在线且相对空闲。周五和周六是较为理想的选择，因为周日紧接着是工作日，大家可能不太愿意在此时参与在线提问。然而，这并不是固定不变的，具体的时间安排还需根据目标受众的实际情况来调整。在某些情况下，我们甚至安排过24小时的答疑活动，确保在这段时间内的所有专项提问都能得到及时回复。考虑到淘宝中小卖家社群中的成员主要是小微创业者，他们的时间比较自由且碎片化，因此我们在设置答疑时间时会更加灵活，比如固定安排在每周三进行。

答疑的主题必须明确，这意味着提问者的问题需要围绕该主题展开，超出主题范围的问题将不予回复，这被称为“专项答疑”。这样做有两个好处：首先，对于答疑者来说，他们不需要具备非常广泛的知识，只需在特定领域内具备足够的专业性即可；其次，对于提问者来说，他们可以深入了解和掌握某一专项知识点，因为所有与主题相关的问题和回复都是可见的。以我们的淘宝卖家社群为例，我们的专项答疑活动会针对不同主题进行，如自然搜索优化、直通车广告、视觉设计、数据分析等。

（2）确定提问规则和提问方式

在答疑正式开始前，我们需要明确提问规则。小助手可通过群公告或多次在群内发消息的方式说明提问规则，确保所有提问的人都能知晓。在设置提问规则时，提问者必须知晓的事情如下。

◆主题方向是什么。

◆提问的仪式。比如，@答疑者（或者小助手），然后加上一句：老师您好。

◆具体的问题。提问者需要描述具体问题是什么。

◆其他备注。如果有需要特殊说明的地方，可以在备注里面说明。

然后，你可以把一个例子发到群里，让大家直接参考。下面是淘宝卖家社群在答疑正式开始前，发在群里的提问规则，大家可以参考。

各位小伙伴，为了确保本次答疑活动顺利进行，我们特制定以下规则，请大家务必遵守。

◆本次答疑主题

淘宝自然搜索的相关问题。

◆提问规则

①提问时，请一定要@XX（小助手或者答疑者）；

②然后，请描述你的具体问题，如有特殊情况或需要额外说明的地方，请在备注中注明，例如你店铺的具体情况；

③提问结束后，请务必说一句“谢谢老师”，因为我们是纯公益答疑，感谢老师的辛苦付出是非常重要的。

下面，我给大家举个群内提问的小例子，仅供参考。

@XX，老师您好。我这个店铺前几天因为刷单被处罚了，销量和评价都删除了，但是没有扣分，请问这会影响我店铺的搜索权重吗？影响能有多大？

备注：我的店铺是个女装店铺，目前刚到第二层级。

谢谢老师!

◆注意事项：

①大家提问后请耐心等待，因为只要是符合主题要求的提问，都会得到回复；

②对于不符合主题要求的提问，我们不予回复，请大家谅解；

③回复时，老师会@你（或者引用你的提问），请大家注意看群消息；

④所有的答疑全部在群内进行，不会私下一对一答疑，所以如果涉及店铺隐私问题，请勿提问；

⑤问题得到解决后，请对老师表示感谢。

在提问方式上，我们通常要求提问者将问题提供给小助手，然后由小助手进行安排，反馈给答疑者，尤其是问题比较多的时候。这既可以进一步展示答疑者的专业性和权威性，也可以让答疑者更专注于回答问题，确保活动的顺利进行。当然，如果问题数量不是特别多，也可以直接@答疑者进行提问。

（3）群成员进行提问

根据提问规则，群成员在提问时需注意问题的相关性。当小助手（或答疑者）发现与主题不符的问题时，会及时进行提醒，主要是为了引导后续的提问者能够围绕主题进行提问，避免偏离主题。

（4）小助手筛选后将问题按照时间排序提醒答疑者

当然，如果问题不多，或者答疑者能够轻松处理，这个步骤是可以省略的。然而，在问题较多或较复杂的情况下，小助手可以进行筛选，按照时间顺序来提醒答疑者应该回答哪个问题。

（5）进行答疑

答疑者在进行答疑时，可以@一下提问者或者引用其问题，以确保提醒提问者注意查看回复。

（6）提问者表示感谢

提问者通过@答疑人员来表示感谢，这不仅是社群活动的一种仪式感，还能有效增强社群的黏性和成员对社群的依赖度。

（二）有组织的自由答疑

所谓有组织的自由答疑，是指会提前规定答疑时间，并制定相应的提问规则，但不限制答疑的主题。要注意的是，由于不限制主题，这对答疑者的知识储备要求相对较高。

（三）随机答疑

这种方式相对简单，只需在社群中提出问题，并在提问时@你想要提问的人，对方看到后就可以进行回答。

（四）问题的整理与分享

在答疑结束后，我们通常会安排专门的人把问题和答案都收集起来，整理成PDF格式的电子书，再统一分享到群里，实现价值的二次输出。

五、如何在社群内组织一次成功的话题讨论活动

【私域实战技巧 37】如何在社群内组织一次成功的话题讨论

所谓话题讨论，就是在社群中引导成员围绕特定主题进行交流，旨在通过成员间的互动产生有价值的内容。这不仅能提高社群的活跃度，还能增强社群黏性，因为成员们在讨论中获得了有价值的信息和观点。为了确保话题讨论的效果，所选话题应尽量满足两个基本条件：一是不要选择太久远的话题；二是需要选择大众熟知的话题。避免选择过于久远或冷门的话题，以确保更多成员能参与进来。

（一）选择讨论的话题

在选择讨论的话题时，除了要满足前面的两个基本条件外，还应该注意以下七个基本原则。

（1）话题不要太复杂

话题要尽可能简单、容易讨论，以便于更多的人随时参与进来。所以，要选择那些大众都知道的、感兴趣的话题。每年的春晚结束后（甚至在春晚进行时），就可以在社群里面发起讨论，比如询问大家“你觉得今年的春晚节目怎么样啊?”“你觉得某个具体节目怎么样啊?”“今年的春晚节目中你最喜欢哪个啊?”

（2）话题不要太沉重

为了活跃社群，我们应该尽量选择轻松的话题，让大家在一种放松、积极的状态下进行讨论。例如，新冠疫情虽然是一个热点话题，但由于其涉及确诊人数、病死情况等敏感信息，可能不适合在社群内展开讨论。

（3）结合热点话题

组织者一定要善于挖掘和捕捉热点话题，并在社群内及时发起相关讨论。建议大家随时关注微博，这是获取每日热点消息非常迅速的平台。只需每天关注微博热搜榜，就能轻松获取各种话题素材。

（4）不要讨论太敏感的话题

特别是涉及政治方面的话题，建议不要在社群内发起讨论。一方面，你无法确定群内是否存在反党反政府的人员，一旦他们发表反动言论，很可能被相关部门监控到，严重时甚至可能导致你的社群被封禁；另一方面，对政治敏感话题感兴趣的人毕竟占少数，所以此类话题可能无法引起广泛的讨论和参与。

（5）尽量避免讨论那些容易形成对立的话题

为了让大家能够自由发表自己的见解，讨论的话题应该是开放性的主观题，而不是简单的非 A 即 B 的选择题。如果你发起的话题是“大家是否喜欢某某明星”，那么很容易在群里形成两个对立的阵营，进而引发群内成员的争议。这种情况不利于维护群成员之间的和谐关系，也违背了社群的社交属性。

（6）话题应尽量营造出情景感

最好是选择那些当下的、刚刚发生的或正在进行的事件作为话题，这样能更好地体现

情景感。例如，当大家都正在看春晚时，你可以把某个节目拍照或录制视频分享到群里，然后引导大家讨论对这个节目的看法。

(7) 注意话题的讨论时间点

话题的讨论时间是影响话题热度的关键因素之一。以大学生社群为例，大学生通常非常关注四六级考试。如果你在四六级考试前发起相关讨论，大家参与的积极性会很高；但如果你等到考试结束后再去讨论，大家可能就已经失去了兴趣。同样地，每年的高考报志愿也是大家关注的焦点，但如果你在考试前就发起讨论，响应的人可能会很少；只有在考试结束后再去讨论，才能引发更高的热度。

（二）话题讨论前的准备

在确定讨论话题后，你要进行相应的准备工作。为了配合话题讨论，你要确定话题的组织者、配合者、小助手三个重要角色。组织者是负责寻找话题的，要有自己的想法，并且能够提出恰当的讨论话题。配合者要有比较好的社交能力和沟通能力，可以活跃社群气氛。在组织者发出讨论话题后，配合者要积极响应，配合群内活动。在冷场的时候，配合者要及时救场。小助手的主要作用是协助组织者和配合者，共同完成一些事项，具体需要在群里及时回复、发布社群活动前的预告和通知、组织抽奖等。此外，小助手还要维护好社群秩序，对于一些违反群规、发布违法违规言论的群成员进行处理。

对于一些正式话题，小助手还需要发布提前预告。提前预告通常包括以下几方面的内容。

◆拟讨论话题的介绍与说明

要提前准备好一些素材，比如你想讨论 XX 的新歌，就把这首歌的音频准备好；想讨论某个电影，就把该电影的海报和片段视频准备好；想讨论某个热点事件，就要提前准备好相关链接（最好是公众号的），或者将相关内容整理成 PDF 电子书格式。

◆话题讨论的时间

通常情况下，正式的话题讨论前需要进行三次预告：前一天晚上、当天的中午、讨论前的一个小时。当然，你也可以根据目标受众的实际情况，制定相应的预告时间点。

◆话题讨论的主持人（或者嘉宾）

正式的话题讨论，最好有一个主持人或者嘉宾。这个主持人（嘉宾）一定要对拟讨论的话题有充分的理解，因为他有两个非常重要的职能：一是对于大家的观点进行分析和点评（不要评判对与错，只进行补充、赞扬等）；二是适时抛出专业、独特的观点，让整个话题讨论更具价值属性。

◆制定规则

其实是在话题讨论的时，提醒大家注意言论。

（三）正式讨论

准备好就可以进行正式的讨论了。为了确保整个话题讨论顺利进行，你可以提前准备好流程稿，到时候按照流程操作执行就可以了。一般包括以下几个环节。

◆开场白

主持人（或者嘉宾）可以先做自我介绍，然后对要讨论的话题做简单说明，把提前准备好的素材发到群里。

◆抛出一些可以讨论的点

每一个话题，主持人（嘉宾）都应该提前准备好一些可以讨论的点。在正式讨论开始前，把这些讨论点发到群里，这样可以确保群成员比较容易地参与进来。

◆鼓励发言

为了鼓励大家发言，小助手可以在抛出素材和可以讨论的点后，在群里发一个红包，然后说一句：抢红包的小伙伴都要积极发言哦。

◆诱导互动

如果出现冷场的情况，要私聊群里提前安排好的配合者救场，让他们发言，并且在群内鼓励大家进行讨论。

◆进行点评

如果看到一些比较好的发言，主持人（嘉宾）可以@对方，或者直接引用对方的发言，对其进行点评。点评时一定要注意：不要批评，只是补充或者赞扬。

◆抛出价值更高的观点

主持人（嘉宾）还可以提前准备一些针对讨论的话题所形成的独立的、价值更高的观点（甚至是知识点）。讨论进行到一定程度时，适时抛出观点，提升整个话题讨论的价值度。

◆结尾

对本次讨论做一个总结，可以发个红包或对参与讨论的人表示感谢。

（四）话题讨论结束后的工作

话题讨论结束后，有一个非常重要的工作：对本次讨论进行汇总记录，形成文档，然后将整理好的文档分享到群里。一般的参考格式如下：

标题：XX社群第X期话题讨论，主题是XX；

组织者（嘉宾）名字；

分享的时间；

分享的内容：发言者、发言的内容；

整理完成后，把文档分享到群里，这样没有参加讨论的人可以下载下来查看。另外，整个话题讨论结束后，你还要善于总结，比如思考分享的效果、氛围及改进方法。

六、与发红包有关的私域流量运营实操

发红包是当前很多私域流量运营人员常用的一种方法。但是红包应该怎么发、发多少、什么时候发、发的频次、以一种什么样的方式发等，会直接决定运营成本花得值不值，能不能达到预期目的。所以，在这部分，我们将详细说明私域流量的“红包营销”实操技巧。

（一）关于红包玩法的基础说明

（1）明确发红包的目的

从私域流量运营的角度看，发红包的终极目的是营销。然而，具体到实操环节，你发的每一次红包都应该有明确的目的。发红包的目的如下。

◆活跃社群

活跃社群是私域流量运营中发红包的常见目的之一。社群活动之前发红包，可以把潜水的人“炸”出来；节假日在群里发红包，可以让大家快速活跃起来。诸如此类的场景还有很多。

◆裂变拉新

红包本身具有很强的吸引力，所以在拉新方面通常能发挥作用。只需制定明确的游戏规则并设计合理的裂变流程，就能以较小的成本扩充私域流量池。

◆奖励

在进行社群活动时，我们可以用红包来奖励表现优秀的群成员。这既可以提高社群活跃度，还有利于后续活动的开展。

◆辅助活动变现

当然，在辅助活动变现层面，红包发挥了不可替代的作用。我们后面会介绍很多基于社交的营销玩法，到时候都可以配合红包实现变现。

(2) 红包不要不舍得发

私域流量运营发红包本质上就是考虑投入产出比的问题。所以，不要认为发红包就是只进不出的生意，那只能证明你没有正确地或有效地发红包。在红包营销时，我们有一个基本的观点：不要不舍得，越舍不得，你的私域流量价值就越低。特别是对于以成交为核心目的的客户粉丝群，更应该关注群成员的实际利益。

(3) 发多大的红包

有人认为发红包就要发得大，这样才显得你财大气粗，社群才会活跃，效果才会更好。这种看法是错误的。虽然红包的大小确实关系到社群成员获得的利益，但并不意味着只有大红包才能激活社群。你有没有听过这样一个段子：在马路上看到一元，你不一定去捡；但是在群里抢到了一个几毛钱的红包，你会很开心。

这就是红包营销的特殊之处：抢红包更多的是一种参与。只要你玩法设计得当，小红包也会产生显著效果。

(4) 让多少人可以抢到

这又是一个需要你纠结的地方：如果只有少数人抢到，单个金额多，抢的积极性也高，但是没抢到的人可能就不活跃了；如果让更多的人（甚至所有人）抢到，每个人能抢到的金额变少了，貌似看起来就没有吸引力了。这就需要根据你发红包的目的、对社群的了解、当时的实际情况等综合考虑。

(5) 抢红包不仅仅是为了钱

确实，我们对红包最直接的印象就是钱，但是每个红包有其特殊的价值。在不同的场景中，每个红包都会被赋予不同的意义：有的红包代表信任；有的代表鼓励；有的代表感谢；有的代表认可；有的仅仅是一种提醒。

（二）在哪里发红包

在实际操作过程中，在哪里发红包的问题本质上是传播渠道的问题（通过什么样的渠道告知目标受众），这通常与你发红包的目的、发放的时机、目标受众的特点有关。具体可以应用的渠道如下。

1. 利用微信朋友圈

尽管现在朋友圈有很多的微商广告，你也有了更多的手机应用（如今日头条、抖音、快手等）可以打发时间，但刷朋友圈依然是微信上非常重要的一个功能。在朋友圈里，你可以发文字、图片、小视频、链接，结合红包营销，就可以创造出很多的应用场景。

（1）增加朋友圈互动，刷存在感

【私域实战技巧 38】如何利用红包活动增加朋友圈互动

什么是社交电商？有互动才是真正的社交电商！所以，你就能理解为什么说那些传统刷屏广告的微商全部都是“伪社交”电商。那些充斥着广告、炫富和心灵鸡汤的朋友圈，你会去点赞、评论吗？因此，这个红包营销的应用场景就是为了增加朋友圈互动的，让别人给你点赞、评论。这里有一个非官方的规则：在你的微信好友比较多的时候，你所发的朋友圈可能无法展示给全部微信好友，而是会优先展示给那些与你互动频繁的人。

具体玩法是这样的：你可以发一条朋友圈消息，图文、视频、链接等都可以。一般选择发商品软文、直播活动等内容。在评论区注明“点赞发红包”，并设置好规则。比如，每隔 10 个点赞发一个红包，或者每隔 8 个点赞发一个红包。

这里要注意三个问题：一是在设置规则时，要考虑你的好友数量和可能的互动人数，确保规则合理可行；二是红包金额不要太小；第三，在发朋友圈时，首先在第一行备注“点赞领红包”，接着编写你要发布的内容。

（2）利用红包实现裂变式传播

【私域实战技巧 39】如何用红包实现内容的裂变传播

在我们的双社电商项目中，小微创业者们经常会采取这种方式进行营销软文（或者营销活动）的裂变传播。你可以把这个理解为花钱买流量，只不过这个流量相当低廉。

可以简单计算一下：通常情况下，每个人的微信好友数量都能达到两三百人，我们就按 200 人来算。假设发完朋友圈后，有 10% 的好友能看到我们的分享，那就是 20 个人。由于我们的双社电商项目注重分享有价值的内容，这 20 个人看到的将是一些高质量的文章、短视频和直播等，因此预计会有五六个人点击进入查看详细内容。而你的成本，可能只需要 3 ~ 5 元。

玩法也很简单：把你想推广的素材（图片、短视频、链接等），转发到朋友圈，配上推荐文案（推荐文案一定要专业、吸引人，这样才能提高关注度）。在评论区说明：原文转发这条朋友圈，立即领取 3 元红包。

你还可以设置更具体的规则，例如根据转发或互动的情况设定不同阶梯的红包奖励，这样安排会更加科学和合理。

（3）红包刺激，建立私域流量池

一般这个场景会配合其他搭建私域流量池的方法一起使用，比如福利产品秒杀、专业大咖讲座、免费福利领取等。

基本操作流程是这样的：首先，准备好建立私域流量池的推广素材（海报、软文、短视频等均可）；然后，将素材发到朋友圈；接着，在评论区发布红包诱惑信息（届时还将会有多次价值XX元的红包雨，进群就可以抢哦）；最后，鼓励传播（可以在评论区说明：欢迎大家积极转发，并邀请您的朋友在今晚X点共同参与我们的红包活动）。

2. 利用微信群发助手

微信群发助手和朋友圈在应用场景上有一定的相似性，但二者在信息传递方式上存在差异。朋友圈通常是一对多的社交分享平台，信息对所有人或特定分组的人可见；而微信群发助手则更注重一对一的定向发送，确保信息能够直接到达指定的个人。具体应用微信群发助手时，注意以下几个实操细节。

（1）群发助手路径

打开微信，点击“我”，进入设置，选择通用，找到辅助功能，点击群发助手，开始群发。新建群发，选择接收群发的联系人，点击下一步，输入（或选择）要群发的内容，即可完成群发。

（2）群发内容

群发内容可以是文字、图片、链接、短视频等。我们后面会提供关于微信群发实操的详细讲解，包括内容的注意事项和群发技巧，在此先不做过多说明。

（3）微信好友分组

为了方便群发，你可以提前将微信好友分好组。这样你在群发时，就省去了一个个筛选的麻烦。

（4）群发比朋友圈容易引起别人的反感

在发朋友圈的时候，只要别太过分，通常不会引起别人的反感。然而，群发消息则不同，它相当于一对一私聊。如果群发的内容不能吸引对方，不能给对方带来价值，很容易引起微信好友的反感，甚至被拉黑、屏蔽、投诉。

（5）注意群发频次

不要频繁群发。根据我们的实际操作经验，一个月群发次数不应超过两次。如果群发次数过多，会引起别人的反感，甚至可能导致被封号。

3. 通过微信公众号

微信公众号不过是另外一种传播渠道而已，但前提是你必须拥有微信公众号，并且积累了一定数量的粉丝。另外，利用微信公众号进行传播还有一个更重要的意义：把公众号上的粉丝引导到个人微信上。

在我们的理念中，微信公众号上的粉丝只是粉丝，算不上私域流量。私域流量的运营注重互动和社交，而这一点，微信公众号基本做不到。因此，我们更倾向于将公众号视为一个自媒体平台。

作为自媒体，公众号能够承载丰富的内容形式，包括文字、图片、视频和小程序等。这使得在具体的应用场景和策略上，公众号拥有更广阔的可操作空间。接下来，我将为大家介绍几种常见的公众号应用方式。

（1）直接发图片消息

在具备一定粉丝的情况下，你可以把想要传播的内容直接通过微信公众号群发给所有的粉丝。在这种情况下，发图片要比发文字的效果更好。你可以把个人微信二维码放在图片上，让想参加活动的粉丝加你个人微信。

(2) 创业软文进行团队裂变

【私域实战技巧 40】红包活动与微信公众号相结合，实现私域流量池裂变

对于双社电商项目的小微创业者来说，这是一个非常好地发展代理、扩充私域流量池的方法。你只需要有一个公众号，公众号的粉丝数量不重要。

◆申请一个公众号

进入网站（https：//mp. weixin. qq. com/），点击立即注册，申请个人订阅号，然后按照步骤一步步操作即可。记得想一个与创业相关的名字，最好能让人一眼就看出与你的联系，比如“老高聊小微创业”。整个注册流程非常简单，现在就停下阅读，立即去操作吧！

◆找几个人关注一下

你需要让你的家人、朋友等关注你的订阅号。

◆发图文消息

在图文消息中，我们通常会设置小微创业项目的大咖分享和互联网小微创业项目课程两种“诱饵”。在这里，可以设置红包诱饵，吸引更多的人参与活动。比如：今晚 9 点，在微信群里，小微创业导师 XX 进行月入 30000 + 的小微创业项目实操分享，完全免费哦！分享过程中，还会有价值高达 XX 元的红包雨哦。大家想参加的，加我微信号，我拉大家进群。

◆用红包做“诱饵”设置裂变传播环节

你把这篇图文，加上适当的推荐文案，转发到朋友圈里。然后，你就可以通过红包做“诱饵”来设置裂变传播环节了。具体方式有很多种，比如原样转发即可领取红包；转发后点赞达到一定数量的即可得到红包（金额要大一些，或者是一个实物商品，这样还可以促使传播者主动找人去点赞）。

◆个人微信号做好承接

这个方法本质是通过微信公众号作为载体，以裂变的方式实现私域流量池扩充，所以公众号本身是否有粉丝并不重要。你需要做好用户承接工作。当有人加你时，要及时通过验证，并兑现你在推广文案中承诺的福利，如进群听分享、提供干货资料、免费在线课程等。

（三）红包营销的常规技术

在进行红包营销时，具体的技术选择会根据相应场景而有所不同。除了前面提到的基本原则外，还有一些常规技术需要大家注意。

(1) 红包数量越多越好

注意，这里说的是红包数量越多越好，而不是金额越大越好。红包活动之所以吸引人，很大程度上是因为参与感和满足感。因此，你会发现很多人哪怕只抢到一分钱也会去抢。“抢”的动作本身，隐藏的深层次魅力是“未知”和“刺激”。

确保红包数量充足至关重要。这样，只要用户抢到了红包，就能感受到参与感，并对发红包的人留下印象。相反，如果红包数量稀少，即使单个金额很大，那些没抢到的用户也不会对你产生深刻印象。这样一来，你的传播和互动效果就会大打折扣。

（2）自定义红包封皮祝福语

红包封皮默认的祝福语是“恭喜发财，大吉大利”。这没什么问题。然而，如果红包封皮的祝福语都一样，就没什么特色了。因此，封皮的祝福语一定要自定义，可以很感人，可以很幽默，也可以很激励人心。在发完红包后，如果你能再追加一段文字，那效果会更好。这意味着红包已经产生了一次营销效果，而追加的文字则进一步增强了这种营销作用。

（3）给予红包金额特定的含义

在群里发红包时，有三种不同的模式：拼手气红包——每个红包的金额不一样，自定义红包个数和总金额；普通红包——每个红包的金额一样，自定义红包个数；专属红包——发给某一个人，自定义金额。

我们前面提到过，红包活动的核心吸引力在“抢”，金额的大小并不是很重要。为了让活动更有意义，参与感更强，你可以在金额的特定含义上做文章。比如，普通红包单个金额可设置为1.11元，表达“独一无二”的含义；或者将红包总金额设为66元，并发出66个红包，寓意“一帆风顺”。

（4）把红包变成一种常态营销

每个人都喜欢红包，不关乎大小。因此，一定要把红包营销变成一种常态，要舍得发。比如，有客户买了你的东西，你可以发个小红包表示感谢；客户发来反馈时，无论好坏，都应发个红包以表谢意。这样一来，客户就能感受到你的用心。

（四）私域流量运营具体红包玩法实操

不管是自建的微信群，还是加入别人的微信群，从私域流量运营的本质来讲，都是为了增加私域流量池，让更多的人认识你、信任你。从陌生到信任，这是一个破冰环节。在这个环节中，红包是极其有生命力、极其有效、极其有灵性的一种工具。如果利用得当，哪怕是在一个完全陌生的群里，你也可以迅速脱颖而出。接下来，我们将给大家介绍一些具体的红包玩法。

1. 进群的欢迎红包

这种尤其适合学员群、付费群、VIP会员群、行业交流群、老乡群、本地交流群等。群里有新成员进入时，可以通过特定的仪式感，让新成员迅速融入社群。

【私域实战技巧41】红包活动——进群的欢迎红包

在这个环节里，发红包可以做到一举三得：新成员迅速融入集体、社群活跃度得到提高、社交属性明显增强。具体操作细节如下。

（1）红包谁发

发红包的人可以是群主或新进群的成员，也可以两者都发。如果需要新进群的成员发红包，要在对方进群前提前告知——发红包是一个进群仪式，金额不用太大，个数可以多一些。根据群成员的数量和以往的活跃情况，群主可以给新进群成员一些建议。

（2）发给谁

最好发给群内所有成员，让大家都有抢红包的机会。如果是群主发红包，那红包封皮祝福语就可以是“欢迎 XX 进群”。如果是新进成员发红包，那红包封皮祝福语就可以是“初来乍到，大家多多关照”。

(3) 金额大小

红包金额不用太大，具体取决于红包数量，但建议每个红包至少 10 元。重要的是发红包的动作和群成员抢红包的过程。

(4) 仪式流程

新成员入群后，首先进行自我介绍（如有固定格式，可提前告知新成员）；接着群主发放欢迎红包；新成员也发放红包以示敬意；抢到红包的群成员则表达对新成员的欢迎。

2. 签到红包强化社群记忆

一个好的社群运营最基本的要求就是：尽量不要让群成员屏蔽群消息，并尽可能让他们每天都愿意来看看，直至形成一种习惯。这样，群成员就不愿意离开社群，社群黏性和依赖度也会随之增强。

【私域实战技巧 42】红包活动——签到红包强化社群记忆

每天的签到红包能起到强化社群记忆的作用。在具体操作时，为了达到更好的记忆效果，需要注意如下细节。

(1) 什么时候发

签到红包一般分为“早安签到”和“晚安签到”两种。当然，你也可以根据自己的实际情况，在一些节假日时设置节假日签到红包。早晚安签到是可以持续进行的，进而形成社群记忆。一般早安红包我们会在早晨 6：00 发放。为了激励大家早起，你还可以适当减少红包的数量。晚安红包则会在 22：00 发放，注意不要太晚，否则大家可能都已经休息了。

(2) 发多少

你可以根据自己的实际情况来设定红包金额，不必太多，一般建议每次至少 10 元。至于红包的数量，可以根据每天的群活跃程度来调整，尽量确保活跃的群成员都有机会抢到红包，哪怕只是抢到很少的金额。

(3) 发红包的时候顺便干点儿什么

在每次发红包时，发红包的人可以提前准备好一些祝福语，以增加社交属性和人情味，避免只是简单地发个红包。发完红包后，你还可以发起一个简单的话题讨论。比如：“早，家人们！早餐都吃了什么？”然后，你可以晒出自己的早餐图。

(4) 打造仪式感

提前邀请几位活跃的群成员，每次抢完签到红包后，都在群里互动一下，以活跃社群氛围。这样，其他抢到红包的成员也会更愿意参与互动。例如，他们可以说一句：“早安，各位小伙伴。”这样的互动很简单，但效果却很好。

3. 烘托气氛的节日红包

烘托气氛的节日红包一方面可以烘托节日的氛围，另一方面也可以通过社群关怀，达到活跃社群、提高归属感的运营目标。

【私域实战技巧 43】红包活动——烘托气氛的节日红包

在实际运营过程中，红包的金额、数量、方式等需要根据节日的不同而有所区别，实操细节如下。

（1）发多少

节日期间，群主或小助手发红包的金额应该比平时的签到红包大一些，红包的数量也要相应增加。当然，你也可以根据节日的特点设置具有特定含义的数字，比如在情人节时，发一个总额为 52 元的红包，并分成 52 个小红包发放。

（2）配合营销

一般只要是节日，肯定要有营销活动，所以红包的发放最好与营销活动相结合，在投放的同时达到变现的目标。

4. 过生日红包配合“送生日祝福”活动

过生日红包主要起辅助作用，用于配合“送生日祝福”这一社群活动。需要注意的是，群主一定要发红包，这代表了社群的关怀和温度。至于过生日的人是否要发感谢红包，可以与对方协商决定。

在发红包的时候，群主可以发专属红包（给过生日的群成员），可以发大家都可以抢的红包（金额不一样），也可以发金额一样的普通红包——比如群成员的生日是 1 月 20 日，那就可以把单个红包的金额定为 1.2 元。此外，你可以要求抢到红包的群成员给过生日的人发生日祝福。

5. 多轮红包雨，裂变拉新建立私域流量池

前面提到过利用红包裂变私域流量池的玩法，这里主要讲具体的实操过程。我们可以用很低的成本快速搭建一个满群（500 人）的初级私域流量池。需要注意的是，这个初级流量池并不是特别精准，因此需要进行持续深度运营和进一步筛选。在具体操作过程中，相关步骤和细节如下。

【私域实战技巧 44】红包活动——如何通过红包雨裂变私域流量池

（1）第一步：朋友圈（或者群发）传播吸引初始种子用户

做好一个宣传海报，把群二维码放在海报上。通过实践，我们发现这样操作能取得最好的效果。现在，我将把我们的海报和活动内容分享给大家，请见下图。

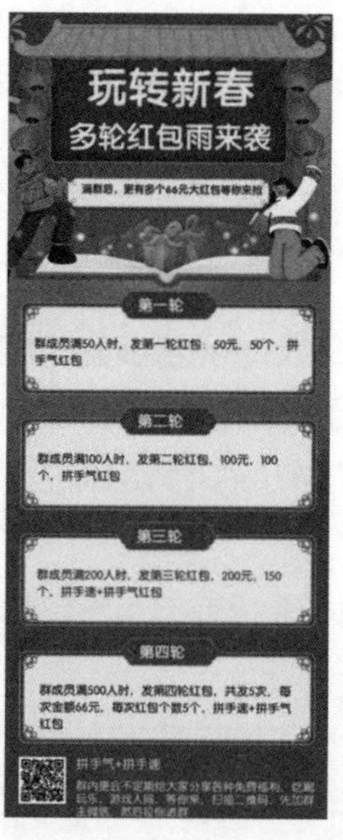

我们把这个宣传海报发到朋友圈，配好引导文案。这样的设计既能吸引人们的注意，又能清晰地传达社群的目的和特点，避免进群者只关注抢红包而对社群本身一无所知。引导文案可以这样设计：嗨，我朋友建立了一个专门给大家免费发福利的微信群，而且群内还有红包不断发放。强烈推荐给你，只需扫描图片中的二维码即可。

注意，我们这个群的定位是“免费福利群”，你可以根据你的目标受众和社群特色，来撰写更具针对性的引导文案。例如，如果你想建立一个大学生交流群，引导文案可以这样写：嗨，我同学建立了一个咱们学校的大学生交流群，现在群里还在不断地发红包，还有免费的福利可以领。强烈推荐给你，只需扫描图片中的二维码即可。

（2）第二步：进行裂变传播

在第一步完成后，你将成功吸引一批初始种子用户加入。每当有新成员加入时，你应该通过@对方或私聊的方式，鼓励他们将宣传海报和推荐文案分享至朋友圈，以吸引更多潜在用户加入。这样，你就能迅速达到设定的发红包人数门槛（该门槛可根据你的需求自行调整）。

（3）第三步：按照承诺发红包

只要社群达到规定的人数，就要按照承诺发红包。然后，你还可以通过截图等方式，调整推荐文案，从而实现更广泛的裂变传播。

（4）注意事项

◆让社群有一定的目的性

用六七百元建起一个500人的社群，成本确实相当低。然而，我们仍需确保每一分投入都能带来最大的回报。因此，精心策划能引发朋友圈裂变传播的推荐文案至关重要。同时，提前为目标受众准备好第一波福利也是必不可少的。例如，如果你的目标受众是大学生，那么可以预先准备一些与四六级考试相关的实用资料；如果你的目标受众是普通大众，那么可以考虑提供一些免费的福利商品。这样，新加入的成员除了能抢红包外，还能明确了解这个社群的宗旨和提供的价值。

◆提前准备好群助手

在新人进群后，@对方进行裂变传播、发红包、维持群秩序等，都是比较烦琐的工作。因此，你需要提前安排好小助手。

◆根据社群定位输出第一波价值

群满后，根据你自己的社群定位输出第一波价值，让进群的成员能够留在这个群里，能够感受到这个群可以创造价值。

◆第一周的运营

通过红包裂变起来的社群可能在活跃度、黏性等方面都有所欠缺。为了避免陷入社群7天必死的困局，第一周的运营变得尤为关键。

6. 下红包雨变“土豪”

从某种意义上来说，这个方法确实比较“土豪”。它特别适合你在别人的群里混熟，并能迅速在该微信群中建立起仅次于群主的意见领袖地位。然而，并非所有社群都适用这种方式。它更适用于那些活跃度高、氛围良好的非营销类社群，例如老乡群、同学群、同事交流群、小区业主交流群、车主交流群，以及基于地理位置的吃喝玩乐群等。在实施这种红包活动时，需要注意以下细节。

【私域实战技巧 45】红包活动——下起红包雨变“土豪”

（1）什么是下红包雨

红包雨就是频繁发红包，给人营造一种“土豪”的印象。实际上，这个方法的本质就是打造一种“土豪”的形象。通常情况下，大家可能都愿意与“土豪”交朋友。然而，一定要注意：打造“土豪”形象的目的是引起别人的关注，让你成为群里的核心。此外，你应该遵守各种社群运营的基本原则。

（2）怎么下红包雨

下红包雨的首要原则就是频繁且多次发放红包，但这并不意味着你每次都要发放大额红包供众多人争抢。举例来说，如果你每天有 100 元的预算，只发放两三次红包供 100 人来抢，这样的做法其实效果有限。因为每个人抢到的金额可能只有几毛钱，大家对此不会有太大感触，抢到的不会感到特别惊喜，没抢到的也不会感到特别遗憾。

正确的红包雨策略应该是这样的：将 100 元分成 10 次发放，每次只有两三个人能够抢到。这样，每个抢到红包的人都能获得几元的收益。大家要明白，在日常抢红包中，几毛钱、几分钱是常态。突然之间能够抢到几元的红包，会让人对发红包的人产生深刻的印象，一定会有人在群里发出惊叹：“好大的红包啊!”而你在群里的多次发放行为，无论是否被抢到，都会让群成员认为你是一个慷慨的“土豪”，并对你记忆深刻。相反，那些只发放几毛钱、几分钱红包的人，很快就会被大家遗忘。

（3）什么时候开始营销变现

红包雨可以让你变成“土豪”，让你赢得大家的关注。此时，如果你积极树立正面形象，很快就能成为意见领袖。你成为意见领袖的标志是什么呢？当你在群里发言时，有比较多的人与你互动，就意味着你已经得到了很多人的认可。这时候就可以考虑营销变现了。

（4）与群主演双簧

在日常社交生活中，存在着众多的微信群，这些群在建立之初并非以营销变现为目的。比如，小区业主交流群、车主交流群、老乡群、同学群、吃喝玩乐群，以及各种兴趣交流群和行业交流群等。在建群之初，这些社群的群主会因为兴趣爱好、责任心等原因，保持比较高的积极性。

随着时间的推移，如果群主只有付出而没有收入，其积极性可能会逐渐降低，微信群也可能因此逐渐失去活跃度，最终变为一个无法变现的死群。然而，如果群主直接尝试在群内进行变现，可能会面临两方面的问题。一方面，这可能会损害群主的权威形象；另一方面，找到合适的变现切入点也可能相当困难。例如，在一个老乡群中，如果群主突然开始发广告进行营销变现，即使群成员不表示反感，但由于缺乏恰当的切入点，营销效果可能会大打折扣。另外，我们也不能允许群内任意发广告，那样会破坏群原本的氛围和目的。因此，在这种情况下，你可以在与群主充分沟通的前提下，合作进行社群变现。这个沟通的内容应该包括以下几点：

◆你的切入逻辑——通过发红包，在群内建立自己的知名度和信任度，并得到群主的赞扬和支持；

◆你的变现逻辑——通过团购、分享内容等方式进行变现；

◆分成模式——与群主商定好收益分配方式，明确群主和你各自能获得的收益比例。

7. 发个红包，当作见面礼

其实这个也很好理解。在社群里，发红包是一种破冰的交际方式。一方面，发红包能让你快速融入一个陌生群体，与群体中的其他人产生共同语言；另一方面，发红包的人比较容易成为这群人的聊天核心。

【私域实战技巧 46】红包活动——红包见面礼的玩法

当你在微信群或 QQ 群这样的私域流量池中时，无论你是新加入别人的群还是自己创建的群，发红包都是一种迅速破冰并更容易成为聊天核心的有效方式，它相当于一种见面礼。当然，发放这个红包见面礼也是需要一定技巧的。接下来，我们就可以探讨一下这些技巧。

（1）什么时候发

首先要注意，不是进群以后就马上发，你要关注几个小问题：群里现在人多不多，如果是正在建群阶段，你要等群成员多一些的时候再发；目前是否比较活跃的时间段，如果是一个大家都比较忙的时间点，效果可能达不到；群里是否允许发红包，因为确实有一些群限制得比较严格。

（2）发多少

红包金额不要太少，但也没必要太多。红包金额太少显得没有诚意，太多也没有必要。建议根据群成员总数确定红包数量，大约发放给群里一半的成员即可。比如，如果群里有 80 多人，你可以考虑发放 40 个左右的红包。

（3）发完后做什么

发完红包后，并不是就结束了。这时候，你应该做个自我介绍，让大家了解你。在做自我介绍时，记得要简洁明了，不要过度宣扬自己（即不要立即透露自己的职业或目的），然后说一些友好的客套话，以拉近彼此的距离。

（4）想发起话题的时候也可以用红包开路

你在社群中准备发起一个话题讨论时，也可以通过红包见面礼和红包开路的方式调动大家的气氛，吸引潜水成员的注意力，让他们积极参与讨论。这种方式能够有效地提升社群活跃度，促进成员间的交流互动。

8. 用红包激活沉睡群

在进行私域流量运营时，很多运营人员选择微信群作为主要方式。然而，由于思维、方法、技巧、环境等多方面的因素影响，这些微信群很容易陷入“7 天必死”的困局。也就是说，在 7 天后，运营人员往往不知道如何有效维护社群。除了发布广告之外，他们完全不知道该说些什么、做些什么来保持社群的活跃度和吸引力。这种情况主要是由于缺乏持续的运营策略和有效的互动机制所导致的。

【私域实战技巧 47】红包活动——用红包激活沉睡群的方法

那这样的微信群是不是就放弃了呢？当然不是，发红包就是一个激活沉睡群的好方法。这种方法的基础在于：如果社群在建立之初是活跃的，那重新激活同等数量的群成员，成本要远低于新建私域流量池。在实际操作的过程中，我们需要掌握以下相关技巧。

（1）什么时候发

在用红包激活沉睡群的时候，选择适当的时机至关重要。我们通常会在一个特定的活动（如话题讨论、大咖分享，或者偶尔在推广爆款产品时）之前发红包，以此来吸引群成员的注意力并宣布即将进行的活动。

为了达到更好的激活效果，我们会配合使用一个小技巧：发布群公告。发布群公告时，系统会@所有群成员，这样即使某些群成员屏蔽了群消息，也能收到提醒。群公告的内容模板如下："小伙伴们，好久不联系了！今晚8点有重要的事情公布哦，届时会有多轮红包雨来袭。"群公告发布后，再设置成群待办，以确保更好的效果。

（2）发多少

激活社群通常是一个需要技巧的过程，我们经常会使用红包来达到这个目的。但在激活沉睡群这个特殊场景下，我们需要采用更为强力的策略，即"多轮红包雨"。通过连续发放多轮红包，我们能够更有效地唤醒那些长时间不活跃的群成员，让他们重新参与到社群的互动中来。

在第一轮红包发放时，由于社群处于沉睡状态，参与的群成员可能较少。因此，建议红包的数量不要过多，可以根据群成员总数适当减少。例如，你可以发放10个红包，总金额控制在20元以内。除非社群已经完全失去活力（这样的群可以考虑解散），否则一般情况下，这10个红包应该能够迅速被抢完。这样做的目的是初步唤醒群成员的注意力，为后续的活动做铺垫。

当第一轮红包被迅速抢完后，你需要立即进行预告，告知大家10分钟后将有第二轮更大的红包发放。这个预告最好以群公告的形式发布，确保所有群成员都能收到提醒。这样，第一轮抢到红包的人会继续保持关注，等待下一轮红包；而其他沉睡的群成员在听到群内的动静后，也会被吸引出来参与。第二轮红包的数量建议增加到30个，以确保更多人有机会抢到，同时金额也提升到50元，增加红包的吸引力。

第二轮红包发放后，你要继续通过群公告进行预告，告诉大家10分钟后将有第三轮更大的红包发放。此时会有更多的人参与进来。在决定是否发放第四轮、第五轮红包时，应根据实际情况进行判断。此外，在执行这一策略时，还需要特别关注以下两个细节：一是要关注那些在几轮红包中都抢到了的群成员，这些人相对比较活跃，是值得重点关注的对象；二是当群成员在抢到红包后发言或发表情时，为了增加互动，你可以主动@对方进行回应。

（3）激活之后做什么

发红包是激活沉睡群的手段，而不是目的。千万不要发完红包就完了，那钱就白花了。当我们决定激活一个社群时，通常是因为我们看到了这个社群潜在的价值，并且希望通过激活社群来实现某些目标。在社群成功激活后，要注意以下三件事情：

◆持续沟通。私域流量运营的本质是社交。社群之所以会成为沉睡群，很大程度上也是因为不沟通导致的。发完红包后，你一定要与被激活的成员保持持续性沟通。

◆履行公布的活动。红包激活作为"公布一件事情"之前的预热活动，旨在吸引社群成员的注意力并提升他们的参与度。在发放红包雨并与成员进行初步沟通后，紧接着公布并履行之前预告的活动是至关重要的。这样做能深度激活社群，让社群重新具备运营价值。

◆后续运营。既然已经成功激活了社群，为了避免再次陷入“社群 7 天必死”的困局，我们必须立即着手进行后续的持续运营。

(4) 唤醒群里沉睡的人

当然，不要指望几轮红包雨就能把群里的人全部激活。所以，在正式开展你公布的活动之前，你可以考虑再来一轮红包雨作为最后的预热。这轮红包雨中，红包的数量一定要多。在发红包之前的 10 分钟，你要把没有抢红包的人，尽可能挨个@一遍（当然，这个工作会很烦琐）。这样能对社群里面的所有成员，起到最大限度的唤醒作用。

(5) 唤醒激活后的事情更重要

唤醒激活社群后，你务必持续运营社群，以免你的社群重新陷入“7 天必死”的困局。

9. 抢红包得代金券

这是一个配合各种营销活动的红包玩法，可以最大限度激发群成员的潜在购买欲望，进而提高销售量，基本操作流程如下。

【私域实战技巧 48】红包配合营销活动——抢红包得代金券

(1) 第一步：提前的商品预热（或者营销活动预热）

由于该红包的玩法就是为了配合团购接龙、新品预售、爆品打造、拼团活动等营销活动。所以，在发红包前，要进行商品预热（或者营销活动预热），让大家知道我们准备卖什么。同时，你一定要告诉大家：先不要买，还有更惊喜的活动。至于预热时候使用图片、视频，还是软文、链接，需要根据当时的实际情况决定。

(2) 第二步：发布游戏规则

这个玩法的基本思路是：在社群中发红包，群成员抢红包后，需截图自己抢到的金额，并发给指定的管理员或助手。这些金额可以在购买预热商品时抵扣相应数额。为了增加趣味性，你可以设定不同的抵扣倍数，如翻倍、五倍、十倍等。但在制定游戏规则时，为了控制成本，通常会设定一个最高抵扣限额，如最多抵扣 10 元或免单等。

为了让群成员清楚了解这个玩法的规则，你需要提前制作好文案或海报，并在发红包前的 1.5 小时、10 分钟和 5 分钟，分三次发布在群里。这样做的好处是，当群成员知道红包可以抵扣商品金额时，抢到红包的人通常会对商品产生兴趣。而那些对商品完全不感兴趣的人，可能会选择不抢红包，这样可以使营销效果最大化。

(3) 第三步：发红包

这里依然涉及“发多少金额、多少个红包”的问题。首先是红包个数问题。为了能够起到最大的营销效果，红包个数不能太少。可以根据平时社群团购的销售情况做一个基本预估，再结合社群的活跃程度来设定。一般来说，红包数量可以在平时单数的基础上适当翻倍。比如，一般做一次团购能销售 20 单，那么红包数量就可以设定为 40 个。这只是经验之谈，具体数量需要根据实际情况确定。同时，也可以考虑多设置一些红包，即使抢不完也没有关系，这样可以增加活动的趣味性和参与度。

在设定红包金额时，要综合考虑产品成本、活动规则（翻倍、五倍，还是十倍）、红包数量等因素。要确保设定的金额既不会让每个人只能抢到几分钱，显得缺乏诚意，也不会让成本过高而无法承受。活动的设置应该既有趣味性，又能让参与者真正感受到实惠和价值。

（4）第四步：活动追销

当群成员抢完红包后，往往会出现有些人领了红包但并未下单的情况。这时，小助手可以采取两种方式来提醒这些成员，即私聊他们或在群里@他们。在提醒时，可以这样说："亲，你抢到了一个XX元的红包。根据我们的游戏规则，这个红包可以抵扣XX元。机会难得，你要不要考虑下一单呢？别忘了，这样的机会仅此一次哦！"

当然，如果真的出现了"抢红包的人都下单了且红包也被抢完了"的情况，别犹豫，再来一轮红包雨。

（5）第五步：玩法升级

当然，这个红包玩法还可以升级。比如，群里提前安排好一些人员，第一轮红包的时候，只发很少量的红包（10个以下），这样红包可以瞬间被抢光。没抢到的人，可能就会出来发言："没抢到红包，也想要这个商品，怎么办啊？"这样的言论能够给群主发放第二轮红包提供很好的理由，并且利用"从众心理"，让那些本来对商品兴趣不大的人也产生兴趣。

再比如，这个玩法还可以升级。如果你抢到了一个3元的红包，这个红包可以在购买指定商品时抵扣9元，但你暂时不需要这个商品，那么你可以选择以5元的价格将这个红包转让给其他群成员。此外，为避免出现无人响应的局面，我们可以提前安排一些人员在群里积极响应，带动氛围。

10. 手气最佳，运气翻倍

这是一个非常实用的红包玩法，不仅可以在自己的群里进行，还可以与其他群合作，甚至在非购物群、非粉丝群、非会员群等其他定位的社群中也能取得良好效果。该玩法能够完美地配合营销活动，为商品销售助力。通过这样的红包活动，我们可以有效吸引潜在顾客，提升商品的知名度和购买率。尤其是在其他定位的社群中运用时，更能凸显其独特性和实用性。

【私域实战技巧49】红包配合营销活动——手气最佳，运气翻倍

换句话说，这种红包玩法适用于那些不适合整天直接推销商品的社群。具体操作步骤如下。

（1）第一步：提前准备

从某种意义上讲，这种红包活动就是以销售为目的的，通常见于社群团购、拼团、新品预售、爆款打造等。提前准备的东西包括宣传素材（文案或者海报）、福利奖品等。

宣传素材主要包括游戏规则和产品介绍两个部分。游戏规则也很简单：在群里发一个红包，让大家来抢，手气最佳的人可以免费得到一份奖品。这就是手气最佳，运气翻倍。对那些不是手气最佳但也抢到了红包的人，我们可以设置一个"现在下单，抵扣XX钱"的活动。

产品介绍的内容也很重要，需要涵盖核心卖点、高性价比等关键信息。产品介绍一方面可以给产品塑造价值，让更多的群成员对产品感兴趣；另一方面也能够提高大家对活动的热情。在实际操作时，我们通常会采用文案或海报等形式进行宣传。下面提供一种可供大家参考的文案写法：今晚八点，群内的小伙伴们一定要早早搬好小板凳提前坐好哈！我们会针对群成员，搞一次很有意思的福利活动，届时会有多轮红包雨来袭，并且手气最佳的人，运气会翻倍哦！

具体规则如下：小助手在群里发红包，让大家准备抢红包；手气最佳的人可以免费得到由 XX 提供的价值 XX 元的 XX 商品一份。

接下来，你可以对这个商品进行一轮宣传。我们经常采用软文、图片、短视频相结合的方式进行宣传。

（2）第二步：发红包

在设置红包金额和个数时，我们需要仔细权衡。由于目标是为销售造势，并借助“手气最佳，运气翻倍”的噱头吸引关注，因此单个红包的金额不必太大，即使只有几分钱也能达到效果。然而，为了确保多轮营销的顺利进行（只有当一轮红包被抢完时才能进行下一轮），红包的个数应适中，既不要太多也不要太少。太少可能会影响销售目标的达成，因为无法充分激发大家的积极性。例如，我们可以设置每轮 20 个红包，总金额为 5 元，这样用 50 元就可以进行 10 轮活动。当然，除了红包成本外，每轮还需要额外支付奖品的成本。这样的设置旨在平衡营销效果和成本控制，以确保活动的顺利进行。

（3）第三步：进行追销宣传

每一轮红包发放后，我们都会对商品进行简短介绍。通常的介绍思路是：这个商品原价 XX 元，现在在咱们群里做活动，仅需 XX 元。而且，如果您在刚才的红包活动中抢到了红包，还可以享受 XX 元的额外抵扣。我们会逐一@刚才抢到红包的幸运儿，有购买意向的朋友请联系我们的专属客服进行下单。然后，我们会继续进行下一轮的红包活动。

11.“手气最佳，运气翻倍”玩法的变种升级

打造私域流量的终极目的是变现。然而，许多微信群在创立之初并未以盈利为主要目的，例如同学群、老乡群、吃喝玩乐群、交友群、小区业主群、车主交流群，以及兴趣交流群等。对于这些微信群的群主，他们往往希望在不破坏社群氛围、不影响社群性质的前提下实现变现。毕竟，谁都想在条件允许的情况下增加收入。因此，如何在维护社群氛围的同时实现变现，成了这些群主需要思考和探索的问题。

【私域实战技巧 50】红包配合营销活动——“手气最佳，运气翻倍”玩法升级

在这种情况下，我们可以通过“手气最佳，运气翻倍”的红包活动，以“赞助商”的身份与这些社群的群主合作，实现共赢。同时，为了增加活动的趣味性和互动性，我们还可以引入“红包接龙”的玩法。具体操作步骤如下。

（1）第一步：群主介绍活动玩法并预告

这种玩法一般都是我们在别人的社群里以“赞助商”的身份做营销，即使是你自己的社群，你也可以安排一个小助手“伪装”成赞助商来进行活动。在正式活动之前，群主要提前预告，一般是在活动正式开始前 1 天、当天的早晨、当天中午、活动正式开始前 1 小时、10 分钟进行多次预告。举例如下：小伙伴们，今晚八点，锁定本群！多轮红包雨来袭，手气最佳者运气翻倍。届时，群主会先发一个红包，手气最佳者发下一个红包，金额 10 元，红包个数 20。同时，为表达对手气最佳者的鼓励，我们将会提供一份价值 XX 元的奖品。若手气最佳者不想继续发红包，此奖品将不会提供，由群主继续发红包。大家

积极参与哦！

说明：需要注意，产品的价格必须明显高于手气最佳者接龙的红包金额，否则活动无法持续下去。因此，我们设定的接龙红包金额一般不会高于10元，以确保手气最佳者能够顺利地进行下一轮接龙。

（2）第二步，对产品信息进行宣传

与之前的步骤相同，由于我们的目标是营销，因此产品介绍是必不可少的环节。这个介绍可以由“赞助商”以多种方式来进行，包括软文、图片和短视频等多媒体形式，形成全方位、多层次的宣传攻势。随后，由赞助商正式宣布：这款商品原价为XX元，现在在我们群里做特惠活动，大家只需XX元即可拥有。而且，如果您在晚上的红包活动中抢到了红包，还可以再享受XX元的抵扣优惠哦！

（3）第三步，发红包

在设置红包个数时，建议不要过多，以确保每个红包都能被成功抢完，从而顺利进行下一轮活动。至于红包金额，可以相对较小，但需要遵循一个基本前提：商品的价值必须明显高于接龙红包的金额。以一箱10斤的苹果为例，其正常销售价格约为30元，这是大家普遍认为比较合理的价格。因此，接龙红包的金额可以设定为5元，这样对于手气最佳者来说，相当于用5元就能购买到一箱苹果，非常划算。然而，如果接龙金额设定为20元，可能很多人就会觉得不够划算了。

（4）第四步，确保多轮红包接龙

这里可能会出现两种特殊情况。首先，如果某人多次成为手气最佳者，我们可以根据对方的意愿来决定是否继续接龙。如果对方愿意，多份奖品都可以归其所有；如果不愿意，我们可以提前设定规则，让手气次佳的人来领奖。另外一种情况是，手气最佳的人不愿意接龙也不要奖品，这时我们通常会选择让手气次佳的人来领奖，尽量避免让群主多次发红包。在实际操作中，我们会灵活处理这些情况，以确保活动的顺利进行。

（5）第五步，营造销售氛围

在每一轮活动结束后，我们首先要进行的是追销环节。恭喜手气最佳的人，他们将可以免费获得这个价值XX元的奖品。同时，我们也会@其他抢到了红包但并非手气最佳的人，他们只需出示抢到的红包截图，就可以领取价值XX元的代金券。这里需要特别注意一个小细节：商品销售价格减去红包接龙金额应大于代金券的价值。

提前在群里安排好一些小助手，告诉这些人不要抢红包。在红包活动结束后，这些人出来发言：“想要这个商品，但是没有抢到红包，能不能有优惠啊。”

这时候赞助商出来发言：“为了感谢大家的支持，所有想要这个商品的，都可以找群里的XX领取一张价值XX元的代金券。”这个代金券的金额需要与发给抢到红包的人的代金券金额保持一致。

12. 红包奖励社群买家秀

这种红包玩法专门针对商家。粉丝群、会员群、客户群、潜在客户群、学员群等都可以做这种社群买家秀。玩法也很简单。

【私域实战技巧51】红包配合营销活动——红包奖励社群买家秀

鼓励客户在群里分享订单。购买商品后，客户可将自己拍摄的实物图片、短视频等，都发到群里。这就相当于买家秀，但是这种买家秀要比平台（比如淘宝）上的买家秀更有威力，因为微信群里的买家秀可信度更高、对成交的引导作用更明显。

对于分享订单的客户，我们可以给予红包奖励。奖励的形式一般有两种：私发红包和群内的专属红包。在实际操作过程中，我们更倾向于后者。微信群的专属红包只能由指定的人领取，但是群内所有人都可以看到，从而激励更多人分享订单。当然，分享的人越多，带来的成交机会就越多，成交所带来的盈利也远远大于红包的投入。

在活动开始时，我们可以先邀请一些熟悉的客户参与，通过私聊邀请他们在群里分享订单，并用红包表示感谢。随着活动的持续推进，分享的人会越来越多。

13. 红包提醒

在准备做秒杀、限时限量抢购、特价商品、快闪团购等促销活动前，你需要提醒群成员。虽然你也可以通过群消息、群公告等方式进行提醒，但这些都不如红包提醒来得直接。

【私域实战技巧 52】红包配合营销活动——红包提醒营销活动

更重要的是，发红包可以提高大家的参与度。在具体操作时，需要注意以下细节。

（1）发红包的时机

在活动开始前 10 分钟发红包，发完红包后，紧接着发布营销活动的文案说明（或者海报）。

（2）红包大小

此时的红包只起到提醒的作用，因此红包金额不必太大，但也不能太小以免显得吝啬，影响社群的忠诚度。红包数量可以多一些。最好避免每人只能抢到几分钱甚至 1 分钱的情况（比如总金额 1 元，红包数量却设为 100 个），这样的设置会让人觉得缺乏诚意，不利于社群氛围的培养。

（3）配合“红包抵券”活动

当然，为了达到更好的成交效果，你还可以配合“红包抵券”活动，宣布抢到红包的人，凭截图可以领取价值 XX 元的代金券。这样也方便你进行后续的追销行为。

（4）多次提醒

对于一些限时限量活动，我们可以用红包进行多次提醒。比如，你限量 300 份，那么分别在 100 单、200 单、250 单的时候进行红包提醒；你限时 1 小时，那就可以分别在还剩 1. 5 小时、10 分钟的时候进行红包提醒。

14. 请人帮忙，红包开道

这个道理谁都明白：如果你想请群里的成员帮忙，那可以发个红包表示感谢。在实际的操作过程中，相关技术细节如下。

【私域实战技巧 53】红包配合营销活动——请人帮忙，红包开道

（1）可以让群成员帮什么忙

这个很关键，因为并不是所有情况都适合请求群成员的帮助。在寻求他们的帮助时，我们需要遵循一些基本原则：既要达到目的，又不能透支社交资源，也就是不能让人反感，不能透支你的公信力。在实际操作过程中，我们发现以下这些情况是可以请求群成员帮忙的。

◆转发有价值的文章。当然，内容可以是软文，但必须有价值，可以是图文、视频、音频等。你可以提前把需要转发的内容发到群里或朋友圈。

◆可以是社群大咖分享活动。你准备做社群大咖分享时，可以做好宣传预热海报，在海报上放上你自己的二维码，准备好推荐引导文案，发到群里或者朋友圈，请群成员帮忙转发。

◆也可以是其他的社群活动。客厅健身房、彩虹夜听等活动本身是有价值的，甚至可以直接变现。

◆社群打卡活动参与者的征集。你想发起一些社群打卡活动时，可以提前准备好宣传海报，在海报上放好你自己的二维码，准备好推荐引导文案，发到群里或者朋友圈，请群成员帮忙转发。

（2）忌讳让群成员帮什么忙

首先，要避免在社群中发布纯产品广告。其次，各种点赞、助力活动也应慎重考虑，因为它们与营销关系不大，对运营帮助有限，并且如果你做了，可能会引发其他群成员的效仿，给社群管理带来麻烦。最后，各种砍价活动也应谨慎进行，除非你有明确且周密的营销计划，否则它们对社群的负面影响可能会相当大。这也是为什么我们所有社群的群规里面，基本会明确规定禁止发布砍价链接。

（3）红包的多少

请人帮忙时，不要太吝啬，红包金额上大方一些，就当作是宣传费了。一般情况下，我们都会发普通红包。单个红包的金额设置为5元、6.6元、8.8元、9.9元等。红包个数就看你自己的预算了。大家在群里抢红包，一般也就抢个几分几毛的，突然能抢到几元，都会觉得抢到了大红包，这时候抢到红包的人通常愿意帮你转发信息。

（4）红包什么时候发

有些看起来比较“精明”的人会选择“帮忙后再私发红包”的方式，觉得这样自己反正是不亏的。但恰恰相反，你这样做的效果是不好的。所以，你可以直接把红包发到群里。这样做既能表现出你对大家的信任，也有助于社群活跃度的提高和“拟推广内容”的传播。

（5）增加互动

领了红包的人中，不少在帮你转发后会截图给你看。这时，记得@对方并表达感谢。如果帮助你的群成员同时也是你的微信好友，并且他们在朋友圈转发了你的内容，你可以截图并在群内再次@对方以示感谢。

15. 安慰输掉的人

这种玩法可以看作是“手气最佳，运气翻倍”玩法的另一种形式。不过两者之间存在一些区别：前者奖励手气最好的人一份福利商品，而这个玩法则是给运气最差的人一份福利商品作为安慰。我们把这种新玩法命名为“安慰输掉的人”。

【私域实战技巧 54】红包配合营销活动——安慰输掉的人

这也是一个可以很好地配合营销活动的红包玩法。【私域实战技巧 49】和【私域实战技巧 50】都可以与该红包玩法无缝对接。不管是什么定位的社群，都可以采用这种玩法。具体的操作细节如下。

（1）提前准备

关于宣传素材的准备，大家可以参考【私域实战技巧 49】和【私域实战技巧 50】玩法中的相关内容。这里着重说一下游戏规则：每个参与者都使用微信的骰子功能在群里投掷一次。提前规定好红包的金额和数量，让大家在参与时有个心理预期。骰子点数最小的人，要发一个特定金额、特定数量的红包。如果恰好有两个或更多人点数相同且最小，这些人则需要继续对决直到决出唯一的最小点数者为止。点数最小的人发完红包后，组织者继续组织下一轮。

这种红包活动以销售为主要目的，同时增加了趣味性。常见于社群团购、拼团、新品预售、爆款打造等场景。在这个游戏过程中，点数最小的人需要给大家发红包。作为安慰，你可以送他一份福利商品。

这里要注意：商品的价值一定要高于所发红包的金额，这样输掉的人不会感觉到亏，参与的积极性也会更高。比如，商品的正常销售价格是 20 元，那么输掉的人发的红包金额就可以设定为 10 元。在实际操作过程中，我们发现这个游戏适合客单价在 20 元之内、成本约 10 元的商品，红包金额建议不超过 10 元，这样能激发大家的参与热情并营造良好的社群氛围。当然，为了促进销售，你依然可以设定：抢到红包的人，凭截图可以领取价值 XX 元的代金券。

（2）提前找到一定数量的参与者

组织者可以在群里说明游戏规则后征集第一轮参与者。之后，只要是抢到红包的人都可以继续参与。如果你担心冷场或没人参与，可以提前邀请一些朋友和同事加入。这个游戏的特别之处在于：一旦有人开始参与，参与者很快就会多起来。

（3）红包的数量与金额

红包金额的问题前面已经说过了，10 元之内最好，不要超过商品的实际销售价格。红包数量也不用太多，比如每次 20 个，这样大家抢到的红包也不会太小。

（4）注意进行追销宣传

前面讲过了，这种玩法可以看作是“手气最佳，运气翻倍”玩法的另一种形式。因此，关于追销和宣传，大家可以参考【私域实战技巧 50】和【私域实战技巧 51】。

16. 下起红包雨

这是“手气最佳，运气翻倍”红包玩法的一种变种。这种玩法的特色在于增加了一个引流环节，即下红包雨。下面我将分享“引流环节”的实操细节，而关于后续的营销变现策略，大家可以参考之前提到的【私域实战技巧 50】和【私域实战技巧 51】。

【私域实战技巧 55】红包配合营销活动——红包雨建立私域流量池

（1）私域流量池的二次沉淀

这种微信群就是通过“红包”作为利诱，短期内吸引大量的人进群，建立初始私域流量池。为了形成高质量的私域流量池，需要进行二次沉淀。二次沉淀主要有加微信好友和建立新的微信群两种方式，后面会介绍具体的实操方法。

（2）团队作战

这种玩儿法非常适合小微创业者们团队作战，比如你的同学、同事、好朋友，大家齐心协力，实现私域流量池的倍增和快速裂变。关键节点有三个：大家都认同这种玩儿法；社交资源（微信好友数量）差别不是太大，否则难以平衡收益；确认投入和收益分配比例，红包发得多，收益占比就多。比如，如果每天总红包金额为 300 元，有 5 个人参与组团，其中一个人发了 150 元，另外 4 人共发 150 元，那么在最终分配收益时，发了 150 元的那个人应该享有 50% 的收益。

当然，如果你自己就能搞定 5 个以上（为了实现更好的“红包雨”效果，我们在测试过程中发现，账号数量最好 5 个以上）账号，那就可以完全自己来。这是一个非常好的低投入、高收益的私域流量玩法。未来 5 年，小微创业者将成批量涌现，副业成为一种刚需。大家可以通过团队作战，降低风险，提高效率。

（3）组团下红包雨

提前找好的团队成员，每人负责邀请十几个人进群，并提前与进群的人说好：“我们准备建一个群，群里会不定期发红包，可以自由地抢红包，但是不用发，我拉你进群，要不要进?”这种情况下，一般很少有人会拒绝。初始群建好后，大家一起在群里发红包。如果团队的人少，那每人就多发几个红包；如果团队的人多，那每人就少发几个红包。确保红包总数在 50 个以上，这样才能保证“红包雨”的效果，从而让群内的聊天记录被红包刷屏。

（4）朋友圈开始进行裂变

当红包刷屏时，记得及时截图保存，这些截图是非常重要的裂变素材。接着，准备好裂变宣传海报，并在上面放置你自己的二维码（团队成员则各自放置自己的二维码）。最后，将准备好的海报和截图发送到朋友圈，文案如下：“朋友圈的老铁们，我刚进这个群，这个群里现在正在下红包雨，群里不停地发红包，已经发了 50 多个了，想进群的微信联系我，我拉你进群。”如果有人问你，就让他们原文转发你的朋友圈。收到对方的转发截图后，你再把他们拉进群。

（5）微信群内开始进行裂变

在微信群内，通过群公告的形式通知大家：群成员达到 200 人时，会进行第二轮红包雨。请大家在微信朋友圈转发下列内容（你提前准备好的素材），加我微信好友，我拉他们进群，注意千万不要私自拉人进群。

（6）定好每天红包雨的时间

初始私域流量池主要通过红包雨活动吸引人，因此建议每天都进行红包雨活动。当社群人数达到 500 人后，单纯的红包雨活动可能就不够了，需要配合“手气最佳，运气翻倍”活动。具体参照【私域实战技巧 50】和【私域实战技巧 51】。

（7）沉淀精准私域流量池

对于每天下订单的每个客户，你们应使用指定的统一微信账号，加对方为微信好友。当好友数量达到一定规模时，建立新的精准私域流量池。

（8）换红包雨阵地

初级私域流量池在一段时间后可能会遇到新订单人数减少的情况。为了降低成本并促进转化，我们可以采取循序渐进的策略，将红包雨活动转向已下过订单的精准私域流量池。在配合“手气最佳，运气翻倍”的活动进行红包雨发放后，请大家注意以下群公告：“各位朋友，长期以来本群的“红包雨”资金一直来自赞助商的赞助。为了给精准的铁粉提供更多的福利，即日起，本群的红包雨活动将会逐步转移到“XX 群”。进入新微信群的方式很简单，只需下一单今天的福利商品即可。在新微信群里，每天会有更大的红包和更多的福利等着大家哦。想下单的小伙伴，加小助手的微信。小助手会拉你进群的。”

在新微信群内发布新的红包雨活动，并附上当天的团购商品链接和详细的商品信息，包括产品图片、价格、优惠等。这种方式通常能带来订单的显著增长。同时，我们将调整策略，逐步减少在初始私域流量池中的红包雨活动，转而加大对精准私域流量池（即已下过订单的用户）的投入力度，以进一步提高转化效率和降低营销成本。

（9）红包的多少

因为红包雨活动的重点在于“红包刷屏”，所以红包金额不用太大，数量也不用很多。在设置红包时，建议红包金额最高可设为 10 元。当群成员较少时，红包金额可以设为 5 元。红包个数的设置应确保每个人每次平均能抢到两三毛钱的红包。例如，如果红包金额是 5 元，那么红包数量可以设置成 25 个。重要的是要保证大部分人能够抢到红包，并在群聊中形成抢红包的活跃氛围。

（10）运营的关键

除了建群初期单纯的红包雨活动外，当群成员达到一定数量后，应配合“手气最佳，运气翻倍”等活动激发用户参与并促进变现。同时，需要持续关注初始私域流量池的表现。当发现难以产生新订单时，应逐步减少对该流量池的投入，并考虑将“红包雨”活动转移至其他更精准的流量池。在必要时，可以适时解散初始私域流量池。然而，在解散之前，通过有效的运营策略，我们仍有机会将那些长期只参与抢红包的用户转化为实际购买客户。

（11）适用范围

这个方法非常适合社交资源比较少的小微创业者。你可以找到几个志同道合的合作伙伴或团队成员，共同参与项目。初期每人每天的投入可能只需几十元，用于红包雨活动、群维护和内容推广等。通过这样的低成本策略，你们可以快速建立起初始私域流量池，并开始变现。在持续变现的过程中，不断筛选和沉淀精准粉丝，将这个流量池逐渐打造成一个稳定且长期盈利的业务工具。

七、打造社群仪式感

很多企业和门店都有统一着装的要求，还会有统一的口号，这在传递企业文化的同时，很大程度上能创造一种视觉美感。这种视觉美感对于传播和运营非常有帮助。社群的运营也是如此。在社群运营过程中，我们可以通过不同环节的细节把控，实现这种“整齐统一”的仪式感，进而有利于形成社群黏性，培养社群忠诚度，直至实现社群的裂变与传播。这种仪式感主要通过强调“整齐划一”来强化社群的重要性，并暗示社群中的每一个成员都必须重视并参与社群活动。当然，我下面介绍的这些仪式感的打造方式并不适用于所有社群，大家需要根据自己的实际情况打造个性化的仪式感。

（一）静态仪式感

静态仪式感指的是保持形象一致，一般情况下包括五方面的内容：社群名称、群成员昵称、社群头像、群聊天背景，以及群管理员头像与昵称。

（1）社群名称

对于有多个社群的情况，给每个社群起一个清晰且有特色的名称是很重要的。通常情况下，社群名称包括四个部分：社群名称＋个性化（群主的昵称等）＋地理位置＋编号。这四个部分在排序时通常没有严格的前后位置要求，可以根据实际情况进行调整。各部分之间可以通过特殊符号或微信表情进行分隔，以增加名称的趣味性和辨识度。我们彩虹拼团的微信群的群名称就是按照这样的格式来设置的：“【彩虹拼团】彩悦城～波波教练①群”。

（2）群成员昵称

如果是一些快速裂变形成的初始私域流量池（比如通过红包雨活动迅速建立的微信群），就没有太大必要强求成员昵称的统一格式。对于这类社群，成员昵称的统一格式可以根据社群的定位、人员构成等因素来灵活设计。一般来说，昵称的要素包括行业、职业/身份、个人昵称和所在地理位置等。

（3）社群头像

在我们的“彩虹优选”项目中，粉丝福利群、VIP会员群、社区团购群等都有统一的社群头像。

（4）群聊天背景

在我们的“彩虹优选”项目中，粉丝福利群、VIP会员群、社区团购群等都有统一的群聊天背景。

（5）群管理员头像与昵称

这是为了迅速区分社群管理员、小助手与群成员，一方面是为了统一形象，另一方面也是为了让群成员在寻求帮助时能快速找到解决问题的人。

（二）新人入群的仪式感

在运营私域流量时，很多人总会碰到一个难题：群成员都是一种无所谓的态度，做活动的时候不积极、不配合，没有什么敬畏心。原因很简单，群主或管理员在新人进群时没有设置门槛，没有在一开始就明确群规并培养成员遵守群规的习惯。因此，新人入群时的仪式感显得尤为重要。

【私域实战技巧56】如何打造新人入群时的仪式感

其实每一个人在刚进入一个微信群的时候，都相当于进入了一个陌生的环境。在这种情况下，大多数人的潜意识里都在等待群主或管理员的指示。这时候是培养成员遵守群规和“听从命令”习惯的最好时机。在实际操作过程中，对于新人入群，我们有以下实操经验供大家选择。

（1）只有管理员和群主才能拉人进群

除了管理员和群主外，其他人不能随意邀请人进群。任何人想进群都必须添加群主或管理员为微信好友。这样做既设置了入群门槛，又有利于私域流量朋友圈模式的运营变现。

（2）设置预备群

预备群作为最初级的私域流量池对所有用户开放。预备群里不提供核心价值内容，主要用于培养群成员“听从命令”的习惯，其目的是在群里打造一种仪式感。预备群的群主需要做的事情有以下五个方面。

◆说明群规和注意事项

在新成员进预备群后，群主需要@对方，说明正式群的定位、群规、相关注意事项等，让对方明白：进群必须遵守规则。

◆要求对方加群主或管理员微信号

除了管理员和群主外，其他人不能随意邀请人进群。这样既能增加群主或管理员的微信好友数量，又能扩充朋友圈变现模式下的私域流量池。

◆要求对方做一些事情

比如，你可以发一两个常规的文档，让对方学习；可以要求对方转发一个朋友圈；可以要求对方准备好一个自我介绍。

◆做一些简单、统一的动作

比如，要求对方学习完相关内容后，在群里回复某一个特定的关键词或某一个特定的数字。

◆进正式群后移除预备群

邀请该成员进入正式群后，要即刻将其移除预备群，以确保预备群有足够的空间容纳其他人。

（3）新人进群三部曲

在新人进群后，我们都会安排三部曲。这既会让新进成员感受到社群的归属感，又能让他们自然而然地生出敬畏心，愿意“服从命令”。对于社群运营来说，这是非常重要的一个开端。具体而言，新人进群三部曲的内容如下。

◆第一步：新人自我介绍

在新人进群后，群主需要@对方，发给对方固定格式的自我介绍模板。自我介绍模板由微信群的实际情况决定，一般包含姓名、地理位置、所从事的行业、拥有的资源、爱好等要素。

◆第二步：群主欢迎红包

如果你的微信群足够高端（如付费群、会员群、行业交流群、老乡群等），你就可以要求进群的人发红包。在此之前，你要明确告知新进群的人红包金额（不用太高，但也不要太低，量力而行即可）、红包个数、红包封面的祝福语（为了增加仪式感，可以设置为固定格式，例如：“新人XX诚挚拜访群内前辈”）。群主也可以发欢迎红包。红包的金额无须过大，但数量应确保能覆盖到大部分群成员。这种做法在高质量社群中尤为常见且有效。

◆第三步：老成员欢迎新人入群

抢到红包的群成员经常会自发地通过发表文字、分享图片等方式对新进成员表示热烈的欢迎。老成员也应该积极响应，加入欢迎的行列。在表达欢迎时，格式并不固定，重要的是传递出对新成员的友好和接纳。

（三）固定提供价值

我们提到过很多次，群成员之所以愿意待在你的微信群里，只有两个原因：一是不能退或者不敢退；二是不想退。

【私域实战技巧 57】如何在群内固定地提供价值

从私域流量运营的角度讲，必须持续不断地给群里提供价值。尤其在一些小价值的提供上，最好能够形成固定时间，让群成员养成“定时汲取价值”的习惯。比如，全国高校电子商务教师的师资交流群也基本没有什么人发言，也没有人成天发红包、抢红包，但是社群黏性很强，就是因为群里几乎每天都有人分享一些很有价值的课件。当然，从运营变现的角度来看，这个社群就做得比较差了。在我们的实际运营过程中，这种能够固定提供的价值有很多。当然，运营的关键还是你能持之以恒地做这件事情。

◆相关信息的总结分享

比如，在学习交流群、考研群或卖家交流群里，成员们会分享相关知识的总结；在行业群里，会有行业新闻的汇总；在基于城市的交流群中，则会有当地热点事件和新闻的总结。无论是哪种类型的社群，关键是坚持分享并形成习惯。这方面的素材其实非常好找。我加入了天津本地的一个吃喝玩乐群。群里的一个做保险的姐姐，每天早上 7 点左右，都会很准时地把天津市 24 小时内发生的一些民生资讯总结出来，配上当天的限号信息、天气，以及早安问候等。不知道别人怎样，至少我已经习惯了每天醒来后打开这个群看一下这些信息。

◆各种文档资料

针对特定的主题，每天固定时间将文档资料发到群里。别管多少人会下载，也别管多少人会看。一旦你养成了持续为社群提供价值的习惯，一部分人自然就会对社群产生依赖感。当然，为了产生更大的价值，你可以在每次分享后附加一段引导性的推荐语。

◆有价值的聊天记录

你跟别人或在别的群里的有价值的聊天记录，都可以进行整理并合并转发。此外，尽量在固定的时间转发有价值的聊天记录。

◆相关主题的图片信息

要学会利用互联网等多种方式搜索图片。然后，针对固定的主题，每天固定时间将图片发到群里。不论是否有人需要，你都可以选择将风景、汽车、健身、搞笑、漫画或知识类图片发到群里。这是一种为群成员提供价值的方式。

◆特定方向主题的图文链接（公众号为主）

我们“彩虹优选”的双社电商项目本身极其重要的一个理念就是“内容引导消费”。我们会针对目标受众的定位，提供大量的高质量的图文链接（部分内含软广告，可直接变现），每天可以定时发到群里进行分享。

◆特定主题的短视频

这与分享图片的道理相同，只不过这里需要找到的是短视频。基本要求如下：内容应具有正能量、积极且有价值；避免分享低俗、违背主流价值观、涉及敏感话题、色情或暴力等不宜内容。

（四）固定活动的仪式感

这种方式对于增强社群黏性、提高社群活跃度和忠诚度具有非常大的帮助。

（五）各种纪念和庆祝活动

对于一些比较盛大的节日、会员生日等，社群还可以举办一些纪念和庆祝活动，具体可参照【私域实战技巧16】中的相关讲解。

（六）打造社群仪式感过程中的注意事项

在打造社群仪式感的过程中，为了能够起到良好的效果，需要注意以下两个问题。

（1）仪式要固定并严格执行

仪式感的目的是让更多人参与，在参与过程中形成一种被动的习惯。为了形成这种习惯，我们在实际运营的过程中，要把常规化的活动进行固定，比如固定的时间、固定的流程、固定的格式等。这样做能让群成员在每个活动（或者分享）之前抱有期待，从而提升参与感。另外，仪式一旦固定后，就要严格执行。戒掉一个坏习惯可能很难，但是破坏一个好习惯非常轻松。

（2）设计明确的触发按钮

对这种仪式感的期待，需要设计一个“触发按钮”。换句话说，只要触发这个按钮，期待感就会自然产生。举个简单的例子，你设计好了新人进群仪式的流程：自我介绍、发红包、欢迎新人入群。那么，按钮就是你把这个新人邀请进群。群里的老成员只要看到有新人进来了，就知道接下来会有红包，接着就会欢迎新人。

第六章　如何成功地打造意见领袖

在私域流量运营中，最核心的内容就是：信任引导消费。甚至我们可以说，私域电商的关键就是通过运营获取信任。打造意见领袖就是获取信任度的核心手段。

一、“信任引导消费”的模式有哪些

信任引导消费是一种先建立信任度，再通过各种途径引导消费的模式。实际上，后续我们将讲述的每一个实操案例，从本质上来说都是这种模式的延伸或应用。现在，让我们来总结一下这些实操案例的共同特点。

【私域实战技巧 58】意见领袖形成信任度的 12 种模式

（1）因为专业而产生信任

这是最常见的一种形成信任的模式。至少在你的私域流量池内，你因为在某一个方面很擅长而被视为“专家”级的存在。这种专业性几乎可以体现在任何一个领域。

◆不同行业的专家

这个世界上有很多的行业，包括互联网、金融、法律、房地产、娱乐传媒、化工、医药、财税、心理、水电、大数据、教育等。无论在哪个行业，你并不需要成为所有从业者中的顶尖存在，只需要在你的私域流量池内是拔尖的即可。比如，我有一个支付宝蚂蚁森林浇水互助群，其中有一位群友经常会在群里分享一些买卖基金的经验和盈利状况。久而久之，大家觉得他在基金方面很专业，很多人开始向他讨请教。于是，他建立了一个小群。群里都是他的学员。然而令人意外的是，他并没有选择通过卖课或收取会员费等方式变现，而是凭借他在群中的影响力，通过销售水果实现了盈利。

◆生活领域的专家

如果你真的对自己成为某一个行业里面的专家完全没有信心，那么，成为生活中的专家呢？至少相比于某一个行业的“枯燥”，你更容易对生活感兴趣吧。比如，你很了解星座、对 NBA 各支球队和球员如数家珍、非常喜欢旅游并去过很多地方、喜欢购物、喜欢车、喜欢吃、喜欢养花、非常善于育儿……

我的一个学员非常熟悉星座。她的变现模式很简单：在抖音上发布跟星座有关的短视频，然后把粉丝加为微信好友，接着在朋友圈分享并销售星座概念的水晶饰品。她跟我透露过，在微信好友超过 2000 人时，平均每个月的盈利能达到两三万。

我爱人经常在一个代购那里买东西。这个代购是一位律师，几乎每个月都会去韩国和日本，了解哪个商场在什么时间打折、有什么优惠券等。她建立的代购群有 300 多人，其中大部分是她的忠诚客户。

◆学习考试的专家

如果你很会考试或很懂考试，那么毫无疑问，你很有可能轻松地成为意见领袖，获取别人的信任。我有一个朋友专门做大学生相关培训，包括四六级、考研、职业资格认证等。现在绝大部分做大学生相关培训的机构的套路都是一样的：在各学校招代理，去大学讲公开课，最终目的是招生。然而，我这个朋友就另辟蹊径了。他因为做教育很久，所以特别熟悉跟大学生相关的各种培训，比如他知道什么证书的含金量最高、什么证书好考、什么证书不好考、什么证书对就业帮助最大，并了解各个学校的考研政策、考研难度。所以，大学生们遇到培训相关问题时，都愿意找他咨询。那么，如果大学生想参加培训，他们很可能会首先选择他。

◆影视娱乐的专家

有人说了："我学习不行、行业也不行、生活也不行，咋办"？好，那你有没有特别喜欢看电影、电视剧、娱乐节目、动漫或小说？或者会讲很多段子、对彩票很熟悉、喜欢古玩、养花等？首先你要对某一领域有浓厚的兴趣，然后才有机会成为那个圈子里的专业人士。比如，你对奥特曼非常了解，能认出大部分角色，这就很了不起；如果你对多肉植物有浓厚的兴趣并且能辨认出很多不同的品种，那你在这个领域已经有了一定的专业知识。

◆网络游戏的专家

再不行，那你喜欢打游戏吗？任何一款游戏都行，不管大众还是小众，网游还是单机游戏，只要你足够专业，都可以成为大神。我曾经在我的朋友圈成了"天天爱消除"的大神级人物，只要出来新的关卡，我都是最先全部通关的那个。

◆本地的专家

有些人是本地通，知道本地最好吃的在哪里，最好玩儿的在哪里。只要是关于本地的消息，他什么都知道。这样的人很容易获取别人的信任。

◆明星八卦的专家

还有一种"专家"就是粉丝团的团长，他们对自己偶像的每一个细节了如指掌，知道偶像的每一个行踪。

我上面列举了这么多的成为"专家"的途径，如果你还是觉得自己成不了专家，那也没关系，因为你还可以通过下面的方式获取信任。

（2）因为活跃而产生信任

活跃的人本质上就是社交能力强的人。在这里要区分一下：现实生活中的社交能力强与互联网上的社交能力强不是一个概念。有一些人可能在现实生活中很内向，但是网络上就是"交际花"；而另外一些人在现实生活中是自来熟，但在互联网上却往往不知道如何社交。

我们公司的一个小姑娘就是这样，在日常生活中特别内向，平时很少跟同事沟通。一起聚会吃饭时，她都是最默默无闻的那个。但她确实是我们社群运营人员中业绩前三的长期霸榜者。我们请她分享过经验，她翻来覆去就跟我们讲了三个字：多聊天。

我们看过她的聊天记录。在社群里，她熟练运用各种表情包、俏皮话，懂得在何时说何种话，知道如何协调群内矛盾、活跃社群气氛。群里每个人都很熟悉她、喜欢她，当然更重要的是信任她。

建立自己的私域流量池后，如果你想成为一个“因为活跃而产生信任”的人，就必须与群成员保持持续性的沟通。群里有话题的时候要参与，没有话题时创造话题也要来参与。我一个朋友在天津创建了一个吃喝玩乐群，群里有 90 多个人，每天都很热闹。我这个朋友就是这样，只要有人说话，他一定会出来参与讨论。然后隔三差五搞一些团购活动，每个月能相对容易地获得三四千的利润。

（3）因为热心而产生信任

群里有人请教问题、有人需要帮忙的时候，不管你能否帮得上，都先表现出来一种态度：我能给你解决的一定解决。我有一个高中同学群，群里有一个女同学在老家做婚纱摄影。我们这些不常回去的人经常会在群里问一些问题，比如现在哪里有好吃的、原来的 XX 餐馆现在还有吗、想办户口现在是什么手续等。这时候该女生肯定会很热心地给大家打听消息，然后在群里@提问的人帮助解决问题。至少我已经给她介绍了三个客户了，都是我在老家的亲戚。

（4）因为“豪”而产生信任

这个我们在讲“红包雨”玩法的时候已经提到过了，其实这是人的一种普遍心理：有钱人值得信任。举个很简单的例子，如果我说我这里有一套课程，只要你按照课程做就可以实现月入 30000 元，课程价格只需要 398 元，那么你不一定相信。我还需要从其他方面来证明自己的专业性以获取你的信任。但如果同样的话是马云说的，你可能会觉得他的话更可信一些。

“红包雨”玩法的本质其实就是通过在群里不断发红包，让别人觉得你是土豪，觉得你很有钱。这时候你在说一些话，做一些事情的时候，就更容易获得信任。比如，快手上的很多主播经常会表现得非常土豪，晒豪车、豪宅，给粉丝送价值几千万的礼物，发上百万的红包，动辄打赏几十万给他人。这些都是为了给粉丝一种感觉：“他们很有钱，对钱不在乎。”因此，他们在带货的时候，会采用各种戏剧化的手段吸引粉丝，比如主播自己贴钱、标错价格、亏本销售等。所以，如果你有这种预算，那不妨在微信群里做个土豪。

（5）因为地位而产生信任

显然，在单位里，如果你的同事告诉你：我们今年的年终奖会发 15 个月的工资，你可能不会轻易相信；但如果是董事长亲口跟你说的呢？因此，更高的地位或更受尊崇的人往往能赢得更多的信任。

在社群里，地位最高的是群主，其次是管理员。你自己的群肯定要比在别人的群里容易变现。如果是在别人的群里，你往往需要群主的推荐，并且为自己塑造一个高地位人设，比如创始人、总经理等。另外，我们在实际操作过程中发现，现实生活中的地位会辐射到互联网。我在上海的一个朋友是某上市公司的独立董事。他的朋友圈也都是一些高质量人群。他爱人（专职宝妈）从前年开始，做了一个社群电商项目，让我这个朋友帮忙在朋友圈推荐了几次。然后，她就利用我朋友推荐的这些客户和她自己朋友圈的一些熟人，建立了一个不到 300 人的微信群。

今年 9 月份，我跟她聊天时询问了她的社群电商经营情况，结果让我很吃惊：仅凭这 300 人的社群，她每个月的纯利润就能达到 5 万左右。用她自己的话说，卖什么东西都很快被抢光。其实，这个个案的成功就源于她的社会地位。

很多做互联网的人都知道“懂懂”，一个靠写作成功的人。他的地位很高，所以不管他卖什么东西，都很好卖，因为大家对他几乎都是一种无条件的信任。

(6) 因为特殊角色而产生信任

有一些特殊的职业和角色天然就会给人以信任感，比如老师、公务员、律师、医生、老专家等。很简单的一个小例子，大家可以从多种渠道获得关于母婴用品的推荐，比如公众号、直播、电视广告、朋友、同事、其他宝妈等。但如果你所在的宝妈群里有一个医生推荐买 XX 牌的益生菌，他的建议一定会更容易地获取其他宝妈的信任。因此，如果你本身就拥有这种能带来信任感的身份或职业，不妨大方地展现出来，让其他人知道。

(7) 因为特殊身份而产生信任

我举一个简单的例子来说明。我以前的一个健身教练，多年的工作经历让他的微信好友大多数都是他的私教学员。去年的时候，他就把自己带过的学员都拉进一个群里，准备做社群电商。其实，我观察到（我自己也在群里），他私域流量运营的技巧很欠缺。但是不管他在群里推销什么东西，转化率都能在 30% 以上（98 个人，每次都能卖出 30 多单）。这主要归功于他作为教练所建立的信任和影响力。

再比如说，在 2015 年前后两三年的时间，我经常出去讲课做企业内训。为此，我专门创建了一个微信号用来添加这些学员为好友，最终添加了大概有 1300 人。我曾经用这个号进行私域电商的测试，就采取最简单的朋友圈营销方式进行推广，但是销售情况也很不错。这主要归功于我作为“讲师”的身份所带来的信任度。

(8) 因为真诚而产生信任

一个很真诚的人一定可以轻松获取别人信任。其实写到这部分我觉得没有什么实操经验可言，只需记住一点：不管是线上还是线下，时时刻刻都要展现你的真诚。相反，如果你一直在你的私域流量池里瞎忽悠，说话不着调，那很有可能哪怕你具备前面所说的各要素，也没有人相信你。

想想某些老艺术家做直播带货，为什么刚开始的时候会很容易？他们凭借自身的社会地位和身份角色，往往比一般的网红更容易获得观众的信任和支持。然而，如果他们不珍惜这份信任，为了赚钱不择手段，以次充好，那么这份信任很快就会被消耗殆尽。最终，他们可能会沦为互联网上的笑柄。

(9) 因为真实而产生信任

你展现给目标受众的内容越真实，越容易获取信任。在淘宝直播上，有一个达人叫“晓宇奶奶”。这个网红走另类路线，扮成一个老奶奶的形象。正常来说，这类网红很多，红得快，衰落得也快。但是晓宇奶奶已经坚挺了三年，忠实购物粉很多，很大一部分原因就源于他的真实。他带货的主要方向是农产品。绝大多数情况下，他都会亲自到田间地头进行现场直播。比如，卖玉米时，“晓宇奶奶”就会亲自坐在田间掰玉米、剥玉米，一边与粉丝聊天，一边进行带货。这种真实感为她赢得了粉丝们的充足信任，因此她的带货成绩一直表现不错。

(10) 因为推荐而产生信任

其实，这可以被理解为一种“信任转嫁”的现象。用户因为信任 A，当 A 推荐 B 时，用户也会信任 B。信任转嫁非常适合以下两种情况。

◆你在别人的社群里面营销变现

其实，有很多微信群虽然很活跃，但是群主不清楚怎么变现（甚至是没有变现需求），比如吃喝玩乐群、交友群、小区业主群、车主群、兴趣群、老乡群、同学群、同事群、学员群等。

在这种情况下，你可以尝试与群主沟通。但前提是，你的产品必须具有高性价比，同时你也需要具备良好的沟通能力或优质的社交资源。如果群主不允许进行营销活动，那么这种方法自然无法实施。合作模式其实很简单：由群主或者群里最有威信的人进行推荐。推荐的话术可以根据实际情况自行拟定，以下是一个大致的参考模板：我的一个朋友，家里是做 XX 的。现在有一批产品，大家看谁有需要，可以发起团购接龙，很合适的。

◆你自己的社群定位不方便直接变现

即使是你自己的群，如吃喝玩乐群、交友群、小区业主群、车主群、兴趣群、老乡群、同学群、同事群、学员群等，也不能随意营销。在这种情况下，你可以采用“推荐”的模式进行变现。直接以群主的身份进行推荐，更真实、更有说服力。作为群主，你的推荐更容易获得群成员的信任和接受。

（11）因为熟悉而产生信任

社交电商本质就是“通过沟通让彼此熟悉”。熟人之间的信任度更高。

（12）因为“情绪”而信任

当用户能够与你产生情感共鸣的时候，信任感就很容易产生，进而实现轻松变现。大家可以关注一下直播平台上的这类主播，比如调解家庭矛盾的、帮忙寻找走失儿童的、帮扶孤寡老人的等。我们发现，这些主播在进行直播带货时，业绩都不错。这实际上是因为他们引发了观众的“同情”情绪，并在产生共鸣后建立了信任。类似地，感动、愤怒、怜悯等其他情绪也可以被有效调动。

二、了解意见领袖

（一）怎样定义意见领袖

在谈到“意见领袖”时，很多人认为：成为一个意见领袖很不容易，因为“领袖”一词好像就给普通人设置了一道天然的屏障。然而，从私域流量运营的角度来看，我们应该重新认识一下这个概念。在这里，我们可以用通俗易懂但相对严谨的语言，给出如下定义（针对私域电商）。

在私域流量池中（朋友圈或者微信群），意见领袖是指能够左右大多数人态度倾向和意愿的少数人。他们不一定是这个群体正式认可的领袖，但可能会因为某方面很专业、沟通能力很强、资源很丰富等，在私域流量池内获得了大家的认可和信任。

（1）私域流量池中的意见领袖有三个关键特征

◆大多数情况下，意见领袖与“被其影响的人”之间，并不存在上下级的关系。这种上下级关系中，“被引导消费”可能更多地源于权威而非信任。举个简单的例子来说，假设某个政府机关有一个内部工作群，某天该机关的一把手在群里发起了对某件特定商品的团购活动。可以预见的是，无论这件商品的性价比如何及群成员是否真的需要它，这种团购往往都能够取得火爆的销售业绩。

◆意见领袖不一定就是社会中“有本事”的那群人。虽然“有本事”的人更容易成为意见领袖，但这并不意味着普通人就无法成为意见领袖，否则我们研究私域电商也就没有太大的意义了。

◆私域流量池中的意见领袖一般分成单一型和综合型两种。前者指的是在某一个特定的领域里很专业、很擅长的人，比如一个健身教练对健身很了解，但是他并不一定知道本地最好吃的小龙虾餐馆是哪家；后者产生的影响是一种综合影响，你可以把后者理解为“有声望的人”，比如在家长群里，老师就是一个综合型的意见领袖。

（2）私域流量池中的意见领袖是怎么形成的

其实，意见领袖的形成过程就是建立信任度的过程。要成为一个意见领袖，你需要具备一些关键特质，如能够提供有价值的内容、拥有强大的社交能力、具备广泛的知识面，以及乐于助人的品质等。

（二）为什么谁都可以成为意见领袖

这个问题至关重要，因为它揭示了私域电商项目的一个显著特点：低门槛参与。具体来说，只要你拥有一部手机、一定的社交资源（如微信好友），即使没有任何基础，你也可以轻松开始操作。换句话说，每个人都有机会成为意见领袖。

有了这么多的模式，这么多的途径，如果你还是觉得自己不行的话，那就跟方法无关了，一定是心态问题。比如，你想不劳而获。甚至在某种意义上来说，因为互联网的存在，哪怕你想成为一个“专业”的意见领袖，也并不是多难的事情。当前，你几乎可以在互联网上找到一切你想找到的信息，你所需要做的无非就是把这些信息收集、整理，然后变成你自己的东西。比如，我现在一点儿不懂烘焙。但只要我愿意，我可以在一周的时间把自己变成私域流量池里烘焙方面的专家。而我之所以能成为专家，并不是因为我真的在烘焙方面很厉害，仅仅是因为我愿意学习。

三、开始私域电商的基点：打造意见领袖

（一）正确理解私域电商

我们对私域电商要有一个正确的理解，这可以通过以下四个方面来分析。

（1）通过社交工具搭建私域流量池

现在最常用的社交工具主要包括 QQ 和微信。然而，在私域电商领域，因为很多人习惯使用微信，所以本书的讨论也主要侧重于微信。需要注意的是，尽管我们普遍认为 90 后、00 后应该更倾向于使用微信，但实际调查数据显示，00 后对 QQ 的使用也非常广泛和普遍。

在搭建私域流量池时，我们需要着重考虑目标受众的特点。如果你的目标受众主要是 00 后，那么建立私域流量池时就可以考虑使用 QQ。这只是一个需要注意的细节，后面分

析的侧重点还是微信。

（2）价值导向

私域电商一定是以价值为导向的。在私域流量池建立之后，若想进行有效的运营并最终实现变现，我们必须能够持续地向目标受众传递价值。这包括向微信群成员、微信好友等传递有价值的内容。从初始的流量池构建、流量池裂变，到后续的私域流量池维护，整个过程都应以价值为导向。

（3）意见领袖引导

你要努力把自己打造成一个意见领袖。每个私域流量池内都应该有意见领袖。在小圈子里，意见领袖的作用是非常明显的。意见领袖可以有很多的身份，可以是一个专业人士，也可以是一个活跃分子。

（4）老顾客黏性

只有重视老顾客的黏性和终身价值的挖掘，才能实现私域电商的持久变现。这是私域电商与平台电商的一个根本区别。在理论上，平台电商的流量看似无限，但实际上每个商家能获得的流量受到多种因素的限制。而私域电商则明显地受到流量上限的限制。当然，商家可以通过裂变等方式扩展私域流量池，但这种扩展依然会受到一定的限制。在上限的基础之上，如果我们想实现持久变现，必须做的一件事就是维护老顾客。如何维护老顾客、增强老顾客的黏性，并挖掘他们的终身价值，激发其持续消费的意愿，是运营的核心所在。

在上述四个方面中，我们认为打造意见领袖是进入私域电商领域的基点。我们可能有这样的感受：在购买商品时，我们越来越相信专业人士的推荐，而不是厂家或者品牌商的广告。比如，你可以想象这样一些购物场景。

你想买一双篮球鞋，正好看到电视上播放着各种品牌的广告，如李宁、匹克等，也可能是某个没有听过的品牌。但是对你来说，这些广告可能仅仅起到了品牌认知的作用。但实际上，它们往往左右不了你的购买决策。那么，真正起作用的可能是什么呢？可能是你篮球教练的推荐。

我们再来看一个购物场景。在刷今日头条时，你看到一篇文章特别好。这是一篇关于治疗胃病的文章。你读后觉得更加专业和科学。在文章末尾，作者推荐了一款对调理肠胃非常有益的产品。因为你认为文章的观点非常有道理且对作者的专业性非常认可，所以很有可能会下单购买这款产品。

再比如，你给家里的小孩子购买奶粉时，电视或是报纸上的广告对你起不到太大的作用。但你可能因为加了一个微信群而受到影响。这个群里有一个儿童营养专家。他每天都会分享一些信息。有一天，他说他认为某个年龄段的小孩应该喝某个牌子的奶粉比较好。

整个的消费趋势正逐渐转向这一点：消费者越来越相信专业人士的推荐。这种专业人士就被称为意见领袖。当然，很多人会困惑：没有专业知识，作为一个普通人，怎样才能做私域电商，怎样才能成为一个行业意见领袖呢？后面我们会介绍详细的实操方法。就像前面说的，互联网的发展带来的最大好处之一就是每个人都有机会、都有可能成为一个意见领袖。

（二）意见领袖和一般网红的区别

在这里我们还需要区分一下意见领袖和一般网红。随着抖音、快手等短视频平台的兴起，很多人通过直播吃饭、直播跳舞、各种街拍等走红。甚至有一些主播唱歌不好听、跳舞不好看、长得还丑，也能通过一些“旁门左道”拥有很多粉丝。我们通常把这些人叫作网红。意见领袖和网红相比，有如下三个显著的不同点。

（1）粉丝的获取方式不同

意见领袖凭借专业性（提供价值）获取粉丝，而网红则凭借博眼球获取粉丝。意见领袖凭借专业性和为粉丝提供价值来获得青睐。比如，在育儿方面，你非常专业，可以通过写文章、发短视频、做专业分享等方式来获取粉丝；在电商领域，你非常专业，可以通过分享干货、开设课程等方式来获取粉丝；在打篮球方面，你很厉害，通过分享投篮技巧、过人技巧等也能吸引到粉丝。

（2）意见领袖的粉丝会更精准

网红通过博眼球的方式可以吸引来自各行各业的粉丝。然而，意见领袖则不同，他们所吸引的粉丝更加精准。例如，育儿专家吸引的粉丝主要是宝妈；羽毛球专业人士吸引的粉丝则主要是羽毛球爱好者。

（3）意见领袖的变现能力更持久

网红的粉丝之所以关注网红，是因为他们觉得网红很漂亮，或者觉得网红的行为很怪异、很有意思，从而注意力被吸引了。这种粉丝关注得很快，但失去兴趣的速度也很快。这样的粉丝变现也比较困难。

然而，意见领袖凭借专业性获取粉丝，他们的变现能力通常会更稳定、更持久。同样一款奶粉，由网红推荐和由意见领袖推荐，效果肯定是不一样的。网红推荐奶粉时，大家可能会觉得这只是一个广告或销售渠道。但现在各大平台上有很多主播每天推荐各种商品，观众已经习惯了网红的推销方式。相比之下，如果是一个知名的育儿专家推荐的奶粉，那么转化率、回购率等数据指标很可能会高于网红推荐的。

四、以意见领袖为基点的私域电商运营逻辑

在以意见领袖为基点的私域电商中，其运营分为以下环节。

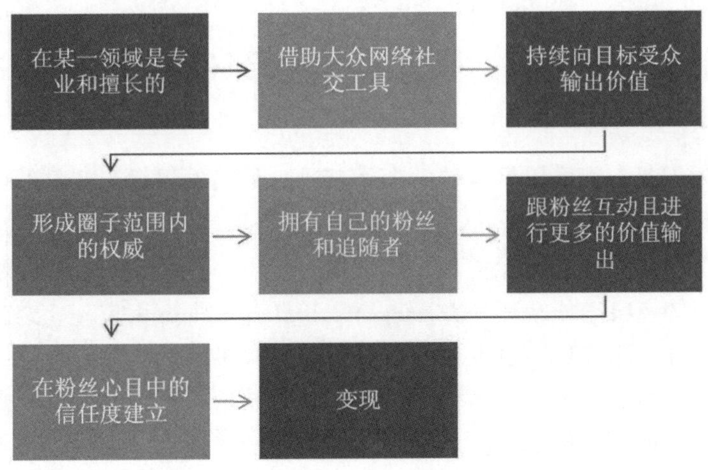

（1）在某一领域是专业或擅长的

按照前面的相关讲述，每个人都能在某一领域成为专业人士。你首先要找到自己的兴趣点，然后完全可以利用互联网资源，把自己塑造成该领域特定圈子内的专业人士。

（2）借助大众网络社交工具

大众网络社交工具就是大家都在用的社交工具。目前主流的社交工具就是微信和QQ，而QQ又具备比较明显的人群属性（00后用得比较多），所以私域电商的首选社交工具仍然是微信。

（3）持续向目标受众输出价值

在确定目标受众后，你可以通过文章、视频、直播等方式，持续向目标受众输出价值，展现你的专业性。

（4）形成圈子范围内的权威

这个圈子就是你的私域流量池。当然，如果你确实很厉害，在某一个领域里建树很高，那也可以成为大众范围内的权威。但从小微创业者的角度出发，专注于在自己的圈子范围内建立权威更为实际。毕竟“人外有人，天外有天”，在自己的圈子里做到出类拔萃就已经很不容易了。

（5）拥有自己的粉丝和追随者

当你在特定圈子内某一领域建立起权威后，圈子里的人自然会成为你的粉丝和追随者。这一步的意义在于他们会愿意听取你的建议和意见并与你保持紧密联系。

（6）与粉丝互动且持续输出价值

有了自己的粉丝和追随者后，你就可以通过各种方式（朋友圈、微信群）等，在圈子范围内跟粉丝进行互动，并持续输出价值。

（7）建立信任度

通过互动和持续输出价值，你就可以建立起在粉丝心目中的信任感，而这种信任就意味着：你在推荐的时候，能够起到更好的效果。

（8）变现

当粉丝接受了你的推荐，也就意味着你有了变现的可能。你可以通过各种现有的平台（淘宝、天猫、京东、拼多多、微店等）进行变现。

五、在私域逻辑下，所有的生意都值得重来一遍

这是所有小微创业者都可以做私域电商的基础。如果你想成为意见领袖，那就一定要找到一个自己擅长或者专业的点，然后通过自己的努力，去做特定圈子范围内的专业人士。哪怕你是一个很普通的人也没关系，因为你一定可以找到一个具体的细分领域。

如果你实在不知道自己能在哪一方面有所专长，这里告诉大家一个窍门：找到你自己的爱好，因为爱好往往更容易变成专长。可能你自己并没有意识到，在你眼中仅仅是一种爱好，但很有可能就是专长。比如，你是一个健身爱好者，跟专业的健身教练相比，你可能确实不够专业；但如果与你的同学、朋友、亲人相比，你可能就是一个专业人士了。

再比如，在一个大学生的班级里，可能只有少数几个人是健身爱好者，甚至可能只有你一个。那么，在这个特定的圈子里（你的班集体），你就是一个健身领域的专业人士。又或者你王者荣耀打得特别好，甚至就是一些单机小游戏玩得特别好，比如超级玛丽、斗地主等，都可以成为意见领袖。

再给大家讲两个发生在笔者身边的小案例。我的邻居，一个50多岁的大叔，其实他没有什么擅长的，但也成了一个意见领袖。2012年，我居住的小区开始交房。在业主收房时，这个大叔特别热心，谁家收房他就主动地跟着进去看。他可能生活经验比较丰富，会在旁边帮着找一些小毛病、小问题。他找得很准，也会帮着跟物业沟通。这位大叔就是很热心，也没有什么利益诉求，很快小区里大部分人和他都非常熟悉了。后来，我们建立了一个业主群。这个大叔很快就成了群内的意见领袖。大叔在群里发表意见的时候，下面应者如云。

还是笔者的一个朋友，他擅长什么呢？在别人的眼里，他就是一个特别普通的人，真的没什么特长。但他有一个很厉害的地方：特别喜欢吃。他虽然不是专业的美食家，但对天津的特色小吃和饭店了如指掌。所以，每当我们不知道去哪吃饭时，我们就会给他打电话咨询：我现在在某某地方，你觉得这附近哪个饭店比较好？他立刻会告诉你哪个餐馆比较好，甚至都可以告诉你这家店的特色菜是什么。后来，他建立了一个群，把好友都拉进了这个群。谁哪天想去外边吃饭的时候，就直接把位置给他发过去，然后问他："群主，你看这个附近有什么好吃的？"他就会告诉你哪个饭店比较好。

后来，他找到了变现的方法。他直接与各个餐厅联系，为他们推荐客户，或者组织人去试吃和团购，从而实现盈利。如今，他已经建立了两个群，群里的主要活动就是分享美食信息。每当群成员到达一个新地方，想要寻找好吃的餐厅时，只需在群里问他一声，他总能为你推荐一家独具特色、味道上乘的餐厅。

如果你真的什么专长都没有，那也不需要担心。如果你很热心，特别乐于助人，这本身也可以被视为一种特长，照样可以在特定的圈子范围内成为一个意见领袖。

（一）所有人都应该去做私域电商

未来每一个企业，甚至是每一个人，都应该去做以意见领袖为基点的私域电商。不管是工业品、消费品、渠道商、品牌商还是工厂，所有行业在私域电商的理念下都值得重新审视。你需要明确你的目标受众，并在这个受众所在的圈子中建立起自己的权威，最终将自己塑造成为该领域的意见领袖。这个结论主要基于以下三个理由。

（1）一个立体的人格更容易带动品牌认知

举几个很简单的例子：当我们谈到格力电器的时候，你肯定能想到董明珠；在谈到万科时，王石的形象一定会在脑海中浮现；在谈到京东时，你会想到刘强东；在谈到小米时，你会想到雷军；在谈到阿里巴巴时，你一定会想到马云。为什么谈到这些企业，你会立刻想起这些人？实际上，你会发现很多知名企业都有一个立体的人格形象，这也是为什么这些企业的领导人都愿意通过互联网对外宣传自己，因为这本身也是对企业品牌的一种宣传。而通过打造私域流量池，企业可以塑造出具有立体人格的意见领袖，从而有效地提升品牌的认知度和传播效果。

（2）消费者愿意从社群中寻找归属感

建立以意见领袖为基点的私域流量池，实际上是以某一个点为核心，建立一个圈子。

比如，大家都是宝妈、大家都喜欢篮球、大家都是吃货等。这个圈子是能够给群成员带来归属感的，这才是每一个企业需要去认真关注的理论核心。

这来源于一种社会现象：人越来越孤独。而这种孤独，是因为无线互联网技术和手机的发展造成的。以前亲朋好友一起出去聚餐，彼此聊天沟通感情，现在就是每个人拿个手机在那玩儿，刷微博看朋友圈；甚至家里在吃饭的时候，每个人也都拿个手机在那里玩儿；一对儿恋人约会，以前是卿卿我我，现在哪怕看电影，都要拿个手机，不管是刷朋友圈还是干什么，手机已经变成了人体的一部分。

互联网表面上看起来让人们的社交范围变得更广了，实际上人们变得更孤独了。因为你的世界就变成了你和手机。但人是有爱和归属感需要的，这属于马斯洛需要层次理论中的社交层面。微信群（私域流量池）的出现最大程度地解决了这个问题：你的手机还在，你还能跟别人交流、跟意见领袖交流、跟群内其他好友交流，消费者能够从社群当中寻找到这种情感上的归属感。

（3）没有企业可以脱离无线互联网

这一点已经不需要再做过多的解释了。现在，几乎没有企业可以脱离无线互联网而存在。

基于这三点，每一个传统线下企业都应该做私域电商。也就是说，现在不是你要不要做私域电商的问题，而是你应该以一种什么模式去做，应该怎么做的问题。

（二）当前互联网是属于巨头的互联网

现在的互联网世界，从大趋势上来看，是属于巨头的世界。阿里巴巴、腾讯、百度等巨头收购了很多的公司，他们的目的是什么？这就是在构建一个平台，然后去搭建属于他们自己的生态系统。比如，阿里巴巴的生态系统里面有交易平台、有第三方服务商、有支付平台、有快递公司、有娱乐平台等。阿里巴巴收购了这么多的公司，实际上就是在搭建属于自己的生态系统。这个宏大的生态系统中，又孕育着无数个小生态系统。比如，在阿里巴巴的生态内，存在着直播平台（如淘直播）。这些直播平台又汇聚了众多主播。每个主播都全力打造自己的小生态系统。

举例来说，淘宝主播“晓宇奶奶”就是一个颇具代表性的主播。他的成功并非来自传统意义上的才艺或颜值，而是源于他独特的个性和真实的表现。他是一位三四十岁的男性，却以老太太的形象出现，穿着奇装异服，唱歌跳舞虽不精湛，却以真实、不做作的态度赢得了观众的喜爱。在推荐商品时，“晓宇奶奶”总是坦诚相待。例如，他曾推荐村里的手工挂面，明确告知粉丝挂面是 5 斤装，但包含包装盒的重量，实际面条重量不足 5 斤。这种诚信的态度为他积累了大量忠实的粉丝。

随着时间的推移，“晓宇奶奶”逐渐构建起了自己的小生态系统。他可以销售村里的挂面、大蒜、土豆等农产品，也可以销售其他村的特产。只要产品优质、诚信经营，这个小生态系统就能持续发展壮大。在巨头搭建的大生态系统中，每个人都有机会成为意见领袖，建立属于自己的小圈子和小生态系统。

（三）合格意见领袖的三个前提

想成为一个合格的意见领袖，有三个前提。

（1）有足够可信的专业度

这意味着你必须在你的领域内拥有足够的专业知识，并且这种专业知识是可信的。换句话说，你分享和输出的价值必须经得起考验，不能让别人一听就觉得不对。例如，如果你是一个篮球教练，那你分享的篮球技巧必须准确可靠。

（2）有足够可靠的人品

除了专业知识外，你还需要展现出良好的人品。比如，上面提到的淘宝主播“晓宇奶奶”，他之所以受到大家的喜爱和信任，不仅仅是因为他的独特个性，更重要的是他的真诚和可靠。他在推荐商品时总是坦诚相待，不会欺骗粉丝。这种诚信的态度是成为一个意见领袖所必需的。

（3）能够链接足够多的资源

平台为你搭建了大的生态系统，提供了社交、成交等各种工具和变现的平台。然而，要实现意见领袖的价值，你还需要链接足够多的资源。比如，你需要找到可靠的供应链支持你的推荐和销售。当你能够充分利用这些资源时，你才能真正发挥意见领袖的影响力。

举例来说，当上海开始实施垃圾分类的规定后，一些人迅速抓住了这个机会，通过深入研究和实践将自己打造成了“垃圾分类专家”。他们利用自己的专业知识和影响力在社交媒体上分享垃圾分类的技巧和经验，吸引了大量的粉丝。其中一些意见领袖甚至被当地政府邀请去做讲座。如果他们同时还是生产塑料制品的企业负责人，就可以利用自己的影响力推广垃圾桶等产品，从而实现商业变现。这个例子充分说明了链接资源对于意见领袖的重要性。

六、价值输出：打造意见领袖的唯一途径

在当前的互联网生态圈中，每一个人都有机会成为一个专业的意见领袖。然而，随之而来的问题是：如何打造一个专业的意见领袖呢？当然，不同的定位会有不同的方法，但其中最大的难点在于内容的产生和价值的输出。

在私域流量的三级诱饵理论中，做私域电商会有几个核心环节：首先，你需要制造诱饵，以建立并裂变私域流量池；其次，私域流量池建立起来后，需要进行维护，否则社群很快就会失去活力；最后，需要打造专业的 IP 形象，把自己塑造成一个专业的意见领袖。在这三个核心环节中，无论是制造诱饵、社群维护，还是形象打造，都需要进行价值输出。

要成功打造一个意见领袖，成为一个有效 IP，最大的挑战就在于如何持续产生高质量的内容并进行价值输出。这涉及内容的来源、制作方式及输出渠道等多个方面。首先，我们来解决一个核心问题，也是大家普遍存在的疑虑：专业内容的制作和输出是否每个人都可以做到？答案是肯定的。不要给自己设限，觉得自己能力不行。成为一个意见领袖并不难，往往不需要你具有丰富的专业知识或绝活。当然，容易是相对的，这并不意味着你可以轻而易举地产生高质量的内容。它仍然需要你付出一定的努力，按照一定的方法和流程进行操作。只有这样，你才能打造出真正专业的形象。

（1）信息的一站式需求

信息的一站式需求是指用户在获取某一主题的信息时，希望能够全面、系统地了解该

主题的所有相关内容。以减肥为例，用户不仅想要了解如何减肥，还希望了解肥胖的成因、对身体健康和生活质量的具体影响、各种减肥方法的优缺点，以及适用人群等。这种需求体现了用户对信息的全面性和系统性的追求。

◆信息大爆炸

早期的信息传播，我们可以称之为1.0时代，主要由媒体产出内容，受众只是被动接收。比如早期的电视、报纸、广播、杂志等都是如此。后来随着互联网的发展，进入了2.0时代，用户除了接收信息外，自己也能产生信息。现在的微信公众号、今日头条、抖音，再加上原来的那些门户网站、新闻客户端和各种APP，使得信息的传播路径愈发多样化。

每一个用户的手机上都安装了大量的APP。在安装这些APP时，系统通常会询问是否允许推送消息。大多数人会下意识地点击“允许”，然后手机就会每天弹出大量的消息，推送各种各样的内容。这就是一种信息爆炸的现象。现在，一旦发生什么新闻，你根本不需要主动去寻找，因为手机会自动为你推送。

◆信息爆炸导致信息的筛选和甄别成本提高

信息大爆炸带来了一种不可忽视的弊端：对于目标用户来说，信息的甄别和筛选成本在不断提高。以前信息渠道很少，比如只有报纸的时候，中国队踢完了一场比赛后，你只能等到第二天买报纸才能看到比赛结果和相关分析。那时候你根本不需要去找，因为没有多少渠道能够看到相关信息。但是现在，可能比赛刚结束，各种消息就可能立刻推送到你的手机上，这导致你需要花费更多时间和精力去筛选出自己真正需要的信息。

◆人的时间和精力是有限的

虽然信息的甄别和筛选成本在提高，但每个受众的时间和精力都是有限的。因此，他们更倾向于一站式获取所需信息。这也是为什么我们强调每个人都能相对容易地制造和分享内容：对于普通受众来说，他们需要一个专业的意见领袖，在特定的环境（如私域流量池）中，及时提供他们所需的信息。

以育儿微信群为例，这个群主要针对年轻的爸爸妈妈。年轻的爸爸妈妈对专业的育儿知识有着一站式需求，比如想知道每天应该给孩子喂多少奶、如何与孩子沟通、孩子哭闹的原因及如何判断孩子是否需要吃药等。虽然他们可以自己搜索这些信息，但甄别和筛选的过程会耗费大量时间和精力。如果群里有一个专业人士能够一站式地提供这些信息，那么这个微信群就会成为一个高黏性的社群。

我们之所以说内容的产出并不难，是因为互联网上有着丰富的信息资源。换句话说，大家现在从各种渠道学到的知识，几乎都可以在互联网上找到。在信息大爆炸时代，很少有内容是互联网上找不到的。但这些内容如果让目标受众自己去获取和整理，仍然会面临一定的困难和麻烦。因此，“意见领袖”的角色就显得尤为重要：他们可以帮助目标受众搜索、筛选和整理信息，最终以易于理解和接受的形式呈现给受众。这样，受众就能够更高效地获取所需信息，而意见领袖也能够通过提供有价值的内容建立起自己的影响力和信誉。

（2）时间的碎片化

手机和无线互联网技术的发展，让每一个人的时间都变得很碎片化。这种碎片化体现在很多方面。比如，在 PC 时代，大家的上网时间比较集中，主要集中在晚上下班回家后到睡觉前的时间段，以及周末。然而，随着手机和无线互联网技术的飞速发展，上网时间被彻底碎片化了。现在，我们几乎可以在任何时间段打开手机上网。

2015 年，我们在为电商的母婴用品客户提供第三方服务时，对他们的店铺数据进行了分析，发现了一个很有意思的现象。在 PC 时代，凌晨 1 点到早晨 6 点这个时间段上网的人群很少，店铺的流量和转化率都是一天中的最低谷。但进入无线互联网时代后，大家都开始用手机上网，在淘宝等 APP 上购物。我们分析发现，该店铺有很多成交都发生在凌晨 3 点到 5 点之间。

为什么会这样呢？其实，这也很好理解：年轻的爸爸妈妈夜里都要起来给孩子喂奶、换尿不湿，在这个过程中发现奶粉或尿不湿快用完了。在 PC 时代，他们可能会记下来，等到第二天早上打开电脑再下单；但现在，他们可以直接拿起手机，在淘宝上完成下单。

除此之外，其他碎片化时间也被充分利用起来，如早晨上班途中、午休时间、晚上下班途中等。在 PC 时代，这些时间段上网的人很少；但现在，只要有手机和网络，人们就可以随时随地上网购物或浏览信息。

购物如此，浏览信息也是如此。只要有网络，我们就可以上网，就可以完成对信息的浏览。然而，这种碎片化也带来了一个问题：受众集中获取信息的时间变短了。以前看报纸时，我们会坐在那里认真地读一篇文章；在 PC 时代，我们也会集中一个时间段去获取信息。但现在，我们很难再集中精力去看一篇很长的文章或视频了。这也是为什么现在短文章、短视频和小知识点等内容非常受欢迎的原因——它们可以在短时间内被消费完。

从意见领袖的打造来看，这种短小的知识点对于内容产出有很大的帮助。写一篇 1500 字的文章可能很难，但写一个 300 字的小知识点相对来说就简单多了；拍摄一个 20 分钟以上的视频可能很难，但拍摄一个 15 秒的短视频则更容易完成。

（3）无线端屏幕变小

在 PC 时代，互联网极大地拓宽了人们的世界，使人们可以从网上查询到更多的信息，可以通过 QQ、BBS、微博等认识更多的人。然而，随着无线互联网技术的发展和智能手机的普及，屏幕端的缩小带来了一种新现象：尽管我们的手机上安装了大量的 APP，但每天真正打开的却不超过五个；微信通讯录里可能有数百甚至上千人，但我们实际交流的只有有限的几位好友；我们可能关注了数十个微信公众号，但每天真正阅读的只有少数几个。因此，屏幕的变小似乎在一定程度上也缩小了我们的世界。

然而，这种缩小的世界却为意见领袖在私域流量池中输出价值提供了便利的条件。因为在一个特定的、信息渠道相对狭窄的小圈子里，你更容易成为圈子里的引领者，即意见领袖。比如，你去参加一个篮球训练营，你的篮球教练可能连 CBA 的二线甚至三线队伍都打不上，他可能只不过在某个 CBA 的青年队里打过球，然后就退役了。与中国众多职业球员相比，他可能微不足道。然而，在这个篮球训练营里，面对这批学员，他就是权威，就是学员们心目中的意见领袖。

某个 CBA 球星为某个品牌的运动鞋做的电视广告，不一定能够赢得你的信任，但是这个篮球教练的推荐，却能够让你产生购买意愿。在这种情况下，对于教练来说，产出内容和输出价值就要容易很多了。他不需要像篮球巨星那样全面，只需要擅长一两个篮球技巧，就足以让学员们觉得他非常厉害。

所以，信息的一站式需求、时间的碎片化，以及无线端屏幕变小这三个因素，使得普通人也能更容易地产出内容和输出价值。

（一）如何做专业的视频内容

在做私域电商时，用于价值输出的内容形式有很多，其中比较常见的有视频课程、主题分享、专业答疑、专业文章。下面我们先来探讨一下如何制作视频内容。

很多人会觉得制作视频很难，因为它需要专业的视频制作技术和拍摄设备等。实际上，当你真正尝试去做时，会发现它并没有想象中那么难。如果你想制作一套视频课程，只需要找到一款录屏软件就可以了。在百度上搜索一下，你会发现有很多录屏软件可供选择，既有免费的也有付费的，而且价格都很实惠。接下来，你需要把课程内容的 PPT 做好。如果自己不会做 PPT，可以先去学习一下相关知识。当然，你也可以找专业的人帮你做 PPT。做好 PPT 后，打开录屏软件开始录制你的课程。如果你担心自己讲不好或者忘词，还有一个更简单的方法：将讲解内容整理成电子文档并打印出来，在录制时直接照着读就可以了。这种方式能保证录制出来的课程视频的质量。你只需要进行简单的剪辑工作，比如添加一个片头和片尾等，就可以制作出满足学习需求的视频。即使你没有视频制作经验或者专业的技术背景，也能轻松完成剪辑工作。

另外，在抖音、快手等平台上制作短视频也非常容易上手。笔者平时有健身的习惯，请了一位私教。这位私教在空闲时会拍摄很多健身小视频并发布在抖音上。这些小视频非常专业，不仅配有文字讲解，还配有背景音乐。我好奇地问他是如何制作这些视频的，它们看起来非常专业。他解释说，其实很简单，苹果手机上就有相应的视频编辑软件，拍摄完后只需配上文字和音乐就可以了。

（二）如何做一次高质量的主题分享

在当前的互联网环境下，很多人都有机会在特定专业领域内的小圈子中成为意见领袖，而做主题分享是实现这一目标的重要手段之一。然而，相对于制作视频而言，做主题分享可能更加困难，如难以开口、内容缺乏逻辑、不知道分享什么等问题都可能困扰人们。

【私域实战技巧 59】如何做一次高质量的主题分享

其实，关键在于操作方法。只要严格遵循一定的步骤和流程，即使是普通人也能完成一次高质量的主题分享。下面，我将这个流程分为十个步骤来详细介绍。

第一步：确定主题。先要知道你准备分享的主题是什么，知道自己要讲什么。

第二步：列提纲。在主题的基础上，先把框架搭出来，后面的任务就是填内容。

第三步：搜集资料。互联网的最大优势在于，只要资料是合法且公开的，你就能轻松地找到所需信息，而且获取渠道多样。

第四步：撰写发言稿。根据自己的实际情况，如果你对分享的内容很熟悉，那就做一个简稿；如果不熟悉，或者怕自己忘记，则可以写一份详细的发言稿，甚至细化到每句话的衔接。

第五步：选择分享平台。根据你的目标受众和自己的习惯，选择合适的分享平台，如微信群、QQ 群、微课平台或 YY 平台等。

第六步：提前预演。提前进行分享预演，有助于进一步熟悉稿件，并发现逻辑或内容上的问题。

第七步：预想突发事件。考虑到可能出现的问题，如网络中断、信号不佳、捣乱者干扰或口误等，制定相应的应对策略。

第八步：安排小助手。提前明确小助手在分享前、分享中及分享后各自需要负责的任务。

第九步：正式分享。按照计划进行分享，并根据实际情况决定是否与观众互动。

第十步：答疑和复盘。分享结束后进行答疑，有助于巩固专业意见领袖的形象；而进行复盘则可以为下一次更高质量的主题分享积累经验。

1. 如何确定主题

要完成一次高质量的主题分享，我们首先需要确定主题，并做好以下三方面的工作：解决目标受众的痛点、针对一个核心点进行深入讲解，以及起一个吸引人的标题。

（1）解决目标受众的痛点

要确保你分享的内容是私域流量池内的成员所感兴趣的，并能解决他们的痛点。例如，如果你建立了一个以母婴为主题的微信群，群里的成员主要是年轻的爸爸妈妈，他们期望在群里获得亲子教育方面的信息。如果你在这样的群里分享如何打篮球，显然无法解决他们的实际需求。那么，如何确定分享的主题呢？其实方法很简单。在建立微信群后，你可以通过与群成员聊天的方式进行调研，也可以将备选题目发到群里，让大家投票。这样就能轻松地确定大家感兴趣的主题。

（2）针对一个核心点进行深入讲解

针对一个点精讲，就是每一次分享，都要透彻地解决一个具体问题。比如，如果你打算做一次关于化妆技巧方面的分享，那你可以讲怎么化眼影、怎么做出高鼻梁的效果。尽量不要试图一次性讲述所有的内容，因为这样做不仅会受到时间上的限制，而且还很难将每一个点都讲解得透彻深入。

（3）起一个吸引人的标题

一个好的标题最核心的作用是在前期宣传中吸引足够的关注度，为分享活动带来热度，从而避免分享当天出现冷场的现象。

2. 做好分享前的准备工作

明确准备分享的主题后，接下来就是提前做一些准备工作。

（1）列提纲

在私域流量池内做分享时，无论你是否非常专业，对内容是否熟悉，都建议提前列提纲。提纲主要分为三个部分：开头、正文、结尾。

◆开头

开头部分需要直击目标受众的痛点。这是非常关键的，因为它决定了你能否迅速抓住听众的注意力。你需要考虑：你的听众正面临哪些问题？如何与他们产生情感共鸣？例如，在做关于淘宝运营技巧的分享时，我们会先分析卖家的痛点，如流量下滑、转化率不佳、刷单风险等。这些问题是他们最关心的问题，因此在分享开头，我们会提出这些痛点和问题，与听众建立情感连接，让他们觉得：“这正是我遇到的问题，我需要解决方案。”

这样，他们就会对你的后续分享充满期待。

◆正文

在开头部分，抛出了目标受众的痛点。这些目标受众已经尝试过各种方法来解决这些问题，但可能效果并不理想，或者根本没有找到有效的解决方案。例如，当商家面临流量下滑的问题时，他们可能会尝试刷单、开通直通车等手段。只不过这些方法没能很好地解决问题，他们需要得到一种更有效的方法。那么，在正文部分，我们需要重点阐述两个方面的内容：一是指出目标受众当前使用的方法可能并不理想或存在不足；二是提供一种更为有效的解决方案，以满足目标受众的需求。

◆结尾

结尾部分是你展现专业性和塑造“意见领袖”形象的关键时刻。那一般怎么结尾呢？

你需要重申你在正文中为目标受众提供的方法的价值和实用性，然后阐释这个方法的独特性与稀缺性。比如，你可以说：“这个方法是我独创的，平时我很少对外分享。”这样做可以让目标受众感受到分享的价值。

接下来，我给大家讲一个列提纲的小例子，仅供大家参考。假如你想做一次“关于如何减脂”的主题分享，在微信群里的听众都是希望减肥的人。首先，我们来看开头部分如何列提纲。开头需要寻找并直击听众的痛点。无论听众是真的肥胖还是只是自我感觉胖，他们都渴望变得更瘦。那么，为什么他们想变得更瘦呢？肯定是因为他们遇到了一些问题。你需要在开头就把这些问题抛出来。例如，夏天到了，肚子和大腿上的赘肉让他们无法穿上心仪的衣服。这就是他们的痛点，很容易引发听众的情感共鸣。

接下来是正文部分。你首先需要列出听众可能会尝试的传统减肥方法，并指出这些方法的不足之处。例如，打针减肥可能不安全；吃减肥药可能导致腹泻；节食减肥则容易反弹。然后，你可以提出一个问题：“那么，有没有一种更好的减肥方法呢？”这就引出了你的正文内容。

最后是结尾部分。结尾需要塑造你分享的方法的稀缺性和价值感。你可以说：“我们这套减肥方法，如果单独出售的话，是需要 99 元的。但今天，在这里，我将免费分享给大家。我自己学习过营养学课程，也当过健身教练。这套方法是我多年经验的总结。我希望它能够对大家有所帮助。”

（2）搜集资料并形成发言稿

在列好提纲之后，我们需要根据提纲的内容搜集资料，并着手撰写发言稿。需要注意的是，在搜集资料的过程中，要有自己的专业判断，不能出现一些低级错误，比如观点的相互矛盾的资料、过时的资料、明显有问题的资料等。资料可以通过多种渠道获取，如百度、小红书、知乎、抖音、快手、微信公众号等。当然，如果你对即将分享的主题已经非常了解，那么就不需要大范围地搜集资料。以电商运营主题为例，我可能已经具备了足够的专业知识，所以无须额外搜集资料。但无论如何，我都将根据提纲来组织我的发言稿，具体的详细程度则取决于我的实际情况。

在这个过程中，我们发现了一个非常有效的方法：每 5 ~ 10 分钟设置一个分享爆点。所谓分享爆点，是指在分享过程中能吸引听众注意力、让他们眼前一亮的内容点。这样做不仅可以持续吸引听众的注意力，还能巩固分享者的专业权威形象，直至分享结束。

(3) 选择分享平台

如果是在社群里（如微信群或 QQ 群），你可以直接在群内做分享，语音或文字均可。现在有了视频号功能，你还可以通过视频号进行直播分享。如果你有多个社群需要同时分享，可以考虑使用多群共同直播的服务；这类服务通常每个群只需支付十几元的费用即可使用。除了微信群和 QQ 群外，你还可以选择其他平台进行分享，如荔枝微课、小鹅通等平台。

(4) 进行预演

对于刚开始做分享的人来讲，提前预演是非常必要的。这至少有如下两个好处。

◆及时发现问题

通过预演你可以及时发现分享过程中可能存在的问题，如爆点设计是否恰当、节奏控制是否到位等细节。

◆让你自己对内容更加熟练

预演能使你对内容更加熟练，避免正式分享时出现磕磕绊绊的情况。此外，预演还可以帮助你控制时间，确保内容在 1.5 个小时左右完成。时间太长可能导致用户的注意力难以集中，而时间太短可能无法充分输出相应的价值。

3. 分享和复盘

在做好准备工作以后，你就可以在自己的私域流量池内进行正式分享了。在正式分享环节，你有以下三个需要注意的地方。

(1) 提前安排小助手

作为意见领袖，你主要负责分享内容，这有助于树立你的专业权威形象。其他相关工作尽量交给小助手来完成。在一个高质量的主题分享中，小助手可以在以下四个方面提供协助。

◆分享前的宣传和通知

在移动互联网时代，大家的时间都是碎片化的。即使你安排了 20：00 进行分享，也可能有很多人因为忘记或其他原因而无法准时参与。为了确保分享时有足够的人参加活动，我们需要提前进行宣传和通知。小助手在这方面发挥着重要作用，他们会负责在分享正式开始前发送通知并进行宣传。

为了达到宣传效果，我们分别会在分享的前一天、分享当天的早上、分享当天的中午，以及正式分享开始前进行多轮次通知，以确保活动正式开始时有足够多的人参加。此外，在通知过程中，小助手还需要告诉大家应该遵守的一些现场规则。

◆分享前的暖场

通常在正式分享前，我们会安排相应的暖场活动。分享前的暖场活动一方面能吸引那些未积极参与的人的注意力，另一方面也有助于营造更活跃的气氛。

◆分享过程中的秩序维护

在分享现场，可能会出现一些违规行为、恶意言论，甚至可能遭遇竞争对手的干扰。这时，小助手的作用就是及时采取措施进行处理，以维护分享的秩序和氛围。

◆安排互动人员或配合人员

这并不是为了弄虚作假，也不代表分享内容不专业或缺乏真实性，而是为了确保分享过程中气氛的活跃。实际上，很多人在听专业分享时可能只是听而不愿意主动互动，尽管他们内心认为分享很有价值。在这种情况下，提前安排扮演互动人员或配合人员的小助手来配合讲师就显得尤为重要。例如，当分享人员提出问题而无人回应时，这些互动人员可以及时参与讨论，使分享更加生动有趣。

（2）分享后的答疑

分享完成后，不应该直接结束，而应该留出时间进行答疑。分享后的答疑具有以下几个作用：第一，它可以确保每个人都能从分享中获得价值，从而保证分享的效果；第二，通过答疑互动，有助于进一步打造专业形象，树立意见领袖的地位；第三，答疑环节还有助于发现分享过程中可能存在的问题；第四，这也是一个增加与粉丝沟通机会的重要环节。在私域电商中，社交是根本的连接点，与别人交流至关重要。此外，分享后的答疑还有一个重要作用：寻找潜在的变现用户。

（3）复盘

分享结束后，对整个分享过程进行全面复盘是非常必要的。从筹备到结束，每个环节都应该仔细回顾，以便发现问题并为下一次分享提供改进方向。在复盘过程中，可以邀请群内一些活跃分子进行私聊，诚恳地询问他们对本次分享的感想和看法，并积极吸纳他们的意见和建议。

（三）如何做专业的答疑输出

专业答疑是在做私域流量时非常重要的一种价值输出模式。我们可以把这种答疑分成有组织的针对性答疑、有组织的自由答疑和随机答疑三种类型。

【私域实战技巧 60】如何在社群内做专业的答疑输出

（1）有组织的针对性答疑

所谓的有组织、有针对性指的是：在特定的时间，针对某一个特定主题的问题进行答疑，并对提问方式等制定相应的规则。比如，我可以规定：明天晚上八点在微信群内专门针对“淘宝自然搜索”问题进行一次专项的主题答疑。答疑结束后，大家只能问关于“淘宝自然搜索”方面的相关问题，其他问题不予回复。

这种有组织的针对性答疑可以就某一个问题深入讲解清楚，实际上也相当于一次专业的主题分享，只不过是以答疑的形式体现出来。答疑结束后，我们还可以把大家的问题整理起来，形成电子书等形式进行二次利用。操作流程如下。

◆第一步：确定答疑时间和主题。你可以提前在私域流量池内进行调研，了解大家最关心的问题类型，确保答疑的针对性和效果。

◆第二步：确定提问规则和提问方式。例如，既然是关于淘宝自然搜索的专项答疑，那么与搜索无关的问题将不予回复，如钻展、淘宝客、美工等问题。此外，我们要求的提问方式一般包括：提问人微信昵称、具体问题及备注。不建议大家在群内直接提问，以免造成混乱。

◆第三步：群成员提问。在群成员提问时，我们都会要求群成员将问题按照固定的模式发给小助手，不要直接在群内提问。

◆第四步：小助手反馈给讲师。小助手会按照提问的顺序，把问题在群内反馈给讲师，由讲师在群内进行答疑。

◆第五步：讲师正式答疑。每次答疑的时候，都要@一下提问者。这样可以让提问者有被尊重的感觉。

◆第六步：提问者表示感谢。感谢的方式有两种：第一种就是发专属红包；第二种就是直接口头表示感谢。这样既能活跃群内气氛，也能通过互动塑造分享者的权威性，打造意见领袖的IP形象。

（2）有组织的自由答疑

所谓的有组织的自由答疑，指的是在安排固定的时间、制定确定的答疑规则下进行的答疑活动，但不限制具体的问题主题。除了不限制问题主题这一点外，其他的操作步骤和流程与“有组织的针对性答疑”相同。

（3）随机答疑

这种方式相对简单，只需在社群中提出问题，并在提问时@你想要提问的人，对方看到后就可以进行回答。如果你在提问的时候没有@讲师，那你的信息可能很快被刷掉（尤其社群比较活跃的时候）。在得到讲师的回复后，你要记得表示一下感谢。

（四）如何写一篇专业的文章

提到写文章，很多人会觉得很难，认为自己不擅长写作，连百余字的朋友圈内容都觉得困难，更不用说撰写一篇专业文章了。其实，撰写专业文章是有逻辑流程的，只要按照流程操作，每个人都可以通过输出专业的文章来提升自己在专业领域的影响力，甚至逐渐树立起意见领袖的形象。

【私域实战技巧61】如何写一篇专业的文章

写文章通常包括分析、确定主题、拟定文章大纲、写好开头和结尾、撰写正文、试读并修改等环节。

1. 分析

撰写文章的首要步骤是进行深入分析。分析得越深入，写作过程就会越顺畅。分析工作主要包括三个方面：

（1）分析目标受众的特征

这些特征既包括目标人群的自然特征，也包括社会特征。实际上，分析目标受众的特征是为了确定文章的文字风格。比如，针对女性和男性的文章，其文字风格肯定会有所不同。女性可能更偏好感性的文字，而男性则可能更偏好理性、逻辑性强的内容。不同年代的人群，如80后、90后和00后，对文字的偏好也存在差异。例如，学者或教师在阅读文章时的偏好，与普通文化水平的读者是不同的。

（2）分析受众的需求痛点

在正式撰写文章之前，我们需要深入分析目标受众的需求痛点。我们通过分析这些痛点，并在文章中将其呈现出来，更有利于树立权威并打造专业形象。

（3）分析目标受众的文字风格偏好

不同目标受众的文字风格偏好不同，如有的人喜欢严谨的风格；有的人喜欢轻松的风格。在正式写文章之前，我们对目标受众分析得越深入，写起来就会越容易。更为重要的是，对于固定的目标受众，这种系统分析只需要进行一次即可，因为它是一劳永逸的。

2. 确定主题

确定文章的主题，主要包括以下三个方面。

（1）确定目标受众希望解决的问题

在这一部分，首先最好让你的文章只解决一个点，不要涉及太多的问题，否则文章会特别长。前面我们提到了，在碎片化的趋势下，消费者很难完全集中注意力把一篇文章很仔细地看完。根据我们的经验，现在一篇文章的字数在2000字左右较为合适。太少则内容难以充实，太多则大多数受众很难会把所有的文字看完。如果你确实想解决多个问题的话，可以把它写成系列文章。一万字的内容，可以分拆成几部分，然后持续地进行输出。。这就是一个系列文章的做法，还可以吸引以前的目标受众持续跟进。对于打造专业的权威形象IP是非常有帮助的。单个问题解决得越透彻，你的权威形象越高大。

（2）确定文章的标题

关于文章标题的确定，可以查阅【私域实战技巧34】的相关内容，里面介绍了17个标题写作模板，这些模板的逻辑是相互关联的。

（3）确定文章的类型

确定文章类型是非常关键的。在实践过程中，我们总结了10种专业文章的类型，下面将逐一进行介绍。

【私域实战技巧62】10种专业文章的类型

◆干货总结类

所谓的干货总结类文章就是对各类知识和资讯的总结。这类文章的一个重要前提是：许多人在获取信息时倾向于寻求简洁、实用的内容。目标受众喜欢这类内容，其实就是希望你能够帮助他们进行整理和总结，以便他们能够快速、方便地获取所需信息。

我们在这一类文章上感触很深，这些年我们一直做电商第三方服务。我们发现很多卖家都特别喜欢干货内容，我甚至给他们起了个绰号：干货收割机。他们喜欢各种各样的跟电商有关的知识、干货。在吸引粉丝关注时，我们最有效的方式是通过引导他们关注我们的公众号并加微信，以便我们提供给他们大量的干货文章。这类文章撰写起来并不困难，关键在于资料的收集和整理。如果你针对的目标受众是年轻的父母群体，运营一个母婴类社群，那么你可以撰写大量干货类文章，如“最适合宝宝吃的10种面食做法”。这样的内容将各种实用的信息汇集在一起，为年轻父母提供了方便，自然深受他们欢迎。

◆案例分享类

这类文章的案例一定要贴近现实。目标受众看到案例时，会觉得很真实。当然，在分享案例的过程中，你一定要渗透一些干货的方法和技巧。最好不要只是简单地描述案例，而是要给大家讲一些干货。案例可以编，但不能离谱。在写这类文章时，以第一人称或者第三人称都可以。也就是说，你可以说：我怎样，或者我的朋友怎样。

◆实操方法类

这种文章与干货总结类有一定的相似性，但两者也存在区别。干货总结类文章可以总结别人的经验，也可以总结自己的经验。实操方法类文章则更强调作者自己的实践经验和具体操作步骤。实操方法类文章适合各个领域，比如在我们为中小卖家提供服务的场景中，实操方法类文章就非常实用。

◆感想体会类

感想体会类文章可以写工作中的感想、生活中的感悟等，以寻找情感上的共鸣。当你的感悟能够引发他人的共鸣时，这无疑有助于你权威形象的树立。你可以分享的感想包括工作中的思考、生活中的体验，以及在阅读或观影后的心得体会等。

◆故事鸡汤类

这类专业文章比较好写，相当于把别人的东西拿过来，加上自己的感触就可以了。写这类文章需要注意两点：一是网上这类文章很多，引用时要标注来源（如果是写感想的话就不需要标注转载）；二是这类文章偶尔写写可以，不建议长期大量制作。

◆科普类

人们都是有求知本能的，这源于对未知世界的好奇。对于不熟悉或专业的领域，人们都有强烈的求知欲。在写科普类文章时，作者需要具备一定的专业知识，确保内容的准确性，避免胡编乱造。其次，科普的内容最好与受众的生活或兴趣密切相关，用通俗易懂的语言解释专业知识，让读者能够轻松理解。

笔者在2022年北京冬奥会期间，看了一篇科普类文章，觉得写得很好。该文章详细介绍了冬奥会的各个项目，让读者对这些不熟悉的项目有了更深入的了解。其中有一句话让笔者印象深刻："短道速滑和速度滑冰，这两个项目有什么区别？短道速滑运动员都戴头盔，速度滑冰都不戴头盔"。

◆专题采访类

这类文章也比较好写，关键是要提前列好采访大纲。比如，在服务淘宝的中小卖家时，我们经常会按照提前列好的访谈大纲对一些店主进行访谈。采访完成后，将采访内容整理成文章，就可以发布出来了。

◆日常随笔类

日常随笔一般不用很长，字数在500字到800字之间。它可以记录生活的点点滴滴，不局限于特定的文体，形式多样自由。

◆生活情感类

生活情感类内容能够触动人心、引发共鸣。在创作时，我们应尽量照顾到目标受众的情感需求。例如，一些搞笑的段子、对生活琐事的调侃，都属于生活情感类的范畴，能够让人们在阅读中产生情感上的共鸣。

◆逻辑思路类

撰写逻辑思路类文章需要具有较强的写作能力和知识功底。这类文章的逻辑思路最好能对现有方法有所创新或突破。如果作者是某个领域的专家，可以通过这类文章阐述一种新颖的逻辑思路。这类文章的关键不在于介绍具体的操作步骤，而更侧重于呈现独特的思维方式和逻辑框架。

3. 如何列提纲

列提纲的工作比写正文还要重要。你列好提纲以后，无非就是往框架中填内容，这是一件比较简单的工作。

（1）开头

这是第一项重要工作。我们在前面强调过很多次，由于时间的碎片化，如果我们不能在很短的时间内吸引目标受众的注意力，他们就很难继续往下看，而会快速关闭你的内容。如果文章的第一段或者前两段的前100个字还不能吸引目标受众注意力的话，那这篇文章基本就意味着失败了。对于受众来讲，关掉一篇文章并转向另一篇的转换成本非常低。那么，开头应该怎么写呢？接下来，我将列举几种文章开头的常见写法。

【私域实战技巧63】文章开头的6种写法

◆写故事

在开头，我们要简明扼要地写一个小故事。人永远对故事感兴趣，听故事是人的天性。在非常古老的社会，没有文字，人与人之间最主要的交流方式就是讲故事。这个小故事可以是你自己的亲身经历，也可以是朋友讲述的。此外，你还可以讲述大家熟知的名人故事。

◆引用名人名言

名人名言的可信度比较高。在引用名言时，被引用者不一定需要是公众广泛熟知的人物，但一定要是在某个领域比较权威的人。比如，在写一篇房地产领域的文章时，你可以引用王石的言论；写一篇篮球领域的文章时，你可以引用乔丹的言论。

◆引用影视素材

这种开头一般这么写：XX电影大家都看过吧（注意，这个电影一定要是最近比较热门的电影或知名度很高的电影）。在这部电影里，有某个情节（或者谁说过什么话）……你可以把电影的截图，或者视频片段放到文章里。然后写这句话反映的现象或者观点是什么，后面继续展开。

◆提问式

我们可以采用提问的方式撰写文章的开头。问题一定要能够引起目标受众的共鸣。比如，如果让我写一篇电商分享类的文章，那么开头的时候，我可以直接这样写：你的店铺碰到这些问题了吗？流量持续下滑，但是找不到原因；直通车投了还不如不投；刷单了找死，但是不刷单就等死；转化率持续下滑，但找不到原因。当这些问题被抛出时，目标受众就会很关注，就会很认真地往下看这篇文章。注意，一定要通过提出问题引起大家的共鸣。

◆引用热点事件

开头可以这样写："最近有一件在网上引起广泛关注的事件，大家都知道吧。这件事反映了一个什么样的问题呢？我们可以深入探讨一下。"需要注意的是，你选择的事件热度越高，越能从中挖掘出有价值的话题。另一种开头方式是直接抛出观点来吸引受众，例如我认为环保是每个人的责任，然后后面用故事、分析等佐证你的观点。

◆直接抛出观点

直接用观点吸引受众也是一种常用的开头方式，比如"我认为怎么样"，然后后面用故事、分析等佐证你的观点。

（2）结尾

根据文章准备表达的主题确定好开头的方式后，接下来要确定怎么收尾。下面，我将为大家介绍5种常用的结尾方式。

【私域实战技巧64】文章结尾的5种方式

◆对全文的总结。在结尾时，你可以抛出一个最终的观点，并对全文进行总结。

◆发起话题讨论。对于很多自媒体平台来说，发布专业文章后通常会在文章下方设置讨论区。评论和互动的人数是衡量文章是否能够得到推荐和受欢迎程度的重要指标。

◆放鸡汤式的内容。鸡汤式的内容能够引起读者的情感共鸣。

◆站在用户的角度去总结。

◆放一些段子，让结尾更有吸引力，不至于虎头蛇尾。

（3）框架

首先要确定正文结构，分成几部分，然后将每个部分进一步细分为若干段落，并用一句话概括每一段。这样框架就搭建完毕了。

4. 正文撰写

如果你把框架搭好了，那就需要对每个小段的那句话进行扩充和完善。每段的字数控制在 150 字左右，能够表述清楚一个意思即可。文章写好后，多检查几遍，看看有没有错别字、表达不顺畅或逻辑上的错误。通过试读进行修改，最后大功告成。

下篇：私域流量运营实操——运营变现部分

私域流量运营的本质是变现，这是毋庸置疑的。只不过当前绝大部分运营人员都搞错了一个逻辑关系，从而导致私域电商成了一个“食之无味弃之可惜”的鸡肋。你需要想清楚一个问题：变现到底是因还是果。也就是说，你是为了变现而运营，还是为了运营而变现。

(1) 把变现当成“因”

把变现当成“因”就是为了变现而运营。这看起来没有任何问题，因为长期以来电商从业者的惯性思维都是这样的。你要做的工作依次是：出现在更多人的面前、提高进店率、提升购买转化率、增加单次购买量、促进复购率、引导客户推荐新客户。

对于传统的公域电商（平台电商），这种运营思路是完全没有问题的，以至于在公域电商领域出现了一个词——“流量为王”。所谓“流量为王”，是指所有运营工作都是以流量获取为起点。但就像我们本书上篇分析的那样，不管在哪个平台，流量的获取成本最终都会高到小微创业者无法承受的地步。

所以，如果用同样的逻辑运营私域流量，很快就会面临困境。如果每一个私域流量池都被当成了广告发布平台，那就会陷入“拉新”的困境。更为重要的是，与平台电商相比，私域电商在价格、营销活动的玩法、商品的丰富度、信任度等方面不具备任何优势。

有一个形象的比喻：如果把私域流量池比喻成养鱼池，那么用公域电商的逻辑运营私域流量，就相当于从外面买鱼放到自己的养鱼池，然后立即把鱼捞起来又给卖了。这显然是不合理的。

(2) 把变现当成“果”

把变现当成“果”就是将变现视为各种运营活动的自然结果。这里有一个非常重要的概念：信任引导消费。整个逻辑过程是这样的：通过各种各样的运营手段建立信任度，然后通过推荐的方式，引导用户消费，获取用户的满意度，进而挖掘客户的终身价值。

同样，如果还是把私域流量池比喻成养鱼池，你现在做的事情就变成了：把鱼从外面买进来，然后用鱼食喂养鱼，等鱼长大了再进行售卖。

第一章　12 种应用场景下微信群运营变现实操详解

在当前的互联网环境下，微信群是一个非常重要的私域流量储存工具：大量私域流量的运营变现工作都是在微信群内进行的。接下来，我们会区分 12 种不同的微信群运营变现的应用场景，并讲解微信群运营变现的实操攻略。

一、如何通过别人的微信群变现——与群主能建立联系篇

私域流量最大的限制就是其稀缺性。尤其是对于小微创业者做私域电商而言，哪怕社交能力再强，大部分人的微信好友也都在千人以下。当然，在自己的社群里面进行变现会更加容易，但这并不意味着我们无法通过别人的社群变现。在自己的私域流量池扩充到瓶颈时，我们就可以把目光转向别人的社群，以便为私域流量池的扩充打开新的渠道。

通过别人的社群进行变现，有两种不同的情况：第一种是你能够跟群主建立联系，达成合作；第二种是在陌生社群里，你仅仅是一个群成员，跟群主无法建立直接的社交联系，或者无法跟群主达成合作。

（一）在别人社群变现的注意事项

在进行具体实操变现之前，你先要注意几个核心问题。

（1）让群主对你的产品有信心

尤其对于一些相对比较活跃的社群或群主变现需求不强烈的社群，至关重要的是要让群主对你的产品有信心。

◆产品首选生鲜水果。理由很简单：生鲜水果是最容易破冰的品类，需求旺盛、客单价低、回购率高。

◆一定要给群主品尝。这一点不要犹豫。一定要直接给群主邮寄产品，让群主品尝。在品尝后，只有群主觉得产品质量没问题，才能推荐。如果群主对产品不满意，即使达成合作，效果可能也不会太好。

◆高性价比。初次合作的产品不仅要好吃，还要有很高的性价比，以便让群成员感受到：这是群主给我们的福利。对于群主而言，让群成员“占到便宜”，进而提高社群黏性，增加社群归属感，可能比赚钱还重要。

（2）合作模式的问题

与群主合作的模式无非有以下四种。

◆纯帮忙。群主是你的好朋友、亲人、同学、同事等，同意你在他的社群变现。在这

种情况下，你一定要把性价比做到极致，把给群成员的福利做到极致。

◆单次利润分成。这类社群的群主可能对变现需求没有那么强烈，或者因为社群的特殊性，不适宜通过卖东西的方式持续变现。此时，你可以根据单次订单量，给群主分利润。

◆持续多次分成。在首次变现比较成功的情况下，一些群主就可能与你建立长期的合作关系。此时，你需要与群主预先确定分成比例，并针对社群的特点制定持久的变现计划。

◆社群转让。一些群主可能因为精力等各种原因，不想继续管理社群了。在这种情况下，你可以与群主就社群的未来发展方向、收益分配比例等问题进行系统沟通，然后在社群激活、日常运维、持久变现等方面做出详细计划。

（3）哪些群容易谈合作变现

其实，在我们的理念中，所有的社群都是可以变现的，但在实践过程中我们发现，别人的群更容易谈合作变现。

（4）持续变现及收益分配问题

大多数社群都是可以持续变现的。因此，我们与群主的前几次合作非常重要，一定要实现两个目的：一是群主能够获取收益；二是变现过程不会影响社群黏性和活跃度。在这基础上，我们就可以探讨持续变现问题，比如设计“每日好物推荐”环节、通过固定的社群活动带动变现等。在收益分配方面，你要预先和群主谈好。

（5）如何把别人的群变成你自己的私域流量池

在群主允许的情况下，你可以通过一些方法，把别人群里的成员引导到你自己的私域流量池。常用的方法有两个：一是引导下单的人加自己的微信；二是引导下单的人加入指定社群。需要注意的是，在没有征得群主同意时，决不能私自将群成员引导到自己的私域流量池。

（6）激活别人“死群”

一般情况下，“死群”的群主都不想管理社群了。在征得群主同意的前提下，你可以尝试激活社群，并进行变现，当然，你要让群主获得收益。在这里，我们最常用到的方法就是用红包激活沉睡群，具体操作步骤见【私域实战技巧 47】。

（二）变现操作步骤及技巧

【私域实战技巧 65】在别人社群变现的步骤及实操技巧

（1）群主推荐

在这种社群变现场景下，我们采取群主推荐模式。因为对于大家来说，你是一个陌生人，而群主才是意见领袖。群主在进行推荐时，主要围绕两个方向：对人的推荐和对当期团购产品的推荐。以下是推荐时可参考的文案模板：家人们，跟大家分享个好消息！咱们群里的 XX，是做生鲜水果的。前几天，他给我寄来了一箱样品，我尝过后觉得口感真的非常好，甜度适中，水分也足。这一箱是 10 斤装，现在对外售价是 XX 元。好消息来了！他答应在咱们社群进行一次特价团购。就在今晚八点，大家可以享受到非常划算的价格。届时 XX 还会在群里下起红包雨，让大家购物更开心！大家一定要准时参加哦，错过可就亏大了！

在进行完初次通知后，群主要把图片、短视频等个性化宣传素材发到群里。

(2) 配合相应的社群活动

为了让团购活动达到更好的效果，一般会配合相应的社群活动，其中以红包活动为主，常用的红包活动及配合方式如下。

◆【私域实战技巧 45】红包活动——下起红包雨变“土豪”

◆【私域实战技巧 46】红包活动——红包见面礼的玩法

◆【私域实战技巧 48】红包配合营销活动——抢红包得代金券

◆【私域实战技巧 49】红包配合营销活动——手气最佳，运气翻倍

◆【私域实战技巧 50】红包配合营销活动——“手气最佳，运气翻倍”玩法升级

◆【私域实战技巧 54】红包配合营销活动——安慰输掉的人

(3) 群内的宣传推广

在群内进行宣传推广时，我们通常会进行多频次、推荐式的宣传。常规情况下，我们会在变现活动的当天早晨、中午、傍晚及正式开始前半小时采用群公告和群消息相结合的方式同步进行通知。

(4) 团购接龙

根据不同的红包活动进行团购接龙。在此要注意：团购接龙时，为了烘托购买氛围，可以在每个接龙订单后@一下下订单的人。

(5) 后期的持续变现

在连续做几次团购接龙活动后，在确保产品品质的基础上，可以在微信群内设立“每日好物推荐”栏目，进行持续变现。

二、如何在别人的群里变现——陌生篇

在别人社群里变现更“困难”的模式是：你无法跟群主建立有效的社交链接。这又分为三个不同的场景：你认识群主，但沟通后群主不感兴趣；你不认识群主，但认识群内其他重要成员；你不认识群里面的任何一个人。

上述的第一个场景又可以分为两个场景。一是群主无所谓，本身对群都已经不在意了。这时可以在征得群主同意的情况下，对群进行激活，按照前面讲的方法进行变现。二是群主对群很在意，完全不想进行任何可能会影响群定位的活动。这种情况下只能放弃。

对于第二个场景，如果你不认识群主，但认识群里其他的重要成员，那你就可以把你的思路和意愿委托给认识的人，由其代表你的身份与群主进行对接。

第三个场景是我们研究的重点。对于这类纯陌生群，有的发言比较自由，而有的却会非常严格，稍有不慎就可能被踢出群。在操作过程中，我们要根据实际情况灵活应对。

(一) 在纯陌生群里的首要任务——扩充私域流量池

对于这类陌生群，如果随便发布内容（如广告、外部链接、砍一刀、视频等），很容易被踢出。管理越规范、越严格的社群，越难以在其中进行随意发布而不被踢出。所以，从私域电商的角度来讲，我们的首要任务是利用这些社群，扩充自己的私域流量池。当

然，想做这件事情的基础是，我们能够加入更多的微信群。具体加群和加人的实操技巧，详见下述私域实战技巧。

◆【私域实战技巧 1】在群内通过“送宠物”的方式加微信好友

◆【私域实战技巧 2】在群内通过“送母婴闲置用品”的方式加微信好友

◆【私域实战技巧 3】在群内通过“送各种会员卡”的方式加微信好友

◆【私域实战技巧 4】在群内通过“送会员资格或者课程”的方式加微信好友

◆【私域实战技巧 6】女性账号在群里请教问题，被动加好友

（二）如何运营刚扩充的私域流量

通过上述方式添加微信好友后，接下来就是私域流量的运营。在这里，核心的思路就是建立连接与沟通。在实际运营过程中，有以下几个技巧。

◆对新加的人进行分组标注。这样做是为了方便后续建立链接与变现营销，备注的标签只要你自己能够明白即可，比如从哪里加过来的，用什么技巧加的。

◆点赞或者评论。当这些新加进来的人发朋友圈动态时（因为你已经标注了，所以很容易区分），顺手点个赞或发个评论，这些简单的举动有助于你与对方建立联系。

◆不要不理对方。对方加了你以后，一般都会主动地跟你说话，这时不要不理对方，因为私域运营的核心就是社交，只有沟通才是王道。

此外，关键是你朋友圈及视频号的日常运营与维护，因为很多时候对方很有可能会主动地翻看你的朋友圈和视频号，尤其是在你运营女性账号的情况下。

（三）通过分享内容进行变现

上述内容，在很大程度上解决的是你不能直接在陌生群里进行变现的情况。然而，也会有大量的这类社群存在：社群经常会有人发一些其他链接，且没有被警告或者踢出群；社群长时间不活跃，甚至成为一个“死群”；群里很活跃，大家聊的内容比较多。对于这些社群来讲，我们可以在恰当的时机，通过内容分享来实现变现。

（1）分享文章

我们的双社电商项目的最大的优势在于通过“内容引导消费”，每件商品都至少有一篇的优质软文。这些文章不仅有价值，还巧妙地融入了产品广告。针对不同的软文，我们在社群里进行分享时，都会有相应的推荐文案，可以让分享更自然。现举例如下。

◆针对热点事件的。你可以先找一个微博上的消息截图，然后发到群里，并且可以发个群消息：最近 XX 事件大家有没有关注啊。然后，你可以发推荐文案：我刚才看到一篇文章，特别有意思，原来这个事件中竟然还有这么个细节。我找一下，发给大家看看。

◆针对故事软文的。把软文当中故事的部分，截个图，发到群里，然后发推荐文案：这是我刚看到的一个小故事，挺感人的（挺有意思的）。我找一下链接，看还能不能找得到，发给大家看看。

◆针对知识软文的。把软文当中的知识点（最好是比较震撼的那种知识点）进行截图，发到群里，然后发推荐文案：我今天刚知道，原来 XX 竟然是这样的。我看了一篇文章，感觉非常颠覆我的认知。我看还能不能找到链接，发给大家看一下。

（2）分享优质短视频

分享优质短视频的模式有以下两种。

◆短视频放在文章里面。这实际上与软文类似，只不过展现形式不再是图文，而是短视频。这种分享模式通常是先在群里发推荐文案，对视频内容进行总结并突出亮点，然后加上感叹词，最后加上类似于“我找一下链接发给大家”的话。

◆利用微信视频号。我们的平台已经打通视频号带货功能，大家可以直接开通自己的视频号，然后挂上平台的购物链接，进行分享即可。

(3) 分享活动

通常情况下，这种分享活动的变现都不是即时的，因为在我们的运营理念中，社群活动的变现环节都是稳定且持久的。变现能力比较强的活动包括客厅健身房、彩虹夜听、读书活动、打卡活动、学习活动等。

在进行分享时，我们需要根据不同的活动，配合相应的推荐文案，举例如下。

◆客厅健身房活动。一般都先发一张自己的健身自拍照。对于女性账号，这个方法是非常有效的，甚至可以扩充自己的私域流量池。然后，你可以发推荐文案：今天天气不太好，在家跟着“客厅健身房”活动做了三组瘦腰的动作，感觉还不错。休息五分钟，准备做接下来的三组动作。大家谁想练，也可以跟着做啊，我分享给你们。反正都是免费的。

◆彩虹夜听活动。我们的“彩虹夜听”通常是配乐朗诵＋图文的，你可以截取图文中比较经典的话，然后发推荐文案：这是我刚看到的一段话，感触特别深。我找一下链接，然后分享给大家。大家可以听，也可以读文章。

(4) 分享直播

这又是我们平台非常大的一个优势：直播内容化，然后由主播进行软性带货。比如，我们针对河北藁城的特产——藁城宫面，安排一次直播展示整个宫面的制作过程；我们可以针对某地的特产，进行原产地直播采摘过程；我们可以请专业养生专家进行养生知识方面的讲座和互动直播……

这类直播间的分享就很简单了。通常我们会先附上一些截图和感叹词来引起大家的兴趣，然后发布推荐文案和直播间链接。参考文案如下：我第一次知道面条还能是空心的！据说以前这是给皇宫进贡的特产，所以叫作宫面，好像还是非遗的东西。现在正在直播这个面条的制作过程，非常有趣！如果大家感兴趣，我把链接发给大家。

(5) 分享红包雨（扩充私域流量池）

严格意义上来说，这部分内容不是用来变现的，而是用来扩充私域流量池的。其实就是用“红包雨”的方法建立微信群。在实际操作过程中，相关细节参照【私域实战技巧44】。

(四) 通过分享干货进行变现

其实，更确切地说，这应该是一个引流环节。用这种方法时，要注意以下三点。

(1) 在什么样的群里分享什么样的内容

我们需要根据社群的相关定位分享有关的内容。关于如何做出高质量的内容进行价值输出的问题，参照【私域实战技巧13】和【私域实战技巧14】。

(2) 需要真正有价值的干货内容

你需要广泛查阅相关资料，找到真正有价值的干货内容。

(3) 引导加人的相关技巧

我们要截取内容的精华部分，发到群里并配上推荐文案。推荐文案的模板如下：这是我从一本电子书上截的图。因为电子书的文件比较大，所以发群里不方便。如果谁想要这本电子书，可以私信联系我。我会免费发给你们。

三、吃喝玩乐群的运营与变现

吃喝玩乐群通常没有特定的目的，它们通常以地理位置为基础。当然，也不排除存在跨越多个区域的、以闲聊和人脉拓展为目的的社群。

（一）吃喝玩乐群的搭建

对于吃喝玩乐群的搭建，在实际操作过程中，我们发现以下两种方法比较有效。

1. 社交能力比较强的人建群

【私域实战技巧66】社交能力比较强的人如何搭建吃喝玩乐群

社交能力比较强的人可以很轻松地建立这种吃喝玩乐群，可以先在朋友圈发一个通知文案：我准备邀请一些好朋友建立一个天津市本地的吃喝玩乐交流群，用于大家日常交友、资源互通。群成员的主要构成为各中小企业老板、公司经理、相关部门负责人、各行业精英等。平时大家可以在群里聊聊天，互换一下资源，线下组织聚会。有兴趣的小伙伴可以点赞、评论或者微信私聊我。

大家注意文案中的一句话："群成员的主要构成为各中小企业老板、公司经理、相关部门负责人、各行业精英等。"几乎所有成年人都有人脉拓展需求。实际上，这句话是为社群定下了基调，是一个高端人脉交流群。在实际操作过程中，我们发现这种社群建立起来后，只要运营维护得当，再组织几次线下聚会，很快就会有人主动找你，要求进群。同时，群内成员也会主动邀请自己的朋友进群。

发布完朋友圈的通知文案后，你可以优先将点赞、评论或微信私聊你的朋友们拉入群中。如果群里已经有三五十人了，就可以暂时不拉其他人。群建好后，有五件事情非常重要。

(1) 订立群规，以群公告的方式通知到大家

群里一定要明确说明哪些内容可以说，哪些内容不可以说。尤其是涉及色情、暴力、违反法律法规的内容，一旦有人违反，立刻踢出群。这样做一方面是维护社群的安定团结，创造一个积极的、充满正能量的交流环境；另一方面是保护你自己，因为一旦群内出现反动言论而群主不做任何处理，是有可能触犯法律的。

(2) 要求大家修改群名片

群名片的格式一般都是位置 + 昵称 + 行业。群主一定要让大家统一修改群昵称。这既可以把社群基调定高，还可以培养大家的规范意识。

(3) 一轮红包雨过后，让大家做自我介绍

社群建立起来后，群主要发几个红包欢迎大家。如果你能提前与自己的朋友协商好，让他们也发一下红包，那效果会更好。红包金额不用太大，数量要多，尽量保证大多数人

都能抢到红包。接下来，由群主开始，按照统一格式进行自我介绍。如果群内主动做自我介绍的人比较少，群主就可以@刚才抢红包的人或自己比较熟悉的朋友，请他们先做自我介绍。

（4）社群的日常运营

与定位精准的社群相比，吃喝玩乐群的社群依赖度和忠诚度都要小一些。要经常开展生日祝福、拜师活动、节日庆祝、话题讨论等社群活动，避免陷入社群7天必死的困局。详细操作可参考如下内容。

◆【私域实战技巧15】社群活动——根据海报猜电视剧名称或电影名称

◆【私域实战技巧16】社群活动——送生日祝福

◆【私域实战技巧17】社群活动——拜师活动

◆【私域实战技巧18】社群活动——黑故事游戏

◆【私域实战技巧19】社群活动——猜歌名

◆【私域实战技巧20】社群活动——掷骰子游戏

◆【私域实战技巧37】如何在社群内组织一次成功的话题讨论

（5）线下活动的开展

线上毕竟是虚拟的，在条件允许的情况下，组织几次线下活动对于提高社群黏性、忠诚度等各方面都有很大的帮助。线下活动通常包括线下聚餐、沙龙、企业参观、企业家交流、公益活动、自驾游等。一次成功的线下活动可能比十次线上活动都要有效。

2. 出租车（网约车）建群

在出租车（网约车）建群方面，司机有大量直接接触的线下流量资源可以利用。只要司机稍加引导、用心运营，就可以轻松建立起能够持续稳定变现的、精准的私域流量池，从而给自己增加一份开出租车（网约车）之外的收入。在我们实际测试中发现，建立城市的吃喝玩乐群是一个非常有效的模式。

【私域实战技巧67】出租车（网约车）司机如何搭建吃喝玩乐群

第一，绝大多数情况下，出租车（网约车）司机都对自己所在城市比较熟悉，了解哪里有好吃的、好玩儿的，哪里的酒吧人气比较旺，以及哪里的市场什么时候开放等。在这方面，司机朋友们往往会比其他人更有发言权。

第二，出租车（网约车）司机每天都会接触很多乘客。这些乘客构成了庞大的线下流量资源，日积月累下来数量相当可观。如果不加以利用，这些潜在客户就会白白流失。

第三，出租车（网约车）司机靠时间赚钱，一旦停止开车收入就会中断。而基于双社电商的小微创业项目，可以为司机朋友们提供一个额外的生活保障。

（1）建立一个初级群

刚开始建群时，群里的人不会很多，因为大部分司机前期都没有积累。此时，司机可以把加了微信的乘客、自己的一些朋友、其他的司机同行等拉到群里。在建群后，需要注意以下几个细节。

◆明确群定位。建立初级群的目的就是给大家提供方便。无论是想了解城市中哪里的小龙虾最美味、哪些地方既有趣又实惠，还是哪里能找到性价比最高的宾馆，都可以问司机。当然，如果谁想用车，也可以提前跟司机预约。群名称一般被命名为XX的乘客粉丝群（群多了就加编号）。

◆制定群规。用群公告和群消息相结合的方式制定群规，并尽可能让所有人知晓。群里一定要明确说明哪些内容可以说，哪些内容不可以说。

◆建立后不能放任不管。尤其是有新成员加入时，简单的欢迎仪式必不可少。当群里有成员提出问题时，应及时给予回复。如果社群氛围变得沉闷，需要采取措施活跃社群气氛。

◆出租车（网约车）司机在群内的形象定位。由于这类社群的核心是司机，因此司机朋友们应该努力树立热情、开朗、乐于助人、幽默、积极、充满正能量的形象，从而成为特定圈子内的意见领袖。注意，想做这个私域电商的小微创业项目，这一点很重要。

（2）印制好宣传小展板和宣传名片

做几个小展板，放在乘客能够看到的地方。同时，印制一些宣传名片，上面附上你的二维码。在乘客下车时，你可以将印制好的宣传小展板和宣传名片分发给乘客。其关键在于展板和宣传名片上的文案必须足够吸引人，能够引导目标受众扫描二维码、添加微信，并进而加入微信群。参考文案如下：老铁，你好！我是老张，一个的哥司机，老天津人，欢迎你加入我建立的一个天津本地吃喝玩乐交流群，你想知道哪有好吃的，好玩儿的，都可以找我哈！扫我二维码加我好友，我拉你进群。

（3）社群的日常维护

与定位精准的社群相比，吃喝玩乐群的社群依赖度和忠诚度都要小一些。要经常开展生日祝福、拜师活动、节日庆祝、话题讨论等社群活动，避免陷入社群 7 天必死的困局。同时，司机师傅要尽可能回答群成员询问的问题，多与群成员互动。

（二）吃喝玩乐群的运营

吃喝玩乐群日常运营的核心目的是提高社群的活跃度，因为这类社群建立起来后，成员对社群的依赖度和忠诚度往往较低。经过长期实践研究，我们总结出多种适合该社群的活动。具体可参考如下内容。

◆【私域实战技巧 15】社群活动——根据海报猜电视剧名称或电影名称

◆【私域实战技巧 16】社群活动——送生日祝福

◆【私域实战技巧 17】社群活动——拜师活动

◆【私域实战技巧 18】社群活动——黑故事游戏

◆【私域实战技巧 19】社群活动——猜歌名

◆【私域实战技巧 20】社群活动——掷骰子游戏

◆【私域实战技巧 37】如何在社群内组织一次成功的话题讨论

（三）吃喝玩乐群的多维变现

通常情况下，吃喝玩乐群的变现都依赖于群主在日常运营过程中积累下来的“好人缘”。这也是为什么我们前面提到了，群主需要建立的形象定位是热情、开朗、乐于助人、幽默、积极、充满正能量。其变现逻辑的先后顺序如下。

【私域实战技巧 68】吃喝玩乐群的多维变现实操流程

1. 生鲜水果的团购

生鲜水果是一个易于切入的品类，具有大众需求广泛、客单价低、冲动型消费特征明显及容易受到下单氛围影响等特点。针对吃喝玩乐群，有五个非常重要的操作细节技巧。

（1）产品必须具备很高的性价比

这对于社群能够持久变现非常关键，尤其是对于吃喝玩乐群来说，实现持久变现更为关键。每一次群成员觉得产品不值，都会迅速降低社群的价值。因此在生鲜水果的选择上，最好选择那些原产地直发的应季水果，这样才能有所保障。

（2）群主推荐模式

前五次团购活动中，群主应避免直接以自己的名义发起，这对于维护其作为“意见领袖”的地位至关重要。因此，在建群之初，你就应该提前安排好代言人或者合作伙伴，届时以 XX 老板的身份进行推荐。务必注意这一点：尽管以群主名义发起团购可能会带来更高的销量，但从长远角度考虑，至少在前五次团购中，应坚持采用推荐的方式进行。

（3）被推荐人提前预热

在群主推荐前，“被推荐人”应在社群内保持一定的活跃度，并偶尔发放少量但金额适中的红包，以确保每个红包的金额都足够大，从而在一定程度上塑造出慷慨大方的形象。

（4）提前为活动做好铺垫

在正式进行团购活动之前，你可以在群内搞一次“手气最佳，运气翻倍”的红包活动。具体操作内容如下。

◆第一步：提前准备

宣传素材主要包括游戏规则、产品介绍两个部分。游戏规则也很简单：在群里发一个红包让大家抢，手气最佳的那个人可以免费得到一份福利奖品（以 XX 赞助的名义）。这就是“手气最佳，运气翻倍”红包活动。

一般在操作的时候，都会这样进行宣传：今晚八点，群内的小伙伴们一定要早早搬好小板凳提前坐好哈！我们会针对群成员，搞一次很有意思的福利活动，届时会有多轮红包雨来袭，并且手气最佳的人，运气会翻倍哦！

具体规则：小助手在群里发红包，供群成员抢夺，手气最佳的人将免费获得一份由 XX 提供的价值 XX 元的 XX 商品。

接下来，你可以对这个商品进行一轮宣传。我们通常通过软文、图片和短视频等多种形式进行全方位宣传，效果非常好。这时候可能就会有群成员询问这个水果的售价。如果有人问起价格，你就告诉他们正常的销售价格，这个价格应该既不过高，也不低于即将进行的团购价格。

◆第二步：发红包

关键问题在于红包的金额和个数如何设置。其实很简单，发红包的目的是为销售造势。因此，红包的总金额不用设置得太大，哪怕每个红包只能抢几分钱也没关系。但是，为了进行多轮营销，红包的个数可以设置得稍少一些，但也要注意不要设置得太少，以免影响销售目标的达成。比如，每轮设置 20 个红包，总金额 5 元，这样用 50 元就可以进行 10 轮活动。当然，每轮你还需要额外支付一份奖品的费用，所以不是真的让你进行 10 轮活动，你完全可以根据自己的实际情况来定。

（5）正式进行团购

一般要等获奖的人拿到水果后一两天，再进行正式团购。提前与获奖者进行沟通，问一下水果怎么样。然后准备好文案，发到群里，大概内容如下：家人们，前几天群里的XX大哥赞助了我们的红包活动，获奖的小伙伴也给我发来了反馈，说苹果很好吃。大哥也给我邮寄了一箱，我尝了一下，口感确实非常好。经过与大哥协商，我们准备给大家搞一次团购活动。作为福利，这款苹果的原价是XX元/箱，但我们的团购价格只需要XX元/箱。

为了促进销售，你还可以做一轮“手气最佳，运气翻倍”的社群活动，并且规定：只要是抢到红包的人，就可以抵扣XX元的现金。

（6）有两三次推荐群成员的产品

这一细节设计得非常巧妙。在团购结束后，你可以发布群消息：“我们这次团购很成功。群里其他的小伙伴，如果有什么好的特色产品，也可以跟我联系哦。咱们就是为大家谋福利。”

在完成上述操作后，如果真有人跟你联系，那需要注意以下三点：一是要亲自试产品，足够高性价比的产品才能备选；二是要求对方提供“手气最佳，运气翻倍”红包活动的奖品；三是考察对方是否真的具备一定的实力（供应链能力、售后能力等）。这样做一方面可以让群成员感受到群内资源的价值，另一方面也可以为你后面要做的变现活动打下基础。

2. 当地特色食品的团购

由于吃喝玩乐群通常是基于地理位置的，因此在经过多轮生鲜水果团购后，只要确保产品的品质和性价比足够吸引人，就可以考虑拓展其他食品类别了。首选当然是当地的特色美食。这就需要群主具备敏锐的观察力和谈判能力，能够发掘所在城市的特色美食并与相关商家进行团购合作。一旦发现某家的特色美食备受欢迎，如酱牛肉、糕点或烧鸡等，就可以考虑与老板进行团购合作的谈判。当然，我们必须确保团购的产品质量上乘，不能随便什么都拿来做团购。

3. 外地特产团购

在当地特色美食资源接近枯竭时，你可以考虑引入外地的特色美食。这时候，你的信息获取和资源整合能力就会受到限制，因为你不太可能亲自跑遍全国各地去搜寻这些特色美食。这时候，接入我们平台的大部分供应链资源就成了一个理想的解决方案。大家可以根据自己社群的实际情况和需求，轻松地从平台上选取相应的商品。

4. 增设“每日好物推荐”栏目

增设“每日好物推荐”栏目是社群的常规变现环节。经过前面三个阶段的深入运营，由于你持续为群成员提供高性价比的商品，大家已经形成了购买惯性。因此，这时是推出“每日好物推荐”栏目的最佳时机。

5. 其他变现方式

如果你的社交和谈判能力足够强，你就能为社群发掘出各种各样的变现渠道，比如汽车团购、房子团购等。但这一切的前提是，必须真正为群成员谋福利。

四、社交群的运营与变现

在这里，我们首先对社交给出一个非学术性的定义，以便于我们对这类社群有更清晰的认识。社交群是以人与人之间的群体交往为目的而建立的社群（包含微信群和 QQ 群等），群成员之间在一定的需求下会进行合作、竞争、交流感情等活动。我们又可以根据群成员之间的熟悉程度，把这种社交群细分为两种：熟人社交群和陌生人社交群。前者包括同学群、老乡群、家庭亲友群等；后者主要指行业交流群。

某种程度上说，以合作交流为目的建立的吃喝玩乐群也可以归属到社交群的范畴内，但由于其难以精确归类为熟人社交或陌生人社交，因此我们在上一部分进行了分析。

（一）熟人社交群的运营与变现

一般情况下，家庭亲友群的人数普遍较少，且不具备持久、稳定的变现价值。在日常运营过程中，我们除了分享一些质量较高的内容（软性植入了产品广告的图文、短视频、直播）外，不做其他变现运营。这里所谓的熟人社交群主要有同学群和老乡群两类。

1. 熟人社交群的建立

在大多数情况下，这两类社群的群成员都会具有至少一个非常明显的共同标签，如某一个学校、某一个专业、某一个班、某一届的、在上海的 XX 地老乡、在 XX 地的浙江老乡等。从这个角度来看，这类社群的建立都是有边界的，并不是随便什么人都可以加入的。

（1）同学群的建立

在微信这个社交工具已经成为人们生活一部分的背景下，同学群已经成了极其普遍的存在：小学同学群、中学同学群、高中同学群、大学同学群、班级群、专业群、学校群等。同学群大多数情况下会由班长或者班内比较活跃的人发起，然后通过人传人、人拉人的方式，逐渐丰富起来。在建立同学群时，需要注意以下三个细节。

◆进入各种同学群

但凡有人建群，不管是什么样的同学群，都尽量加入，并且还要积极地把具有相同标签的、自己认识的同学邀请进群。这本身就是让你与自己的老同学建立联系的一个过程。你去邀请别人，不管这个群是不是你建的，都是通过你的邀请进入这个群，这无形之中就形成了一种特殊的联系。

◆主动出击

如果你在上学期间不是很活跃，那很有可能有一些群会把你“遗漏”掉。所以，要学会主动出击，从小学同学开始找起（幼儿园阶段可以先不考虑），逐个询问他们是否有相关的微信群。如果有的话，就请求对方拉你进群。

◆发起建群

如果发现还没有相应的社群建立（比如还没有初中同学群），那么一个好机会就摆在你面前了：你可以马上发起建立。先把自己微信好友里符合该群标签的人拉进群，然后再号召大家邀请更多人加入。

（2）老乡群的建立

一般情况下，老乡群的建立要依托当地的老乡会或者商会，因此这类社群往往比较高端且往往是付费社群。对于你来讲，如果有这类老乡会或者商会的机会，就积极加入；有相关的微信群也积极加入。当然，有些商会或者老乡会需要付费才能进入，这时候要量力而行，不强求。

2. 熟人社交群的运营

运营熟人社交群需要关注三个细节。

◆在群内保持活跃

如果你一直在群里不说话，那么变现很可能就无从谈起。你在群里一定要保持活跃，要积极参与别人发起的讨论。在适当的情况下，你可以主动发起相关话题。

◆让大家知道你是谁

进群后，你一定要做自我介绍，因为你并不确保每个人都还记得你是谁，知道你是做什么的。自我介绍的基本格式包括：姓名、所在班级和入学年份、当前工作岗位等信息。

◆经常发红包

红包依然是很好的社交工具，一是能让别人更熟悉你，二是有助于你建立一种“成功人士”的形象。大家请注意：在老同学之间塑造这种积极、有成就的形象是非常重要的。

3. 熟人社交群的变现

这种熟人社交群具有比较明显的“单纯社交”属性，所以可供选择的变现模式并不是很多。在实际操作过程中，我们发现以下三种方式效果较好。

（1）在群内分享有价值的内容

这是最常规的方式。你可以在确保不违反社群规定的前提下，将一些高价值内容（如图文链接、短视频、直播等）加上适当的推荐文案后分享到群里。请注意，有的社群会明确禁止发布这些内容。

（2）联合群主发起团购

如果你与群主的关系足够好，那就可以把生鲜水果作为破冰品类，在群内发起团购。基本流程如下。

◆在群里多发红包

每次金额不用很大，红包数量也不用太多。这样做有利于提升你在同学或者老乡之中的影响力和认可度。

◆与群主提前协商好，由群主通知

群主肯定也是你同学。你可以给群主邮寄一箱水果，让对方尝一下。如果群主愿意推荐产品，那你需要与群主谈好分成比例（对方要不要是一回事，你提不提是另外一回事），然后让群主在群内直接通知：咱们班的XX（咱们群内的XX），现在做水果批发团购生意。前几天他给我邮寄了一箱苹果，我尝了一下，口感很不错，十斤装。他的销售价格是XX元。现在给咱们老同学（咱们群）的团购价只需要XX元，非常划算。

◆把产品信息发到群里

你可以把图片、短视频、图文链接等信息直接发到群里，让大家对产品有一个直观的感受。这本身就是一个信息传递和预热的过程。

◆发起团购接龙

直接发起团购接龙活动，在此期间你可以发一两个红包活跃社群气氛。当然，最终团购效果的好坏除了与产品本身的性价有关外，还与你日常在群内的运营情况密切相关。

◆招募代理

在成功组织几次团购活动并积累一定经验后，你可以把自己群内的名字修改成“真实姓名 + 水果社群团购 + 招募合伙人”的格式。这样如果有同学或老乡对此感兴趣就会直接联系你。

（二）如何在陌生人社交群中变现

一般我们说的陌生人社交群，通常指的是行业交流群。在日常工作中，大家经常有机会加入这类群，而且大多数时候我们并不是群主。因此，我们的出发点都是基于：作为一个普通群成员，如何在群内利用相关技巧实现变现。这种行业交流群有很多类型，比如互联网行业交流群、电商交流群、码农交流群、五金行业交流群等。

【私域实战技巧 69】如何在陌生人社交群内运营变现

（1）能加一些好友总归是好的

私域电商倡导“彩虹族”的生活理念。这种理念体现一种积极、健康、充满正能量的生活态度。至少每个人内心都向往这种生活方式，所以，通过几乎任何渠道进入我们私域流量池的微信好友，都有可能成为我们的目标受众。对于行业交流群来说，日常添加好友是运营中非常重要的一个细节。我们通常采取两种添加好友的方式。

◆主动分享干货资料

既然加入了某个行业交流群，那通常意味着你至少对这个行业有一定了解或从事过相关工作。因此，你可以搜集整理一些相关的干货资料，并通过特定的方式在群内分享。例如，如果你加入了一个淘宝天猫交流群，对于群内的商家来说，这样的干货资料总是受欢迎的，无论是图文、思维导图、电子书还是视频课程等形式都可以。一般的逻辑思路是这样的：为资料设定一个虚拟价值（比如标注为“付费资料”）——免费分享给大家——感兴趣的请通过微信联系我——我将私下发送资料。

在群内发言时，你可以参考以下文案模板：家人们，我前几天花了 XX 元（根据你提供的干货资料来“拟定”）从一个机构那里购买了一份资料（一套课程）。不过我现在所在的公司店铺经营状况不佳，不知道还能撑多久。这份资料有没有想要的，我免费发给你们，想要的可以私聊我。

在发言之后，你可以在群里发一份资料的截图，不出意外，相信很多人会对这份干货资料感兴趣。加你私聊后，你把资料发给对方即可。那么，为什么我们要加上一句“不知道公司还能撑多久”呢？其实，这也为我后期在电商领域的变现计划埋下了伏笔。

◆女性账号进行提问

为什么非要女性账号提问？因为这样才有更多人愿意主动加你啊！你也不用去纠结这一点，这本来就是人性之一。你可以在群里提问，问一下比较专业但又太难的问题，让大多数人都可以回答。问完后，在群消息里加上一句：“为了不打扰群里的其他人，大家也可以私聊我。”记住，加上好友后，不管怎样，都要聊两句，不要不理人家。你想结束聊天时，可以说："谢谢您，我再看一下，先去吃饭了。"

◆发布相关需求

这是非常有效的一种加人方式，只不过看起来不是那么"高端"，因为毕竟你没有"真实的需求"，只是为了加好友。这非常适合那种实体行业交流群，比如五金行业交流群、家电行业交流群、茶叶行业交流群等行业交流群。这类社群里的群成员一般都是从事这个行业的小老板或销售人员。方法很简单：你在群内发布采购需求，希望有货源的人加你好友微信私聊，常用文案如下：大家好，谁手里有批发价在 80 元左右的铁观音？我一个客户要 500 斤，我现在手里没有那么多了，差 300 多斤，有的私聊我一下。

然后一定会有人加你，并且不会少。对方加你后，你让对方给个报价，然后说一句："好的，我这边看一下，然后联系您。"

（2）观察社群活跃程度和群主的重视程度

这会决定你变现的尺度有多大。如果群主非常重视社群的发展（很有可能是其变现赚钱的重要工具），那么你基本不太可能进行比较明显的变现行为，尤其是群内还比较活跃的情况。相反，如果社群不活跃、群主不常发言且对广告或随意链接不进行管理时，你可以更自由地进行商业活动甚至可以尝试用恰当的方法吸引并转化为自己的私域流量。一般的操作思路是：先感慨群内太冷清了（发个群消息：群里太冷清了，怎么没有人讲话啊），然后逐渐引导至于行业相关的话题（比如：大家现在还做不做淘宝啊），最后抛出诱饵（发布群消息：我在前几天花 XX 钱购买了一套课程，想要的可以加我，我私发给你）。

（3）分享有价值的内容

这是最常规的方式，你可以把一些价值比较高的内容，如图文链接、短视频、直播等，加上适当的推荐文案，分享到群里。需要注意的是，有的社群会明确禁止发这些内容，不要违反社群规定。

（4）与群主合作搞团购

这一策略建立在与群主有良好关系的基础上，或者说你需要说服群主与你合作。选择生鲜水果作为切入点后，具体的操作流程如下。

◆在群里多发红包

每次金额不用很大，红包数量也不用太多。这样做有利于提升你在同学或者老乡之中的影响力和认可度。

◆跟群主提前协商好，由群主通知

你可以给群主邮寄一箱水果，让对方尝一下。如果群主愿意推荐产品，那你需要与群主谈好分成比例（对方要不要是一回事，你提不提是另外一回事），然后让群主在群内直接通知：咱们群里的 XX，现在做水果批发团购生意。前几天他给我邮寄了一箱苹果，我尝了一下，口感很不错，十斤装。他的销售价格是 XX 元。现在针对咱们群成员的团购价只需要 XX 元，非常划算。

◆把产品信息发到群里

你可以把图片、短视频、图文链接等信息直接发到群里，让大家对产品有一个直观的感受。这本身就是一个信息传递和预热的过程。

◆发起团购接龙

直接发起团购接龙活动，在此期间你可以发一两个红包活跃社群气氛。当然，最终团购效果的好坏除了与产品本身的性价有关外，还与你日常在群内的运营情况密切相关。

（5）改变社群性质

如果这个行业交流群因为群主的经营不善（或者其他原因），已经很不活跃了，甚至成为事实上的“死群”，那么就可以跟群主在充分沟通的情况下，改变社群的性质，再进行后期变现。通常情况下，我们会将其转型为购物粉丝群。操作步骤如下。

◆第一步：通过红包活动激活社群

很多微信群在进行私域流量运营时，由于思维、方法、技巧等多方面的因素限制，很容易陷入“7 天必死”的困境。然而，发红包是一个有效激活沉睡群的方法。详见【私域实战技巧 47】。

◆第二步：开展各种红包活动，以水果生鲜团购为破冰点

在正式开始发红包活动之前，要把产品的相关信息通过文案、图片、短视频、图文消息等方式发到群里，让大家对准备团购的产品有一个明确的认知。在实际操作过程中，我们可以参考【私域实战技巧 48】、【私域实战技巧 49】、【私域实战技巧 50】、【私域实战技巧 54】来设计和实施红包活动。

◆第三步：正常的社群经营

对于这种转型而来的购物粉丝群，在日常运营中应配合相关的红包活动进行营销，以下两种方法最常用：【私域实战技巧 51】和【私域实战技巧 52】。

◆第四步：后期持续变现

当社群实现平稳转变且足够稳定后，就可以进行持续的变现操作了。

五、基于位置的社群运营与变现

所谓基于位置的社群是指以某一特定位置为核心属性标签，对用户进行筛选而建立的社群，比如小区的业主交流群、某商场的商户交流群、城市交友群等。在此以小区业主交流群为例进行实操讲解，因为这类社群最为常见，且其他具有位置标签属性的社群也可以参考此例进行变现操作。

（一）建立小区业主交流群

通常情况下，建立小区业主交流群有三种模式。

◆官方建立的。为了方便管理或通知一些事情，物业或者居委会的工作人员（一般是网格员）会建立自己所辖区域的业主交流群。

◆基于营销目的建立的。尤其是一些新小区，在开始有人入驻后，一些装饰公司、卖家电的、卖窗帘的等，就可能会以营销为目的建立小区业主交流群。

◆自发建立的。小区里的积极分子也可能会自发地组织起业主交流群，用于邻里之间的互助交流。

对于这三种模式，我们要明确一点：只要有人建群，你一定要积极加入。在此前提

下，我们可以利用一些技巧，去搭建属于自己的私域流量池。

【私域实战技巧70】如何搭建小区业主交流群

（1）发传单建群

这是最简单有效的方式。传单可以贴到门上，也可以在进楼栋（小区）的时候发到邻居的手里。传单上的文案信息至关重要，必须让居民感受到这是一个纯粹为社区服务、促进邻里交流的群组。在设计传单时，需要着重突出以下信息。

◆你的身份。一定要说你是谁，住在哪里。这种社群必须坦诚相待。比如，大家好，我是咱们小区14号楼1门1603的业主，我叫张XX，大家可以叫我小张。

◆为什么建这个群。尤其是在物业建立的社群无法让大家满意时，建立这样的交流群会比较轻松。建立这样的交流群的理由是：真正为小区业主谋福利，从他们的利益出发。

◆群里都可以做什么。在群里，邻里之间可以进行互助、互相通知小区重要信息及分享小区周边的便民服务。然后在传单上放置群组的二维码，有人申请加入时要及时通过，并做好备注和分组标签。当人数达到三五十人时，你就可以组织群内活动了。

（2）小礼物建群

小礼物可以去1688网上批发，成本为两三元。你可以准备一些孩子的小玩具，再准备一些家居用品和一些适合老年人的东西。

在小区门口摆摊，准备好一些传单和几块展板。当小区居民进来时，号召他们加入小区业主交流群，并送上一份小礼物。这样用两三元的成本就能吸引一个精准用户，非常划算。

（3）利用收房的契机建群

这种方式有一定的局限性，主要适用于新小区交房的时候。您可以提前到售楼处，印制好带有建立业主交流群信息和您个人联系方式、二维码的小名片。遇到来收房的业主，就发一张小名片。由于新业主通常会比较关心这种交流群，因此成功率很高。

（二）小区业主群的运营

由于这类社群的特殊性，在实际运营过程中，有以下几个细节需要注意（无论您是自己建群还是加入别人的群，以下细节都同样适用）。

◆在群里一定要活跃

因为是邻居间的社群，所以一定要多在群里发言，让大家都知道您的存在。有人发起话题时积极参与讨论；没人发言时也可以主动挑起话题；有人提问时及时回答。偶尔发个小红包活跃气氛也是不错的选择，金额不必大，主要是为了提醒大家您的存在。

◆打造一个正面形象

努力在群里塑造一个积极、正能量、乐于助人、热情的形象。这样的人通常更受欢迎，也有助于您在后期的变现。

◆及时关注并分享小区的相关信息

既然是小区业主交流群，那么及时关注并分享与小区相关的信息就显得尤为重要。比如，停水停电通知、电梯维修通知、小区周边新开的便利店等。即使物业已经通知了这些信息，在看到的第一时间也可以拍照发到群里，确保大家都能及时知晓。

◆与群主和积极分子保持良好关系

一定要具备社交意识，与群里的积极分子（经常发言的人）和群主（如果不是你建的群）保持良好关系。在后期变现时，你需要他们的帮助。

（三）小区业主群的变现

在前面的运营环节中我们提到，保持群内活跃及与群主和活跃分子保持良好关系是实现变现的基础。如果您是群主当然更好办；如果不是群主的话，在变现前必须与群主沟通好（这也是要与群主保持良好关系的原因之一）。变现的逻辑顺序大致如下：首先，提供周边特色产品的代购服务（免费）；然后，推荐并进行生鲜水果的团购活动；接下来，建立专门的购物粉丝群；在此基础上，进一步扩展到本市特产的团购活动；当购物粉丝群达到一定规模后，可以考虑进行群的裂变，扩大影响力；随后，可以尝试组织外地特产的团购活动；最后，每日推荐好物，为业主提供更多选择。

【私域实战技巧 71】如何通过小区业主群进行多维变现

（1）周边特色免费代购

每个小区的周边都会有一些特色美食，可能是煎饼果子、糕点、糖葫芦、糖炒栗子等。其中不乏那些需要排队购买的“紧俏商品”。笔者所住小区的楼下就有一家糕点店，他们家的特色是蝴蝶酥。每天门前都会排起长队，而且还不一定能买到。通过提供这种周边特色美食的免费代购服务，您可以迅速提升在群成员中的话语权和信任度。

团购商品必须是小区周边商户提供的、大多数人都熟知且备受欢迎的热门商品，最好是那种常常需要排队购买的美食。这时，就可以在小区业主群里发消息：又想吃楼下 XX 家的 XX 了，每次排队都不一定能买到，准备明天一大早就去排着，群里的小伙伴有没有想要的，我帮你们买回来，免费的哈！

或者你也可以在群里这样说：正在菜市场 XX 家门口排队，准备买他们家的特色商品（您还可以附上一张照片）。队伍好长啊！1—9 号楼的家人们，有没有想要的？可以微信联系我，告诉我你们要多少，我一起给你们带回来。

当然，为了确保能够买到商品，您可以提前跟老板沟通好您大概需要多少（如果是提前一天预定的，这一点就更容易确定了）。当您代购回来时，对方至少需要加您为好友以便转账。而因为您的热心帮助，他们会对您产生好感。这样，您的初始私域流量池就建立起来了。

为了获得更好的效果，您还可以在群里发起接龙活动（如果群主允许的话）。如果每次代购能有 30 人以上参与，您就可以立即建立一个微信群。这个微信群在开始的时候可以命名为“XX 商品团购群”，作为您私域流量池的雏形，后期逐步完善。一旦雏形建立起来，就可以轻松实现裂变。比如，您可以与合作商家谈判争取一个相对优惠的价格，然后在群里发布消息：家人们，咱楼下 XX 家的特色商品，我今天路过的时候跟老板谈了谈。如果咱们一次性购买 XX 斤的话，老板可以给咱们按 XX 的优惠价格算。大家可以问问自己的朋友和小区里的其他人有没有需要的，然后可以直接拉到这个群里（或者把我的微信名片推荐给他们，我拉他们进群）。咱们一起来团购吧！

这个方法我们几乎百试百灵。我的一名同事曾经在自己所居住的小区进行测试，仅仅一周的时间就成功建立了两个 500 人的微信群。

（2）生鲜水果团购

在通过周边特色免费代购的方式积累了一定的信任度后，若群主允许，我们可以考虑以生鲜水果为品类切入进行团购活动。刚开始时，最好采用推荐的方式，比如："我朋友家里是种XX的，今年丰收了，想帮他卖点。"这样的描述更自然，不要过于刻意。与前面代购时的做法类似，进行生鲜水果团购时，也可以配合相关的红包活动来活跃气氛，如安慰奖、手气最佳奖、红包雨、红包接龙等。在这一步，我们可以适当地赚取一些利润，但务必保证团购商品的性价比，并及时做好售后服务。

(3) 建立专门的购物粉丝群

经过前两个步骤的积累，只要不是操作失误或表现太差，通常至少能有三五十人与你进行过金钱交易（包括免费代购和购买水果）。这时，你完全可以着手建立一个专门的购物粉丝群雏形。将这些人邀请至一个新的群聊中，并为其起一个初始名称，建议不要带有过于明显的商业特征。例如，你可以将其命名为"XX小区的吃货群"。之后，逐步按照常规的购物粉丝群运营模式进行管理和变现。

(4) 本市特产团购

小区周边的特色美食选择毕竟有限，因此我们可以考虑将团购范围扩大到全市。要善于寻找和挖掘那些受欢迎的商品，可以多参考美团和大众点评等平台上的推荐，多进行尝试。依然要选择那些大众熟知的，甚至需要排队等候的商品。这个步骤看似简单，但实际上非常关键，因为它能够帮助群成员逐渐接受这个群是一个购物群的事实，从而为后续的运营和变现打下基础。

(5) 购物粉丝群的裂变

在进行"本市特产团购"时，你就可以用一些特定的话术和技巧进行购物粉丝群的裂变。我们常用的方式有以下两种。

◆试吃活动

如果商品有小包装或者方便拆散，那么就可以考虑进行试吃活动。如果商品没有包装，一定要准备一些试吃盒（杯），以确保干净卫生。可以在1688网采购这些试吃盒（杯），通常价格非常便宜。这样的安排既能让顾客体验到商品的美味，又能保证活动的顺利进行。

你可以在小区业主交流群里面发消息：各位家人们，最近我们准备团购一次西北角的特色酱牛肉。老天津人都知道，这个味道非常好！（注意：这时候一定要把产品图片、视频等信息发到群里，让大家有更直观的了解。）我们前几天去跟老板谈了一下，他的销售价格是XX元一斤，但如果我们的总采购量能达到XX斤以上，他可以给我们按XX元一斤算。今天中午12点，我们会在小区篮球场搞一次免费的试吃活动，有需求的家人们都可以去尝尝啊！

尝过之后，如果有家人现场就想下单，那一定要注意把对方拉到我们的购物粉丝群里面。这里给大家分享一个有效的小技巧：货到付款，不要提前收钱。

◆在购物粉丝群进行裂变

购物粉丝群相较于业主交流群，其购买黏性通常会更高。一切准备就绪后，您就可以在群里发布如下消息：家人们，最近我们准备团购西北角的特色酱牛肉。老天津人都知道，这个味道非常地道！只要我们的购买总数达到XX斤，老板就愿意以XX元/斤的价格给我们（原价可是XX元/斤哦）。有想要的小伙伴赶紧跟我联系！另外，如果你们的家人朋友也想要，或者小区其他居民有需求，都可以把我的微信名片推送给他们。本小区的居民还能享受免费送货上门的服务哦！非本小区的朋友也不用担心，我们可以邮寄到家，运费仅需 5 元。

（6）外地特产团购

在本地特产的团购逐渐成熟后，我们可以考虑引进外地特产，为群成员提供更多元化的选择。在这个环节，由于基本需要通过物流配送，因此可以实现更深度的私域流量池裂变。当然，对于本小区居民，你仍然可以提供送货上门的服务。另外，粉丝购物群运营到这一环节时，你需要展现出你的专业性了。比如，你需要配备专业的社群小助手、专业的订单整理人员、专业的收款人员、专业的选品人员等。在初期，你是靠“好人缘”获取信任，但当规模逐渐扩大后，你必须通过“专业”来进一步巩固这份信任。

（7）每日好物推荐

经过前面的食品类团购的铺垫及你“专业”形象的逐渐树立，现在就可以考虑推出“每日好物推荐”栏目了。至此，小区业主群已成功转型为购物粉丝群。当然，对于原本的小区业主群，你仍然需要用心管理和运营，因为它是你与业主们建立长期关系的桥梁。不要忽视它的重要性，要继续保持与业主们的良好互动。

六、熟人群的运营与变现

熟人群的基本特点就是群成员之间彼此都很熟悉。建立熟人群的目的只是方便交流和沟通感情。因为在其他场景下，相应的社群变现都有具体的实操讲解，所以在这里，仅就一些共性问题进行分析。

（1）熟人群变现以分享为主

双社电商项目提出的核心理念是用内容引导消费。传统的打着社交名义的微商之所以失败，就在于他们无论是在群内还是在朋友圈，发的都是产品广告、心灵鸡汤等。然而，大家真正想在社群和朋友圈看到的是有价值的内容。我们提倡：把产品广告软性植入到各种形式的优质内容中。这些内容在教育消费者的同时，也能激发潜在需求，引导消费。所以，熟人群的变现通常以内容分享为主。我们所有的推广素材都会收录在“彩虹优选”平台中，针对热门爆品，我们还会特别准备相应的引导语，以便大家根据各自社群的特色和个人的日常偏好，在群聊和朋友圈里进行分享。

（2）在建立一定的正面形象基础上开展团购活动

这种正面形象通常是通过线下互动建立起来的。如果你在日常生活中表现得积极、热情、乐于助人，并在社区中有一定的影响力——换句话说，如果你的人缘比较好——那么你就可以考虑开展团购活动。在组织团购时，有几点细节和技巧需要注意。

◆团购活动开始前多发红包

发红包既能提醒大家的关注，也有助于塑造你的“成功人士”形象。尤其是在大家都互相认识的社区环境中，多发红包会让大家觉得你混得不错。

◆给有影响力的人邮寄试吃品

在任何一个熟人群体中，总有几个具有影响力的人物，可能是当年的班长、班花等。在正式开展团购之前，你可以私下联系这几个人，给他们邮寄一份试吃品（优先考虑生鲜水果等食品类商品），并且直接告诉他们：“请你们尝尝看，如果觉得不错，我想在咱们的群里组织一次团购活动。我现在正在做社群团购的生意。”吃人嘴软，拿人手短，等到你真正开展团购时，这些人至少会帮你烘托一下购买氛围。

◆前几次团购尽量不要赚钱

在前几次团购活动中，并不是说绝对不能赚钱，而是要尽量将重点放在建立信任而非盈利上。你的目标是通过提供超高性价比的产品，迅速赢得群成员的信任，从而为后期团购活动的盈利打下坚实基础。

◆引导成员进入专门的购物粉丝群

通常情况下，熟人群体不应成为你私域流量运营的核心，而应发挥辅助作用。对于希望从事私域电商的人来说，建立专门的购物粉丝群至关重要。当熟人群里的成员在你这里下单后，在征得他们同意的前提下，可以将他们拉入购物粉丝群。

◆塑造“成功人士”的形象

你可以通过一些巧妙的群消息或者朋友圈等展示自己“成功人士”的形象，比如在熟人群完成一次团购后，你可以在群里发个红包并附上一条感谢消息：这次的苹果团购活动在两天内就售出了600多箱，其中咱们老同学就贡献了50多箱。为了表示感谢，我发个红包，意思一下。

通过这些“小伎俩”，你就可以逐渐在熟人群内塑造出“成功人士”的形象，这对于你后期变现的顺利进行将大有裨益。

七、会员群的变现和实操——群主篇

我们先来明确一下讨论范围：本文所指的会员群，并不包含那些以销售为目的的商家会员群。对于这类会员群的运营与变现方式，我们会在其他部分进行详细介绍。为了便于理解，我们将会员群分为两类：一类是群主创建的会员群，另一类则是普通会员参与的会员群。接下来，我们先从群主的角度探讨会员群的变现和实操。

会员群是一个由具有共同需求、共同利益和共同目标的人组成的社会关系网络。通过将会员聚集在一起，建立规则，加强成员间的联系，形成良好的互动氛围，进而实现自发的组织裂变。在日常生活中，常见的会员群包括各种学员群、VIP社群及各类学习群等。绝大多数情况下，进入会员群都是要付出一定代价。遗憾的是，这类社群完成使命后（课程结束或者服务期到期），要么就会被解散，要么很快就会因为无人搭理，变成事实上的死群。

至于会员群的运营策略，由于每个群的定位和作用不同，具体的运营方法也会有所差异。在这里，我们将从私域电商变现的角度出发，探讨一些关键的运营细节，特别是在社群使命结束后，如何继续挖掘和利用社群的价值。

（一）会员群使命结束前的运营

在会员群的使命结束前，我们一般是不允许变现的。此时，我们可以为后期变现的顺利开展，打下一些良好的基础。

（1）树立群内的意见领袖

群内的意见领袖可以是群主，也可以是专业老师。意见领袖一定要足够专业，认真履行职责，专业且耐心地解答会员提出的问题。除此之外，意见领袖要以一种积极、乐观、热情、乐于助人、充满正能量的形象出现在学员面前，要经常跟群成员沟通，也可以参与讨论非专业问题。此外，意见领袖可以偶尔发一个小红包。红包的金额不用很大，个数也不用很多。

（2）提前安排好内部人员

在会员群内，我们精心安排了大约 5 名内部人员，他们使用的都是同事的私人微信号或亲朋好友的账号，以便更好地融入社群环境，避免被轻易识别。在为该营养师培训机构运营学员群时，我们为每个群都配置了 5 名左右这样的“隐身”内部人员，并建立了相应的运营和激励机制，确保他们的后期变现收益直接与其在群内的活跃度和贡献挂钩。

这些内部人员以学员的身份全程参与社群的各项活动，包括修改群名片、学习课程内容、按时提交作业等，始终保持着与真实学员一致的行为模式。在社群运营期间，尤其是在课程或活动结束前，他们会特别活跃，积极参与话题讨论，热情回应群内的问题和需求。当然，在回答问题时，他们会保持学员的口吻，避免使用过于专业的术语，以防止暴露自己的身份。比如，我们运营时，会安排这些“内部人员”某一天晚交作业（这个培训机构在我们的指导下，采取的是社群打卡机制），然后会在群里说一下：“老师，对不起，今天因为要去处理 600 多箱苹果的发货（附上一张发货照片），所以作业交晚了。下次我一定会提前安排好时间，不会再这样了，请您原谅。”当然，要注意控制这种操作的频率，避免引起其他学员的反感。

（3）培训群内正向的活跃分子

除了提前安排的内部人员外，我们还要注意培养群内正向的活跃分子。平时注意观察群里经常发言的那些人，经常与他们互动，让他们感受到“被重视”，并及时帮他们解决问题。同时，我们要通过对方说话的内容、语气等方面，初步判断对方是否好相处，是否很随和。

（4）搞一些群定位以外的社群小活动

在常规社群活动以外，我们可以适当策划一些与群定位不相关的小活动。这类活动的主要目的是让群成员感受到“温度”，感受到这个社群除了学习外，还充满了乐趣，为日后社群性质的转变打下良好基础。经过长期实践，我们总结出了几类深受欢迎的活动形式。

◆根据海报猜电视剧或电影名称

活动组织者在群里发一张电视或电影的海报，参与者需要快速输入对应的电视剧或电影名称。最先输入正确的几名将获得奖励。这个玩法很简单，你只需要提前准备一些电视剧或电影的海报即可。务必挑选热门的连续剧或电影，避免选取大多数人未曾观看过的内容。我们的目标是提升活跃度和增强社群黏性，因此题目应简单易答。由于网络延迟可能导致群聊天记录中显示的回答顺序不一致，组织者一定要明确说明“以自己的聊天截屏为主”，以确保公平性。

关于奖品的选择，我们建议从1688网上寻找成本低廉（控制在10元内）但具有品质感的小礼品。最好能够个性化定制，并印有公司LOGO等信息，这样既实用又有利于品牌宣传。一批定制的小礼品足以支持多轮活动的进行。

◆送生日祝福

当社群里有成员过生日时，大家可以按照特定的格式送上生日祝福。这些格式可以包括：编写一段包含特定词汇或字符的祝福话语（可设定字数限制），制作一张生日祝福图，发送一段语音祝福，或者编写一个包含特定词汇或字的小故事等。过生日的成员可以从收到的祝福中选出最喜欢的，并给予相应的奖励。

字数不要太多，形式不要太复杂，这样才能保证参与者的积极性。通常情况下，越简单的东西，大家越愿意参与。在选择中奖者时，不必仅限于一名。比如，你可以设立多个奖项，如“最动人祝福”、“最搞笑祝福”、“最温情祝福”和“最有感染力祝福”等。为了确保公平性，中奖者应由过生日的成员亲自选择，并在群里公布结果，直接@中奖人。这样做不仅能彰显公平，还能增强活动的互动性和社群的凝聚力。活动规则一定要以简单、通俗的语言阐释，确保每个成员都能理解并遵守。

◆猜歌名的游戏

主持人发一句歌词（如果主持人唱歌好听，建议唱一句），群成员们则需猜出这首歌曲的名字。首位猜对的成员将获得奖励，并且他/她还可以选择唱两句（但请确保成员们是自愿参与的，不要强迫）。建议采用唱歌的方式而非直接发歌词，这样可以避免歌词重复导致的答案不唯一情况，同时也能更好地营造活跃的氛围。因此，可以培养一些擅长唱歌的主持人（如果你自己擅长唱歌，那就更好了）。

为了确保活动的公平性，请提前说明以主持人的手机截屏为准，因为网络延迟可能导致答案显示的顺序不同。同时，在选择歌曲时，请避免过于冷门或过于流行的歌曲，应选取那些大多数人熟悉但又不是特别烂大街的歌曲，以便更好地调动社群氛围。

◆看图猜成语

在基本规格和注意事项上，看图猜成语与看图猜电视剧、猜歌词等的玩法很相似。大家可以去互联网上找这种图，只需要提前准备好就可以了。

上述这些小活动每周可以在固定时间举办一两次，这样大家很快就会形成期待（因为有奖品可以赢取）。这对于建立社群归属感、提高社群黏性有着极大的帮助。

（5）分享一些与社群定位无关的内容（非变现）

这里的内容与我们一直讲的用于变现的内容是不同的。对于学员群来讲，常规的分享内容肯定与学习有关。除此之外，我们在日常运营中遇到一些优质文章、短视频等也都可以分享到群里。需要注意的是，分享内容要有所选择，不要没有限制地胡乱分享。这样做是在为我们后续通过内容分享实现变现奠定基础。

在社群使命结束前，我们前面提到的所有运营细节都是为了提升社群的活跃度，让群成员感受到社群的温暖和价值。我们期望达到的效果是：即使学习结束，群成员也不愿解散社群。

（二）会员群使命结束后的变现

一般情况下，当期的学习结束后，这个会员群的使命也就结束了。对于没有私域电商意识的机构来说，这个社群面临的命运基本有三种：社群解散、不再管理导致社群很快成为死群（或者广告群）、挖掘能够继续创造价值的客户。接下来，我们将向大家介绍在会员群实名制结束后，如何继续操作以使其持续创造价值。

【私域实战技巧 72】会员群实名结束后的运营与变现

（1）改变群性质

第一步就是以群公告 + 群消息的方式，通知群成员社群性质的改变。通常情况下，我们会将其转型为交友交流群。学习结束后，我们可以发送如下文案模板的群消息，并修改群公告：家人们，我们这一期的学习到今天就结束了，感谢大家一年以来的陪伴，让我们成为相亲相爱的一家人。原则上，我们这个社群的使命到今天就结束了。鉴于大家彼此之间已经建立了深厚的感情，经过我们团队的讨论决定，本群将继续保留，但会对社群性质进行一定的调整。从即日起，本群名称将正式更名为“营养师 3 期学员交友交流群”，旨在为大家提供一个交流感情、分享生活的平台。毕竟，相识是一种难得的缘分！在后续的日子里，我们仍然会策划一些富有特色的社群小活动，并为大家准备精美的礼品。期待大家继续参与。

接下来，我们需要完成几项工作：修改群名称，重新建立群规；要求大家修改群名片，并发几个红包庆祝本群学习使命结束；建立新的交友交流群。

（2）常规社群活动

在社群性质发生改变后，我们将继续每周举办一两次的社群活动，使之形成习惯。这样，群成员们每周都会有所期待。猜成语、生日祝福、猜歌名等活动依然是我们社群运营的工具。

（3）内部人员发红包

注意，这里的“内部人员”指的是我们之前安排的“暗子”。他们即将作为前五轮团购活动的产品提供商出现。因此，在宣布群性质改变并要求大家修改群名片时，这些人的“行业”属性就需要与准备团购的商品相关联。在社群实名结束后，这些人可以适时发一些红包来刷存在感，并继续保持在社群内的活跃度。

（4）群主（意见领袖）推荐

我们依然建议使用生鲜水果品类进行破冰，并由群主（意见领袖）进行推荐。在正式团购前，群主（意见领袖）需要与之前培养的群内正向活跃分子进行私聊沟通。一般的话术可以是：亲，咱们群里的 XX 是做水果社群团购生意的（就是总发红包的那个），前几天给我邮寄了一箱苹果，我尝了一下觉得口感不错。他想在咱们社群搞一次团购，我看了一下价格，非常实惠。但是我个人喜好并不代表所有人的口味，所以我们向他要了五箱样品以供试吃，以便大家都能尝尝。你在咱们群里一直比较活跃，所以就挑中了你，你给我一个地址，我让他邮寄给你。你尝过之后给我一个反馈就行。

吃人嘴软，拿人手短，等到你真正开展团购时，这些活跃分子至少会帮你烘托一下购买氛围。当这些活跃分子给出反馈后，你就可以在群里发布消息了：家人们，咱们群里的 @ XX（就是经常发红包的那个）是做水果社群团购生意的。前几天给我们群里的几个小伙伴每人邮寄了一箱试吃的苹果，大家的反馈都很不错。这款苹果是 10 斤装，他一般卖 XX 元，但今天晚上八点，他准备在咱们群里做一下福利团购，仅需 XX 元。欢迎大家到时候参与哦！届时@ XX 还会通过红包活动免费送出 3 箱。我们静候今晚 8 点。

然后，将产品的图片、短视频、图文消息、购买链接等发到群里。同时，那些免费试吃的活跃分子们可能会主动出来说几句话。

（5）先来几轮“手气最佳，运气翻倍”活动

在正式团购前，我们建议先进行 3 到 5 轮的“手气最佳，运气翻倍”活动。每一轮活动中，手气最佳的人将免费获得一箱水果；同时，所有抢到红包的人都可以享受 XX 元的抵扣优惠。这样的活动有助于烘托整个销售氛围。接着，我们可以开始团购接龙，并在接龙过程中，特别提醒那些抢到红包的人参与。此外，扮演供货商的“内部人员”也可以适时发放红包，对下单人员表示感谢。

（6）不同人发起的至少 5 轮团购

我们之前之所以安排了 5 名左右的内部人员，就是为了确保能够由不同的人发起至少 5 轮的团购活动。这样可以形成一种惯性，让每次团购活动都显得隆重、有趣且充满仪式感。这样的安排旨在让大家对这种销售行为感到愉悦并乐意参与。当然，高性价比的产品始终是吸引消费者的核心。

（7）征集其他商品

在进行了 5 轮以上的团购活动后，群主可以在群内征集其他优质的商品。相应的文案如下：家人们，我们最近搞的这几次团购活动很成功，大家的满意度都特别高，因为确实给大家选到了性价比非常高的商品。我们准备把这个活动持续进行下去，但是商品资源是有限的，所以群内的小伙伴们，谁如果有好的货源，可以跟我们群内的@ XX 联系哦。

当有人与你联系时，务必与对方认真沟通，了解对方的供应链能力、服务能力等，并可以要求对方邮寄样品进行考察。如果对方的产品确实经过考察后性价比很高，那么可以考虑将其纳入备选范畴。

（8）团购日常化

当开始在群内征集团购商品时，就应该为团购活动的日常化做好准备了。比如安排专门的选品人员、订单统计人员、财务人员等，并形成具有特色的团购活动。同时，可以设计各种丰富多彩的红包活动来配合团购的进行。“手气最佳，运气翻倍”的活动只是众多红包玩法中的一种，大家还可以参考之前分享的红包玩法来设计更多有趣的活动。具体而言，我们可以参考下列内容。

- ◆【私域实战技巧 41】红包活动——进群的欢迎红包
- ◆【私域实战技巧 42】红包活动——签到红包强化社群记忆
- ◆【私域实战技巧 43】红包活动——烘托气氛的节日红包
- ◆【私域实战技巧 45】红包活动——下起红包雨变“土豪”
- ◆【私域实战技巧 48】红包配合营销活动——抢红包得代金券
- ◆【私域实战技巧 49】红包配合营销活动——手气最佳，运气翻倍
- ◆【私域实战技巧 50】红包配合营销活动——“手气最佳，运气翻倍”玩法升级
- ◆【私域实战技巧 51】红包配合营销活动——红包奖励社群买家秀

◆【私域实战技巧 52】红包配合营销活动——红包提醒营销活动

◆【私域实战技巧 54】红包配合营销活动——安慰输掉的人

(9) 通过内容分享进行变现

通过内容分享进行变现这一环节，并非仅限于“团购日常化”以后才能实施。实际上，在宣布改变社群性质后，你就可以着手开展通过内容分享进行变现的工作了。同时，不仅群主可以分享，意见领袖和之前安排的“暗子”等成员也都可以参与分享，使分享行为更加日常化、自然化。这样一来，变现的途径将更加丰富多样。

(10)“每日好物推荐”栏目

当大家越来越接受并期待在群内购买高性价比的商品时，你就可以推出“每日好物推荐”栏目了。届时，只需安排专人负责每日的推荐工作即可。

八、会员群的运营与变现——非群主篇

关于会员群变现，前面所介绍的主要是从群主的角度出发。然而，在更多时候，我们可能只是作为普通的群成员存在。那么，在这种情况下，我们又该如何实现变现呢？

(一) 变现内容与非变现内容相结合的模式

内容分享是这种场景下的主要变现模式。但需要注意的是，大多数会员群的管理都相对严格。如果仅仅分享带有广告的内容，即使广告植入得再巧妙，也容易被群内成员识破，进而可能面临警告甚至被踢出群的风险。

在实际操作过程中，我们总结出了一个小技巧：将变现内容与非变现内容相结合进行分享。当发现有趣的故事、有价值的文章、吸引人的图片或短视频时，我们也可以分享到群里。由于没有明显的广告成分，这类分享最多只会收到警告（对于那些严格禁止群成员发布任何链接等内容的社群，我们可以选择放弃变现）。然后，在适当的时机，我们可以掺杂一些携带软广告的内容进行分享。即使被警告，也能以“只是觉得内容挺好，所以分享给大家，并没有注意到其中的广告”为由进行解释。

(二) 分享彩虹夜听栏目

“彩虹夜听”栏目分享活动也是一个值得借鉴的例子。从表面上看，它提供了有价值的、受欢迎的内容，同时广告的植入也非常巧妙、自然（尽管转化率可能会稍低一些）。我们有一位会员就是通过在大量社群中每天分享“彩虹夜听”栏目，实现了每月三五千元的收入。这种方式既为群成员提供了有价值的内容，又实现了变现的目标，可谓一举两得。

九、兴趣交流群的运营与变现

兴趣交流群是指基于共同兴趣爱好的一群人，以互相交流为手段，以学习成长为目的而建立的社群。这类社群的建立通常源于群主对某一事物或领域的浓厚兴趣，且往往对此

有深入的研究。他们创建社群的初衷是希望与更多志同道合的人一起交流，从而获得心理上的满足和成长。例如，篮球交流群、健身交流群、烘焙交流群、养花养草交流群，以及钓鱼交流群等。

（一）兴趣交流群的建立

建立兴趣交流群的关键是找到有相同兴趣爱好的人。从这一点出发，其实你反而不用去关注具体的方法和技巧，只需要掌握相关的操作逻辑即可。

【私域实战技巧73】如何建立一个兴趣交流群

（1）找到你真正感兴趣的内容

在寻找“真正”感兴趣的内容时，我们需要确保同时满足两个方面：一是你确实很喜欢这个内容；二是你有一定的行动倾向性。虽然我们常常将兴趣和喜爱视为同义词，但严格来说，“真正的感兴趣”更倾向于“爱好”这一概念。因为“兴趣”仅仅代表你喜欢某事物，而“爱好”则意味着你会在喜欢的基础上付诸行动。例如，“喜欢”篮球和“爱好”篮球是不同的，前者可能只是观赏比赛，而后者则会亲自上场打球，甚至可能打得相当不错。因此，当我们谈论找到你真正感兴趣的内容时，我们指的是那些你不仅喜欢，而且愿意付诸行动的事物。每个人都有自己真正喜欢的东西，无论是“吃喝玩乐”还是其他任何合理合法的兴趣爱好。不要担心找不到志同道合的人，因为在这个世界上总有人和你有着相似的兴趣和爱好。

我们强调“活动的倾向性”的原因是为后续步骤做准备。你需要向“同类”提供他们感兴趣的价值，而这种价值的提供不能仅仅依靠你的“喜欢”。例如，我和我岳父都很喜欢看篮球比赛，但我们的关注点并不相同。他主要关注比赛的输赢，而我则更了解和热爱篮球，包括打篮球、关注NBA球队等。因此，我可以整理和分享一些篮球迷可能感兴趣的内容，如“史上十佳扣篮”、“NBA各项数据之王”、“NBA最高和最矮的球星”，以及“NBA历史上唯一的女球员”等。这些是我岳父无法提供的价值。

（2）在平台上寻找你的“同类”

确定你真正感兴趣的内容后，接下来就去各个平台找你的“同类”。我相信这对于绝大多数人来讲，都是很轻松的。你可以通过抖音、快手、微博、小红书、今日头条、知乎等平台来寻找。只需要记住一点：你关注的东西，你的“同类”也一定在关注。你们可能会关注同一个微博账号，会在抖音上看同一个热门的短视频，会在今日头条上看具有“共同标签”的新闻消息。这一步的目的是确定下一步的行动计划：你应该以何种形式向你的“同类”提供他们感兴趣的价值。

（3）给“同类”提供你们共同感兴趣的价值

这里先说一点：为什么很多基于兴趣做自媒体的小微创业者都很难做起来。理由只有一个：你总想去做目标受众喜欢的内容，而不是你自己喜欢的内容。换句话来说：小微创业者做自媒体，需要考虑的不是这个东西做出来后目标受众是否会喜欢；而应该是你自己是否喜欢。接下来，我举个简单的例子。

在2019年我健身的时候，我的私教准备做抖音短视频，并向我咨询建议。当时，我记得自己说的第一句话就是：“你一定要知道现在健身的人都喜欢看什么”。现在想起来，这个建议非常低端。然后，我从自己的角度出发，给了他很多我认为可能会受欢迎的方向，比如“28 天瘦腰腹”“丰胸与减肥同时进行”等。这些短视频主题确实能够吸引大量观众，这点无可否认。

然而，尽管我的私教非常努力地拍摄视频、引流推广，但最终并没有取得成功。后来我们在一起分析原因时，他的一席话让我深受触动。他表示，从专业健身的角度来看，我之前建议的那些主题并不科学，甚至有些误导人。比如，减肥和丰胸同时进行在生理上是不太可能的，而想要大腿有弹性就必须进行腿部训练，但这并不意味着腿就能变得又细又长。

这让我意识到，他在做自己并不喜欢，甚至不认同的内容。他真正热爱的是专业、科学的健身方法，以及由此带来的健身效果。这也让我认识到，对于自媒体小微创业者来说，与其去迎合大众口味、做那些自己并不喜欢的内容，不如专注于自己真正热爱和擅长的领域，做出有深度、有专业度的内容。

所以，我在这里给小微创业者一个建议（这个建议不适合有团队、有资源、有资本的创业者）：在内容产出上，只需要做自己喜欢的内容，不需要考虑目标受众到底喜欢什么，这样反而更容易成功。以篮球为例，在抖音短视频平台上，与篮球相关的视频类型多种多样，包括比赛片段、篮球教学、搞笑视频等。你会发现，每一类视频都有特定的受众群体。你需要找到喜欢的方向，然后全力以赴去做。

(4) 引导对方加你微信好友

当你发布了自己真正感兴趣的内容，并成功吸引到“同类”时，接下来的关键步骤就是如何将他们有效地引导到微信上。我有一个学员，她对星座非常感兴趣，于是她利用短视频平台创建了 12 个账号（对应 12 个星座），每天定时发布关于各星座明日运势的内容。她的视频制作简单而精致，布景讲究，加上她娓娓道来的讲述方式，很快就吸引了大量关注。

那么，如何在不违反平台规则的前提下，巧妙地将这些目标受众引导到微信上呢？我这个学员采取了以下两种方法。第一，在个人介绍中添加引导语。例如：“私信联系我，免费帮你看 XX 星座本周和本月的运势哦！”第二，在每个视频结束后的评论区进行引导。她会主动回复评论，并私信给对方她的微信号，如“加我 V：ABCD234，我发给你详细的星座运势。”就这样，她仅仅用了半年多一点的时间，就成功积累了 3 万多的精准微信好友。

(5) 建立兴趣交流群

接下来，当粉丝数量达到一定规模时，就可以开始建立私域流量池的雏形了——兴趣交流群。在创建和管理兴趣交流群时，需要注意以下两个操作细节。

◆群名称和群规。群名应明确反映群的主题和兴趣点，例如“XX 兴趣交流群”，并可以加上群主的昵称以增加亲和力。同时，群规要明确规范群内的行为准则，以确保群内氛围的和谐与积极。

◆社群裂变。鼓励群成员邀请他们的“同类”加入群聊，实现自然裂变。当群内提供的价值足够深入且独特时，这种裂变效应会更加明显，尤其对于小众兴趣群体而言。

（二）兴趣交流群的运营

运营兴趣交流群的三个技巧如下。

（1）一定要在群内分享大家感兴趣的优质内容

这是运营兴趣交流群的基础。作为兴趣交流群，我们必须确保在群内分享大家都感兴趣的优质内容，这些内容可以是图文链接、图片、短视频、直播等多种形式。为了丰富群内的内容，你可以从各个平台搜集相关的优质资源，然后整理成易于大家观看的“干货”，定期或不定期地分享到群里。这样做不仅能提升群成员的参与度和黏性，还能巩固你在群内的专家地位。同时，建议你参考【私域实战技巧 13】和【私域实战技巧 14】中的方法。

（2）定期举办常规社群活动

作为活跃社群的重要工具，我们在前面提到的猜电视剧名称、猜成语、红包雨、生日祝福、拜师等活动，都是很好的选择，应该定期举办，以便让群成员形成参与习惯。这里面有一个小细节需要注意：最好选择与群成员兴趣相关或能配合团购活动的奖品。具体而言，我们可以参考下列内容。

【私域实战技巧 15】社群活动——根据海报猜电视剧名称或电影名称

【私域实战技巧 16】社群活动——送生日祝福

【私域实战技巧 17】社群活动——拜师活动

【私域实战技巧 18】社群活动——黑故事游戏

【私域实战技巧 19】社群活动——猜歌名

【私域实战技巧 20】社群活动——掷骰子游戏

（3）大咖专业分享

在深入研究后，你便可以进行知识分享。不要认为专业大咖的分享有多么高深莫测或难以实现，具体可参考以下内容。

【私域实战技巧 32】社群分享嘉宾的主要来源

【私域实战技巧 33】社群主题分享的常见形式

【私域实战技巧 34】17 个标题写作模板

【私域实战技巧 35】如何准备社群分享的内容

（4）发起话题讨论

在兴趣交流群内，群成员对这个领域都或多或少会有一些了解，所以很适合进行相关的话题讨论。关于具体的操作技巧，请参考【私域实战技巧 37】。

（5）打造家庭般的归属感

打造社群归属感，是私域流量运营人员追求的高级目标之一。而兴趣交流群在这方面具有独特的优势。根据美国心理学家马斯洛在 1943 年提出的“需要层次理论”，“爱和归属感”是排在第三位的需求。当生理需要和安全需要得到满足后，人们就会产生更高层次的社交需求，即“爱和归属感”。

在当前中国社会，以“爱和归属感”为标志的社交需求凸显出来。心理学研究表明，每个人都害怕孤独和寂寞，都渴望归属于某个或多个群体。在现实生活中，这些群体可能表现为家庭、工作单位、协会、社团等；而在互联网世界，则体现为各种圈子、QQ 群、微信群等（这也解释了为什么几乎每个使用微信的人都会加入一些微信群）。人们可以从这些群体中获得温暖、帮助和爱，从而减轻或消除孤独和寂寞的感觉。

在微信群内，归属感的体现有以下几个方面：群内成员可以保持联系、建立友谊并获得支持；在面对外部挑战时，群成员之间能够团结一致、共同对外，增强彼此的认同感；当社群取得荣誉时，群成员会表现得更加团结和自豪。实际上，归属感的建立也意味着责任感的产生。

在打造兴趣社群归属感的过程中，有几个细节技巧值得注意。

【私域实战技巧 74】如何打造社群归属感

◆让群成员之间彼此关心

在兴趣交流群中，成员们拥有共同的理念和兴趣。在日常运营过程中，群主和管理员应该鼓励大家对取得成绩的群成员表示关心和赞美。例如，在一个烘焙兴趣群中，当成员分享自己的作品时，群主和管理员可以带动大家给予赞美和鼓励，甚至发放小红包以资激励。这种彼此关心的氛围对于归属感的打造至关重要。

◆建立统一的社群价值观

价值观可以理解为兴趣爱好的更高层次表现。一个社群之所以能够吸引成员并产生归属感，很大程度上是因为它拥有共同的价值观。因此，在社群建立之初就要明确交流的主题内容，并通过制定群规来规范成员的行为和言论。

◆帮助群成员解决三个问题

这三个问题是“我是谁”、“我应该如何行动”及“我有什么样的理念”。以公司园区内的跑步健身群为例，该群通过设置简单的门槛（如购买印有运动理念的文化衫）来明确成员的身份和理念。同时，鼓励成员设定个人目标并分享到群里以解决“我应该如何行动”的问题。至于理念方面则强调坚持跑步、健康生活等共同价值观。

◆让群成员能够清晰地感受到与群外部的界线

兴趣交流群的管理者要善于帮助成员划清与外界的界限。这有助于增强他们对共同价值观的认同感和彼此之间的了解。一种常见的方法是通过统一的文化衫或其他标识物来区分群内成员和外人。例如，户外运动群、自驾群、钓鱼群等都可能采用这种方式来增强团队的凝聚力和归属感。

（6）*必须有入群仪式*

这代表着你被正式认证并加入了微信群，成为社群的一员。加入社群，就意味着你已经与众不同，跨越了那条界限，你将拥有特权和归属感。因此，兴趣交流群的新成员加入时，必须有一种仪式感。以我们的跑步交流群为例，我们的仪式感如下。

◆群成员爆照

新进成员需要发一张自己的照片，最好是正在跑步的照片。我们在测试过程中发现，每次新成员爆照，都会激发群内的活跃度，尤其是当女性成员加入时。

◆新成员自我介绍

新成员主要介绍的内容包括：何时开始跑步的，每次能跑多少，以及为什么加入我们这个微信群。新成员的自我介绍，本身就是一个破冰的环节。

◆发红包

新进成员需要发一个 20 元的红包，数额虽小，但人人都能接受，这是一种仪式。这种仪式感实际上也在增强社群的归属感。

◆三天内拜师

我们要求跑步新手（老手不需要）进群后，三天之内从群里找一个人拜师，并举行简单的拜师仪式。这样不仅能让大家有更深入的交流，还能为线下交流提供机会（比如师傅带着徒弟跑步）。

（三）兴趣交流群的变现

在所有的非直接以销售为目的而建立的社群中，兴趣交流群的变现是相对比较容易的。群成员之间的共同话题和强烈的归属感，都为社群变现提供了便利条件。

（1）大咖分享和话题讨论过程中相关产品变现

在兴趣交流群的运营过程中，有两个非常重要的社群活动：大咖分享和话题讨论。对于这类社群，只要稍加努力，就可以通过这两个活动轻松变现，但前提是一定要变现与兴趣相关的产品。比如，我们在运营本地的一个烘焙交流群时，每周都会有一次直播形式的分享。分享者主要是三位社群的创办者，她们都是知性的宝妈。分享的内容就是现场制作一款小点心。每次分享时，气氛都非常热烈。制作过程中会用到一些工具和原材料，比如模具、搅拌器等，这些就是这个社群变现的主力产品。最成功的一次，我们在一个300多人的社群中卖出了90多单产品，一般也能卖出50单以上，客单价在100多元（主要是组合销售）。

话题讨论过程的变现则通常是通过意见领袖的推荐来实现的。在组织相应的话题讨论时，我们会安排意见领袖在活动中进行分享和引导，通过输出有价值的内容来带动产品销售。比如，我们曾在一个跑步群里组织过一次讨论：大家一般都什么时候跑步？晨跑好还是夜跑好？在讨论过程中，我们邀请了一位体育老师从专业角度进行分析，并推荐了一款售价为138元的手环。这个跑步群有400多人，最终卖出了70多单手环。

（2）团购活动变现

兴趣交流群相对容易变现的另一个原因是这类社群更容易形成意见领袖。如果你在某个领域有专长，比如篮球打得好或烘焙技术高超，你就更容易在相应的社群中成为意见领袖。而意见领袖在进行团购等活动时具有明显的优势，因为他们的推荐更容易获得群成员的信任。在实际操作过程中，我们可以按照以下步骤进行。

◆安排常规社群活动并进行团购通知

常规的社群活动主要是为了给团购造势，比如猜电视剧名称、猜歌名等。要设置奖品，如团购商品的免单名额和代金券。通常，我们会在多轮活动中送出一些免单福利和代金券，并提前通知即将进行的团购活动。在宣传这些活动时，要配上吸引人的文案：家人们，今晚我们将举行猜歌名活动，奖品丰富哦！其中有三名幸运儿将获得一箱来自山西的冰糖心丑苹果（10斤装）的免单机会，其他获奖者也能得到一张价值5元的代金券。活动结束后，我们将安排丑苹果的团购活动，届时大家可以直接使用代金券抵扣哦！

为了让更多人有机会获奖，我们会尽量让所有猜对的参与者都能获得代金券。

◆安排团购活动

接下来，把团购产品的相关信息发到群里，让大家有一个基本的了解。注意，购买链接中的价格要高于团购价格，以体现团购的优惠性。同时，要明确团购的时间、方式、注意事项及推荐理由等。

◆配合相关的红包活动

团购正式开始前，为了烘托氛围，可以组织一些红包活动，如“手气最佳者运气翻倍”、红包雨等。这些活动不仅能增加群成员的参与度，还能为团购活动增添一份乐趣。具体而言，我们可以参考下列内容。

【私域实战技巧48】红包配合营销活动——抢红包得代金券

【私域实战技巧49】红包配合营销活动——手气最佳，运气翻倍

【私域实战技巧50】红包配合营销活动——“手气最佳，运气翻倍”玩法升级

【私域实战技巧51】红包配合营销活动——红包奖励社群买家秀

【私域实战技巧52】红包配合营销活动——红包提醒营销活动

【私域实战技巧54】红包配合营销活动——安慰输掉的人

◆特殊说明

在进行团购活动时，我们建议首先从生鲜水果品类开始尝试，逐步引入其他商品，以便群成员能够逐渐接受并养成购买习惯。只要你能确保所售产品的品质和高性价比，团购就能成为一个非常重要的变现渠道。

（3）通过分享内容变现

分享内容仍然是一种常规的变现方式。在兴趣交流群中，意见领袖的推荐效果会更加显著。特别需要注意的是，分享的内容最好与群的主旨相关，这样能够提高变现的效率。

（4）“每日好物推荐”栏目

当团购和内容分享都步入正轨后，你就可以推出“每日好物推荐”栏目了。每天将产品的图片、推荐理由和购买链接等信息分享到群里，为群成员提供更多购物选择。

十、基于某一特定事物的交流群的运营与变现

我们之前已经对吃喝玩乐交流群、行业交流群和兴趣交流群等进行了变现分析。与这些社群不同的是，这里提到的“基于某一特定事物”的社群，可以理解为群成员因为某个共同关注点而聚集在一起。

对于这类社群来说，大多数情况下你只能选择加入，因为建立的成本相对较高。除非你本身对这类事物有极大的热情，或者你本身就是相关从业者（比如从事股票、基金行业，是4S店的销售人员，或者是职业粉丝等）。既然只能选择加入，那就意味着我们需要通过别人的流量池来实现变现。以下是一些相关的细节技巧。

（一）日常加好友

在通过别人的群进行变现时，日常加好友仍然是一项基础工作，具体方法包括在群里免费送东西以吸引添加好友、通过提问问题来添加好友等。具体而言，我们可以参考下列内容。

【私域实战技巧1】在群内通过“送宠物”的方式加微信好友

【私域实战技巧2】在群内通过“送母婴闲置用品”的方式加微信好友

【私域实战技巧3】在群内通过“送各种会员卡”的方式加微信好友

【私域实战技巧4】在群内通过“送会员资格或者课程”的方式加微信好友

【私域实战技巧6】女性账号在群里请教问题，被动加好友

（二）与群主建立良好关系

这是想在任何一个别人的社群进行变现时都需要遵循的基本原则：只有与群成员搞好关系，才有机会进行深度变现。因此，你需要遵守群里的各种规定，积极参与群主发起的话题讨论，并主动添加群主为好友，平时保持良好的沟通。在社交电商领域，先有“社交”再有“电商”，人际关系的重要性不言而喻。

（三）树立积极正面的形象

拥有“好人缘”是我们在多个变现场景中反复提及的关键要素。在社群中，乐于助人、积极热情、充满正能量、开朗大气等特质都能塑造您的正面形象。在条件允许时，不妨偶尔在群里发个小红包，金额虽小，却能刷一波存在感，对提升个人形象大有裨益（毕竟在大家潜意识里，那些从不发红包的人往往难以赢得他人的好感）。

（四）赞助社群活动

当然，并非所有社群都会安排社群活动（事实上，从国内私域流量运营的现状来看，不组织活动的社群占绝大多数）。一旦遇到有活动的社群，您可以主动联系群主，表示愿意提供奖品支持。奖品的数量可根据您的成本预算来定，一般来说，将总成本控制在100元以内即可。例如，您有一款成本10元、市场价30多元的产品，提供10份作为奖品，就已经相当有诚意了。

在您与群主关系融洽的基础上，这种赞助行为实际上也是在为您后续的团购活动预热。比如，您打算在群里组织一次生鲜水果团购，提前赞助几箱水果作为奖品，就能让获奖的群成员直接体验到您的商品品质。

（五）生鲜水果团购破冰

在这类以特定主题（如股票、某款车、某位明星等）为核心的交流群中开展团购活动相对容易。因为群成员平时关注的焦点较为集中，此时用大众消费品（尤其是生鲜水果等日常所需品类）作为切入点进行团购，不仅能有效打破群内固有的交流模式，还能在一定程度上活跃社群氛围，特别是当您的产品性价比极高时，效果更为显著。

团购的具体操作方式可参考我们之前分享的经验，比如配合“手气最佳、运气翻倍”等红包活动增加趣味性，并提前给群主（或群内意见领袖）邮寄样品以示诚意。这些举措都能在团购过程中产生积极的反馈。关于更详细的实操技巧，您可以参阅【私域实战技巧65】。

（六）日常分享变现

需要强调的是，之前提到的塑造积极正面形象、与群主建立良好关系等策略在这里同样适用。在社交电商领域，我们始终倡导分享有价值的内容，并巧妙地将产品广告融入其中。在许多社群中，随意发布内容（尤其是包含链接的推广信息）很容易触犯群规，甚至面临被踢出群的风险。然而，只要您与群主关系和睦，并在群内树立了良好的个人形象，那么您分享的内容自然能够吸引更多人的关注和认可。

十一、宝妈群的运营与变现

宝妈群是一个具有特殊性的存在，因此我们将其单独拿出来进行分析，而没有将其归类于其他群体。这种特殊性主要体现在以下几个方面：

（1）宝妈群体偏感性，容易被引导

女性的消费行为相对于男性来说偏感性，而成为母亲后，这种感性特征会更为明显，尤其是在宝宝年纪较小时。因此，宝妈的消费行为更容易受到各种感情因素的影响，从而更容易被内容引导，如图文、短视频、直播等。只要内容安排得当，就更容易实现转化。

（2）冲动消费，从众心理比较明显

“一孕傻三年”并不是说宝妈在这期间智商真的会受损，而是因为她们将更多的精力放在了宝宝身上，导致对其他细节和问题的思考减少。在这种情况下，宝妈更容易冲动消费，从众心理也会比较明显。看到其他宝妈购买了某样商品，她们可能就不会进行深入思考，而是直接下单。

（3）消费需求比较旺盛

我们在实际操作过程中发现，宝妈的消费需求在带宝宝期间会被放大。只要是高性价比的商品，尤其是与健康、食品、家居等相关的商品，宝妈的需求都会比较旺盛。

（4）时间充裕且碎片化

随着国家生育政策的完善，宝妈在生完宝宝后会有更充裕的时间在家照顾孩子。然而，由于需要带孩子，她们的时间会变得比较碎片化。这会导致我们在运营宝妈群时需要注意两点：一是在社群活动中，宝妈的参与程度会更高、更积极；二是由于宝妈们希望利用碎片化时间赚钱，因此在招募团队时，她们会表现出更高的兴趣和积极性。

（一）宝妈群的建立

在实际操作过程中，我们发现建立宝妈群相对容易，因为这群人对于专业育儿信息的一站式需求非常迫切。只要你能够提供有价值的内容，并提供恰当的诱饵，这种社群就比较容易建立起来。

建立属于自己的私域流量池无疑是首选，但加入更多的宝妈群依然很重要。一方面可以在这类群里直接变现，另一方面也是扩充自己的私域流量池非常好的阵地。因此，在本讲的最后一部分，我们将单独分析如何在别人的宝妈群里加好友和变现。这里无特殊说明的情况下，仅指自建宝妈群。

需要强调的是，在自建宝妈群的情况下，“本身就是一个宝妈”这个标签非常关键。虽然在不是宝妈的情况下也可以虚拟一个宝妈身份，但在共同话题的沟通和感同身受方面存在着天然劣势。因此，我这部分的变现分享更适合宝妈群体。建立宝妈群的实操技巧如下。

1. 加入尽可能多的宝妈群

如果自己是个宝妈，就会有各种各样的机会加入这样的社群，如母婴用品店、网上购物平台、幼儿园的宝妈群，以及亲朋好友介绍的宝妈群等。不要怕群多了会很烦，只要是能加入的就加入，因为我们的目的就是为了届时能加人，为搭建我们自己的私域流量池做准备。如果怕消息太多，那就设置消息免打扰。进群后根据对方的要求修改群名片，一定要遵守群规。具体的加群方法见【私域实战技巧 2】。

2. 去平台分享相关的内容

这是最核心的方法：只要你持久地坚持，就必定会有所收获。别担心找不到相关素材，互联网资源丰富，只要你用心搜寻，定能找到所需。通过整理和归纳这些素材，按知识点分类，然后分享到相关平台，你就能展现出自己的专业素养。与大多数人相比，你的专业度将会更高，这就是你的优势所在。近期我们实践发现，抖音、快手等短视频平台是分享内容的极佳选择。你可以选择出镜讲解，也可以采用声音配图片的形式呈现。只要内容充实有深度，就能够吸引精准人群的关注。

3. 准备宝妈感兴趣的干货内容

在准备宝妈们感兴趣的干货时，可以整理成电子书、文档、思维导图等形式。如果有时间、精力和能力，还可以将这些内容整理成视频课程作为诱饵提供给宝妈。我们在操作过程中还采用了一种方式，即购买现成的大咖课程，然后下载视频或录屏，将这些内容作为干货福利包分享给加微信的好友。不过需要注意的是，要与大咖沟通并取得传播权。

4. 引导加微信好友

如果是做抖音、快手等短视频平台，在引导加好友时主要有以下三种方式。

（1）个人介绍里引导

当然，从表面上来看，各个平台通常不会允许在个人简介中直接展示个人微信号，因此我们需要采取既隐蔽又能让他人理解的方式，同时辅以一定的诱因进行引导。

◆不要直接写“微信”等字样

不要在个人简介中直接写“微信”等字样，可以使用谐音、图标或隐晦的词汇来表达。

◆个人介绍里面引导发私信

由于平台不希望用户在其上进行直接的社交活动（比如留微信），它们通常都提供了私信功能。因此，你可以以一种提供价值的方式，在个人介绍中引导用户给你发私信，并在私信回复中提供个人微信。例如，如果你从事母婴短视频内容创作，你可以在个人介绍中这样写道：发私信给我，分享你家宝宝的基本情况，我将为你定制一套专属于你家宝宝的运动锻炼计划，完全免费哦！

当用户给你发私信时，你可以在私信中这样回复：由于内容较多，请加我的微信（注意避免直接使用“微信”二字），并备注 XX，我会将计划发给你。

◆为用户提供加你的充分理由

也就是要给予用户某种“好处”，使她们有动力添加你的微信。这取决于你的定位和目标受众的需求。你可以通过分析目标受众的标签和痛点，来设置相应的诱饵。这些诱饵可以是干货资料、福利赠品、咨询服务、指导建议、会员资格、图片集、课程资料等。

（2）短视频作品中进行引导

当然，在短视频内容中直接展示微信号是不被允许的，这样做很可能导致视频被平台删除或限制。因此，更安全有效的做法是通过提供诱因在短视频中进行引导。具体引导方向如下。

◆引导用户在评论区互动

例如："在评论区回复 XX，即可免费获得 XX 东西"；"在评论区留言，即可获得 XX 福利"。当用户按照要求评论后，你可以回复她们：由于内容较多，请添加我的微信（注意措辞），并备注 XX，我会免费为你分析解答。

◆引导用户查看个人介绍

例如："想要获取更多福利，请查看我的主页并添加微信（在个人介绍中有引导信息哦）！"

◆引导用户通过私信联系你

例如："私信联系我，即可获得专属优惠"；"私信联系我，免费领取一本电子书"。这种引导话术一般出现在视频的中间或结尾部分，但要注意植入得自然而不生硬，以提高引导效果。

（3）在直播时进行引导

同样需要注意提供诱因让用户有动力添加你的微信。在直播过程中，虽然可以直接说出微信号，但也要注意方式方法，避免被封禁。比如：你可以把微信写在一张纸上，然后放在直播间一个别人可以看到的地方，还可以引导看直播的人查看你的个人主页等。

5. 搭建私域流量池雏形

当你添加了三五十个好友后，便可以着手创建一个微信群，以此搭建私域流量池的初步框架。群建立后，应明确定位为"母婴交流群"，并且不要急于实现变现。

6. 基本群规的建立

通过群公告和群消息，向大家明确群内发言的规范。对于母婴群而言，尽管敏感言论的风险相对较小，但仍需声明禁止发布广告、各种站外链接，以及砍一刀、助力请求等信息。一旦放开这些限制，母婴群很容易变得混乱，因为宝妈们对这些内容的需求很大。如果需要修改群名片，告诉大家修改成什么样子，一般我们常用的格式都是：宝宝昵称 +（父或母）+地域。

（二）宝妈群的运营

从某种意义上说，宝妈群的活跃度相对容易提升，因为大多数宝妈的时间比较充裕，看孩子无聊时首选的消遣方式也是手机。更为重要的是，她们对于如何更好地养育宝宝有着强烈的交流愿望。

（1）持续不断地分享专业的育儿知识

几乎所有的宝妈在有宝宝之前都没有系统地接触过专业的育儿知识。因此，在育儿方面，大家都是非专业的。对于宝妈群而言，群成员最核心的诉求是：在遇到育儿相关问题时，能够在群里得到解决。所以，育儿知识的分享可以分为两部分。

◆及时回复群内问题

宝妈们在遇到一些紧急情况时，如孩子吐奶、食欲不振、发烧等，都希望能够尽快得到相对专业的回复。如果你能在群里及时帮助宝妈们解决问题，无疑将有助于提高社群的黏性和后期的变现能力。这就要求你掌握一定的育儿知识，至少养成勤于搜索的习惯。如果群里能有专业的医生加入，那就更完美了。

◆分享有价值的育儿干货

分享的内容可以是图文链接、图片、电子书、短视频、课程、思维导图等任何格式，只要是与育儿相关，就可以经常分享到群里。这些资源对于提高社群黏性非常有帮助。

（2）专业的大咖分享

如果你的社群中能邀请到专业的大咖进行分享，那将对社群运营产生更大的帮助。这里的大咖只是一个相对的概念，只要你比群里的大多数人都强，或者拥有一个特殊的身份（如医院的医生），就可以承担大咖的角色。

（3）固定的社群活动

前面已经提到，宝妈们的时间普遍比较充裕，也有与群成员沟通交流、拉近感情的需求。所以，宝妈群比其他社群更好开展固定的社群活动。这些社群活动都以提高社群活跃度、增加社群黏性为目标，比如生日祝福、拜师活动、猜成语、猜电视剧名称、猜歌名等。可以每周在固定时间举办两次活动，并提前预告每次活动的具体内容，同时设置一些小奖品。这样成本不高，但效果会非常好。具体而言，我们可以参考下列内容。

【私域实战技巧 15】社群活动——根据海报猜电视剧名称或电影名称

【私域实战技巧 16】社群活动——送生日祝福

【私域实战技巧 17】社群活动——拜师活动

【私域实战技巧 18】社群活动——黑故事游戏

【私域实战技巧 19】社群活动——猜歌名

【私域实战技巧 20】社群活动——掷骰子游戏

（4）简单的社群打卡活动

简单的社群打卡活动是为了培养群成员“遵守命令”的习惯，同时也是为了增加全成员的归属感。比如，一日生活规律化活动就有很多值得打卡的小任务，比如每天早起等。详情参照：

【私域实战技巧 24】社群打卡活动——一日生活规律化

【私域实战技巧 25】社群打卡活动——每天读几页书

【私域实战技巧 26】社群打卡活动——彩虹夜听

【私域实战技巧 27】社群打卡活动——客厅健身房

【私域实战技巧 28】社群打卡活动——每天学习一个小知识

【私域实战技巧 29】社群打卡活动——各种培训的社群打卡训练营

【私域实战技巧 30】社群打卡活动——创业训练营

【私域实战技巧 31】社群打卡活动——双社电商训练营

（5）打造社群仪式感

打造社群的仪式感非常重要，可以通过新人入群仪式、举办各种活动、设立社群打卡等方式来实现。仪式感的营造能够增强社群的归属感，为后期的变现奠定坚实的基础。

（三）宝妈群的变现

（1）内容分享过程的变现

两个重要特点决定了在宝妈群通过内容分享并软性植入产品广告的方式进行变现会更容易，且转化率更高。首先，宝妈们有更多时间和兴趣去查看并分享这些群里的有价值内容；其次，宝妈们的消费行为更易受内容引导，这是由她们的感性特征所决定的。

我们的双社电商平台为参与双社电商项目的每一位小微创业者提供了丰富的推广素材，包括图文、短视频、直播活动等多种形式。大家只需根据个人喜好进行选择，同时遵循一个基本原则：优先选择与母婴、健康、家居和正能量相关的内容。

（2）分享直播过程的变现

在宝妈群进行分享直播时，应主要分享与育儿相关的内容。在直播过程中，可以适时植入相关产品，但不要单纯进行直播带货，这通常并不受欢迎，除非你在该领域具有很强的感染力，并拥有出色的供应链。

（3）团购活动

团购活动非常适合在宝妈群中开展。优先选择母婴用品，其次是生鲜水果、食品、各地特产和家居用品等。不要单独进行团购活动，可以配合红包活动来提高参与度。在成本可控的情况下，可以向群里的活跃分子邮寄样品，这在团购时能起到很大的推动作用。在宝妈群中组织团购时，请注意尽量采用团购接龙的方式，因为宝妈们的消费行为往往具有较强的从众性。

（4）“每日好物推荐”栏目

只要你能够给大家提供高性价比的优质好物，就可以推出“每日好物推荐”栏目了。

（5）建立自己的团队

变现的高级境界，就是建立属于你自己的团队。首先你在群里要保持活跃，争取树立一种比较成功的“时尚辣妈”的形象，比如经常发一下红包，晒一下自己的生活日常等。在恰当的时候，你也可以在群内分享招募代理的软文。

（四）如何在别人的群里变现

变现的高级阶段是建立属于你自己的团队。首先，你需要在群里保持活跃，努力树立一种成功的“时尚辣妈”形象。例如，经常发红包、分享自己的生活日常等。在适当的时机，你可以在群内分享招募代理的软文，吸引更多人加入你的团队。

（1）怎样在别人的群里加人

在宝妈群中，我们常用的加人方法如下。

【私域实战技巧 1】在群内通过“送宠物”的方式加微信好友

【私域实战技巧 2】在群内通过“送母婴闲置用品”的方式加微信好友

【私域实战技巧 3】在群内通过“送各种会员卡”的方式加微信好友

（2）与群主保持沟通

因为是在别人的社群里，所以为了后期的变现能够顺利进行，一定要与群主搞好关系。这类社群的群主通常可以分为以下三类。

◆自己认识的熟人

亲朋好友、同事、同学等建立的宝妈群，这是最理想的状况，沟通起来会比较容易。熟人建立宝妈群的目的通常有两种：单纯为了沟通交流或为了营销变现。如果是前者，那么你在沟通的时候，要让对方相信你的变现行为不会影响社群稳定；如果是后者，你的营销变现不能与对方的产品或服务冲突，且能够给对方带来增量。当然，谈好收益的分成比例也是必不可少的。

◆非熟人建立的以营销为目的的社群

这类常见于线上线下母婴用品店建立的客户粉丝群，对于这种社群，在做营销变现时要非常谨慎，因为对方通常对其他营销行为持严格态度。保持与群主的沟通至关重要，以便在触碰对方规则时能够得到谅解。

◆专业机构建立的社群

这类社群一般由医院、月子中心、妇幼保健中心、公益机构等建立。宝妈们加入这类社群的主要目的是在遇到问题时能够得到解决，群主往往是一些专业人士。在与这类社群的群主沟通时，我们有一个小技巧：经常在群里@群主（或者负责人）提问，并在对方回复后发个红包表示感谢，可以在群里发专属红包或私发红包。

（3）在群里保持活跃

其实所有的社群都一样，只要想营销变现，保持活跃度都是必不可少的。最好让群里的每一个人都知道你，并且对你留下好印象。当群里有人问问题时，无论是否懂得答案，都要积极回应；有话题时参与讨论；对别人表示赞赏和支持。

（4）树立充满正能量的时尚辣妈的形象

在群里，首先要树立一个积极、热情、充满正能量的形象。然后，通过发红包、分享生活日常等方式，侧面展现自己作为一个时尚辣妈的形象。这对于你的营销变现和代理招募都是有帮助的。

（5）与活跃的宝妈保持良好关系

在群里交流的时候，要有意识地关注那些比较活跃、比较积极的宝妈，主动加她们好友，平时她们在群里聊天的时候，多多互动，保持良好的关系。在搞团购的时候，先给这几个宝妈通过私聊的方式邮寄一些样品（因为我们主要还是通过生鲜水果品类破冰，送吃的对方更容易接受），并且侧面说明自己的意图：亲，我亲戚（或朋友、同学）家里有个果园，今年苹果大丰收，但收水果的人迟迟不来，价格也一直上不去。这一家老小就全靠这些水果过活了。我想帮帮他们，把苹果卖出去。我打算先给群里几位比较熟的姐妹邮寄一箱尝尝鲜，看看品质如何。我自己尝过，觉得味道还不错。如果姐妹们也觉得好吃，那我就有信心在群里推广销售了。

（6）与群主协商以赞助的方式开展团购活动

在别人的社群里搞团购，必须征得群主同意，并获取其支持。如果是自己熟人的群，会比较好办。如果是非熟人的社群，我们一般会这样跟群主沟通：群主，您好！我想跟您商量个事儿。我朋友家里种苹果，今年收成特别好，但一直找不到买家，价格又上不去。我想在咱们群里帮他卖苹果，您看行吗？我自己吃过，品质绝对有保障。我想先给您和群里的几位宝妈寄点样品尝尝，如果大家都觉得好吃，我就在群里组织一次团购活动。当然，我会以赞助的方式来进行，比如搞点红包活动之类的，让大家都开心开心。

如果群主同意了，我们就可以以赞助活动的方式开展团购了。一般来说，发个红包活跃一下气氛就可以开始团购了，比如设个“手气最佳，运气翻倍”的奖项，或者让大家抢红包得代金券等。

（7）跟群主合作，推出“每日好物推荐”栏目

这一步的前提是团购活动已经形成了一定的惯性，并且取得了不错的效果。到这个时

候，这个群基本上就可以算是你的私域流量池了，只不过你需要把部分收益分给群主和其他合作伙伴。在这个基础上，你可以跟群主进一步深化合作，推出“每日好物推荐”栏目。这个栏目同样需要配合一些活动来开展，具体细节可以参考之前的分享。

（8）日常分享变现

如果团购和每日推荐好物等变现方式都无法顺利开展的话，那么日常分享变现就是一个比较稳妥的选择了。你可以把平台提供的内容素材分享到群里，加上一些推荐文案。考虑到群里主要是宝妈用户，你可以根据她们的购物行为特征来进行分析和推荐。这种通过内容引导消费的变现模式通常效果还不错。

十二、如何利用特殊身份进行变现

这里所说的“特殊身份”主要指那些具有吸引流量、增加粉丝先天优势的人群，比如医生、健身教练、教师、中介、培训讲师等。在进行私域流量变现时，这些人需要格外谨慎，不能单纯以变现为目的进行运营。他们需要更加注重内容的质量和服务的专业性，以建立长期稳定的信任关系为基础进行变现。

（一）日常朋友圈的布局

对于这类特殊人群，日常朋友圈布局的核心目的就是维护好自己的特殊身份，因为这种身份本身就是一种重要的人设。

（1）破坏人设和形象的内容不要发

他们应避免发布消极、反动、低俗、有争议或破坏形象的内容，这些内容会逐渐消耗他们本身具备的人设优势。从某种意义上讲，在社交中，拥有这些特殊身份的人在与微信好友沟通时，往往处于优势地位。例如，老师会受到学生的尊重；幼儿园老师的话对家长来说如同“圣旨”；医生的建议往往会被患者严格遵守。因此，维护这种社交优势地位至关重要。

（2）快速成为一个意见领袖

利用“特殊身份”的先天优势，他们可以迅速成为意见领袖。在朋友圈内，他们应多分享与自己身份相关的内容，如健身教练分享健身知识，大学老师分享专业相关知识，医生分享日常养生常识等。同时，他们应及时回复微信好友的相关问题，因为对方的提问是出于信任，而每一次的回复都在为这种信任加分。这样，他们很快就能在别人眼中树立起热情、乐于助人、专业的意见领袖形象。

（二）建立私域流量池

在建立私域流量池时，这类“特殊人群”具有先天优势。以我们“彩虹优选”项目的讲师为例，有一个大学老师，拥有两个微信号，其中的一个有3000多个好友，另外一个有4000多个好友。当时我挺惊讶，然后就问她，这么多好友是怎么积累的。她跟我讲，很简单啊，我每个学期的学生能有三五百，一年下来基本能有1000人左右了。在上课的时候，我都会让他们加我微信好友，方便问题沟通和请假等事务的处理。这就是她的先天优势。

【私域实战技巧75】拥有特殊身份的人如何快速建立私域流量池

同样，专业的培训讲师、专业的健身教练、幼儿园老师（幼儿园老师的优势更明显，每个孩子的家长都会加你，并且会非常尊重你）等具有先天优势。这些人在添加好友的时候往往备受欢迎，只需要在恰当的场合大方地展示自己的微信二维码就可以了。大家会非常乐意加他们为好友。

关于建群的问题，需要根据特殊情况来区分。例如，幼儿园老师一定要建家长群以便与家长沟通；大学老师也会组建班级群用于布置作业和集中答疑等。然而，对于健身教练和培训讲师等需要持续输出价值的人来说，在建群时就需要考虑如何持续提供有价值的内容和如何有效管理群成员等问题。这需要他们在运营上投入更多的精力和时间。以下是一些针对这类人群建立微信群的简单建议。

◆具备一定的基数

你有三五十个微信好友时，就可以开始建立微信群了。这是社群沟通和维护的基本门槛，人数太少达不到“群”的氛围。

◆想好建群的理由

最开始，通常可以直接拉人建群，后期再进行裂变。由于拥有特殊身份，因此建群的理由都会比较简单，比如健身教练可以创建学员群，用于指导大家健身和分享健身知识；培训讲师可以建立学员群，分享自己的心得和专业领域的干货；医生可以建立答疑群，帮助大家解决问题并分享医学知识。一般会先在朋友圈简单说明一下，然后直接把目标受众拉进群即可。

◆让你的粉丝习惯遵守命令

建好群名称，关键是制定好群规，并且以群公告的方式通知到每一个人。要规定好可以做什么、不能做什么，并要求大家修改群名片。这是一个简单的“命令”有助于大家形成习惯，也有利于后期的变现行为。

◆发红包

当群聊建立起来后，你可以考虑发一个红包来热场，这样不仅可以提升群聊的活跃度，还能让更多人注意到这个群的存在。

（三）私域流量池的运营

具备“特殊身份”的人在进行私域流量池的运营时，为了后期的变现着想，要注意以下几个细节。

（1）保持发朋友圈的频率

不管是因为忙，还是因为其他原因，都不要忽略朋友圈的更新。这是一种提示存在感的重要方式，并且设置成朋友可以看全部内容（不要设置三天、十天等可见）。你可以分享专业知识、生活状态或推荐优质内容。每天三五条的更新频率（在变现前）对于私域流量池的运营很关键。

（2）多沟通、多交流

保持与他人的沟通和交流。别人问你问题时，要及时回复；点赞和评论他人的朋友圈；当有人评论你的朋友圈时，也要及时回复。只要别乱说，你会很快变成一个专业的“社交达人”。

(3) 充满正能量

不管是在群里一对多的沟通，还是单向的一对一沟通，都要努力做一个充满正能量的人，展示给目标受众一个积极的、乐于助人的、喜欢沟通的形象。

(4) 偶尔做一些社群活动

为了活跃社群，可以根据自己的人设定位开展一些社群活动。例如，医生可以发起“一日生活规律化”的社群打卡活动；健身教练可以开展客厅健身房活动；老师可以组织每天学习一个小知识的社群打卡活动等。此外，还可以适当开展生日祝福、猜成语、猜歌名等活动。

(四) 私域流量池的变现

因为这类人群的身份比较“特殊”，所以在进行变现的时候，不能“随心所欲”，要在维护特定人设形象的前提下，掌握相应的变现技巧。

1. 一定要确保高性价比的品质好物

拥有“特殊身份”的人，在通过卖货的方式进行变现时，只能推荐那些真正高性价比的品质好物。如果站在粉丝的对立面考虑问题（只想着变现赚钱），推荐一些毛利高但并不能让人满意的商品，那么这种因为“特殊身份”所带来的信任感会迅速消耗殆尽，并且可能影响你在现实生活中的声誉。即使粉丝们没有在网络上或者现实生活中传播负面消息，在他们的内心也会形成不良印象。

2. 进行一次计划周密的团购行为

这类私域流量池进行变现时，首选还是团购行为。但因为团购发起人的特殊身份，所以在具体执行时，要注意很多细节，确保是一次计划周密的团购行为。

【私域实战技巧 76】拥有特殊身份的人如何策划一次周密的团购行为

(1) 要以生鲜水果来破冰

生鲜水果是一个易于切入的品类，具有大众需求、低客单价、冲动型消费特征明显，以及容易受到下单氛围影响等特点。对于特殊身份的人发起的团购行为来说，这一点尤为重要。从某种意义上来说，这是最安全的选择。

(2) 朋友圈提前布局

为了让整个计划更“无懈可击”，在团购发起之前，需要在朋友圈进行相关的布局。我们经常运用的思路如下。

◆第一步：收到礼物

将产品自然地引入话题。通常情况是收到别人邮寄的礼物，并表达感动。参考文案如下：今天收到一份小惊喜，我以前的一个学生家里的苹果熟了，特意给我邮寄了两箱。

◆第二步：称赞产品

以买家的身份称赞产品，从侧面展示你对产品的认可，参考文案如下：这个苹果超级好吃！虽然看起来很丑，但确实是我吃过的最好的苹果了。它让我想起了小时候的味道。今天已经吃了两个了。

◆第三步：提议团购行为

在这个环节，我们通常会制作一些聊天记录（与给你邮寄苹果的人之间的对话），涵盖的信息大致如下（模拟聊天）：

你："XX，苹果太好吃了，家里人都非常喜欢，你们怎么卖的，我买几箱吧。"

对方："看您说的，您买啥买，好吃我就再给您邮寄，不值几个钱的。"

你："那怎么行，这一大箱的苹果怎么也要 XX 钱了吧，我准备买 10 箱，顺便送人。"

对方："真的不用的，今年苹果丰收，根本不值多少钱，我们这一箱苹果往外卖，才 XX 元，我给您邮寄就行了。"

你："那不行，要不你看这样吧，我要 10 箱，你给我便宜点儿。我再看看朋友有没有要的，帮你推销一下。"

然后，将这些聊天记录截图发到朋友圈，配上产品图和聊天截图，参考文案如下：朋友圈的微信好友们，这是前几天我那个学生给我邮寄的苹果。她家今年苹果大丰收，目前还有很多存货。我准备发起一次团购活动，有没有想要的？

(3) 以推荐的方式发起团购

为了让整个的行为更加自然，我们会提前把"被推荐人"安排到群里。发起团购时，就可以在群内发消息：亲们，@XX，就是前几天给我邮寄苹果的学生。她家今年苹果大丰收，准备在咱们群里搞一次团购。十斤装只需要 XX 元。我们大家来接龙哈。

(4) 发红包表示感谢

作为群主，在开始团购接龙后，为了表示感谢，你可以在群里发个红包（被推荐人也可以发个红包）。这样抢了红包的人一般都会下单支持（只要价格合理）。

(5) 二次团购

如果第一次团购比较成功的话，还可以发起二次团购。在二次团购时，可以由被推荐人出面配合一些红包活动，比如"手气最佳，红包翻倍"等，活跃社群氛围并烘托销售气氛。

3. 单独建立购物粉丝群

这一步很关键。你要把买了东西的人，单独拉进一个粉丝群，理由也简单：需要通知各种信息。这样做能在最大程度上将卖货变现与你自己的人设"划清界限"。在后期的变现行为中，这个单独的购物粉丝群将会成为你的主阵地。另外，在进行私域流量池的裂变时，这个购物粉丝群将是主力军。

4. 团购常态化

最开始的两三次团购都可以是同一个产品，然后注意收集每一次的正向反馈。这些是你发朋友圈并逐渐将团购行为常态化的重要"舆论武器"。比如，可以在做完三次团购后，在大群和单独的购物粉丝群里发一下如下消息：家人们，咱们已经团了几次的苹果，一直好评如潮。我前天与我这个学生聊天，发现她家里还有梨和柿子饼。她也给我邮寄了两份。我尝了尝，依然非常好吃！但是，我自己的意见不能代表大家伙的意见，所以我跟她商量了一下，能不能拿出一些，让大家先尝尝。她非常爽快地答应了，并且准备了 5 箱送给大家免费尝一下。但是数量有限，不能每人都有份儿，所以咱们来玩个小游戏吧，获胜的人就可以得到这些美味的水果和柿子饼哦！

接下来就可以通过猜成语、猜电视剧名称等社群活动来选出获奖者。等团了 3～5 个的单品后，就可以在群里发征集其他的团购商品的消息了：家人们，这段时间我们连续组织了几次团购活动，产品的性价比非常高，受到了大家的一致好评。因此，我们考虑将这种团购活动常态化，继续为大家寻找品质优良的好物。如果群里有成员拥有好的货源或者供应链资源，欢迎联系我，我们会进行筛选后组织团购。让我们一起享受团购带来的实惠和便利吧！

在我们常规的操作中，逐渐增加的产品顺序如下：生鲜水果、其他特产食品、日用家居、其他等。

5. 每日好物分享

在整个过程中，我们要不断地将新客户拉入专门的购物粉丝群。随后，在团购活动形成一定规律后，我们可以加入每日好物分享环节，每天推荐的商品不超过 5 个。在分享时，要注意内容的多样化，包括图片、短视频、图文结合、直播等多种形式，以吸引更多人的关注和参与。

6. 日常内容分享变现

这一点可以通过我们的双社电商平台来实现。我们可以利用平台准备好的大量图文、短视频、直播等素材，针对目标受众的实际情况进行分享，并植入软广告来实现变现。

第二章 “内容引导消费”的变现实操

通过有价值的内容来引导并激发购买需求，是我们双社电商项目的一个核心理念。基本的操作逻辑很简单：我们通过各种渠道（如群发、微信群、朋友圈、一对一私聊等）向目标受众分享有价值的内容（如图文结合的文章、短视频、文案、直播活动等）。这些内容会产生潜移默化的影响，从而激发用户原本不强烈甚至不存在的购买需求，最终促成订单生成。

一、逻辑的合理性

这个操作逻辑的合理性基于以下三点。

（1）紧迫性需求或者刚需，基本会通过平台来满足

这是因为电商平台已经足够成熟和专业，在信任度、物流、服务、供应链、售后等方面相比于私域电商来说优势非常明显。因此，对于消费者必须购买或尽快要购买的商品，目标受众首选都是如淘系、京东、拼多多等平台。而平台持续推出的大促活动又会进一步满足这种紧迫性需求。这也是为什么我们一直在强调一个问题：平台电商最终会变成品牌商和大卖家竞争的主要场所。

（2）硬广直推模式的局限性

这并不是说硬广直推模式完全不可行，只是它在某些情况下可能不太适用，尤其是对于小微创业者而言。这种局限性主要包括以下三点。

◆投入周期长，见效慢

硬广直推模式的第一个问题就是，如果只是有限次数的投放，很难见到明显效果。在任何平台上，都需要多次投放才能强化消费者记忆，达到品牌宣传或提醒的效果。

◆投入规模大

由于通常在成熟的广告媒体上投放，投入规模较大，往往不是小微创业者所能承受的。

◆消费者感官疲劳

广告无处不在，使消费者的感官产生了一定程度的疲劳。

（3）碎片化内容的崛起

因为无线互联网和手机技术的发展，大家会发现自己的时间被碎片化了。比如，在PC时代，用户上网集中在晚上和周末、节假日。但现在，无论是吃饭、早起、等公交车还是上厕所，几乎每一个时间段都可以方便地打开手机进行购物、娱乐和浏览信息。

这种碎片化时间的现象直接导致了碎片化内容的崛起。碎片化内容并不是完整的内

容，它可能只是针对某个具体方面或问题提供的信息。比如，关于减肥的内容，完整的内容可能包括肥胖原因、危害、减肥方法及饮食运动建议等各个方面，而碎片化的内容可能只是简单地介绍“肥胖的人如何化妆更好看”。

上述现象表明，以有价值的内容为载体，通过软广告的模式刺激需求、引导消费，将成为一种极其重要的营销方式。

二、内容的类型

从私域电商运营的角度来看，我们分享的内容至关重要。简而言之，目标受众平时关注什么，我们就应该分享什么。常见的渠道包括今日头条、知乎、小红书、抖音、快手、微信、微博、公众号、视频号、新闻客户端等，而内容的形式则包括图文、短视频、直播、图片、思维导图、笔记、电子书等。

三、对内容的要求

在进行内容分享时，我们需要考虑以下三个前提。首先，由于渠道众多且手机使用便捷，人们可以轻松关闭不感兴趣的内容。因此，我们必须确保所推送的内容能够吸引目标受众的兴趣。其次，面对众多的选择，目标受众往往缺乏耐心去筛选内容。因此，我们的标题和内容开头（尤其是前10秒）必须具有吸引力，以免他们立即放弃。最后，时间和地点的碎片化导致内容消费也呈现出碎片化的特点。因此，在大多数情况下，我们不应期望通过一个内容解决所有问题，而应专注于解决目标受众的某个痛点或他们感兴趣的问题。基于这三个前提，能够用于分享和变现的内容，需要具备以下几个特点。

（1）真正有价值

你所分享的内容一定要是目标受众喜欢看的，它可以是很专业的、有用的知识，可以很有意思，可以是新奇的事物，可以是很感人的故事，也可以是当下的热点话题等。

（2）内容的标题和开始很重要

标题是影响点击率的关键因素，无论提供的是什么形式的内容，一个吸引人的标题都是基础。即使你的内容再好、产品再有优势，如果目标受众不被标题吸引进来看，也是没有任何意义的。接着是开头的部分，无论是文字、视频还是其他形式的内容，由于用户关闭内容非常方便，所以必须在开头就迅速吸引住用户的注意力，让他们愿意继续往下看。

（3）不要使用太专业的术语

在绝大多数情况下，我们面对的都是普通大众，因此在分享内容时，应尽量避免使用过于专业的术语。那些能够用简单的语言将专业知识解释清楚的人，往往更容易成为意见领袖并获得话语权，即使他们分享的内容在专业人士看来可能很基础。

（4）广告的软性植入

表面上看起来，广告的软性植入可能是一件让人纠结的事情，但其实根本不复杂。我们的目的是通过内容分享进行变现，所以巧妙地进行软性的广告植入是必要的。不要担心广告被看出来（实际上，如果看不出来才更需要担心，因为那可能意味着广告没有达到预期效果），肯定会有一部分人不喜欢广告，这是转化率的问题。

四、通过哪些渠道来进行分享

在双社电商项目中，这些具有变现潜力的优质内容，可以通过如下渠道分享给目标受众。

（1）朋友圈

朋友圈是一个非常重要的分享渠道。根据不同的内容形式，我们可以选择不同的分享方式。

◆文章

公众号的内容可以直接转发到朋友圈，同样，我们平台的图文素材也可以直接转发。在转发时，通常建议配上推荐文案。具体的推荐文案，大家可以根据自己的语言风格和目标受众的特点来撰写。不过一般来说，我们在推荐语中不会透露广告内容，而是以“引导点击阅读”为主要目的。

◆视频

目前，我们的双社电商平台支持在图文素材中嵌入视频进行展示。因此，如果我们有短视频内容，我们会通过一篇图文来展示它。其他方面的要求与文章相同。

◆直播

为了让更多的小微创业者都能够零基础地从事我们的项目，不需要掌握各项其他的专业技能（会写文章、会做短视频等），我们会把图文、视频、直播、图片、笔记、电子书、视频课程、干货包等，整理成推广素材，并且绑定社交关系，即只要你推广了，任何人任何时候看到，都可以绑定社交关系。所以，我们真正实现了：小微创业者只需按照我们的要求操作，零基础、零风险创业。他们只需一部手机、碎片化时间和一定的社交资源（如微信好友），便可轻松上手。

◆图片

在朋友圈分享图片很简单，每个人都可以做到。我们可以将要分享的主要内容通过图片的形式展示出来，并在图片上添加购买二维码。文字内容可以是对分享内容的提炼和概括，然后加上一句引导语（或者在评论区添加），例如“大家可以点击放大下图，浏览详细内容。”

◆电子书等干货文档

我们可以将广告植入到电子书等干货文档中，然后在朋友圈分享这些文档的介绍。如果有感兴趣的朋友，他们可以通过微信联系你，你再将含有广告的干货文档私下发送给他们。

（2）*微信群*

在微信群里进行分享时，我们可以直接发送短视频、图片、文案、电子书等干货文档。如果内容以文章的形式呈现，我们可以发送图文链接。在正式分享前，通常也需要一段推荐文案来引导大家观看或者点击阅读。

（3）*微信群发*

适合微信群发的一般都是文案或者图片。然而，由于文案和图片所能承载的信息量有限，因此微信群发往往作为其他渠道的辅助手段。例如，如果我们在朋友圈分享了一些内容，那么可以通过微信群发来增加这些内容的曝光度，文案内容主要是引导目标受众查看我们的朋友圈。如果我们想分享干货文档，那么可以通过微信群发的方式告诉大家，需要干货的可以私聊（或者回复“1”），然后你将干货文档发送给对方。

五、分享的频率与时机

传统的微商之所以被人诟病，很大程度上是因为他们在发布广告（无论是软广告还是硬广告）时，没有合理规划频率和时机。例如，我们的一些学员可能认为只要分享的是有价值的内容，就可以频繁发布，于是将图文素材一股脑地（不分内容是否针对目标受众、不分时机）转发到朋友圈。然而，这样做不仅可能无法达到预期的营销效果，甚至还可能引起社交资源的反感。因此在进行分享时，我们一定要掌握频率与时机。在后面具体的应用场景中，我们将详细介绍这一点。

六、我们双社电商项目的“内容引导消费”

为了让更多的小微创业者能够零基础地参与我们的项目，无须掌握各项其他专业技能（如写文章、做短视频等），我们将提供包括图文、视频、直播、图片、笔记、电子书、视频课程、干货包等在内的全套推广素材，并实现社交关系的绑定。这意味着，只要创业者进行了推广，任何人在任何时候看到这些内容，都可以与他们建立社交关系。因此，我们真正实现了让小微创业者只需按照我们的要求操作执行，即可零基础、零风险地创业。只需一部手机、利用碎片化时间和一定的社交资源（如微信好友），任何人都可以轻松参与并操作我们的项目。

第三章 社群主题活动的运营与变现

这是我们双社电商项目一个特色极其鲜明的核心优势：通过高质量的社群活动来进行运营，为目标受众提供价值，自然而然地实现变现。更为重要的是，我们的这种模式可以被所有私域流量运营者所复制和应用。因此，在接下来的讲解中，我们将以“双社电商”项目为例，详细阐述这一模式在操作过程中的特征。

◆提高社群黏性

高质量的社群活动会吸引大多数人积极参与，从而显著提高社群黏性。对于私域电商而言，基于“社群＋社交”的双社模式，成员的积极参与是实现轻松变现的前提。

◆长期稳定

一个高质量的社群活动必然能够持续稳定地开展，这样才能使群成员形成习惯，甚至产生“社群依赖”。

◆自然变现

社群活动的变现都是水到渠成的，不需要过多的宣传引导。目标受众在参与社群活动的过程中，会自然而然地接受商业变现。

◆打造社群“品牌”

优秀的社群活动对于打造社群品牌、提升社群影响力具有显著作用。通过高质量的社群活动，可以轻松实现社群的裂变和私域流量池的扩展。我们的双社电商项目在长期实践和总结中，已经提炼出大量经典、优质、高效的社群活动案例，下面将择优进行介绍。需要注意的是，在变现过程中，社群打卡活动通常需要根据实际社群定位和特定变现场景进行灵活调整，因此在具体应用时可能会有所区别。

一、客厅健身房活动

客厅健身房活动就是利用家里的空间进行健身，不需要专业健身房。我们致力于让参与者在家中使用简单的家用健身小器械，就能达到专业的健身效果。我们推出这个活动，是基于以下六个事实。

（1）*大众的健身需求*

随着人们生活水平的提高，至少在需求层面（先不考虑行动层面），健身已经很普遍了。在国家政策（比如提高体育科目在升学总成绩中的重要性）的影响下，大众的健身意识逐渐增强，需求愈发旺盛。

（2）*户外运动的局限性*

户外虽然是运动健身的一个重要场所，但是雾霾天、交通隐患等问题使得户外运动存在一定的局限性。

（3）时间上的限制

白天的时候要学习、上班，晚上下班回到家吃完晚饭，如果再去外面（健身房或者户外）健身，回来再洗澡收拾等，时间上就会很紧张。客厅健身房活动在一定程度上缓解这个问题。

（4）专业及多样化的健身活动

对于大众来讲，缺乏专业的指导和多样化的健身方式是一个普遍问题。而我们的客厅健身房活动提供了专业的指导和多样化的健身方式，让参与者能够更加科学、全面地进行锻炼。

（5）坚持

运动健身是一个需要坚持的事情，但大多数人很难坚持下来。我们的客厅健身房活动通过创新元素和互动性强等特点激发参与者的兴趣并促使他们持续坚持健身，使其更具吸引力和实用性。虽然客厅健身房模式并不是我们首创，但我们在实际操作过程中融入了很多创新元素和自身特色，使其更加符合大众需求和市场趋势。

（一）表现形式

在实际执行的过程中，“客厅健身房”活动有两种不同的表现形式。

（1）录制好的视频

提前规划好不同的主题，比如“21 天瘦腰腹”“变身小腰精”“30 天减掉小肚腩”“3 周翘臀课程”等，然后请专业的健身教练制定好训练计划并录制相关的指导视频。每个视频的时间控制在半小时之内，以便参与者每天都能进行半小时左右的健身锻炼。然后，每天固定时间在活动社群内按顺序发布这些视频，参与者可以跟着视频进行锻炼，同时专业健身教练也可以随时在线答疑指导。这种模式的好处在于时间灵活，例如我们虽然定的是八点开始健身，但有的人可能八点半才有时间，这种模式下就不会受到什么影响。

（2）在线直播模式

这种模式的互动性更强，参与感也更强。每天固定时间邀请专业的健身教练进行在线直播，教练可以一边指导练习一边与参与者互动。这种模式同样需要提前针对不同的目标受众规划好相关主题。

（二）活动的宣传与推广

因为我们希望通过“客厅健身房”活动实现变现目标，所以参与者越多越好，传播范围越广越好。在实际操作过程中，以下是一些宣传与推广的细节技巧。

【私域实战技巧 77】“客厅健身房”活动的宣传与推广技巧

（1）社群内多轮通知宣传

运动健身属于普遍需求，因此不管是什么类型的社群都可以开展此类活动。再加上我们以免费参与为号召，在群内进行通知宣传时一般不会引起反感，反而能够明确地传达其价值。我们可以分别通过群公告和发送群消息的方式进行多轮宣传。常用宣传文案如下（具体可根据实际情况进行调整）：

（群公告）@所有人 小伙伴们注意啦！我们【彩虹生活群】即将在本周末正式启动第三期客厅健身房活动——【21 天变身“小妖精”】！本次活动主要针对腰部训练，让你轻松变成迷人的“小妖精”！想报名的赶紧联系我哦。

（群消息）各位小伙伴，我们即将在本周末开始第三期客厅健身房活动——【21 天变身“小妖精”】！此次活动我们特别邀请波波老师为大家带来针对瘦腰腹需求的 21 天专业健身课程。本次活动全程免费，想参加的接龙哦！

在进行实际宣传的时候，我们一般会提前一周开始，并且每天都会在社群内发布相应的提醒（群公告或者群消息）。在活动开始当天，我们会更加密集地进行宣传，至少进行三轮通知，以确保信息能够充分传达给每一位群成员。

（2）朋友圈宣传

朋友圈宣传不仅能够起到通知的作用，还能有效地促进私域流量池的裂变与扩充。我们通常采用“文案 + 图片”或“文案 + 链接”的形式进行发布，图片中一般会附带群主的二维码，方便感兴趣的朋友扫码加入。链接则通常是报名平台的链接，方便用户直接进行报名。以下是一些常用的文案模板：“客厅健身房”第三期活动来啦！本周末开始，专业健身教练波波老师将带领大家进行为期 21 天的“小妖精”变身课程，限时免费哦！想要参与的小伙伴们抓紧时间报名吧，活动期间还有各种福利奖品等你来拿！

在活动正式开始前，我们可以每天在朋友圈发布 1 ~ 2 次宣传信息，活动当天则可以增加至 3 次以上，以确保信息的覆盖率和参与度。

（3）其他社群的裂变宣传

这个活动从某种意义上来说是一项公益活动，因为它提供免费参与的机会、免费的健身指导及专业的教练服务。因此，我们可以积极与其他社群合作，进行裂变宣传，以扩大我们的私域流量池。当然，在合作过程中，我们也需要根据实际情况给予对方一定的报酬，这可以根据具体的合作模式和效果来确定。例如，我们可以按照参与人数给予对方一定的费用，或者根据广告展现次数来付费。如果对方资源较多，我们也可以考虑建立专门的活动群进行合作，并根据变现收益进行分成。

在进行其他社群的裂变宣传时，我们可以采用合作推荐的模式，并使用如下文案：各位群友，身体健康比什么都重要！好消息来了，我们与【客厅健身房】合作推出了一项免费福利活动！本周末将免费开通为期 21 天的“变身小妖精”在线健身课程，仅限本群成员参与哦！感兴趣的朋友快来扫描下方二维码添加健身老师的微信吧！这是纯公益、纯免费的活动，参与过程中还有机会获得福利奖品哦！别错过了！

在与其他社群合作推广活动时，我们需要根据不同的情况来确定合作模式。通常情况下，我们会根据对方资源的多少来评判合作方式。如果对方资源较少，我们可以考虑按照效果付，而对方资源较多时，我们可以直接采取合作的模式，共同推广并分享活动收益。

（4）微信群发传播

因为“客厅健身房”活动具有明显的公益属性，所以我们在进行微信群发时需要注意措辞和频次，以免引起微信好友的反感。以下是一个群发消息的示范：大家好！我是罗汉。有一个好身体都是必需的，因此我们将在本周末继续开展“客厅健身房”公益活动。本次活动的主题是“瘦腰”，我们依然邀请了波波老师带领大家进行练习。活动完全免费，并且还有机会获得免费的福利奖品。想要报名的小伙伴，抓紧时间联系我吧（本条消息群发）。

（5）形成活动惯性

对于社群来说，持续开展活动是提升成员黏性和社群活跃度的关键。通过定期举办“客厅健身房”活动，我们可以让成员养成参与的习惯，从而增强社群的凝聚力，为后续的变现打下坚实基础。

（三）具体的活动规则

活动规则很简单：参与者需要按照规定的计划进行健身。无论是提前录制好的视频还是直播模式，大家都需要跟着练。为了鼓励传播，我们会设置打卡规则，引导参与者发朋友圈进行裂变。具体的规则及引导方向如下：连续打卡 XX 天，奖励 XX 产品；完成全部打卡活动，奖励 XX 产品，同时还有现金红包奖励；晒出自己的训练照，并且集齐 X 个赞，可以获得 XX 奖品。打卡的方式一般是把当天的课程或直播，配上专门的推荐文案，转发到自己的朋友圈。

（四）设置奖励机制

设置奖励机制旨在激励目标受众更深度、更积极地参与活动。我们认为：参与程度越深，受活动和理念的影响越大，从而达到“教育消费者”的目的，为后续的变现创造有利条件。在实际操作中，我们可以采取以下奖励方式。

连续打卡的奖励：实物商品、现金红包、优惠券、VIP 会员资格等（粉丝群、福利群等可以优先考虑发放优惠券）；完成全部打卡活动的奖励：以实物商品和现金红包为主；晒健身视频或照片的奖励：评选优秀作品并给予奖励；集赞奖励：晒健身视频或照片并获得一定数量点赞的参与者有奖；特殊时间点奖励：在活动中段的疲劳期，设置只要打卡就能获得奖励的机制。

（五）相关产品软性植入

这是变现环节。根据本活动的特点，我们植入的商品一般都与运动、健身、大健康等相关。在实际操作过程中，相关技巧如下。

【私域实战技巧 78】“客厅健身房”活动的变现模式

（1）视频下方植入相关产品链接

在录制健身视频时，我们会根据课程内容软性植入相关产品，并将购买链接放在视频下方。视频上会有引导文案，教练也会在讲解中适当引导。比如：健身的过程中可能用到的家用健身器械，如小哑铃、弹力带等；在录制课程的过程中，教练会分享减肥饮食建议，并植入相关健康食品或营养补剂。

（2）直播中自然带货

如果采取直播模式，互动性会更强。教练可以在带领大家练习的过程中植入相关产品，比如：

◆在健身过程中会用到的一些家用健身器械，教练就可以引导大家：“你们可以去淘宝购买，也可以直接点击下方链接购买。我手里用的这个就是从下方链接购买的，性价比很高”；

◆教练在训练结束后，可以引导大家补充营养物质，从而植入一些相关产品的广告，比如蛋白粉、功能性饮料等；

◆教练可以以推荐的方式给大家推荐一些生鲜水果、特产等；

◆健身结束后用于拉伸恢复的小器械、工具等也可以进行植入。

（3）以赞助的模式奖励实物商品

以“彩虹优选”的身份对活动进行奖品赞助，奖励那些持续打卡、完成全部打卡的人。在介绍奖品时，结合图文、视频和图片，进行全方位立体化介绍。同时，我们可以设计一些活动来刺激消费，例如：

◆持续打卡多少天（或者完成全部打卡）的，赠送指定产品。

◆完成一定比例的打卡任务，可以领取优惠券，享受X折购买产品。

◆只要参加“客厅健身房”活动的，都可以领取优惠券，享受X折产品。完成一定比例任务的人可以享更大的折扣，但折扣度不要过大。

◆其他人原价购买。这样可以让参与活动的人感受到实惠。我们要注意，对于大多数消费者而言，他们想要的并不是价格低廉，而是“占便宜”（比别人获得更多优惠）。

（4）优惠券模式引导消费

该模式是“奖励实物商品”的升级版，尤其适合库存量多的商品。具体活动规则如下：

◆持续打卡多少天或完成全部打卡的，奖励价值XX元的代金券。该代金券可用于购买指定商品，最低价商品可实现全额免单，高价商品只需补差价。

◆完成一定比例的打卡任务，奖励价值XX元的代金券。购买最低价商品只需要支付极低价格，如9.9包邮、1元包邮等。

◆只要参与“客厅健身房”活动，即可获得价值XX元的优惠券。

（5）活动中设置抽奖环节

所有参与活动的成员每天都可以参加抽奖环节，奖品由“彩虹优选”赞助，且每天提供的奖品都不同。一等奖为赠送商品，二等奖为价值XX元的代金券等。这一环节尤其适合整个微信群的人都参与“客厅健身房”活动的情况。

（六）如何利用客厅健身房活动扩充私域流量池

因为本活动具有免费和公益属性（活动过程中还会提供福利奖品），所以非常适合用于裂变，以扩充私域流量池。关于这一点，前面有所提及，现在进行详细介绍。具体操作步骤如下。

【私域实战技巧79】如何利用“客厅健身房”活动裂变私域流量

（1）第一步：对活动进行价值塑造

根据三级诱饵理论，此种高质量活动本身就是一种“诱饵”。因此，第一步需要对“诱饵”进行价值塑造。我们一般会把活动以会员或课程的形式发布在相应的知识变现平台，并设定一个价格，但需要始终强调“纯免费、纯公益”：课程免费看、免费带练、专业健身教练在线免费指导等。同时，在活动过程中，持续打卡的参与者将获得福利商品奖励。

（2）第二步：准备好裂变素材

裂变素材就是需要目标受众帮忙转发的内容。一般包括以下两种。

◆自己有公众号（申请很简单）。如果自己有公众号，可以准备软文，并在软文中插入自己的二维码，要求想参加活动的人添加你的二维码。同时，你还需要准备好推荐文案，用于转发文章时引导用户点击并浏览软文。

◆自己没有公众号。如果自己没有公众号，可以将活动介绍制作成图片，并在图片上放置个人二维码。同时，准备好相应的文案。这种方式通常可以在朋友圈发布，并要求参与者原文转发。当然，即使拥有公众号，这个方式也可以同步使用。

（3）第三步：对活动进行宣传

为了招募“客厅健身房”的第一批种子成员，可以通过朋友圈、微信群发或在别人的群里宣传等方式进行，只要提前准备好相关素材就可以了。

（4）第四步：要求想要参加的人转发你准备好的裂变素材

当有人通过微信表达参与意向时，应明确告知对方需要进行裂变宣传的任务，并提供相关素材，要求对方进行传播。

（5）第五步，持续裂变

裂变需要持续进行，即每个想要参与的人都应被要求进行裂变传播。然而，私域流量池不可以无限扩大，因为裂变效果会逐渐衰减。

二、彩虹夜听活动

【私域实战技巧80】“彩虹夜听”活动的实操变现

如果说“客厅健身房”是让目标受众由静到动的活动，那么“彩虹夜听”就是一个由动到静的活动。其基本形式为：选取一些充满正能量、感人至深、能让人内心平静、有所收获的文章，由专业的播音员录制成配乐音频。每天晚上睡觉前将这些音频投放到微信群里。目标受众可以通过该活动放松心情、调节心理、净化心灵，逐步养成入睡前听【彩虹夜听】的习惯。本活动其实是一种升级版的内容分享，主要操作步骤和技巧如下。

（一）准备内容

我们与专业的播音员合作，将一些符合要求的文章录制成音频，并配上合适的音乐，从而制作出高质量的“彩虹夜听”内容。

（二）植入广告

“彩虹夜听”活动的广告植入渠道主要有以下两种。

◆在音频下方直接放上软文广告并配上商品链接。录制好的音频都会通过公众号发出。每篇公众号文章按照固定的排版布局展示：当晚的“彩虹夜听”音频、“今日好物推荐”的海报、产品购买链接、产品的软文介绍。

◆播音员每日好物推荐。在播音员朗诵完相应的文章后，他们会说：“节目的最后，我们照例为大家推荐品质好物，请浏览音频下方的内容。感谢您收听今天的节目，晚安！”

（三）分享

通过各种渠道把内容分享出去就可以了，微信群和朋友圈是主要渠道。在这里，需要注意一个细节：如果是在微信群进行分享的话，可以直接把视频文件分享到群里，并在群里说明，每天的“彩虹夜听”节目结束后，会是每日的好物推荐时间。今天推荐的品质好物是 XX，然后附上链接、视频、图片、图文等信息。

（四）通过奖励打卡进行裂变传播

每天的内容分享后，可以在群里说明，只要参与者原文转发朋友圈的相关内容，并持续打卡 7 天（你也可以设定为 10 天），就可以获得一个福利商品。当然，这需要提前在微信朋友圈进行分享，并要求目标受众原文转发。

三、读书活动

【私域实战技巧 81】“读书”活动的实操变现

与前面活动不同，本次的读书打卡活动更注重变现，但参与形式是免费的。我们的主要目的是帮助大家养成良好的学习习惯，通过日积月累地学习，实现由量变到质变的提升，进而丰富自己的内心世界。在实操过程中，我们需要遵守以下步骤和细节技巧。

（一）准备需要读的书

选书是一件非常重要的事情。我们会根据目标受众的特点选择最合适的内容，并按照每天 20 分钟左右的阅读量对整本书进行切割。届时，我们将以电子书（PDF 格式）或者图片（将文字内容放在图片上）的形式进行投放。

（二）软性植入广告

关于读书活动，我们的广告植入变现主要有以下两种方式。

◆签名售书

这是最主要的变现模式。我们会提前采购至少 2000 册的图书，并邀请作者进行签名。每天的电子书片段中都会植入纸质书的购买链接，并且声明是作者亲笔签名。

◆每天的品质好物推荐

与“彩虹夜听”活动类似，在每天的内容分享后，我们会增加“每日好物推荐”栏目，推荐品质好物。

（三）设置游戏规则

在读书活动中，我们针对目标受众的一个痛点进行了深入挖掘：没有时间学习、难以坚持学习，但内心渴望成长。当前，手机上各种各样的 APP 占用了我们大量的碎片化时间。很多时候，我们会发现这些时间消耗在无谓的娱乐上，如长时间刷抖音、快手等，除了短暂的欢愉，并未带来实质性的收获。为了帮助大家更有效地利用时间，培养学习习惯，我们推出了这一读书活动。

在学习过程中，很多人最大的问题是不能坚持，所以，我们在设置游戏规则时，着重考虑了如何提高大家的执行力，让大家从被动学习逐步过渡到主动学习。具体的规则如下：

◆完成全部的读书任务并成功打卡（从裂变传播的角度出发，最好的打卡任务就是发朋友圈），奖励免单福利商品和现金红包；

◆持续 7 天完成读书任务并成功打卡，奖励免单福利商品；

◆连续 3 天完成读书任务并成功打卡，奖励福利商品代金券；

◆每天评选最优读书笔记，奖励福利商品代金券。

（四）活动人员招募

在进行活动人员招募时，可参考“客厅健身房”活动的推广策略。与客厅健身房活动类似，我们也是通过“读书活动”引导变现的，所以参与者越多越好，传播的范围越广越好。在实际操作过程中，相关细节技巧如下。

（1）社群内多轮通知宣传

从心理需求看，读书是一个大众化的需求。在社交时代，不管你是否真的想读书，但都会表现出愿意读书或正在读书的姿态，因为这被视为一种值得展示的资本。所以，不管是什么样的社群，都可以搞这个活动。我们会以免费参与的方式在群内进行宣传，通过群公告、群消息等方式进行多轮宣传，这一般不会引起反感，且能够有效地传递活动价值。宣传文案可以参考“客厅健身房”活动的风格。我们一般会提前一周开始宣传，每天发布相应的提醒。在活动当天，我们至少要进行三轮宣传。

（2）朋友圈宣传

在朋友圈进行宣传，既可以有效通知好友，又能对私域流量池的裂变与扩充产生积极作用。宣传时，我们一般采取“文案＋图片”或者“文案＋链接”的形式。图片中一般会附上群主的二维码，便于裂变传播。链接通常指向知识付费平台的报名页面。宣传文案参考“客厅健身房”活动的风格。在活动正式开始前，我们每天可以发布 1 ~ 2 次宣传内容，以保持持续的曝光度；而在活动当天，宣传次数可以增加到 3 次以上。

（3）其他社群的裂变宣传

这个活动是一个充满正能量的公益活动，不仅可以免费参与，还搭建了互相交流心得的平台且有免费的福利奖品。更值得一提的是，我们还有机会邀请作者与大家进行互动。所以，这个活动非常适合与其他社群合作来进行裂变宣传，从而扩充我们的私域流量池。

在实际操作过程中，需要考虑流量成本问题。我们可以给群主提供一定的好处，如按效果付费（比如每增加一个人参与，给 5 ~ 10 元）或按展现付费（比如每在群里发一次广告给 30 ~ 50 元）。如果合作方资源丰富，我们也可以采取合作模式。在其他社群进行裂变宣传时，宣传文案和海报一般会采取合作推荐模式，可以参考“客厅健身房”活动的文案风格。

在与其他社群合作时，我们需要根据不同的情况确定合作模式。通常情况下，我们会根据资源的多少来评判。资源较少时，我们倾向于按照效果付费；资源较多时，我们可以直接采取合作模式。

（4）微信群发传播

“读书活动”具有明显的公益属性和正能量属性。在进行微信群发时，我们需要注意措辞和群发频次，以避免引起微信好友的反感。

（5）形成活动惯性

对于任何一个社群来说，保持活动的持续性是至关重要的。只有这样才能让群成员养成习惯，提高社群黏性，为最终的变现打下坚实的基础。

（五）活动开展过程中

为了更进一步地提高社群黏性并实现深度变现，“读书活动”在实际开展过程中还需要注意以下三个细节技巧。

（1）整理读书笔记

在活动过程中，为了鼓励大家真正读下去并养成良好的学习习惯，我们会针对每天读的内容，要求大家写读书笔记，并发到群里。之后，专门的工作人员会整理所有的笔记，形成 PDF 格式的电子书文档，并发到群里供大家下载。这样不仅可以实现价值的二次沉淀，还可以在电子书中植入纸质版签名书的广告进行推广。

（2）邀请作者在线互动

我们会尽量邀请每本书的作者与大家进行在线互动。这不仅可以提升读书活动的档次，还可以为纸质版签名书带来良好的带货效果。

（3）发起话题讨论

对于每期读书活动中精彩的部分，可以由群主或者群内的意见领袖，发起话题讨论，提高社群活跃度和社群黏性。

（六）本活动的变现环节

在读书活动的变现环节，除了纸质签名书外，我们还可以考虑知识类产品和能够提升生活品质的家居产品（以新奇特为主）等。在实际操作过程中，我们需要注意以下细节技巧。

（1）设置“每日好物推荐”栏目

与“客厅健身房”活动一样，在“读书活动”里，我们也会设置“每日好物推荐”栏目。因为活动本身具有公益属性和正能量属性，同时推荐的商品都是内容引导消费的、能够提升生活品质、专门针对“彩虹族”的品质好物，所以从实践效果来看，接受程度很高。这种推荐主要通过三个渠道体现。

◆在每天读书内容的末尾植入购买链接。每天发布到群里的读书任务，一般以电子书或者图片的形式展示出来，我们可以在电子书或者图片的末尾添加“每日推荐好物”的购买链接。

◆在整理的读书笔记中植入购买链接。每天群成员的读书笔记会有专人整理成电子书，并发到群里，形成二次价值沉淀。在电子书的末尾，我们可以添加“每日好物推荐”的购买链接。

◆在发完当天的阅读任务后进行推荐。在发完当天的阅读任务后，我们会将每日推荐的品质好物的相关信息发到群里，基本顺序如下：当天的阅读任务——鼓励大家认真读书——当日好物推荐的海报——当日推荐产品的购买链接——产品的图片＋短视频——图文信息。

（2）作者互动环节的带货

每期的读书任务，我们都会尽可能邀请作者进行至少一次的在线互动。在互动环节，我们的核心任务是推销纸质版签名书，并在此基础上尝试推销其他品质好物。

（3）以赞助的模式奖励实物商品

我们将以平台的身份对活动进行奖品赞助，奖励那些持续读书、完成全部打卡的人。在介绍奖品时，我们将采用图文软文、视频和图片相结合的方式进行立体化介绍。同时，我们一般会策划一些活动来刺激消费，例如：

◆持续多少天读书（或者完成全部打卡）的参与者将获得该产品；

◆完成一定比例的参与者可以领取优惠券，享受 X 折购买优惠；

◆参加“读书”活动的参与者可以领取优惠券，享受 X 折购买优惠（折扣低于完成一定比例的人）；

◆其他人原价购买。这样的设置旨在给予参与活动的人一定的“实惠感”。我们要注意，对于大多数消费者而言，他们追求的并不是价格上的绝对便宜，而是而是相对于其他人能够获得的优惠感觉。

（4）优惠券模式引导消费

该模式是“奖励实物商品”的升级版，尤其适合库存量多的商品。具体活动规则如下：

◆持续打卡多少天或完成全部打卡的，奖励价值 XX 元的代金券。该代金券可用于购买指定商品，最低价商品可实现全额免单，高价商品只需补差价。

◆完成一定比例的打卡任务，奖励价值 XX 元的代金券。购买最低价商品只需要支付极低价格，如 9.9 包邮、1 元包邮等。

◆只要参与“读书活动”，即可获得价值 XX 元的优惠券。

（5）活动中设置抽奖环节

所有参与活动的成员每天都可以参加抽奖环节，奖品由“彩虹优选”赞助，且每天提供的奖品都不同。一等奖为赠送商品，二等奖为价值 XX 元的代金券等。这一环节尤其适合整个微信群的人都参与“读书活动”的情况。

（七）打卡裂变传播

与“客厅健身房”活动一样，本活动具有免费和公益属性，所以非常适合用于裂变，以扩充私域流量池。关于这一点，前面有所提及，现在进行详细介绍。具体操作步骤如下。

（1）第一步：对活动进行价值塑造

根据三级诱饵理论，此种高质量活动本身就是一种“诱饵”。因此，第一步需要对“诱饵”进行价值塑造。我们一般会把活动以会员或课程的形式发布在相应的知识变现平台，并设定一个价格。同时，在活动过程中，持续打卡的参与者将获得福利商品。

（2）第二步：准备好裂变素材

裂变素材就是需要目标受众帮忙转发的内容。一般包括以下两种。

◆自己有公众号。如果自己有公众号，可以准备软文，并在软文中插入自己的二维码，要求想参加活动的人添加你的二维码。同时，你还需要准备好推荐文案，用于转发文章时引导用户点击并浏览软文。

◆自己没有公众号。如果自己没有公众号，可以将活动介绍制作成图片，并在图片上放置个人二维码。同时，准备好相应的文案。这种方式通常可以在朋友圈发布，并要求参与者原文转发。当然，即使拥有公众号，这个方式也可以同步使用。

（3）第三步：对活动进行宣传

为了招募“读书活动”的第一批种子成员，可以通过朋友圈、微信群发或在别人的群里宣传等方式进行，只要提前准备好相关素材就可以了。

(4) 第四步：要求想要参加的人转发你准备好的裂变素材

当有人通过微信表达参与意向时，应明确告知对方需要进行裂变宣传的任务，并提供相关素材，要求对方进行传播。

(5) 第五步：持续裂变

裂变需要持续进行，即每个想要参与的人都应被要求进行裂变传播。然而，私域流量池不可以无限扩大，因为裂变效果会逐渐衰减。

四、各种学习成长活动

与“客厅健身房”活动和“读书活动”类似，这个活动抓住了目标受众想学习相关知识、提高执行力的痛点。因此，在宣传招募、裂变传播、活动开展、多维变现等环节上，都可以参照前面的活动进行，这里不再赘述。下面，我们将详细讨论活动的特殊操作细节和技巧。

【私域实战技巧 82】各种学习成长活动的实操变现

(1) 可供学习的内容

我们的知识变现平台已经储备了大量的系列课程，包括双社电商系列课程、软文写作训练营、淘宝训练营、短视频运营、直播带货、营销管理系列课程、个人理财、个人技能提升等。在后期，我们还会持续开发更多课程，以丰富学习成长活动的内容。

(2) 学习内容的展现形式

虽然大部分学习内容以视频形式展现，但在实践过程中我们发现，不必拘泥于视频形式。例如，图片、文本文档、电子书等格式也都是很好的展现方式。尤其是一些零散的知识点的学习，完全可以通过一些更简洁的模式进行分享和传播。

(3) 几个特殊内容学习活动的拓展延伸

平台上的学习内容中有五个与双社电商项目密切相关，具备强拓展和外延属性，在实际操作过程中需要特别注意。

◆双社电商课程

双社电商课程是系统讲授双社电商知识的，主要面向小微创业者和有副业需求的人群。该课程的最大特色是与平台紧密相连，整个系列课程相当于对该平台进行了一次全面的软性植入。所以，听完课的人很可能会选择加入双社电商项目，成为一名彩虹客，从事双社电商事业。小微创业者也可以通过这套课程来组建自己的团队。

◆软文课程

本课程的主要目标是培养初学者撰写商品软文的能力。我们根据实践经验，总结了多个软文写作模板，通过系统练习，使大部分学员能够掌握软文写作技巧。完成课程后，学员可以选择在相关平台撰写软文，根据效果获取相应收益。

◆短视频课程

本课程的主要目标是培养学员在抖音、快手等短视频平台上快速制作高质量短视频的能力。通过系统的学习和实践，学员能够独立制作短视频，并可以选择在相关平台运营个人账号，进行短视频带货，根据带货效果获取收益。

◆直播带货课程

本课程旨在培养具备直播带货能力的人才。完成系统课程后，学员可以自由选择在各大直播平台进行带货，或与我们平台合作进行直播带货，根据带货效果获取相应收益。

◆商家的私域流量课程

本课程专门为线下商家和各平台商家设计，系统讲授了私域流量的有效运营方法。考虑到商家在私域流量运营过程中可能遇到的投产比、专业度、变现能力等问题，我们提供合作机会，为商家进行免费私域流量托管，并实现三方共享收益。

五、大咖分享活动

此活动邀请各领域的大咖作为嘉宾，在社群内进行专业分享，为社群成员提供价值。分享形式可以是直播或视频。变现方式主要以带货为主，所带商品需与分享内容紧密相关。例如，邀请养生专家分享养生知识，并推荐相关养生产品。

第四章　四种能够持久变现的小微创业项目实操

在私域流量运营中，我们强调“内容＋价值”导向，但并不意味着无法打造纯粹的购物粉丝群。只要运营得当，依然有机会构建一个“高黏性、高活跃、高忠诚度”的私域流量池。在我们的理念中，下列内容也属于价值提供范畴：给客户推荐真正的品质好物，降低客户的选择成本；帮助客户省钱，降低客户的实际成本；给客户发红包；给客户提供免费福利；给客户提供极大的便利性。而精准购物粉丝群的运营正是基于这些内容的运营。在本章中，我们将以打造“精准购物粉丝群”为目标，介绍四种能够持久变现的小微创业项目。

一、XX 食堂

如果你是一个有执行力的小微创业者，并且渴望拥有一份持久且能赚钱的事业，那么这个项目绝对值得你倾力投入。项目名称之所以叫“XX 食堂”，是因为你可以根据自己的实际情况来命名自己的私域流量池。它可以是你的微信昵称，比如囡囡的深夜食堂、菲姐的精选消夜；也可以基于位置，比如领世郡深夜食堂、领世小厨；还可以是能产生深刻记忆的个性化名称，比如吃货小陈帮你找吃的、娜姐的猪饲料工厂，这些名称都能让人产生深刻记忆。

这个项目基于一个简单但超级有用的事实：每个人所居住的小区周边（方圆 3km 内），几乎都会有一些大多数人喜欢的美食。它们可能是某个小饭馆的招牌菜、某个小摊位的小吃、某家面包店的牛角面包、某个烧烤摊的羊肉串、某个大姐做的铁板鱿鱼、隔壁老王做的酱牛肉等。

更为重要的是，这些被大多数人喜欢吃的东西，往往也会被更多的人所熟知，进而很有可能会造成“不好买”、“需要排队”或“买不到”的情况。比如，在我家小区附近的菜市场里面，有一家卖香酥饼的店铺。老板每天卖完就会收摊儿。如果下午四五点以后再去买，通常就已经卖完了。每次去买都需要排很长的队伍。这一事实，在该项目的运营过程中将起到非常重要的作用。为了方便叙述，我们在接下来的讲解中将项目名称统一称为“深夜食堂”。

（一）项目的成立

【私域实战技巧 83】“深夜食堂”小微创业项目实操

项目的基本理念是：小微创业者通过一定的方法和途径，整合自己居住小区周边的受欢迎的美食资源，需要重点解决两个问题。第一，一站式搞定。用户可能喜欢吃 A 家的烧烤、B 家的烤面筋和 C 家的奶茶。如果在其他平台下单，需要分别下三个订单，且配送时间也会有所差异。而在这里，“深夜食堂”可以一站式满足用户的需求。第二，解决“不好买”的问题。我们可以通过组织粉丝团购、提前订购等方式，确保想吃的人都能吃到。在项目成立的过程中，涉及的操作细节技巧如下。

（1）找到这些好吃的是关键

注意基本原则：选择真正被大众欢迎的、确实好吃的、有特色的美食。最好是那些能让人惊艳的、愿意多次回购的美食（至少你自己是愿意多次回购的）。在这个方面，你需要付出一定的时间和精力进行挖掘和数据分析。

◆自己亲自尝试

好吃的东西一定要亲自品尝才能验证。如果你自己就是个吃货，那就更具优势了。作为资深吃货，你应该勇于尝试新鲜事物，即使排队等候也在所不惜，敢于挑战各种黑暗料理，立志吃遍小区周边的所有餐馆。

◆查看外卖平台数据

美团、饿了么等外卖平台上的数据能为我们提供一些有价值的参考。每个商家销量最高、口碑最好的单品都值得我们关注。

◆逛一逛

去周边的商场、市场、底商等地逛逛，观察哪里的人气比较旺，看看谁家门口经常排队。比如，我家小区下面的菜市场里就有一个卖糖葫芦的摊位，每次路过都围着一群人。我就是在逛菜市场时出于好奇尝试了一根，结果就停不下来了。

◆与邻居交流

不要吝于向同小区的人请教：哪里的烧烤最好吃？谁家的早点有特色？周边有没有好吃的面包店？这种精神能帮助你发现更多美食。

◆与老板服务员交流

去餐馆吃饭的时候，可以多问问服务员：你家点得最多的是什么菜？有什么特色菜或推荐菜吗？

（2）必须有自己的核心优势产品

这个核心优势产品是打开知名度、建立初始私域流量池的关键，因此必须选择自己能够控制（或至少能最大程度保障供应链）的产品。我们的双社电商项目为所有小微创业者提供了得天独厚的优势。经过长期谈判和积累，我们目前拥有以下稳定且有核心特色的供应链。

◆特色麻辣小海鲜

全部原产地直供，小份罐装，开罐即食，原材料新鲜美味，包括鱿鱼、扇贝等多个品种。好评率和回购率极高，非常适合家里正餐、夜宵啤酒、聚会等场合。烟台发货，品质有保障。

◆特色滋补即食菜品

鲜炖燕窝、大盆菜、佛跳墙等高端美食。上海工厂星级大厨手工制作，回家稍作加工即可享用，理念：星级美味家中享。用极低的价格，享受星级高端食材。

◆网红零食

我们会持续不断地增加网红零食的门类，并以极低价格提供给大家。这些零食我们坚持零利润原则，完全用于支持大家搭建私域流量池。

◆各地生鲜水果

所有水果均直接从原产地发货。我们有专门的工作人员在全国各地与果农直接合作，确保果园直发。这样的供应链模式非常适合开展社群团购，同时也便于利用社区团购模式搭建私域流量池，维护社群的活跃度。根据自身的运营需求，大家既可以选择囤货，又可以选择一件代发的方式。

（3）怎样与老板谈

【私域实战技巧 84】“深夜食堂”项目如何去跟传统线下商家洽谈合作

项目的核心在于与各个老板谈好，将他们的特色美食整合到我们的平台。所以，问题的关键在于如何与老板沟通，让他们同意与你合作。这里的核心技巧是：所提供的合作模式必须能够为商家带来额外的收益，即在零风险的情况下帮助他们增加收入。经过实践，我们总结出以下合作模式和谈判技巧。

◆批量预定

我们可以提前一天在私域流量池内组织团购预订并提前付款。这样，合作方只需提前准备食材和制作，便能轻松赚取额外收入。

◆低佣平台订单

现在几乎所有的线下餐馆都入驻了平台，但是平台的高佣金和各种各样的营销费用，让线下商家苦不堪言。我们可以把“深夜食堂”打造成一个低佣金平台（佣金低于其他平台的一半），帮助商家降低运营成本。

◆老客维护

我们可以为商家提供免费的私域流量托管服务，帮助商家维护老客户，有效提高回购率和顾客黏性。

◆组合销售

我们可以把多家商户的特色产品组合成不同套餐进行销售，帮助每个合作商家实现销售额的净增长。

◆丰富产品线

在不增加合作商家成本的前提下，我们提供特色产品（如麻辣小海鲜等）供商家选择，以丰富其产品线并实现利润增长。

（4）合作方利润分成

利润分成是合作的关键环节。由于许多店铺的爆品往往供不应求，如果我们要求过高的利润分成，商家可能不愿意合作。更重要的是，项目的主要盈利点来自我们自己的核心优势产品和“双社电商”平台的其他产品。线下合作商家在项目中的主要作用有两个：一是扩充和裂变私域流量池；二是提供多样化的产品支撑“深夜食堂”项目。因此，在利润分成时，我们考虑两种情况：如果合作方的产品明显供不应求（如每天限量供应，需要排队购买等），我们就采取零利润策略，相当于免费代购；如果合作方的产品供应充足且更受欢迎，我们就可以收取少量利润（利润一定要低于其他平台的佣金）。

（5）拥有基础粉丝

如果你已经拥有一些基础粉丝，这无疑增加了你与线下商家合作谈判的筹码。这些粉丝可以通过各种渠道进行积累。

（二）私域流量池的建立及扩充

在我们实践“深夜食堂”项目的过程中，关于私域流量池的建立与扩充，我们根据不同的实际情况，总结了如下操作细节技巧。

【私域实战技巧85】搭建“深夜食堂”项目的私域流量池

（1）在小区业主群里组织团购

需要注意的是，团购商品的选择应聚焦于小区周边商户的热门产品，最好是那种大家都熟知且常常需要排队等候的美食。这时，你可以在小区业主群里发布如下消息。

◆又想吃楼下XX家的XX了，每次排队都不一定能买到。准备明天一大早就去排队，群里的小伙伴有没有想要的，我帮你们买回来，免费的哦！

◆正在菜市场XX家门口排队，准备买他们的XX，队伍好长啊（你还可以拍一张照片）。1—9号楼的家人们，如果你们也想要，可以微信联系我，告诉我你们需要多少，我给你们一起带回去。

当然，为了确保能够顺利买到，你可以提前与商家预计的需求量（如果是提前一天预定的，这一点就更好确定了）。当代购完成后，对方至少需要添加你为微信好友以便转账。而你的热心服务也能赢得他们的好感（这是建立意见领袖地位的良好开端）。这样，你的初始私域流量池就逐步建立起来了。

此外，由于你是免费为大家代购的，可能会有人心生疑虑：你怎么这么好心，是否有所图？因此，在实际测试过程中，我们发现了一个小技巧：在自己的朋友圈封面、头像、微信个人介绍等地方，透露出自己正在经营的特色优势产品（如麻辣小海鲜、滋补养生即食菜品等）。这样做至少能让一部分人明白，你之所以免费为大家提供代购服务，是希望添加更多的微信好友，拓展你当前的业务。

为了得到更好的效果，如果群主允许的话，你还可以在群里发起接龙活动。如果每次团购能吸引30人以上参与，你就可以立即建立一个微信群。这个微信群在初始阶段可以命名为“XX商品团购群”，作为你私域流量池的雏形，后期再逐步完善和扩展。一旦雏形建立起来，就可以轻松实现裂变了。比如，你可以与合作商家谈一个相对优惠的价格，然后在群里发布消息：家人们，咱楼下XX家的XX特别受欢迎。我今天路过的时候跟老板谈了谈，如果咱们一次性购买XX斤的话，老板愿意给咱们一个优惠价。大家可以问问自己的朋友或小区里的其他人有没有兴趣一起团，然后可以直接把他们拉到这个群里（或者把我的微信名片推荐给他们，我拉他们进群），咱们一起来团购吧。

这个方法我们屡试不爽。我的一名同事曾经在自己居住的小区测试过，短短一周时间就成功建立了两个500人的大群。当然，社群建立起来后的运营才是关键。

（2）上门发传单

虽然这是一个传统的方式，但效果绝对好（当然，前提是传单设计要吸引人、文案要写好、活动要做好）。在实际操作过程中，大家要注意以下几点。

◆传单设计要有创意

传单不要设计得太普通。可以考虑门挂、车挂、折叠卡、小册子等形式，虽然成本会比那些简单粗糙的传单高一些，但加粉效果也是那些低价传单无法比拟的。更重要的是，一张精美的传单能给你所从事的项目加分不少，这是由人的心理决定的。

◆加上“免费代购”的噱头

把周边好吃且有特色的食物写在传单上，并告诉大家：只要订购你的任一产品，都可以享受免费跑腿代购服务。开始的时候别怕辛苦，这种方式能迅速让大家对你产生好感。

◆首次下单加 1 元换购

也就是你的第一个订单不要想着赚钱，这个加 1 元换购的商品一定要足够有震撼力、足够吸引人。

◆够 30 人即建立粉丝群

当人数达到 30 人时，就可以考虑建立粉丝群了，这就是你的私域流量池的雏形。只有把雏形建立起来后，才能进行后续的裂变。一般采取的方式是找线下的合作商家，尤其是那些有特色、大家接受度高且供应相对充足的商品。与这些商家谈一个比较优惠的价格，然后在群里发起团购接龙。记住，不要想着用这个赚钱。你可以在群里发消息说：家人们，XX 家的 XX 大家应该都知道吧！每次去菜场我都要买一些。今天我跟他们老板谈了一下，可以给咱们群里的成员一个超级优惠的价格——只需要 XX 元！但是老板要求咱们团购的数量要达到 XX 件，所以大家看看自己的朋友或者咱们小区里的其他人有没有要的，可以直接拉到这个群里。咱们一起团购一下，然后我去给大家取货并免费送货上门。

（3）一个外卖骑手的优势

因为外卖平台的存在，诞生了一个极其庞大的群体——外卖骑手。他们风里来雨里去，每天在各个小区楼宇间穿梭奔波。一天下来，接单量少的时候有二三十单，多的时候则超过一百单，赚的都是辛苦钱。然而，如果外卖骑手有私域流量运营的思维和意识，那么很有可能让自己在一年内拥有一份属于自己的事业。

【私域实战技巧 86】外卖骑手如何搭建自己的私域流量池

◆找到你负责区域周边受欢迎的美食

外卖骑手们应该对此很有发言权：谁家的什么东西经常被点，只要稍加留心，用一段时间就可以大概统计出来。找到几个最有特色、最常被点、最受大众欢迎的美食，然后与老板谈合作，一定很好谈。比如，外卖平台要 20% 的佣金，你就与老板讲只要 10% 的佣金，并且不会收取任何额外的配送费用。这是因为你拥有自己的私域流量池，可以为老板带来额外的订单增量。

◆印制传单

我个人建议将谈好的这些美食印制成一份小册子形式的传单，每份成本大概几毛钱。在制作传单时，你可以这样想：每一单虽然少赚了几毛钱的配送费，但你用这几毛钱换来了一个私域流量。传单的内容应突出以下几点：首先，强调基于位置的服务，比如“XX 小区经典美食快送”，突出周边经典好吃的一站式采购服务；其次，展示产品图片和价格对比，例如“XX 家 XX 菜，平台价 XX 元，快送价 XX 元，节省 XX 元”等，注意要让出部分利润，甚至可以不留利润，以吸引客户；最后，别忘了附上自己的微信号二维码，方便客户添加。

◆送餐时发放传单

在送餐的时候，您可以直接将印制的宣传小册子随餐送给客户。无论是将小册子放在送餐的包裹里面，还是亲手递给客户，都是很好的选择。

◆建立自己的私域流量池

当有人加你微信后，你就可以着手建立自己的私域流量池。当下单量超过 30 时，你可以开始建立微信群的雏形并进行后续的运营和裂变。

◆团购等多维变现

私域流量池建立起来后，虽然单纯依靠送餐服务难以获得太多额外收入，但只要有了私域流量池并进行有效运营，变现就不再困难。

（三）私域流量池的日常运营

“深夜食堂”项目相当于建立了一个专注于购物的粉丝群，因此，运营的核心在于持续提供高性价比的产品。在此基础上，我们通过各类社群活动来维护社群的黏性，提高活跃度，例如红包活动、生日祝福活动、猜成语活动等。具体而言，我们可以参考下列内容。

【私域实战技巧 15】社群活动——根据海报猜电视剧名称或电影名称

【私域实战技巧 16】社群活动——送生日祝福

【私域实战技巧 17】社群活动——拜师活动

【私域实战技巧 18】社群活动——黑故事游戏

【私域实战技巧 19】社群活动——猜歌名

【私域实战技巧 20】社群活动——掷骰子游戏

【私域实战技巧 21】社群活动——猜价格

【私域实战技巧 22】社群活动——找产品

（四）私域流量池的多维变现

在运营“深夜食堂”项目时，我们的变现策略是多维度、系统性的，涉及社群活动运营、社群打卡运营、红包活动等多个方面。

【私域实战技巧 87】“深夜食堂”项目的多维变现体系

（1）第一维：核心产品变现

核心产品变现是该项目中最基础的部分。也就是说，你的基础身份就是“XX 商品小微创业者”。在实际操作中，效果最好的商品主要有三类：麻辣小海鲜、产地直发的生鲜水果、滋补养生即食菜。在前期的私域流量池建立、社群运营等工作正常开展的基础上，我们有几个细节技巧可以分享。

◆精心布局朋友圈

每天都需要发朋友圈，但避免过度刷屏。你可以发产品的介绍、做麻辣小海鲜的视频、成品图片，以及客户复购的聊天截图等。这种广告的接受度通常比较高。同时，朋友圈内容也应保持多样性，可以分享生活动态、个人心情和优质内容等。

◆每天一款特价菜

每天的特价菜可以是零利润甚至是微亏的（按照我们的经验判断，很少有人会只买特价菜）。特价菜可以设置限量或限时购买，然后在群内定期通知。这样可以培养消费者的期待感，进而保持社群的活跃度和黏性。

◆经常给顾客一些小“惊喜”

既然是“惊喜”，就不要提前告知用户，比如下单时发放小红包、赠送试吃的麻辣小海鲜、满额减免现金等。

◆定期发起团购接龙活动

这种定期的团购接龙活动可以以各种理由进行，比如厂家对XX产品搞活动、XX产品因为原材料短缺需要提前预订等。

◆社群常规分享

我们在社群中分享麻辣小海鲜的加工过程、成品照片及工厂制作的视频、海鲜捕捞视频等，增加顾客对产品的了解和信任感。

（2）第二维：所在城市特色产品团购变现

每个城市，无论大小，都会有一些区域范围内比较有名的、比较受欢迎的美食，比如酱牛肉、面包、小点心、烤鸭等。例如，在我们小区附近的菜市场里，有一家汤圆店几乎全市闻名。当私域流量池比较活跃且稳定时，我们就可以在微信群内发起这类特色产品的团购活动。当然，在初期，这类产品的利润可能较低，甚至可能出现微亏，这属于正常现象。只要我们坚持开展此类团购活动，就能逐步拓展产品线，提高盈利能力。

（3）第三维：“双社电商”平台商品团购变现

这是“深夜食堂”项目中另一个重要的变现途径。通过“双社电商”平台，我们可以获取大量优质商品资源。在建立私域流量池后，可以利用前文提到的多种方法进行变现。由于我们直接面向粉丝购物群，因此可以设立“每日好物推荐”栏目，结合红包雨、猜价格、找商品等互动活动，通过图片、短视频和文案等多种形式进行宣传推广，实现深度变现。

（4）第四维：发展自己的团队

只要我们能够持续提供高性价比的优质商品，就可以在群内树立意见领袖的地位。随着项目的推进，肯定会有更多人对你所做的事情感兴趣，这时就可以考虑发展自己的团队了。在掌握成熟的供应链和运营技巧的基础上，我们可以将同样的模式复制到其他区域或领域。

（5）第五维：其他变现途径

只要是与“双社电商”项目相关的变现产品和变现思维，都可以顺其自然地植入到私域流量池内，进行多维变现。

（五）运营细节问题

在“深夜食堂”项目的实际运营过程中，涉及多个细节问题，现说明如下。

（1）产品的配送问题

在项目初期，作为小微创业者，我们一定要亲力亲为。我很不赞同那种纯老板思维的小微创业者，也不建议一开始就雇佣专职或兼职的配送人员，因为这样会增加不必要的成本。

其实，无论是配送、发传单，还是与线下合作商家进行谈判，都需要我们亲自去做。

这些是小微创业者在项目初期应该承担的责任和任务。

（2）是否形成自己的品牌包装

在项目初期，我们可以考虑形成自己的品牌包装。无论是包装袋还是包装盒，统一的品牌包装有助于提升项目的专业性和辨识度，对私域流量池的建立也有很大的帮助。这里的品牌包装并不是指注册商标等法律意义上的品牌建立，而是指在项目运营中形成的独特标识和形象。随着项目的推进和规模的扩大，我们可以逐步完善品牌体系，提升品牌价值。

（3）是否需要囤货

我们“双社电商”平台提供的麻辣小海鲜、滋补养生即食菜、产地生鲜水果等都可以提供一件代发服务。但不管是从用户体验的角度来看，还是从供应链控制的角度看，我们最推荐两种模式：预定模式与自己囤货模式。尤其是麻辣小海鲜，其实操作起来很简单。你完全可以花 1000 元左右购买一个小型冰柜，然后囤一些货。这样做不仅有助于激励你努力工作，把“深夜食堂”当成一个项目来经营，而且还有益于提升用户体验。如果自己家里没有地方放置冰柜，那么可以考虑与线下合作商谈判，把冰柜放在他们那里。这样他们的店还可以增加一些特色菜。

二、同城代购

这是一个非常适合小微创业者的项目，尤其适合具有一定社交能力和社交资源的人。我们在天津的一个会员是个电台播音员，从 2018 年开始做这个项目。经过三年的时间，他已经成功裂变了 3 个 500 人左右的微信群，组建了一个 3 人的小团队，每月的纯利润达到了 15 万左右。接下来，我将分享这个会员的整体操作过程，你可以完全照搬他的思维逻辑。

【私域实战技巧 88】“同城代购”小微创业项目实操

（一）带好吃的给同事们

这个会员是个电台主持人，平时就比较活跃，与同事的关系也比较好。他很喜欢吃，也非常善于发掘美食。有一次，他从家里楼下附近的店里买了 100 多元的蝴蝶酥。用他自己的话来说，他的初衷很简单：他觉得这家的蝴蝶酥超级好吃（事实上也确实如此，因为每天都要排队才能买到），就想多买一些分享给大家。

拿到单位后，他就拍了几张照片发到工作群里，告诉大家有超级好吃的蝴蝶酥，数量有限。因为他平时很活跃，所以同事们也没有跟他客气，纷纷过来拿。当然，如果你的同事们都在一个开放空间工作，那你也可以逐个工位分发。

（二）零利润代购（组织大家一起团购吃过的东西）

因为东西确实好吃（除非你根本不爱吃这种点心），所以可以确信，肯定会有人在群里问（也可能会私下问）：“明天你能帮忙带一些蝴蝶酥吗？我想给家里人带一些”。这时候，你就有了开展代购活动的机会。你可以在群里发消息询问：今天的蝴蝶酥大家吃着觉得怎么样？刚才 XX 已经让我明天帮他带一些了，还有没有其他朋友需要的？我可以免费代购哦！

即使没有人主动找你代购也不用担心。只要东西好吃，你完全可以在工作群里主动提出："今天的蝴蝶酥大家吃着如何？我觉得很好吃呢！如果有同事想让我明天帮忙带一些的话，可以告诉我哦！免费代购哈！"

一定要注意：最初的几次代购最好不要赚钱。即使你能跟商家谈到更低的价格，也要把利润让出来给同事们提供真正的免费代购服务。这个过程是建立信任度和打造意见领袖的关键阶段。

（三）建立私域流量池

只要是找你代购的人，就在转天将他们拉入一个群（这就是私域流量池的雏形）。为了让群的建立更加自然，你可以在群建立后发个红包，并附上群消息：为了不打扰工作群中的其他同事，我单独建了一个小群，方便大家代购蝴蝶酥。明天中午 12 点左右，我会在办公室，大家可以来找我来拿。如果开始的时候人不多，有两种方式可以解决。

第一种，把试吃过你分享的食物的人都拉到群里（当天就可以操作）。群建好后发个红包，并发布群消息：为了不打扰工作群中的其他同事，我单独建了一个小群，方便大家代购蝴蝶酥。明天中午 12 点左右，我会在办公室，大家可以来找我拿。其他同事如果也想要，赶紧联系我，我晚上下班去排队买。

第二种，多分享几种好吃的食物，每次吸引十几个人，三五次之后就能聚集七八十人，这就是一个颇具规模的私域流量池雏形了。采取这种方式时，你平时就应该在同事心目中树立起一个"爱吃、爱分享"的积极形象。

私域流量池雏形建立起来后，千万不要就扔在那里不管了，一定要运营。发红包、话题讨论、定期的美食代购活动，都能让社群保持一定的活跃度。尤其前 7 天非常关键，一定要避免陷入"社群 7 天必死"的困局。

（四）私域流量池裂变

通常情况下，私域流量池的雏形只有三四十人。正常情况下，当社群人数达到 100 以上时，才会展现出一定的活力和价值。因此，在建立初始流量池后，就需要进行私域流量池的裂变。这种裂变一般分为被动裂变和主动裂变两种。

被动裂变很好理解，只要你提供的产品足够好，口碑自然会传播开来。就像我这个会员一样，他的第一个群基本是口口相传建立起来的，虽然用时较长，用了将近一年半的时间才成为一个满人群（500 人）。这里需要注意一个小细节：如果群成员介绍新人进来（不管是直接拉进群，还是征询你意见后由你拉进群），你都要加对方好友。

主动裂变需要一定的技巧。在后期我们的指导下，这个会员只用了一个月的时间又建立了另外两个满人群。当时，我们提供了一个非常有效的方法：选择一款性价比超高的原产地水果进行团购。当时帮他选的是山西运城的冰糖心丑苹果。他带了 10 箱到单位，让同事们品尝并进行团购。这款苹果口感极佳，除非你真的不爱吃苹果，否则定会喜欢。我们直接对接了果农，主打果园直发的概念，性价比极高，甚至比市场上一些普通苹果还要便宜。

他在自己的群里介绍说，这是山西一个朋友家的果园出产的苹果，今年的口感特别好。他打算给大家组织一次团购，完全是出于公益考虑，自己不赚钱（他确实不赚钱，因为这次团购的目的是裂变私域流量池）。由于今年苹果大丰收，果园里还囤了几千斤，所以他希望大家能够帮忙转发团购信息，让更多的人参与进来。

我当时让他申请一个公众号并撰写一篇介绍冰糖心丑苹果的文章。在文章的末尾，附上了他的微信号。随后，他自己在朋友圈分享了这篇文章，并邀请朋友们帮忙转发。对于每一位帮忙转发的朋友，他都会发送一个 8.8 元的红包表示感谢。

这个苹果团购活动当时一共举办了 3 次，就成功吸引了一个 500 人的群。之后，关键就在于如何运营和持续实现变现了。除此之外，我们之前提到的裂变私域流量池的方法也都可以尝试，例如拉群发红包、免费领取福利商品等。这些方法都有助于进一步扩大你的私域流量池。

（五）在起量后谈利润空间

一旦建立起这样的私域流量池，除非自己主动放弃，否则只要持续提供高性价比的好产品，它定能成为一个精准的购物粉丝群。因此，这样的社群很容易实现销售起量。在初期，这个会员有两个多月的时间几乎是纯公益运营，完全不赚钱。有些同事会感到过意不去，每次找他帮忙购物后都会发红包给他。然而，当销售量逐渐上升后，他就有了与合作方谈判利润的资本。特别是采用提前预订模式时，利润空间更容易谈妥。

（六）全市范围内寻找特色产品

当社群稳定后，他开始扩大产品范围，不再局限于小区周围，而是全市范围内寻找特色产品。很快，大家就接受并且认可了他的“副业”。

（七）全国范围内寻找特色产品

随着他的私域流量池不断壮大，他雇了几个人来协助运营：有人负责统计订单；有人负责日常社群的运营沟通；有人负责财务。然后，他开始全国各地跑，寻找全国的特色产品，最开始的时候主要集中在原产地水果，后来逐渐扩展到各种商品。

我是以这个会员的操作流程为例来说明的。实际上，依托我们“双社电商”平台，大家根本不需要全国各地跑。我们提前做好这些工作，并通过平台将这些优质商品共享给大家。

（八）持续裂变私域流量池

关于如何持续裂变私域流量池的问题，这里不再赘述。前面分享的裂变方法在这里同样适用。只要你愿意长期投入并努力经营，就能为自己创造一个可观且稳定的收入来源。

三、彩虹生鲜

在私域流量（如朋友圈、社群）中销售商品时，生鲜水果无疑是最佳突破口。这是因为生鲜水果具有回购率高、冲动消费特征明显、大众需求广泛、客单价低，以及容易对比等优点。只要水果品质好，很容易建立起消费者的信任度。

“双社电商”平台在产地直发生鲜水果供应链方面具有显著优势。我们专业的团队每年会前往全国各地与果园签署合作协议，省去中间环节并确保生鲜品质。因此，参与这个项目最大的好处在于：你几乎可以零成本地轻松上手，并快速搭建属于自己的私域流量池。

（一）怎样开始是关键

选择生鲜水果作为双社电商的突破口，主要是因为其易于被消费者接受，同时也能快速提升小微创业者的信心。

1. 拉熟人建群直接团购

这种方法最适合用生鲜水果来打开市场。具体操作逻辑如下。

【私域实战技巧 89】直接拉人建群做“生鲜水果”团购小微创业项目

（1）第一步：发朋友圈通知和微信群发预热

这一环节至关重要，需要先通过朋友圈和微信群发消息让更多人知道你的计划。发布内容应包括图文链接、图片、短视频，以及吸引人的推荐文案。为了让拉群更自然，可参考以下文案：

◆朋友圈的家人们，生活不易啊，我今天开始卖水果挣点外快了。但大家放心，我给大家推荐的每一款水果都是产地直发，品质有保证，而且我都会亲自尝过。首款推荐的是来自山西运城的冰糖心丑苹果，口感超级好！我今晚会建个群，给大家来个团购大优惠。想要的家人们可以在评论区留言或者点赞。

◆老铁们，告诉你们个好消息，我今天开始卖水果啦！首先给大家推荐的是山西运城的冰糖心丑苹果。今晚八点，我会建个团购群，给大家来个团购大优惠。想要的小伙伴们赶紧点赞、评论，或者微信私聊我。

◆在家没事儿，为了给孩子赚点儿奶粉钱，我从今天开始卖水果了。我先给大家推荐一款来自山西运城的冰糖心丑苹果，超级好吃。我家自己每次都要买两三箱。今晚八点，我建个群，给大家来个团购大优惠。想要的小伙伴可以在评论区留言或者微信私聊我。

总的来说，文案可以根据你的实际情况和平时的语言风格进行自由发挥。关键是要大方地让别人知道你准备做什么。

（2）第二步：直接拉群

通常在白天进行宣传后，晚上直接拉人建群。经过白天的朋友圈预热，拉群会更为自然。优先拉入白天有过互动的人（如点赞、评论、私聊等），除非他们明确表示不感兴趣；接着拉入亲密好友、同学、同事等。为确保活动效果，可以提前邀请一些亲朋好友在群里多互动，通过接龙下单等方式烘托购买气氛。建群后，群主要及时修改群名称。群名称一般包含个人昵称、“水果团购”字样和粉丝群标识三个要素。

（3）第三步：发红包

建群后，先向大家介绍群的定位和作用，一般可以这样说：家人们，我是 XX，今天开始在微信上卖生鲜水果，所建立了这个群，唐突之处还请大家见谅。稍后我会给大家推荐山西运城的冰糖心丑苹果。然后，不要急于发广告，而是先在群里发几轮红包进行互动。具体的红包玩儿法如下。

第一种，手气最佳者免费获得一箱苹果；抢到红包的人可获得价值 XX 元的优惠券（确保零利润或微利）；未抢到红包的人也可获得价值 XX 元的优惠券（微利）。这样既能增加群内活跃度，又能吸引更多人参与团购。抢到红包的人在群里用@方式提醒，具体可参照【私域实战技巧 49】和【私域实战技巧 50】。

第二种，提前准备裂变文案并邀请群内朋友转发。裂变文案参考如下：亲们，这是我朋友在微信上卖的生鲜水果，品质非常好！他建了个团购群，今晚有首次团购活动哦！需要的快扫码进群吧！群里还有红包雨和免费苹果等你来拿。

第三种，采用多轮红包雨活动进行社群裂变。具体可参照【私域实战技巧 44】。

(4) 第四步：产品介绍

发完红包进行预热之后，就可以开始对产品进行详细介绍了。我们的介绍通常是全方位、多层次的，包括产品图片、短视频、相应的文案、图文链接（软文），以及营销活动的内容等。在介绍时，一定要突出营销活动的内容，让大家感受到价格的实惠和购买的吸引力。

需要注意的是，营销活动的介绍应该放在最后进行。在此之前，可以安排一些群成员在介绍其他内容时烘托购买氛围。比如，他们可以提问："什么时候开始团购啊？""多少钱一箱？""不好吃能不能退款？"等。然后，我们要及时回复这些问题，把社群的活跃度调动起来。

(5) 第五步：团购接龙

产品介绍完毕后，我们开始发起团购接龙。这时，提前安排的群成员一定要积极参与接龙，以烘托购买氛围。每当有人接龙后，我们都要@一下对方，并重复相应的营销活动，以进一步营造热烈的氛围。例如："@ XX，你刚才抢红包时手气最佳，你的第一单将享受免单优惠！""@ XX，你刚抢到了红包，获得了一张 XX 元优惠券，首单只需 XX 元！""@ XX，你是首次下单，我们为你准备了一张 XX 元优惠券，首单价格仅为 XX 元！"团购接龙结束后，我们需要在群里向大家明确说明发货时间和售后服务情况。特别注意，一定要强调我们提供"坏果包赔"的承诺，以确保客户的购物体验。

2. 基于社区的试吃团购模式

这种模式是与社区周边的便利店、菜鸟驿站、小超市等进行合作开展试吃活动并吸引顾客加微信好友进行团购。详细操作可参考【私域实战技巧 9】。

3. 小区内发传单

很多人认为发传单是一种已经被淘汰的方式，但实际上，只要在设计、引导和发放等环节注意细节，这种方式仍然具有高性价比。

【私域实战技巧 90】传单模式搭建私域流量池的实操技巧

(1) 用具备实用价值的小东西代替传单

如果只是一张纸，那被快速丢掉的概率确实很高。然而，如果是一些有使用价值的小东西如车挂、纸巾、小扇子呢？这些小东西的成本非常低。你可以到 1688 网找这些东西，通常只需要几百元，就可以定制一大批。这些有使用价值的小东西，最起码不会被快速丢掉，且在高频使用的过程中，可以让你的引导广告信息重复出现。

利用这种方法需要注意两点：第一，用什么东西；第二，上面的文案怎么设计。自己可以在 1688 网上寻找产品的定制厂家。

比如定制的纸巾，在批发网站上，成本不足 1 元。只要文案设计得当，这种策略的加粉效果会很好。

你可以在 1688 网上搜索"挂钩广告卡""门挂卡广告"。"挂钩广告卡""门挂卡广告"可以双面印制，可以挂在家里的门上，也可以挂在车把手上。这种传单主要有两个优势：一是由于其异形设计，人们不会轻易扔掉；二是这种传单具有一定的用途。

你也可以在 1688 网上搜索“小扇子定制”。这种小扇子形式多样，成本低廉，每个才几毛钱。只要文案设计得当，它非常适合在夏天替代传统的传单。此外，你还可以根据自己的目标受众来定制小扇子的风格和文案。

（2）把传单设计得有吸引力

一般情况下，我们会规避那种常规的宣传单模式（A4 纸或者 32 开等），因为这是最容易被丢弃掉的。举个简单的例子：在很多高校里，大家经常在教室里发现各种培训的、考驾照的传单，但是这种传单不用说被看了，很有可能刚发下去没多久，就被打扫卫生的阿姨收走了。

其实你可以简单核算一下成本：你发传统的简易传单，一张成本是 5 分钱，但是你可能要发 300 张到 500 张传单，才能得到一个粉丝，相当于每个粉丝的成本为 20 元左右。如果你印制一些异形的传单且文案设计较为突出，一张印制成本可能要 2 毛钱，但是你可能发 20 张传单就可以得到一个粉丝，相当于每个粉丝的成本为四元。

你可以在 1688 网上搜索“异形传单”并根据自己目标受众的实际情况，选择合适的传单形式。当然，你也可以自己设计传单。

（3）发的时候要有针对性

发传单的传统思维是：有足够的量——会有人感兴趣——会有人转化，这种思维模式做起来很累，关键是你很受打击（发了很多，基本没什么效果）。所以，我们要把思维模式转变成：关注每一张传单的效果。因此，第一步就是：发的传单要有针对性，也就是发给那些最有希望成为你目标客户的人。根据我们的经验，有以下几点提醒大家。

◆对方会不会很熟练地运用微信

我们发传单的目的是加微信好友。因此，在发放传单时，我们应该避免将传单发给那些不能熟练使用微信的人，因为这样做达不到我们加微信好友的目的。

◆对方是否具备购买力

比如说中小学生，他们能够很熟练地应用微信，但并不一定具备相应的购买力。或者农村的一些用户，用微信也没有问题，但他们很显然更适合快手、拼多多等。对于这类用户，也没有必要给他们发传单。

◆明显不是目标受众的人不要发

有些群体不会成为你的粉丝并且形成购买力。这就需要你了解自己的目标受众，并逐渐积累识人的经验。

（4）核心强调：传单的内容和文案设计

传单设计主要分为两步：第一，吸引注意力；第二，吸引转化。吸引转化的关键就是内容和文案设计。这涉及如何策划吸引人的营销活动、撰写诱人的文案，以及设计有效的引导方式让人们添加微信好友。

（5）传单上的内容信息

我们会在内容上作出精心安排，一般包括如下内容：几款主流生鲜水果的震撼价格、自己的微信二维码、“免单福利”的营销活动、“群内可以领红包”的营销活动等。

（6）特别说明

要亲自参与发传单的过程，不要觉得这是一件丢人的事情。相反，那些连发传单都要雇人代劳的小微创业者，往往在这个项目中难以成功。你自己更熟悉你的小区、写字楼、园区等环境，也更能准确地找到目标客户。我们所谓的“基于位置”的策略，并不仅仅局限于住宅小区。园区、写字楼、商场等都是潜在的目标区域。能进楼宇的，就进楼宇，挨家挨户地发放；不能进楼宇的，就在楼洞口发放；如果实在觉得不好意思，你也可以去车库发放。创业本身就是一件需要付出努力的事情。

4. 朋友圈直接销售模式

如果你觉得自己对社群模式的把控能力有限，那么可以选择从最简单的朋友圈直接销售模式开始。但请注意，如果你想做好双社电商，那社群建设是必不可少的环节。即使你起初选择通过朋友圈进行销售，也建议在后期建立客户粉丝群，以便进行裂变和扩大影响力。

（二）日常运营细节

在“彩虹生鲜”项目的日常运营过程中，为了实现私域流量收益的稳定增长，需要注意以下几个细节技巧。

【私域实战技巧 91】“水果生鲜”团购项目的日常运营技巧

（1）确保水果的品质和高性价比

在私域电商中，水果这种产品既容易形成客户忠诚（只在你这里购买），又容易失去客户信任（只要一次品质不佳就可能失去客户）。因此，如果想以“彩虹生鲜”作为私域电商的核心业务，必须确保所售水果的品质和高性价比。

（2）必须把售后做好

尽管我们尽力做到万无一失，但由于口味的个性化（比如苹果，有的人喜欢特别甜的，而有的人喜欢酸甜的），我们无法保证所有订单都能达到 100% 的满意度。因此，做好售后服务至关重要。在日常运营中，还需要注意以下几点。

◆亲自品尝每一种水果

我们确保选品团队已经品尝过每一种水果，并在大多数情况下品质不会有问题。我们之所以建议你在销售前亲自品尝，主要基于两个原因：一是你会有更直观的感受，判断其是否好吃、性价比如何等；二是你可以拍摄个性化的宣传素材用于朋友圈推广，这对于销售非常有帮助。

◆有售后问题及时处理

遇到售后问题不要拖延，应立即处理。对于“坏果包赔”的情况，平台会负责处理，因此你可以在遇到相关问题时立即安排退款。对于口味问题，可以通过个性化私聊解决，必要时也可安排退款，尤其是对自己的熟人客户。

◆不夸大宣传

真实地把你试吃的感受通过朋友圈表达出来，然后真实地进行推荐，不夸大宣传，这可以在一定程度上减少售后问题。

（3）定期举办团购活动

有些人在做生鲜水果私域电商时，即使朋友圈好友很多，销售情况也可能一般。其中一个重要原因就是缺乏团购活动。除了朋友圈和社群发广告外，定期举办团购活动对于营造购买氛围至关重要。水果是一种非刚需、冲动型消费品，类似于零食。通过定期团购活动，我们可以营造这种购买氛围，吸引更多客户下单。在实际操作过程中，可以按照如下步骤进行组织和推广团购活动。

◆第一步：团购前宣传预热

在团购活动正式开始前 24 小时内，通过微信群、朋友圈等渠道进行多轮宣传预热。宣传时间可安排在开始前 24 小时、活动当天早晨、中午、傍晚，以及活动正式开始前半小时。宣传的重点包括价格优势、当天的营销活动（如“手气最佳，运气翻倍”活动）及团购商品的相关信息等。我们既可以选择团购新品，又可以复团之前受欢迎的商品。

◆第二步：团购活动正式开始后的红包热场

团购活动正式开始后，群主或赞助商可以发放几轮红包来热场，同时配合“手气最佳，运气翻倍”等活动增加互动性。红包金额不必太大，但数量要足够多，总成本控制在二三十元左右即可。

◆第三步：团购接龙

在接龙过程中，一定要注意与每一个下单接龙的人互动。有人下单后，就@对方并给予相应的回复，比如@XX，你是刚才手气最佳的人，首单可以免单哦；@XX，你刚才抢到了红包，可以得到一个价值 XX 元的优惠券。

总之，在实际操作过程中，需结合各种营销活动来提升社群的活跃度，并营造积极的下单氛围。当然，根据自己的实际情况，有时也需要提前安排一些群成员，以配合活动的进行。

(4) 配合多样化的社群活动

与“深夜食堂”等项目类似，为了持续稳定地获取私域收益，“彩虹生鲜”项目除了发布广告之外，还应当举办丰富多彩的社群活动来配合商品变现。

(三) 多维变现

在生鲜水果这个品类稳定后，该项目可以通过其他品类进行多维变现，其中首选的就是我们“双社电商”平台上的其他商品。我们建议的推进节奏是：生鲜水果、零食、家居用品、其他品质好物。

(四) 搭建你自己的团队

就像前面提到的：如果你想做私域电商，但没有经验，不知道从什么品类入手，生鲜水果是一个容易破冰的选择。在做的过程中，你可能会有一些朋友、同学等也想加入(因为他们觉得比较容易)。这时候，你可以考虑发展自己的团队了。

四、基于社区的咖啡（奶茶、鲜榨果汁、鲜切水果）店

这个项目的创意来源于我的一个学员，她是一个大学生。从大二第一学期开始，她就跟我们学习双社电商。到了第二学期，她已经实现了每个月 1.5 万以上的收入（这是跟她的舍友一起做的成绩)。她们还是大学在读生，只能利用兼职时间做。那么，如果是全身心投入呢？所以，我们在他们项目的基础上进行了优化，并安排了相应的实战测试，最终形成了这个私域电商的小微创业项目。

我以这名大学生的操作思路为基础，结合我们团队的优化和完善，对这个项目进行了深入分析。大家可以根据自己的实际情况选择相应的切入点，比如咖啡、奶茶、鲜榨果汁、鲜切水果等。当然，你也可以同时尝试多个品类。在正式讲述之前，我想先做几点说明。

（1）“双社电商”平台的咖啡供应链

这是我们的一个核心优势。我们团队中的一位合伙人在2013年曾去过马来西亚，对那里的咖啡产生了浓厚的兴趣，认为其品质非常出色。回国后，他经常请马来西亚的朋友帮忙代购咖啡。当我们决定测试这个项目时，他立刻建议我们引入这种咖啡。于是，他请朋友从马来西亚发来了一批咖啡样品。我们公司的小伙伴们都进行了试喝，并且反响热烈。因为国际贸易的问题，我们找到了一位在天津港从事东南亚贸易的朋友，请他协助解决进口事宜，而我们则负责国内业务。

这个项目的核心在于，我们将各种咖啡（美式、拿铁、白咖啡等）制成便携包装，使小微创业者能够非常方便地制作出纯正高品质的咖啡。与速溶咖啡相比，这既保留了速溶咖啡的便利性，又达到了现场制作的品质水平。这样的项目对小微创业者来说极具吸引力。

（2）关于相应的设备、耗材

在做咖啡、奶茶、鲜榨果汁等产品时，需要使用一些小型的机器设备和耗材等，例如榨汁机、杯子、封口机、沙冰机、碎冰机、奶茶桶等。我们平台已经为大家对接了相应的供应商，并且会为大家提供项目推进的节奏规划，确保大家能够以最低的成本进入市场。现在，我们已经能够将项目的启动成本控制在500元以内。

（3）鲜榨果汁和鲜切水果的原材料选择

在做鲜榨果汁和鲜切水果的时候，很多人会买特别好的水果，认为这才是品质的体现。但完全没必要。因为最终呈现给顾客的是果汁或切好的水果，所以原材料的外观并不重要。

关键在于不要使用已经变质的水果作为原材料来制作产品。在满足这一基本底线和原则的前提下，你完全可以去市场上购买那些即将熟透或稍有瑕疵的水果作为原材料。这些水果由于快要熟透或储存时间过长，价格往往更加便宜。这样你就可以在不影响品质的情况下大幅度降低成本。你可以与周边的水果店、水果摊谈好，专门收购这些快要即将熟透的水果或者有瑕疵的水果。另外，你也可以直接去水果批发市场采购这种水果。

（4）关于营业执照

从竞争安全的角度看，建议你一开始就申请营业执照。请放心，现在申请营业执照的流程已经简化很多，而且不会花很多钱。

（5）关于位置选择的问题

这个项目的成功与否与位置选择密切相关。你可以选择的位置有很多，如小区、写字楼、商场、园区、大学校园、商业街，以及各种批发市场等。

（6）关于宣传素材的问题

“双社电商”平台储备了丰富的宣传素材，包括传单、文案、图片、营销活动等。如果你想以这个项目作为起点，我们将无偿提供这些素材给你使用。

（7）强调关键点

需要注意的是，绝对不要用坏的原材料。这不仅关乎健康、口感和道德问题，更是你项目能否成功的关键。只有提供优质、令人“惊艳”的产品，你的私域创业之路才能畅通无阻。

（一）建立基于位置的微信群

根据不同的位置性质，建立相应的微信群是非常重要的。因为这些群主要用于粉丝购物交流，所以在建群之初就需要明确群的定位和功能。以下是具体应用场景下的实操细节。

【私域实战技巧92】如何建立基于位置的社群

（1）学校（高校、中职中专）

这里的学校主要指的是大学，包括高职高专、本科、民办院校等。同时，随着国家对职业技术教育的重视，未来几年中职中专也将迎来快速发展。这些院校的学生都是潜在的创业者，可以参与小微创业项目。在实际的操作过程中，我们应该注意以下几点。

◆以鲜切水果和鲜榨果汁为切入点

这主要是因为鲜切水果和鲜榨果汁的门槛很低。如果暂时只提供鲜切水果服务，那么只需要提前支出包装物成本；后期增加鲜榨果汁类目时，也只需要增加一台榨汁机和一个封口机而已。包装物可以在1688网等电商平台上订购（建议选择能够凸显一定品质感的款式），并需要准备简单的不干胶标签用于描述产品信息。此外，还需要准备切水果的刀具、案板等工具。

大家可以去学校周边的水果批发市场批发水果。按照我们前面讲到的，采购那些无法长时间储存但口感好、价格低的水果。

◆朋友圈预热宣传

准备好之后，就可以在自己的朋友圈进行预热宣传，告诉大家自己准备做什么。大学生创业是一件很值得自豪的事情，所以完全不用不好意思。宣传方式包括产品图片、文案、短视频等。

◆直接拉群

对大学生来说，拉群是一件很简单的事情。只要没有社交障碍，几乎每个大学生都可以轻松建立一个满人群（500人）。一般的思路是：先把自己的同班同学拉到群里，再把认识的其他班级、其他专业的同学拉到群里，最后让好朋友帮忙拉人。这里关键点就是让好朋友帮忙进行裂变。你需要提前准备好文案和宣传海报图，文案参考模板如下：我朋友在咱们学校做了一个鲜切水果（鲜榨果汁）送货上门的小店，今天开业搞活动，大家可以加他微信，马上可以免费领取一杯鲜榨的冰镇西瓜汁哦（仅限XX高校的学生），每天只有50个名额。

一杯冰镇的鲜榨西瓜汁，成本绝对不会超过1元。你实际上只需花费1元，就能有效地吸引一个粉丝。我在天津的一个学员就是个大学生。2021年暑假他回来做这个项目，因为他本身是学生会的，在学校里面认识很多其他专业的人，所以裂变速度极其惊人：一周的时间就建成了5个满人群，而他的成本不到2000元。

◆发红包

群建好以后，首先要告诉大家这个群是干什么的（群定位），然后给你的群起个名字。常用格式是“你的昵称 + 你做的项目 + 群号”，比如“小熊的鲜切水果店粉丝 1 群”。接下来发几轮红包，一方面活跃一下社群气氛，另一方面也表达一下你的诚意。红包金额不用太大，但个数可以多一些，多发几轮，将成本控制在 50 元之内即可。

◆特价商品

发完红包后，与群成员进行互动是很重要的。肯定会有一些你比较熟悉的朋友跟你开玩笑，只要不是攻击你，就没必要把对方移出群聊。通过互动，可以让整个社群更加活跃。然后，要趁热打铁，推出你当天的特价商品。这个特价商品必须足够震撼、足够吸引人，不要想着赚钱，只要不亏本就行。比如，原本准备卖的鲜切水果捞售价 8 元，现在可以特价 3 元；西瓜汁原本售价 3 元，现在就特价 1 元。同时向群内说明，特价商品每人仅限一单（这样做只是为了向群成员证明：你并没有赚钱）。

◆海报、传单

当社群运转成熟后，宣传造势是必不可少的。因此，接下来要制作海报和传单，并在上面印制好你的二维码。在允许张贴和发放的地方，让你的宣传材料随处可见。这一步虽然不一定能给你增加多少粉丝，但对于宣传造势所起的作用还是很明显的（让更多的人知道你和你的项目）。

◆1 元换一个粉丝

这是一个非常好用的方法，尤其适用于你的微信好友数量不多，难以通过朋友介绍实现裂变的情况。你可以提前准备好一批鲜榨果汁（通常是西瓜汁，因为夏天最受欢迎，成本也较低，大多数地方的成本都可以控制在 1 元之内），在用餐时间前往食堂，逐个桌子进行推销：只要扫码加你好友并加入群聊，就可以赠送一杯鲜榨西瓜汁。这样用 1 元就可以吸引一个粉丝，同时还能混个脸熟并形成轰动效应。

◆别忘了学校的老师

很多大学生在做创业项目时只关注身边的同学，但实际上老师是更有购买力、更能够支持你的一个群体。即使学校再小，也会有两三百名老师。你可以单独建一个群并逐个办公室进行宣传推销。你拎着西瓜汁让老师扫码进群（当然也要加你为微信好友），并免费送上一杯西瓜汁作为感谢。

（2）住宅小区

仅以上海市为例，在 2021 年据不完全统计就有超过 4 万个小区存在。每个小区都至少可以开展一个该项目（如果楼宇和居民数量足够多的话则可操作空间更大）。由于住宅小区具有特殊性（与商场、园区等相比封闭性更强），因此在进行建群等实际操作时，需要注意一些相关的技巧和注意事项。

◆传单模式直接有效

在做这个项目时，传单这种古老但有效的方式依然是首选的宣传手段之一。具体而言，我们可以参考【私域实战技巧 90】中所介绍的实操技巧。在实际操作过程中，我们需要注意以下几点。

第一，选好突破口。咖啡、奶茶、鲜切水果捞、鲜榨果汁等，不同的切入点意味着群名称、传单设计风格、传单文案等都会有所不同。

第二，传单设计要有创意。你可以设计门挂、车挂、折叠卡、小册子等，虽然成本会比简单粗糙的传单高一些，但在吸引粉丝方面，效果是那些廉价传单无法比拟的。更为重要的是，一张精美的宣传单能为你所从事的项目加分。

第三，自己发传单。发传单确实是一项累人的工作，但作为小微创业者，不要想着雇佣别人来代替你。自己亲自操作，效果一定会更好。

第四，首次下单0元换购。也就是说，对于客户的第一个订单，你可以提供一个单品作为零元换购，甚至不要限制订单金额。例如，一杯西瓜汁的成本不足1元，但可以吸引一个精准粉丝。

第五，够30人的时候就要建立粉丝群。这是私域流量池的雏形，只有建立起这个雏形，才能进行后续的裂变。

◆免费领一杯西瓜汁

在小区门口支个摊儿，放上易拉宝和你们的二维码，扫码加好友进群就可以免费领取一杯鲜榨冰镇西瓜汁。同样，1元的成本就可以换一个非常精准的粉丝。当然，冬天的时候可以换成热饮或奶茶。

◆每天推出特价商品

群内每天都要推出特价商品，这一点非常重要。特价商品对于增强社群黏性、提高复购率等社群运营指标具有关键作用。

(3) 园区、写字楼、商场、专业市场等

这些位置具有特殊性质，有以下几个特点：购买力强——都是打工人群；需求旺盛——上班乏了需要来杯咖啡提神、午饭后来份鲜果切或一杯新鲜果汁等；人群集中；白天聚集，晚上下班就回家了。在建立私域流量池时，关注以下几个实操细节。

◆传单模式直接有效

具体的操作细节与在小区进行宣传时类似，准备好传单，能发到办公室就发到办公室，可以在园区食堂发放，也可以制作车挂进行宣传。

◆免费领一杯西瓜汁

可以与园区食堂、写字楼商城等周边的小餐馆进行合作，开展免费送西瓜汁的活动。你需要安排人员在现场引导顾客扫码加微信领取西瓜汁。这样还是相当于用1元钱换一个精准粉丝。

◆每天推出特价商品

群内每天都要推出特价商品，这一点非常重要。特价商品对于增强社群黏性、提高复购率等社群运营指标具有关键作用。

（二）每天推出特价商品

这一点在前面已经多次提及。对于单纯的购物粉丝群来说，每天推出特价商品是至关重要的。这不仅是活跃社群的有效工具，还能让用户逐渐养成期待和关注的习惯。只要确保产品品质，用户就会对每天的特价商品充满期待。

（三）限时限量供应

特价商品尤其需要采用限时限量供应的策略。这样做一方面能制造购买的紧迫感，促使用户尽快下单；另一方面，社群内不断更新的剩余数量和倒计时提醒，能有效唤起用户对社群的关注。

（四）社群的运营很重要

单纯的粉丝购物群绝不能局限于发布广告。为了维护社群的活跃度和用户的黏性，必须配合形式多样的社群活动，如红包活动、生日祝福活动、粉丝生日福利等。具体而言，我们可以参考下列内容。

【私域实战技巧 16】社群活动——送生日祝福

【私域实战技巧 17】社群活动——拜师活动

【私域实战技巧 18】社群活动——黑故事游戏

【私域实战技巧 19】社群活动——猜歌名

【私域实战技巧 20】社群活动——掷骰子游戏

（五）多维度变现

在以咖啡、奶茶、鲜切水果捞、鲜榨果汁等产品为基础建立起稳定的社群信任度后，就可以依托“双社电商”平台上丰富的商品资源，实现多维度变现。具体可以参考【私域实战技巧 87】“深夜食堂”项目的多维变现体系。

（六）搭建自己的团队

如前所述，仅上海就有超过 4 万个小区，所以这种模式具有极高的可复制性。当你成功赚到钱并积累了一定经验后，自然会有更多人想要加入。这时，你就可以考虑发展自己的团队了。

（七）关于配送

配送是这个项目中非常关键的一环。确保在短时间内送达对于提升用户体验至关重要。因此，在划定服务范围时，必须根据自己的实际情况进行合理规划。对于超出范围的订单，可以考虑增加人手或放弃部分区域，以确保大部分订单都能在半小时内送达。

第五章　平台商家私域流量的运营与变现实操

我们需要认清一个残酷的事实：在这里所指的平台（主要包括拼多多、京东等电商平台）上，店铺粉丝中只有那些被导入私域流量池的粉丝才是真正属于自己的。否则，无论粉丝数量有多少，都如同浮云一般无法掌控。

一、平台商家当前面临的困境

严格意义上来讲，平台商家所获取的每一个流量和粉丝都是属于平台的。无论是免费获取的还是付费购买的，平台都拥有绝对意义上的分配权。这意味着商家在运营过程中始终会受到平台的制约。

（1）流量成本越来越高

对于在主流电商平台（如淘宝、拼多多、京东等）上运营的商家而言，流量红利的时代已经过去了。最早的淘宝商家只需上传商品，就能轻松获得流量（这是真正的红利期，平台为了自身发展会投入资金购买流量并免费分配给商家）；后来推出了直通车等付费工具，初期的点击费用也相对较低。然而，现在的情况是：商家获取免费流量变得异常困难，除了需要优化视觉呈现和权重等因素外，还需要投入大量的时间和精力进行专业的运营和维护；而直通车等付费推广工具的成本也随着竞争对手的增多而水涨船高，现在一些热门关键词的单个点击成本甚至高达数元或数十元。

（2）利润空间在不断被压榨

其实，流量成本高并不是问题，只要有利润就可以。毕竟“羊毛出在羊身上”，从理论上讲，平台商家完全可以把日益高涨的流量成本转嫁到消费者头上，就像线下商家在房租和原材料成本提高时，会通过提高终端销售价格来转嫁成本一样。但遗憾的是，由于以下两个原因，平台商家的这种愿望往往难以实现。

◆比价容易

大多数情况下，消费者的平台购物需求都是由内在刺激引起的。比如，天气冷了想买羽绒服；下周要去相亲想买时尚漂亮的衣服；宝宝没有尿不湿了要囤一些等。我们可以把这类需求称为“内在刚需”。对于这类需求，消费者在平台上的购物流程通常是：搜索（或被推荐）——发现多个符合需求的产品——进行对比（其中一个重要环节是比价）——选择最满意的产品下单购买。因为平台上比价非常容易（所有的平台都提供价格排序功能），在消费者判断产品相同的情况下，低价商品往往会被优先选择。因此，商家为了获取竞争优势和销量（在很多平台的排序规则中，销量是一个重要因素），不得不采取降价手段，从而导致单位利润降低。

◆平台大促不断

更严重的是：每个平台都面临着竞争压力，为了争夺流量而不断推出各种大促活动。这种大促活动进一步压榨了商家的利润空间。比如，以前提到双十一，仅指天猫的双十一活动，但后来因为大促活动对其他平台流量的掠夺效果太明显，逼迫其他平台也不得不跟进，所以现在双十一已经变成全网的活动。而且这类大促活动不仅仅局限于双十一、双十二等特定日期，还包括各种节假日、年货节、年终大促等。商家根本没有喘息的机会。现实情况是：如果不参加活动就没有流量；如果参加活动，则利润只能下降。

（3）无法挖掘客户的终身价值

高昂的流量成本和被压缩的利润空间都迫使企业寻找新的出路，“充分挖掘客户终身价值”似乎成了一个理想的选择。对于客户的终身价值，我们可以从以下几个维度来理解。时间维度——即让消费者在尽可能长的时间内都在你这里消费；需求（空间）维度——即让消费者可以在你这里购买更多的东西，满足更多种类的需求；影响力维度——使你私域流量池里的客户能够影响他们身边的人，让他们也来你这里消费并成为你的新客户。

然而，在平台上的商家却因为以下三个原因而难以实现“挖掘客户终身价值”的目标。

◆客户不忠诚

在平台电商中，客户的忠诚度通常很低。对于他们来说，哪个平台的活动力度大、补贴多，哪个平台就更容易吸引他们。

◆流量分配机制问题

各个平台在进行流量分配时，基本原则是将流量分配给具有优势的产品或店铺。这种分配机制导致决定权完全掌握在平台手中。

◆流量归属权问题

平台上的每一个流量其实都属于平台本身，商家无法真正拥有这些流量。这意味着商家在平台上的所有投入和努力，都无法保证他们能够获得稳定的流量和忠诚的客户。即使商家提供了优质的产品和良好的售后服务，也并不能确保他们的产品在下一次客户购买时能够优先展现。

（4）商家做的很多努力可能得不到回报

在传统线下生意中，人们通常认为只要付出努力就会有回报。然而，在平台电商中，这种观念并不总是成立。商家可能会发现，他们做出的许多努力最终都无法获得预期的成果。这主要是因为平台掌握了大部分的流量和客户资源，商家很难从平台上获得稳定的收益。

◆流量被抢走

在没有互联网的时代，人们消费时会进入实体店。如果商家提供好的产品和优质的服务，就会吸引更多的流量。但在当今时代，流量主要被平台掌控。现在，人们更倾向于在各种购物 APP 上进行消费。

◆粉丝被抢走

通常情况下，商家通过提供优质的产品和服务来吸引和留住粉丝。然而，在平台电商中，这些忠诚的粉丝更容易被平台吸引走。比如，在美团上做生意的商家可能会发现，即使他们的饭菜质量再好，如果平台不推荐他们的店铺，消费者也会很快转向其他竞争对手。

◆客户福利被抢走

很让人痛心的一点是，商家原本打算给客户的福利经常被平台占用。平台在进行大型促销活动时，通常会以各种噱头吸引消费者，如“百亿补贴”等。然而，为了降低成本，平台就会倒逼商家承担一部分成本或提供额外的福利。这样一来，原本应该是商家给予消费者的福利就变成了平台给予的福利。

◆口碑被抢走

在平台上，爆款产品的评价往往缺乏可信度。有些平台甚至存在删除差评的现象，只要商家愿意花钱就可以消除负面评价。这使得那些真正提供优质产品和服务的商家难以在平台上建立起良好的口碑。

二、解决困境的核心：私域电商

即使平台电商有诸多困境，但在无线互联网时代，消费者已经习惯了网上购物，线下实体经济受到了极大的冲击。因此，不做平台电商，将会面临被淘汰的命运。“上平台找死，不上平台等死”的局面已成事实。解决困境的关键在于私域电商。

（1）私域流量的解读

私域流量是相对于公域流量而言的，一般是指从公域引流到私域，以及私域流量本身通过裂变增加的访客。在我们的理解中，私域流量需要符合以下五个标准，缺少任何一个，都不能称之为真正意义上的私域流量。

◆能够通过社交进行两次以上的链接

通常情况下，以平台为代表的公域流量是根据特定规则来进行展现的。平台上的商家只能是规则的遵守者。因此，从本质上来讲，每个公域流量都只能进行一次链接。所以平台电商的运营逻辑是：增加曝光——提高点击率以获取更多展现——提高转化率——提高客单价。而私域流量则不同，它可以通过社交进行两次以上的链接。因为私域流量池是属于商家的，所以商家可以自己制定规则。

◆“被喂养”属性

我们可以把私域流量理解成养鱼池里面的鱼，而公域流量则像是江河大海里的鱼。从江河大海里捕捞的鱼可以直接拿来变现，所以工作重点是如何捕捞更多的鱼、更大的鱼、价值更高的鱼，以及用更低的成本捕鱼。然而，对于养鱼池里的鱼来说，核心工作在于“养”，商家会先购买鱼苗，然后通过投放饲料来喂养它们，最终再进行变现。

◆可以自由地零成本触达

从公域获取流量会有两个问题：一是不自由（商家会受到各种平台规则的约束）；二

是有成本。然而，在私域流量池中，商家可以自由且零成本地触达消费者。理论上来讲，只要不违反法律法规和平台规则，这种触达方式是不受约束的。

◆流量聚集的方式是 IP 化

对于私域流量而言，聚集流量的有效方式是 IP 化。这其实是社交电商的本质所在。虽然私域流量也可以通过“补贴、福利”等利诱手段来聚集流量，但这样的流量往往不具备忠诚度。当消费者发现更便宜、更优惠的福利时，他们可能会毫不犹豫地离开。因此，只有通过打造个人或品牌 IP 的方式建立起来的私域流量池才是稳定的。

◆私域流量忠诚度

私域流量池里的流量具有忠诚度。这种忠诚一方面源于 IP 的建立，另一方面则在于商家能够持续不断地为消费者提供价值，从而产生归属感。忠诚度的建立使得流量在一定程度上对价格等营销要素变得不敏感。

（2）如何正确地理解私域电商

私域电商是指利用自己的私域流量，即能够掌握的社交资源（如微信好友），从事商业活动并实现盈利。私域电商与公域电商的主要区别如下。

◆流量成本的问题

任何一个平台的本质都是销售流量。在这些平台上创业做生意，必然要面临购买流量的问题，因为平台要变现，不可能无偿提供流量。随着竞争的加剧，流量成本一定会越来越高。而私域流量则相当于商家自己的养鱼池，无论是变现还是运营，成本都相对较低，甚至可以说是零成本。社交资源越多，流量成本优势就越明显。

◆流量的有限和无限问题

从理论上讲，平台上的流量（即公域流量）是无限多的，只要愿意花钱，就可以无限制地购买。但私域流量是有限的，消耗掉一个就会少一个。所以，在运营的过程中，私域电商需要更注重客户黏性的维护与客户关系的管理。

◆运营逻辑的问题

对于平台电商，运营的重心在于流量的获取。在降低流量成本的前提下，不断增加曝光是运营的起点，进而提高转化率、客单价等。而私域电商的运营重心则在于每个客户的维护和终身价值的挖掘。这主要源于私域流量的有限性。

◆稳定和持久性问题

做公域电商面临的最大的问题在于不确定性。平台可能会因为各种各样的原因调整流量分配机制，每次调整都可能导致店铺经营环境的巨大变化。从本质上来说，公域流量归属于平台，商家并不拥有其所有权，因此，在生意的稳定性和持久性方面面临挑战。而私域电商则不同，流量所有权属于商家自己。只要运营逻辑没有问题，避免用运营公域流量的方法运营私域流量，收益就能保持持久和稳定。

◆经营范围的问题

作为平台商家，一般需要有明确的定位、经营特定的品类。这是平台的要求，也是市场营销规律的要求。然而，在做私域流量时，经营范围会被无限扩大。只要能够满足目标受众的需求，商家都可以进行经营。

（3）私域流量的优点

相比公域流量，私域流量在以下四个方面有着比较明显的优势。

◆消费者的忠诚

私域流量池中的消费者是基于情感和价值认同而聚集的。这种认同包括四个方面：一是各种粉丝，比如网红的粉丝、店铺粉丝、品牌粉丝、意见领袖的粉丝等；二是共同的兴趣爱好，比如健身、读书、汽车等；三是能够获取价值，如在私域流量池内获取知识、得到专业指导等；四是能够获得实惠，如购买高性价比的产品、享受折扣等。从忠诚的角度出发，私域流量明显高于公域流量。

◆流量成本低

私域流量是在自己的平台上获取的，因此流量获取成本相对较低，甚至可以视为零成本。尤其是在可以多次触达消费者的情况下，养鱼和获取鱼苗的成本也会大幅降低。

◆避开价格战

与公域流量中容易进行价格比较不同，私域流量池里面的消费者相对闭塞。由于情感和价值认同的存在，他们对价格等营销要素的敏感度较低。

◆能够实现裂变

公域流量池里的流量很难实现裂变（类似拼多多的“砍一刀”等营销行为并非真正意义上的社交电商，更谈不上流量裂变）。在私域流量池中，由于提供了价值和情感上的认同，才有可能实现自然裂变。

（4）哪些产品的平台商家适合做私域电商

在谈到平台商家做私域电商的时候，很多人的第一反应是认为自己的产品很难有二次回购，所以无法做私域电商。然而，这种理解过于狭隘。至少符合以下特征的产品都可以做私域电商。

◆多次重复消费的商品

比如，宠物用品、母婴用品、零食、化妆品、保健品、滋补品等。这些都是可以重复消费的商品，如果没有自己的私域流量池，当平台上出现更有优势的新品时，原本属于你的流量很容易被吞噬。

◆品牌商家

如果你的品牌具有独特的调性，并且能够持续推出新品（或者进行产品的更新换代、提供配件更换等），那么就可以考虑建立品牌粉丝群等私域流量池。

◆目标人群特征精准的商品

比如，音乐器材、体育器材、健身器材、汽车配饰等商品，它们的目标受众非常明确。通过为这些特定群体提供价值，可以建立私域流量池，并实现长期的变现。

◆泛需求的商品

例如，口罩、春联、雨伞、充电宝等，这些都属于泛需求商品。它们的特点是几乎每个人都可能需要，需求量很大。这类商品也非常适合建立私域流量池。在变现时，可以选择其他相关商品进行销售，以充分挖掘流量价值。

三、平台商家运营私域流量池时面临的问题

对于平台商家而言，建立私域流量池似乎是必然的选择。然而，目前能够成功运维私域流量的商家非常少，甚至很多商家都还没有开始行动。这主要是因为在实际运营过程中存在以下几个问题。

（1）思维难点是关键

平台商家长期习惯于公域流量运营思维，所以在私域层面可能会感到困难重重，甚至无从下手。只有打破了思维困境，勇于尝试和实践，才能在私域电商的道路上迈出了至关重要的一步。

◆产品是否适合做私域

这是很多没有开始尝试私域电商的平台商家首先会思考的问题，他们可能会认为自己的商品很难实现回购，比如家具电器、五金电料、灯具等，从而认为做私域没有价值。然而，只要愿意尝试和创新，几乎所有的产品都可以做私域电商。

◆应该如何去变现

目前，大多数平台商家的私域电商做法是将客户聚集到社交工具上（如微信、QQ等），然后通过发广告的方式实现二次购买。然而，这种方式往往成为他们最核心（甚至是唯一）的变现渠道。真正的私域电商在变现层面应该是多维的。

◆如何参与进来

如果决定做私域流量，应该考虑是兼职做还是安排专人全职负责？是自己来执行，还是外包给专业的团队来操作？这些问题关乎如何开始行动和参与其中。

◆投产是否经济

每个打算涉足私域电商的人都需要认真思考这个问题。因为一旦开始行动，就必然会有相应的投入。有投入就必须考虑产出，要评估投产是否经济，以及能否实现预期的经济收益。

（2）缺乏运营能力是核心

尽管思维上的问题会让商家感到困惑，但真正的核心阻碍还是缺乏运营能力。这种运营能力至少包括以下几方面的内容。

◆建“池”能力

这是首要步骤，涉及如何将从公域获得的客户转化为私域流量，并建立起自己的流量池。很多客户在合作之初，虽然每天能发出大量包裹，但对于如何引导这些客户添加微信、加入群组却感到束手无策。除了好评返现外，他们很难想出其他有效方法。

◆维护“池子”的能力

私域流量池建立后，如何维护微信关系、发布朋友圈内容、保持微信群的活跃度等，都是必须面对的问题。

◆变现能力

由于每个商家的产品种类有限（甚至很多产品无法进行二次回购），因此如何持续变

现成为一大挑战。商家需要思考如何挖掘客户的终身价值，甚至影响消费者推广自己的产品。

(3) 变现产品匮乏

这是对变现能力的进一步分析。平台商家在变现层面往往面临以下问题。

◆自己的产品是有限的

这涉及用什么产品来变现的问题。对于每个商家而言，产品种类都是有限的。即使是重复性消费品，种类也相对固定。而对于非重复消费的商品，如服饰等，即使上新频繁，产品数量也仍然有限。

◆其他产品资源是有限的

如果商家想拓展变现产品范围，就需要选择经营范围之外的产品。然而，对于大多数商家来说，他们所熟悉的资源往往局限于自己的竞争对手或同类目产品。例如，做地毯的商家通常只熟悉地毯相关的产品。

◆选品能力是有限的

由于对其他产品资源不熟悉及可选范围的狭窄，商家的选品能力受到很大限制。这使得他们在拓展变现产品时面临更大的挑战。

(4) 根源是没有专业人才

当然，平台商家难以开展私域电商的根源在于缺乏专业人才。这种专业人才包括建立流量池的人才、运营流量池的人才、价值提供人才，以及营销变现人才等。

四、问题解决方案

面对如上问题，作为平台商家，应该如何启动自己的私域电商事业呢？我们经过多年的实践和总结，摸索出了一套解决方案——私域流量免费托管计划。

(1) 我们推出这个计划的原因

早期的平台电商中小卖家确实因为流量红利而活得相对滋润。然而，随着竞争加剧和平台愈发成熟，现在平台电商的困境已显而易见。即使我们抛开平台流量成本越来越高等沉重话题，还有一个更令人痛心的事实摆在面前：一旦脱离平台（如不再在淘宝、拼多多、京东等经营），你的收入就会立刻中断。这是不公平的，我们要做的就是改变这种现状，扭转这个令人痛心的事实。我们的期望如下。

◆你的付出必须得到回报

你为平台提供了优质的产品和极具吸引力的价格，使平台看起来更能吸引客户，提供了更好的购物体验。那么，平台凭什么可以对你不好？凭什么你的付出得不到回报？我们承认平台给了你流量，但你也付出了很多。

◆客户应该是你的

客户在平台上下单消费，是因为你的产品好、价格优惠，而不是因为平台本身好或价格便宜。那么，凭什么客户都是平台的？比如，当老客户再次在平台购买商品时，平台凭什么要推荐竞争对手的产品给他们？仅仅是因为平台觉得竞争对手的产品现在比你有优势，或者竞争对手花钱了吗？

◆退出平台后也应该有收益

既然客户是你吸引来的，那么即使你退出平台，这些客户仍然应该能够为你创造价值。你应该能够继续为他们提供更好的产品和服务。

◆即使不再创业了也应该有所收益

我们甚至有一个愿景：即使你不再创业、不再做生意，这些私域流量池里的客户仍然是你辛辛苦苦积累下来的宝贵资源。他们仍然具有价值，如果这些流量还能够产生收益，那么你也应该分享其中的一部分。

（2）私域流量免费托管计划的三大特点

提及托管代运营，很多平台商家都是抗拒的。全店托管、活动托管、直通车托管等，大多数第三方机构都是以收割商家为目的的。相较于这些，我们的私域流量免费托管计划具有三个明显的特点。

◆商家零风险免费托管

商家无须支付任何服务费、额外人工费或押金保证金。商家要做的只是与我们配合，共同搭建私域流量池。

◆按效果付费模式

我们的私域流量免费托管计划采用效果付费模式。每位参与者从私域流量池产生的收益中按比例分成，确保商家只获得增量收益。

◆项目持久盈利

这是本计划的最大亮点：一次合作，持久收益。只要商家配合我们建立起私域流量池，便能持续不断地获得永久性收益，除非产生不可抗力（如政策原因等）。即便您未来不再经营电商或从事其他业务，甚至不再工作，也能享受收益，实现真正的“躺赚”，打造自动化的赚钱工具。

（3）本托管计划的参与者

私域流量托管计划主要涉及三方参与者：合作商家、我们的平台及专业的私域流量运营人员。

◆合作商家的职责

合作商家的主要负责：协助搭建私域流量池；部分商家需要提供有竞争优势的产品；确保私域流量池源头稳定；在项目运营过程中，提供必要的协助。

◆专业的私域流量运营人员

运营人员的主要职责包括：微信和微信群的日常维护工作；推动变现项目的执行；私域流量池的裂变扩大。

◆平台

作为平台方，我们的职责如下：提供专业运营人员的管理与培训；提供专业的社群建立、裂变过程中所需要的方法、人员和内容；提供专业的变现模式及优质的变现产品。

（4）私域流量池共享计划

为实现项目收益最大化，我们会推出私域流量池共享计划。具体内容如下。

◆流量池翻倍

每个商家的私域流量池规模有限，所以我们将通过平台组织，采用特定方式打通所有私域流量池，启动私域流量池共享计划。适用于您产品的所有流量池都可用来变现，我们仅需制定合理的收益分配方案（包括流量池运营者、拥有者及供货方的收益分配）。

◆联合营销

各私域流量池可根据目标受众和主题进行选择性的联合营销。比如，家具、灯具、家电和床上用品四件套等产品难以实现复购。这意味着如果没有其他产品支持，私域流量池搭建后将面临变现难题。联合营销可有效解决这一问题。我们发现这些产品的共同标签是：房屋装修需求。那么，我们可以考虑将这些商家的私域流量池进行整合，通过协同开展有针对性的促销活动，从而实现流量的有效增长和共享。

（5）项目合作流程

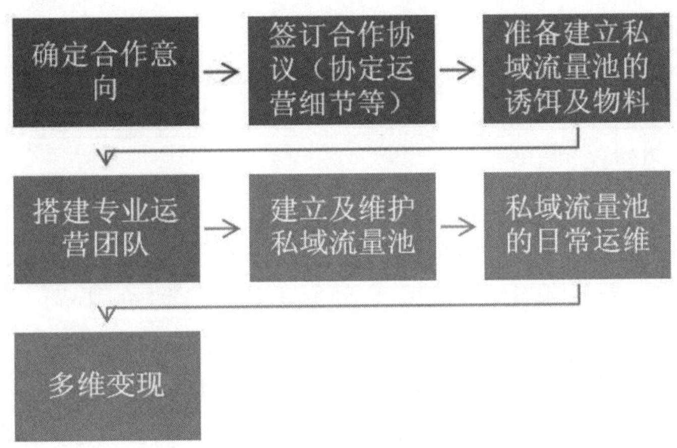

五、平台商家私域流量池的搭建

平台商家私域流量池的搭建，是指将平台上产生的客户（或潜在客户），通过特定价值的“诱饵”引导到私域流量池（如微信或微信群）的过程。

（一）私域流量池搭建的基本原则

在实际操作过程中，我们要根据不同场景采取不同策略，但均需遵循以下基本原则。

【私域实战技巧93】平台商家在搭建私域流量池时应遵循的原则

（1）要设置多重“保护”

许多商家在考虑此方法时，通常只会在包裹中放入一张小卡片（或传单，稍高级的会放入小册子），然后等待客户添加。然而，这种做法的成功率并不高。为提高添加率，我们一般会设置至少三重保障。

◆首先，付款成功后，系统自动发送短信（可借助第三方老客户营销软件轻松实现，每条短信的成本仅为几分钱），邀请客户添加好友。

◆其次，配送成功后，系统自动发一条短信，邀请添加好友。

◆最后，在包裹内放入传单，邀请客户添加好友。

（2）一定要给别人一个加你的理由

当然，许多商家首先想到（甚至唯一想到）的理由是发红包（有时还与引导好评相结合）。然而，这种方法不仅在某些平台被视为违规，而且加粉概率很低。发红包并非不可行，但如果能根据您的产品和目标客户特点找到更好的方法，为何不尝试呢？以下是一些我们在实际操作中证明有效的方法。

◆一些有一定专业性的产品

比如，健身器材、健康养生用品、医疗器械等。接下来，我为大家举三个例子。

例一：食疗养生膏方。我曾在 2016 年因湿气重而购买了一款祛湿膏方。下单后即收到短信，邀请我添加养生专家微信以获取使用指导。

例二：婴儿益生菌。当我女儿出现肠胀气时，我购买了瑞典拜奥的益生菌滴剂。打开包裹后，发现内附小卡片，文案简洁却有效：请添加受过专业培训的三级公共营养师微信，她将指导您如何使用本产品。

例三：健身小器械。我一个朋友专门销售家用健身小器械（如小哑铃、弹力带等）。他会在包裹中放入小卡片，文案简洁却有效：邀请您添加专业健身教练微信，获取家庭健身效果最大化的使用建议。

◆一些可以形成兴趣交流的产品

只要消费者因兴趣购买并愿意与他人交流的产品，都适合建立兴趣交流群。比如，宠物用品（猫、狗等）、花卉园艺、烘焙、户外登山用品、钓鱼用品，以及各种体育用品等。一般话术为：欢迎添加微信，加入国内最大最专业的 XX 交流群，与众多志同道合的朋友分享心得体验。群内还将不定期邀请专业老师进行分享。

需要注意的是，最好给您的社群起个好听的名字并用心维护它。社群规模越大，形成的合力就越强。

◆一些能够提供虚拟“诱饵”的产品

为了更有效地吸引粉丝，您还可以配合前面的方法，提供虚拟产品作为额外的吸引。例如，当您销售弹力带时，宣传单上可以这样写：添加我们的专业健身教练微信，立即获取 20 种家用弹力带健身方法的专业视频讲解，并享受个性化的健身指导。

◆一些针对特定圈层人群的产品

某些商品特别适合特定的社群或圈层，可以利用这一点来建立具有吸引力的交流群。比如，销售汽车用品的商家，可以考虑建立针对不同汽车品牌的车主交流群。这种以归属感为核心的社群一旦建立起来，不仅能增强成员间的互动，还提供了更多变现机会。

◆一些针对特定需求的产品

像专为糖尿病人、婴儿或老年人设计的产品，由于其特定的受众和需求，非常适合通过私域流量池进行营销和推广。提供有价值的信息和服务，能有效地将用户转化为忠实顾客。

（3）不赚钱甚至微亏的情况下，能走量的方式都走

我一直强调，对于平台电商而言，盈利是一大挑战。因此，私域电商成了不可或缺的补充。在以增加粉丝为目标的前提下，如果能够在保证不亏损或微利的情况下增加销量，那么这绝对是一个明智的选择。不论是利用淘宝客、聚划算还是直播等手段，只要能带来销量，都值得一试。当然，若能同时实现盈利，那便是锦上添花。

(4) 尽量选择有明显优势的产品突破

选择具有明显优势的引流产品至关重要。无论是在特色、细节还是价格方面，都应有能一眼吸引用户的亮点。这样的产品不仅更容易吸引关注，还能大幅提升用户的添加意愿。

（二）私域流量池搭建的具体场景技术

在实际操作过程中，以下是一些针对不同场景的实操建议。

(1) 订单量很少的商家

根据我们的经验，“订单量较少”通常指日订单量不足20单。这种情况主要由三个原因造成：店铺规模较小、产品客单价高或受众群体狭窄。对于这类商家，我们推荐采用“直接搜索手机号添加微信好友”的主动添加方式。打招呼的文案应根据产品特性定制，以提升通过率。此外，建议不要在短时间内集中添加大量订单中的手机号为微信好友，而是应在顾客下单后立即发送短信并尝试添加，以降低被限制的风险。

(2) 能够通过电话沟通的特殊类目商品

在淘宝平台上，存在许多特殊类目的商品，商家在这些类目中的主要目标是获取展现和流量。而真正的成交往往依赖于详尽的电话沟通。对于这类商品，淘宝平台通常会“默许”商家在商品详情页（甚至首图）上展示电话号码。在此情况下，商家可以在与潜在客户电话沟通时，请求添加对方微信。常见的添加理由包括发送详细报价、分享案例、进行视频沟通等。

(3) 能够多次重复购买的商品

服饰、零食、宠物用品、母婴用品等商品具有重复消费、重复购买的特点。对于这类商品，我们建议商家设立会员体系，并通过“多重保护”的方式，邀请客户加入私域流量池。一旦客户加入，即可将会员体系图发送给对方。对于能够多次重复购买的商品，做好客户档案的制作与管理至关重要。比如，我们曾指导过一家销售狗粮的店铺，在引导客户加入私域流量池后，客服人员会详细询问并记录狗狗的年龄、狗粮在食物中的比例、狗的昵称等信息，与客户的旺旺昵称、联系方式等一起形成完整的客户档案。在预测狗粮即将用完的时间点（根据狗狗的年龄、品种、狗粮所占的比例等信息推算），客服人员会主动给客户打电话：亲，咱家的XX（狗狗昵称）的狗粮是不是快吃完啦？您现在是我们的XX会员，我们正好有针对会员的优惠活动，要不要考虑给咱家宝贝囤一些呢？

(4) 低客单价的商品

在平台上（尤其是拼多多），存在大量低客单价（通常不超过20元）但订单量巨大的商品。这些商品大多是满足大众日常需求的消耗品，如卫生纸、手机壳、化妆棉、袜子等。尽管部分商品具有重复购买的特点，但对于消费者而言，它们通常还具有以下三个特点：一是品牌忠诚度低；二是价格敏感度高；三是购买便利性要求高。

针对这类商品，我们通常会采用现金激励与生活方式社区相结合的方式，引导消费者加入我们的私域流量池。例如，我们服务的一个客户主要销售化妆棉、耳勺等低客单价的日常家居用品，每天能有三五千的订单量。在每个包裹中，我们都会放入一张小卡片，倡导一种精致生活理念并邀请大家加入我们的社群。通过这种方式，我们成功地吸引了大量消费者加入私域流量池，为后续的营销活动打下了坚实的基础。

（5）高客单价的商品

对于高客单价的商品，消费者往往面临着较高的购买风险。所以，通常情况下，我们会以“一对一客服”“精准售后”等服务为理由，引导消费者进入私域流量池。尤其是对于一些复杂型商品，我们还需提供安装、使用指导等内容。

当从平台引导过来的微信好友数量达到100人以上时，就可以考虑建立微信群了。在这个过程中，需要注意筛选掉潜在的“炸弹”用户（或者是竞争对手，或者是因为各种原因对你的产品极度不满意的用户），通过简单私聊即进行初步识别，避免将其拉入微信群。

建立微信群后，群名称可以根据实际情况而定，如XX粉丝群（加群号）、XX客户群、XX福利群等，也可以起一些个性化的名字以吸引用户。同时，需要制定好群规，明确群内发言的界限和规范。新进成员入群时，要@对方并提醒其查看群公告。

六、平台商家私域流量池的运营

平台商家私域流量池的日常运营主要有以下三个目标。

（1）维护社群稳定

无论如何，将平台客户引导到私域流量池并建立微信群后，商家需要承担一定程度的售后职能。不管你的产品多么完美，都难以保证所有顾客都满意。对于不满意的客户，商家需要通过恰当的方法和话术来维护社群的稳定。根据不同情况，可以采取以下措施。

◆确实因为产品问题导致的投诉，应真诚道歉并采取补偿措施，如补发新品或退款不退货等，最好通过私聊解决以避免对社群造成负面影响。

◆因客户使用不当或对产品不了解而造成的投诉，应先安抚客户情绪，然后耐心地进行讲解和指导。如果产品已经毁损，可以适当给予客户一些赔偿以体现关怀。这些处理过程可以在群内进行，以展示商家的服务态度和解决问题的能力。

◆对于无理取闹的客户（如竞争对手等），可以在群内作出解释说明后，果断将其踢出私域流量池以保持社群的纯净度。

（2）保持社群活跃度

为了避免“社群7天必死”的困局，商家需要积极开展各种社群活动，如话题讨论、新人入群仪式、红包活动等，以保持社群的活跃度。群主和管理员应及时回复群内问题并处理相关事务，营造良好的互动氛围。

（3）形成社群依赖

购物粉丝群与其他性质的社群相比存在天然劣势，因为它们经常需要开展营销活动。然而，商家仍然需要通过特定的运营方法来培养群成员的依赖性和习惯性参与。例如，定期发布优质内容、举办有趣的互动游戏、提供独家优惠等，让群成员愿意每天关注群消息并积极参与社群活动。

（一）给每个人足够的重视

不要忽略任何一位客户，每一条意见都至关重要，每一个问题都值得认真解决。私域流量与公域流量最大的区别在于其社交属性：每位客户的满意度都会被他人看到；同样，任何一位客户的不满也会被他人看到。客户间可以互相沟通。无论是良好的反馈还是负面的反馈，都会对品牌（或店铺）产生指数级的影响。所以，在私域流量池中，我们必须给予每个人足够的重视。

（二）定期开展专业社群活动

为了维护社群的活跃度和凝聚力，需要定期举办专业的社群活动。这些活动应根据目标受众的实际需求来设计，如生日祝福、猜成语、猜电影、猜歌名、话题讨论等。通过定期开展这些活动，可以增强群成员对社群的依赖度。具体而言，我们可以参考下列内容。

【私域实战技巧 15】社群活动——根据海报猜电视剧名称或电影名称

【私域实战技巧 16】社群活动——送生日祝福

【私域实战技巧 17】社群活动——拜师活动

【私域实战技巧 18】社群活动——黑故事游戏

【私域实战技巧 19】社群活动——猜歌名

【私域实战技巧 20】社群活动——掷骰子游戏

【私域实战技巧 35】如何准备社群分享的内容

【私域实战技巧 36】如何做一次有组织、有针对性的社群答疑

【私域实战技巧 37】如何在社群内组织一次成功的话题讨论

（三）让老客户感受到被尊重

很多商家在运营私域流量池时常常忽略这一点，这其实是受到了公域思维的影响：流量为王，需要不断吸引新客户。为了获取更多新客户，商家往往会提供非常优惠的价格。然而，对于老客户，他们认为既然已经是老客户了，对店铺是“忠诚”的，因此不需要给予过高的折扣。然而，这种做法其实是错误的。一旦老客户或粉丝察觉到这种行为，它将对店铺或品牌造成极大的负面影响。

在运营私域流量池时，我们必须让老客户感受到“被尊重”。更优惠的价格、新品优先体验、更多的赠品，以及优先购买权（在限量的情况下）等福利都应该先给予老客户。只有这样，才能真正培养出客户对社群的依赖和忠诚度。

（四）在细节处凸显仪式感

仪式感的打造可以让社群黏性更高，归属感更强。所以，平台商家在运营私域流量池时，应该学会从细节处凸显仪式感。在日常操作过程中，我们总结出以下几个小技巧。

◆新人入群专属红包。每当有新人加入群聊时，表示热烈欢迎，并告知相关注意事项。随后，发放一个专属红包作为见面礼，红包金额适中即可（5 元之内），这样既能增添新人入群的喜悦，又不会给商家带来过大的成本负担。当然，如果成本确实无法承担，这一环节也可以省略。

◆每天早晚问候。每天早晨发送一条早安消息，晚上则发送一条晚安消息。这些消息可以配以令人舒适的图片或歌曲，让简单的问候充满仪式感。坚持每天发送，形成习惯，

让群成员感受到持续的关怀和温暖。

◆分享“彩虹夜听”活动。作为双社电商项目的经典活动，“彩虹夜听”具有极高的价值感。每天晚上 10 点，将这一栏目分享到社群中，既能传递有价值的内容，又能实现轻松变现，为商家带来额外的收益。

七、平台商家私域流量池的变现

平台商家私域流量池的变现方式会因社群定位的不同而有所差异。例如，有些社群可能仅提供售后支持，而某些品牌粉丝群则可能为维护品牌形象而禁止其他产品变现。因此，商家需要根据自身需求和具体情况来制定合适的变现策略。

【私域实战技巧 94】平台商家私域流量池的变现体系

（一）自己产品的变现

目前已经着手私域流量变现的平台商家主要分为三种情况，而这三种情况也基本代表了私域流量池内产品变现的不同策略。

（1）产品可以复购

对于具有复购性的产品，如服饰、母婴用品、日用家居、宠物用品、食品、鞋子、运动健身器材、图书文具，以及企业耗材等类目，商家应致力于在尽可能长的时间维度内挖掘老客户的终身价值。在日常运营过程中，可以运用以下细节技巧。

◆建立顾客档案

一定要习惯做这件事情，不管开始的时候有多难，因为它给你带来的好处远远大于你所付出的成本。甚至在我们的运营理念中，只有建立完整顾客档案的运营才是真正的私域流量运营。顾客档案建立得越详细越好。基础信息要包括客户的旺旺昵称、姓名、联系方式、年龄、生日等；更详细的信息还可以包括兴趣爱好、职业状况、购买频率、初次购买的时间、初次购买的数量、产品消耗速度等。建立客户档案的目的除了方便后续销售外，还可以通过了解用户的生日、兴趣爱好等信息，给客户提供更无微不至的关怀，把私域流量运营做到极致。

乐友是一家母婴用品专卖的连锁店。当笔者的女儿刚刚出生时，我去医院边上的乐友购买奶粉，是一位 40 多岁的姐姐接待的。因为是第一次购买，所以她详细地询问了我孩子的很多信息，比如出生日期、出生体重、性别、有没有小名、是搭配母乳还是纯奶粉喂养等。当然，我的电话、姓名等信息也都被询问并记录了。然后，在每次奶粉快要吃完的前三四天，她都会私聊我，问我孩子奶粉是不是快吃完了（她根据孩子的出生体重等信息计算得很准确），告诉我现在过来购买，老会员可以享受折扣。关键是，每次我去购买的时候，都会有一些小惊喜：送一些小赠品，而这些小赠品恰好都是我女儿当前月龄需要用到的一些东西，可能是个小围嘴儿，也可能是几个小玩具。结果就是，我一直从她家购买奶粉，直到我女儿不再需要为止。

最初，你可以通过 Excel 表格来建立顾客档案，但是随着顾客数量的增多，还是建议使用专业的 CRM 软件来管理。

◆建立会员体系

对于零售商家而言，在私域流量运营中建立会员体系是至关重要的，尤其是对于那些体量较大的商家。在电商时代，我们可以借助完善的CRM系统来构建科学的会员体系，从而为私域流量运营提供有力支持。私域电商时代的会员体系主要有以下四种形式，商家可以根据自身实际情况进行选择和设计。

第一种：以成长值（消费金额）为判断标准的层级体系

这是目前最为主流的会员体系。其基本原理是，用户完成指定任务后可以获取一定的成长值，成长值在不同区间范围内对应不同的会员等级，而不同等级的会员可以享受不同的权益。从私域流量运营的角度来看，会员的成长值可以来源于以下几个方面。

消费——这是最简单的一种方式。每消费一定金额，就可以获得一定数量的积分。积分达到一定程度时，就可以升级为更高级别的会员。需要注意的是：这种积分成长值除了用于会员升级外，是否还有其他用途，比如抵扣现金、换购礼品等。

参与活动——为了鼓励群成员积极参与社群活动，提高活跃度，可以设置相应的规则。比如，参与一次分享可以获得多少成长值；在组织相应的活动时（尤其是那些能够变现的活动，如客厅健身房、彩虹夜听、社群打卡活动等），参与其中可以获得多少成长值。

帮助裂变——转发朋友圈可得到多少成长值，介绍朋友进群可以得到多少成长值等。

第二种：付费会员体系

在这种体系中，私域流量池内的用户需要支付一定的费用（如月卡、年卡、终身卡等）。一般情况下，这种体系需要建立在三个基础之上：商品必须是需要重复不断消费的商品（并且大多数是刚需）；销售的商品在价格上可以有明显的优势（所以日常用品很适合）；要有坚实的消费基础（有一定的品牌积累，能够快速地建立消费信任）。否则的话，客户很难会白白掏钱给你。因为需要让用户看到：支付的会员费用能够在后期购买中快速地通过价格上的优惠赚回来。

第三种：充值类会员体系

也就是充值达到某个金额时，可以成为某个等级的会员并享受相应的折扣权益。在线下，这种会员体系多见于足疗按摩店、洗浴中心、美容美发店等。而这种模式同样可以应用到私域电商中，其最大的好处就是直接从时间维度锁定顾客的终身价值。

我一个在出版社工作的编辑朋友，她本身的鉴赏能力很强，选出来的都是很不错的书，所以她就组建了一个学习型社群，收费模式，每年365元（一种变现的充值），然后每个月给你发一本作者亲笔签名的书（会员没有选择权）。这样就相当于实现了反向供应链，她可以直接根据会员的数量来决定当期的书需要印刷多少本。

第四种：私域流量池共享会员体系

这种会员体系指的是消费者只需拥有任何一个合作商家的会员卡，即可同时享受其他商家的会员权利。在这种情况下，需要的是不同商家的私域流量池之间进行合作，实现消费者共享。一般情况下，这种商家合作仅适用于不同领域且具有相似消费者标签属性的商家之间。比如，都是面向女性消费者的女装、化妆品、食品、女鞋等商家，在量级相似的情况下就可以达成这种私域流量池的合作。另外，这种合作还可以以赠送的方式进行。比如，成为 A 商家的会员后，可以赠送你 B 商家的会员资格（尤其是虚拟产品，在国内这种赠送比较常见，因为虚拟产品的边际递增成本为零）。

◆特价清仓时间

在不影响使用和产品质量的前提下，清仓物品应优先在私域流量池内提供给老客户作为福利。因为一般的特价清仓商品都会有很大的折扣，所以老客户应该享有优先权。这种特价清仓可以通过多种形式来体现，如秒杀、每日特价商品、加一元换购等。

◆新品抢先购

特别是服饰等类目，应该优先在私域流量池内让老客户提前订购。这既体现了对老客户的重视，同时也可以根据老客户的建议对新品进行调整和改进。需要注意的是，给老客户的价格至少不能高于新品的正常销售价格。

◆限购优先得

有些商品可能因为企业营销或生产能力的原因需要限购（限时或限量）。在这种情况下，这种机会应该优先给予老客户，让老客户感受到充分的“被尊重”，提高社群依赖性，从而产生归属感。

◆生日祝福

不要忽略每一个老客户。在能够获取老客户生日信息的前提下，生日当天要给予他们相应的关怀。一句生日祝福加上一个适中的生日红包，会让老客户产生强烈的归属感，从而在尽可能长的时间内持续贡献顾客价值。

◆老客户专属活动

要根据自己经营的产品的实际情况，设置一些老客户专属活动，如社群活动、红包活动、营销活动等。比如，可以组织类似于“一日生活规律化”的活动来倡导一种积极、健康的生活方式。

（2）经营多种产品

这种情况多见于线下零售商建立的平台店铺。他们往往会针对某一特定人群经营多个类目的商品。他们建立私域流量池的目的是从顾客终身价值的需求维度出发进行变现，即让消费者能够在这里满足多个不同的需求。比如，美的电器的经销商可能会经营美的的所有产品，那么不管顾客是通过哪种产品被引导到私域流量池的，都可以通过相关的私域流量运营来挖掘客户的终身价值。而这里最常用的方法就是通过内容搭建消费场景来实现关联销售。主要技巧如下。

◆通过直播搭建消费场景。比如，购买电器的顾客可能都是刚搬到新家的，他可能从你这里买了冰箱。那么，你就可以通过直播展示新家装修的场景，推动其他家用电器的追加销售。

◆通过图文内容搭建消费场景。以购买电器为例，你可以在群里经常分享一些与新家装修有关的图文内容，并在其中植入相关电器的软广告。

◆通过关联销售搭建消费场景。也就是设计各种套餐，并将套餐链接分享到群里。以电器为例，你可以设置大家电套餐、小家电套餐、厨房电器套餐等。当然，套餐名称可以起得更个性化一些。

(3) 品牌商品的更新换代

对于更新换代快的产品，私域流量池不仅承担着重要的售后服务职能，还可以在产品迭代时承担重要的变现职能，如旧产品换购等。

（二）其他商品的团购变现

也就是利用非自己经营的产品进行团购变现。对于平台商家建立的私域流量池而言，团购变现是一种非常重要的模式。然而，因为自身条件和经营环境的限制，平台上的店铺往往只能经营一个类目的商品。这时，就需要借助外部合作伙伴的商品来进行变现了。尤其是对于中小卖家而言，由于资源、能力等方面的限制，对外合作成为必然选择。而我们双社电商平台正是这种合作的最佳选择。在实际操作过程中，相关的细节技巧如下。

(1) 用水果生鲜作为破冰品类

除了你自己经营的产品外，水果生鲜依然是最容易破冰的品类。只要能够找到原产地的优质水果，品质通常都是有保障的。此外，水果生鲜的复购率较高，一旦获得消费者认同，对于建立私域流量池的忠诚度会有非常大的帮助。

(2) 给几名优质客户邮寄样品

在你的私域流量池中，总会有一些优质客户：他们在群内活跃、是你的忠诚客户（高频次购买）、对社群有强烈的认同感、满意度很高。在每次进行团购活动时，你都可以私下联系几名这样的优质客户，作为福利免费给他们邮寄样品（具体数量视成本而定）。这样，在团购时，这些客户的反馈和评价对于营造热烈的销售氛围会有很大的帮助。

(3) 刚开始只团购一件商品最

开始的时候，不要一下子团购很多商品，先从每次一件开始，这样可以让大家聚焦（没有其他选择），更容易形成销售氛围。

(4) 配合红包活动

为了提升整个社群的活跃度和团购现场的氛围，一般在团购接龙时，都会配合相应的红包活动。比如，“手气最佳 红包翻倍”、安慰输掉的人、红包接龙、红包雨、红包优惠券等。具体而言，我们可以参考下列内容。

【私域实战技巧48】红包配合营销活动——抢红包得代金券

【私域实战技巧49】红包配合营销活动——手气最佳，运气翻倍

【私域实战技巧50】红包配合营销活动——“手气最佳，运气翻倍”玩法升级

【私域实战技巧51】红包配合营销活动——红包奖励社群买家秀

【私域实战技巧52】红包配合营销活动——红包提醒营销活动

【私域实战技巧53】红包配合营销活动——请人帮忙，红包开道

【私域实战技巧54】红包配合营销活动——安慰输掉的人

(5) 一定要优选品质好物

这是基础，也是确保私域流量池能够持久稳定变现的关键所在。每次团购一定要优选品质好物，能够真正让目标受众感受到高性价比。只有这样，才能充分挖掘客户的终身价值。

（6）形成团购习惯

团购活动稳定后，就可以形成每日团购的活动了（你也可以每隔一天团购一次，但最好固定下来），从而让消费者形成习惯，到特定时间就会去群里看一下，看看今天团购的商品是什么。

（三）“每日好物推荐”环节

在社群的团购活动稳定且消费者已经形成购买习惯（甚至购物依赖）的情况下，可以正式推出“每日好物推荐”环节。在实际操作过程中，注意以下几点。

（1）每天固定时间推荐

注意避免现在私域流量运营中那种不分时间段、每天持续不断推荐各种产品的模式。除非你的购物粉丝非常精准、产品性价比极高、群主影响力极大，否则社群很容易成为死群，导致私域流量运营失败。因此，在进行每日好物推荐时，我们一般会选择特定时间段进行，配合活动，总计为期 2 个小时左右即可。你也可以将其理解成一个小型的图文直播。

（2）推荐时内容一定要丰富

在进行推荐时，非常忌讳只发产品购买链接和图片的方式。对于推荐类商品，消费者是有信息需求的，单纯的几张图片配合详情很难满足这一点。所以一定要全方位渗透，我们一般都是采用图文链接（产品软文）+短视频+图片+推荐文案+使用反馈的方式。

（3）推荐的数量控制在 5 个左右

每天推荐的商品数量不要太多，根据我们的实际操作经验发现，控制在 5 个左右是最好的，并且最好是同一主题，比如都是吃的、都是日用家居的、都是新奇特的、都是养生的等。这样在介绍时会更有层次感，场景化特征会更明显，不但可以提高转化率，对于提升客单价也有帮助。

（4）配合相应的社群活动

社群活动主要是为了烘托销售氛围的，比如红包活动等。在我们的实际操作过程中，下面两个小活动的效果会比较好。

【私域实战技巧 21】社群活动——猜价格

【私域实战技巧 22】社群活动——找产品

（四）直播变现

这个大家都理解，就不多说了。我们双社电商平台在这一点为大家提供了两个便利条件。

◆自己开展直播

如果自己有能力开展直播，可以充分利用平台的直播功能进行直播活动，也可以采用视频号来执行直播。在直播时，可以直接选择平台提供的产品进行推广，或者使用自己的产品。不过，通常我们会要求直播内容具有一定的质量，尽量避免那些常规且缺乏创新的直播带货方式。

◆直接分享平台直播

我们的平台会有大量优质的直播内容，然后在直播中植入广告。你也可以直接把我们的直播分享到你的私域流量池内，产生销售后直接获得佣金。

（五）相关社群活动变现

比如客厅健身房、彩虹夜听、社群打卡活动、一日生活规律化等优质的社群活动，我们都会植入相应的产品广告。你可以根据自己的私域流量池的目标受众的实际情况来选择相应的活动。具体而言，我们可以参考下列内容。

【私域实战技巧 78】“客厅健身房”活动的变现模式

【私域实战技巧 79】如何利用“客厅健身房”活动裂变私域流量

【私域实战技巧 80】“彩虹夜听”活动的实操变现

【私域实战技巧 81】“读书”活动的实操变现

【私域实战技巧 82】各种学习成长活动的实操变现

第六章　线下商家私域流量的运营与变现

无线互联网技术给人们的生活带来了非常大的变化，而这些变化又让线下商家面临着比以往更加复杂和多样化的机遇和挑战。

一、无线互联网技术给人们的生活带来的变化

如果你经历了中国互联网早期的发展，那么无线互联网技术（软件）加上智能手机（硬件）给你带来的冲击会更大。这种变化主要体现在四个方面。

（1）接触得越来越多，但实际上也可能越来越少

首先可以确认的是，因为有了无线互联网技术，我们能够接触的世界理论上是无限宽广的，但事实并非完全如此。

◆有了更多的渠道去购买更多的东西

在没有互联网时，我们只能去线下的商场、超市等场所购买我们所需的、认知范围内的、大众化的商品。当前，消费者的需求获得了空前的释放。从某种意义上讲，无论需求多么小众，都能得到满足。在 PC 时代，我们的购物渠道相对较少，主要集中在淘系、京东等大的电商平台。然而，随着无线互联网和智能手机的出现，购物渠道的选择范围得到了大幅度拓宽。现在，我们可以通过电商平台、短视频平台、内容平台、朋友圈，以及各种小程序等途径，购买到几乎所有我们想要的商品。

◆有了各种渠道去接触更多的信息

在没有互联网的时候，我们只能通过传统四大媒体（电视、广播、报纸、杂志）获取信息。因为信息的发现、收集、整理、加工需要一个过程，所以我们无法做到第一时间获取感兴趣的新闻。同时，在传播信息时，传统媒体会受到各种限制，无法保证能够展示我们想看的信息。然而，互联网的出现，为我们打开了一个全新的世界。我们几乎可以在互联网上找到任何想知道的信息。在 PC 时代，我们主要通过门户网站或搜索引擎获取信息，这些信息还需要经过编辑处理。而且，门户网站也无法做到面面俱到（比如：对于“你们家小区附近哪家早餐最好吃”的问题，门户网站就很难给出满意的答案）。

而无线互联网则快速解决了这个问题。我们可以通过更多的渠道（如微博、今日头条、抖音、百度、腾讯新闻客户端等）非常及时地获取各种信息。无论是国际形势还是鸡毛蒜皮的小事，只要我们想知道，就可以轻松获取。

◆可以跟更多的人建立强关系或者弱关系

在没有互联网的时候，每个人的关系网都是有限的，哪怕你的社交能力非常强。在

PC 时代，我们可以通过论坛、博客、QQ 等与他人建立联系，认识更多的人，也被更多的人认识。现在，无线互联网技术让我们可以轻松地找到别人，也可以被别人找到，与更多的人建立强关系或者弱关系。然而，一个很有意思的现象是，虽然我们能够接触的人和事越来越多，但过多的选择反而让消费者不愿意做出选择，我们实际接触的人和事物反而变少了。

◆只通过有限的应用获取信息

虽然我们有多种渠道可以获取信息，但我们往往只习惯于使用某一种渠道。比如，我可能只习惯于从今日头条看新闻、查找我想知道的内容；而其他人可能习惯于使用微博或新闻客户端。

◆只了解你自己感兴趣的内容

现在，各个 APP 在进行内容推荐时都开始去中心化。也就是说，它们优先推荐给你的内容大多数都是你感兴趣的。在这方面做到极致的就是今日头条、抖音等。例如，我很喜欢体育，所以我在今日头条看新闻时，会优先挑选体育新闻。很快，当我再次打开今日头条时，至少有 40% 的内容都会是体育新闻。

◆只跟有限的人发生联系

你微信好友有那么多的人，但是每天聊天的就那么几个；甚至很多人发现，因为有了微信，自己的朋友反而好像变少了。在抖音里关注了上千人，每天却只看四五个人的作品；关注了一两百个公众号，但每天可能只点开三四个推送。

（2）忠诚与不忠诚并存

无线互联网技术给人们生活带来的第二个变化是：消费者在保持对特定品牌或平台忠诚的同时，也更容易因为追逐便利性和逐利性而转移忠诚度。

◆谁家价格合适从谁家买

尤其各个平台之间为了争夺用户不断推出大促活动，以及各个带货主播之间为了争取粉丝而不断压榨厂家的利润空间时，购物渠道之间都在降价。这导致消费者养成的习惯就是：谁给的优惠力度大，就从谁那里买。

◆看到谁就从谁那里买

消费者往往倾向于选择最方便的购物方式。他们并不希望在需要买东西时还得去打开一个新的应用。比如，他们可能希望看公众号文章的时候，顺手就把东西买了；看短视频的时候，顺手就把东西买了。所以，现在各个平台或者渠道都要想尽各种办法，出现在消费者面前。

那为什么又说消费者是很忠诚的呢？你会发现，在日常购物过程中，无线互联网技术促使消费者表现出忠诚，这主要基于以下三个原因。

◆出于信任而产生的忠诚

这种信任可以来自多个方面。比如，你可能非常信任一个朋友，因此会购买他推荐的产品，这就是微商存在的基础。或者，你可能信任某个领域的专业人士，比如篮球教练，当他推荐篮球鞋时，你会更倾向于购买他推荐的产品。此外，你还会信任你崇拜的明星、网红等，所以直播带货就有了底层逻辑基础。

◆高性价比带来的忠诚

如果你能从某个人或者某个渠道那里购买到高性价比的商品，那么持续的优质体验就会让你购物忠诚。哪怕某一些商品的性价比一般，但由于之前的良好体验，你仍然可能保持忠诚。

◆因为“懒”而产生的忠诚

大多数消费者都有选择困难症（或者说害怕浪费时间），所以一旦他们习惯了某个人或某个购物平台，就会因为“懒”而形成一种另类的忠诚。

（3）内容和社交引导消费

随着时代的变迁，我们的消费习惯也在悄然发生改变。在没有互联网的时代，当我们有购物需求时，逛街、逛超市、逛商场是主要的选择。然而，互联网的兴起使得购物方式发生了翻天覆地的变化。一方面，当你产生紧迫性需求（或者刚需）时，电商平台如天猫、京东等成了首选。比如，当天气转冷，你需要购买一件羽绒服时，只需在电商平台上进行搜索，就能找到心仪的商品。这与传统的线下购物方式并无太大差异，只是购物渠道发生了转变。另一方面，随着无线互联网技术的发展，消费者越来越多的需求都可以通过引导被提前满足。比如，在夏天，你可能会因为喜欢的一个网络主播在直播带货中卖的羽绒服款式而心动，尽管当时并没有购买羽绒服的实际需求，但你也下单了。这种引导主要源于两个维度：

◆内容引导消费

在阅读一篇文章、观看一段短视频、参与一场直播、浏览一条朋友圈推荐分享时，有价值的内容和对内容创作者的信任成为促成交易的关键因素。

◆社交引导消费

社交平台的兴起使得人们能够更轻松地与他人建立联系，如通过微信、微博、QQ、微信群等社交媒体。这种联系逐渐转化为信任，最终促成交易。微商的底层逻辑基础就是社交。

（4）各方面都被碎片化

无线互联网使消费者购物的方方面面都被碎片化了。这种碎片化给传统的购物模式（包括 PC 时代的电子商务）带来了极大的冲击。

◆购物时间碎片化

在传统的线下购物时代，人们的购物时间集中在休息时间，比如节假日、周末等；而在 PC 时代，购物时间则会集中在晚上、周末等能够集中上网休闲的时间段。然而，在无线互联网时代，人们可以随时随地利用智能设备进行购物，购物时间变得完全碎片化，深夜、吃饭、等公车等时间段都能轻松完成购物行为。

◆购物入口碎片化

各类购物平台和各种互联网平台的电商战略（主要来自流量变现的需求，比如抖音、快手等短视频平台大力发展电商）的涌现，使得消费者的购物入口变得多样化、碎片化。

◆购物方式碎片化

传统的购物方式主要是有需求然后去搜索；而现在的购物方式则更加多样化，即使在观看短视频或直播时也可能产生购物行为。

◆购物决策碎片化

以前的购物决策流程包括有需求产生、信息搜索、对比分析、购买决策和购后行为等；而现在，哪怕你没有需求，也可能因为冲动而产生购买行为。

二、互联网技术给传统线下商家带来的冲击

在互联网技术的冲击下，传统线下商家不得不走上电商之路以寻求新的发展机遇。但他们发现这条路并不好走。上述变化使得他们面临着愈发复杂的竞争局面。

（1）局部定价权的丧失

在没有互联网的时候，人们的生活和认知都局限在一定的地域范围内，因此传统的线下商家很容易拥有局部定价权。然而，互联网的出现直接打破了这种优势，这主要归因于以下两点。

◆互联网是无边界的

传统的商业概念中，有一个名为“商圈”的概念。它指的是以商店所在地点为中心，沿一定方向和距离扩展的、能吸引顾客的辐射范围。简言之，即来店顾客所居住的区域范围。无论大商场还是小商店，其销售都受限于一定的地理范围。这个地理范围以商场为中心，向四周辐射至可能来店购买的消费者所居住的地点。

商圈由核心商业圈、次级商业圈和边缘商业圈构成。核心商业圈离商店最近，顾客密度最高，占据商店顾客的50%~80%。次级商圈位于核心商圈外围，其辐射半径范围通常在3~5km内。在次级商圈内，15%~25%的消费将在本商业区内实现，这意味着商业物业能够吸引该商圈中相当一部分的日常生活消费。该商圈内的顾客相对较为分散。边缘商业圈则位于商圈的最外缘，其辐射范围内仅有5%~10%的消费在本商业区内实现，拥有的顾客数量最少且最为分散。

然而，互联网的出现彻底改变了这一局面，使得商圈的范围得以无限拓展。理论上讲，借助互联网，产品可以销往全球任何一个角落。此外，在网络环境中，商圈的概念已不再局限于地理层面，而是演变为由同一话题（即现今各大平台所推崇的标签概念）所聚集的群体圈子。

◆互联网上比价很容易

之所以商家在互联网上丧失了局部定价权，还有一个重要因素就是比价的便利性。几乎所有平台都有按价格排序的选项，使得消费者能够轻松地从众多相同的消费品中选择价格最低的那个，即使这些商品不在同一个平台上。

这种局部定价权的丧失对以下群体的影响尤为显著。

各种品牌专柜——虽然说现在各大品牌（尤其是知名品牌），为了维护线下渠道的权益，都会对线上渠道制定相应的限价政策。但这依然阻止不了很多线下品牌专柜变成“试衣间”（当然，不仅仅是衣服）的事实。消费者在线下试穿或试用后，往往会转到线上搜索购买，因为在大多数情况下，线上价格更为优惠。

线下小批发商——在没有互联网的时候，每个城市（甚至县城）的小批发商都活得

比较滋润。但现在，不管是阿里巴巴，还是淘宝、拼多多等以零售为主的平台，都让很多线下小批发商失去了生存空间。越来越多的零售终端选择直接从网上批发商品。

各种零售终端——便利店、小超市、零食店、手机壳店等几乎所有的这些小零售终端在面对互联网时都丧失了局部定价权。

（2）被各种平台绑架

且不论淘宝、天猫、拼多多等大型电商平台，即便是像58同城、饿了么、美团外卖、百度这样的平台，也有无数商家一旦失去它们就会立刻陷入困境。比如，许多线下餐饮小店大量依赖外卖平台获取订单，而非传统的商圈优势或口味优势。同时，许多线下工厂和品牌也沦为了电商平台的代工厂。我有一个朋友自学了美甲技能，但由于缺乏启动资金，只能将居住的单元房客厅改造成美甲工作室。如果没有互联网平台，这样的小店几乎无法生存。然而现在，她每月能轻松赚取七八千元。但很多时候，这种对平台的依赖也是一种无奈。

◆不花钱推广就真的没有展现

从平台的角度来看，它们需要变现以维持运营。平台的流量也是通过投入资金获取的，所以除非商家的产品极具优势，否则平台肯定会寻求其他变现途径。商家可以选择不投入资金，但这样就意味着失去了在平台上的展现机会，因为有太多愿意付费的商家在排队等待。

◆不借助平台就真的没有生意

从消费者的角度来看，他们已经习惯了有问题上百度、需要服务就上58同城、点餐就用饿了么或美团外卖、无聊时就刷刷抖音。因此，在大多数情况下，没有平台的支持，商家真的很难吸引到生意。

◆亏本获得的新客其实还是在平台手里

许多传统线下商家认为，通过花钱推广和亏损经营可以获得新客户，并期望从这些客户的后续消费中获利。然而，他们很快就会发现，这些新客户如果不被引导到商家的私域流量池中，下次有需求时仍然会选择通过平台寻找服务。要想再次获得这些客户，商家还需要向平台支付费用。客户忠诚的是渠道，而不是商家本身。

（3）属于商家的很多东西都被抢走了

更可悲的是，商家的很多东西都是被心甘情愿抢走的。以一家小型餐饮店为例，以前如果口味好且地理位置优越，就能吸引大量顾客。但现在，即使口味再好，如果平台不再推广你，你的忠诚顾客也可能不会选择你的外卖服务。原本属于你的流量和粉丝现在变成了平台的资源。商家被抢走的东西主要体现在以下四个方面。

◆流量被抢走了

这是最直观的感受。在没有互联网的时候，人们饿了会去餐馆、想去旅游了会去旅游景点、想美甲了会去美甲店，所以繁华地段的房租也相对较高。但是现在，当人们有这些需求时，他们会第一时间拿出手机打开相应的应用程序来寻找服务或产品。

◆粉丝被抢走了

在以前的线下生意中，只要你的产品或服务好，就能聚集一批忠诚的粉丝客户。然而现在，这些忠诚的顾客似乎更忠诚于平台而非商家。例如，一家口味上佳的餐馆，如果平台不推荐，那消费者很可能会选择其他家。在这个时代，粉丝属于平台。

◆给粉丝的福利也被抢走了

现在各个平台都热衷于开展各种活动，并要求商家提供福利（如红包、满减等）。这些原本是商家为了吸引和回馈粉丝而付出的真金白银，现在却变成了平台的功劳。顾客在口碑传播时，也更多地提及平台的优惠力度大，而非商家本身。

◆你的口碑被抢走了

这是最让人痛心的。现在很多人的习惯是不管消费什么，都要看评价，但是那些评价的可信度有多高呢？在一些平台上，只要有足够的钱，甚至可以删除差评。而这种流量和粉丝被抢走的局面，已经波及各行各业。

餐饮行业——原本高度依赖人流量、饭菜质量的行业，现在开始依赖于平台是否推广、送货是否及时、包装是否好看、是否有噱头，甚至于外卖小哥是否长得帅。

商超便利店——曾几何时，在居民区开个便利店，那是可以衣食无忧的。但是现在，消费者甚至连柴米油盐都会选择上平台购买。

各种线下服务行业——无论是上门开锁、疏通下水道还是找保姆、保洁和家教等，这些需要面对面服务的行业也受到了平台的影响。如果你不做推广，照样没有生意。最终你会发现自己虽然掌握了一门手艺，但还是变成了平台的打工仔。

休闲娱乐业——各种足疗店、娱乐城、KTV、台球厅、亲子游乐场所等，消费者现在都会先上平台看看有没有团购优惠券，再决定是否前往消费。

各种零售专柜、专卖店——无论是卖衣服、鞋子还是珠宝首饰和化妆品等品牌线下零售专柜和专卖店都受到了互联网的严重冲击。即使有严格的限价行为，也无法抵挡平台的优势。

线下工厂、品牌商——有些平台打着工厂店的旗号，实际上是在绑架工厂和中小品牌。如果你敢离开平台，就没有生意可做，所以你只能花钱买流量，沦为平台的加工厂。

当然，这一切的根源都在于流量被抢走了。任何生意的本质都是“流量为王”，只有掌握了（或者说掌握住）流量，你才能在生意竞争中立于不败之地。而互联网发展的趋势就是：流量会越来越集中到有限的大平台上。

（4）到底什么是真正的“线上线下结合”

从有互联网的时候开始，就谈“线上线下结合”，但一直到现在，很多人依然没有正确地理解线上线下结合的本质。

◆不仅仅是线上宣传

许多传统线下商家在理解线上线下结合时，仅仅将其视为利用互联网进行宣传的手段，这是他们陷入困境的根源。他们通过百度、饿了么、抖音、今日头条等平台发布广告，然而这些仅仅是广告阵地，他们只是在线上购买流量，获得展示机会而已。

◆不仅仅是线上成交

尤其是一些传统的线下零售终端，他们认为线上线下结合实际上就是把线下生意搬到线上去成交。于是，他们拍照、上传平台，然后等待交易。但是这样，问题就变成了：平台只要不给流量，你就没有生意，你“主动”被平台绑架。

◆沟通和交流才是根本

其实，对于传统的线下商家而言，真正的线上线下结合的本质在于：互联网提供了各种各样的平台和工具（主要是社交工具），让你跟消费者有了更多的沟通和交流机会。在沟通和交流的过程中，商家可以不断发展和进步。

三、线下商家破局——私域流量

互联网的发展是客观存在的趋势，线下传统商家无法阻止，只能去适应。他们陷入困境的原因在于流量被“抢走”变成了公域流量。破局的根本在于搭建属于自己的私域流量池。

（1）越来越多的流量变成了平台的公域流量

在资本的推动下，各个平台对流量的争夺空前激烈。作为非平台方，如果想要获取流量，只能选择加入平台。平台上的公域流量具有四个不容忽视的特点。

◆公域流量谁都可以抢

平台上的流量就像大江大河或其他公共水域里的鱼一样，在政策允许的情况下，任何人都可以捕捞。谁更有优势、更有实力（比如拥有更大的渔船、更先进的渔网等），谁就能抢到这些鱼。这与私域流量形成鲜明对比，私域流量就像池塘里的鱼，如果你想去别人的池塘里捕鱼，需要付出巨大的代价。

◆平台有流量的分配权

这意味着，平台上的公域流量都是由平台来决定分配给谁的。每个平台都有一套自己的流量分配机制。无论你是有意还是无意，如果你的商品或内容不符合平台的规则，那么你就无法获得流量。

◆流量的黏性差

平台在进行流量分配的时候，基本的规则是：谁的产品（或者内容）好，我就把流量给谁。今天，你的商品价格便宜，流量就给你；明天，别人的商品比你更有优势，那流量就可能给别人了。当然，你可以投入更多的资源（花钱买流量）。

◆粉丝本质上属于平台

虽然各个平台也在谈私域流量的概念，你的店铺或者账号也会有粉丝，但是这些粉丝本质上都不是你自己的，而是属于平台的。比如，在快手上，连某明星的账号都被封过，理由仅仅是推荐了第三方的应用（没有触犯法律法规，只是触碰了平台的利益）。

（2）传统商家在获取公域流量时面临的困境

其实只需要明白一点：平台最终要靠流量赚钱。你可以把平台理解成流量批发商，他们通过各种方式购买流量，然后再卖给商家，赚取差价收益。这样，传统商家在从任何一个平台获取公域流量时，都会面临以下三个困境。

◆获取流量的成本越来越高

无论是电商平台（如淘宝、天猫、京东等）、内容平台（如今日头条、知乎等）、短视频娱乐平台（如抖音、快手等）、搜索引擎（如百度等）还是生活服务平台，流量的获取成本会越来越高。以淘宝为例，自然搜索权重的成本在提高（即免费流量获取成本增加），而直通车的点击单价也在以肉眼可见的速度上升，因为竞争加剧，越来越多的线下传统企业携带资本进入市场。

◆获取的流量难以保留

如果仅仅是花钱买流量，还能接受的话，那么问题在于花了很多钱终于吸引到了新顾客，但这个流量最终还得放回公域流量池。也就是说，下次这个客户再有相应的需求时即使你的产品很好、服务到位、性价比高，平台依然会根据自己的规则重新分配流量给其他商家。

◆离开公域流量就无法生存

这是非常尴尬的一点：既然公域流量的缺点很多，那我们干脆不去获取公域流量不就行了吗？抱歉，真不行！因为互联网的发展使得商家必须依赖平台来获取流量以维持生存。即使你知道从平台获取流量有这样那样的困难，你还是得去拿流量并且还要忍气吞声。因为如果你不这样做就无法生存下去。比如，现在很多小餐馆如果没有美团、饿了么等平台的订单支持就会迅速被淘汰出局。

（3）解决困境的最好方法——私域流量

面对平台上的传统线下商家陷入的困境：上平台找死，不上平台等死，我们应该如何做呢？答案就是运营私域流量。关于私域流量，我们首先要明确四点。

◆私域流量池是属于自己的专属资源

既然是私域流量，它自然属于你自己。只要不违反法律法规和公序良俗，你对私域流量的操作空间相比于公域流量要大得多。在平台上，你需要受到各种规则的限制。

◆私域流量来自公域流量

私域流量并非凭空产生，而是需要从公域流量中转化而来。换句话说，要想拥有自己的私域流量池，你首先需要从公域流量中获取潜在用户（这通常需要一定的投入）。因此，私域流量和公域流量是相辅相成的。

◆私域流量具有相对性

虽然私域流量给了你更大的自由度，但它也不是绝对无限制的。例如，建立私域流量池时，最好使用微信、QQ 等社交工具来建立联系。但在某些情况下，如果违反相关规定，这些社交工具也可能会对你的账号进行限制或封禁。

◆私域流量池的建立是一个逐步积累的过程

私域流量池不可能一蹴而就，而是需要时间来逐步积累。就像淘宝、天猫、抖音等平台一样，它们也是通过长时间的用户积累才达到现在的规模。因此，建立私域流量池需要耐心和持续的努力。

（4）私域流量的优点

与公域流量相比，私域流量具有很多优点，这些优点正是传统线下商家打破困境的关键所在。

◆更高的可控性

在私域流量池中，你可以更从容地制定营销策略和活动计划，因为规则由你自己决定。这意味着你可以更灵活地运用各种玩法来吸引和留住用户。

◆流量成本会更低

与从公域流量中获取用户相比，在私域流量池中进行变现挖掘通常不需要太高的成本（甚至可能是零成本）。这是因为私域流量池中的用户已经与你建立了联系，对你的产品或服务有一定的了解和信任基础。

◆客户会更稳定

私域流量池中的用户往往更加稳定、黏性更高、忠诚度更好。只要你持续为他们提供价值，他们就很可能成为你的长期忠实客户。

◆更有利于打造形象

在私域流量池中，你可以更直接地与你的顾客进行沟通交流，不断传递品牌价值。这有助于塑造积极的品牌形象或个人形象。相比之下，在抖音、微博等平台上的用户虽然拥有大量粉丝，但往往缺乏与粉丝的直接互动，更倾向于单向的信息传递。

四、传统线下商家的私域流量获取渠道

私域流量源于公域流量。所以，传统线下商家在运营私域流量时，首先需要解决的问题就是：从哪些公域渠道可以获得这些能够转化为私域流量的用户。

【私域实战技巧 95】传统线下商家私域流量的获取渠道

（一）平台电商从购物平台获取流量

淘宝、天猫、拼多多等是非常优质的公域流量池。现在，越来越多的私域运营者（尤其是线下品牌商）开始尝试从这些购物平台引流，并将其储备到自己的私域流量池中。大多数情况下，从电商平台获取流量主要分两步。

（1）第一步：利用最具优势的商品获得更多订单

无论是价格优势、款式优势还是唯一性优势，都应充分展示你最具竞争力的产品，将其打造成爆款，以吸引更多订单。如果能实现盈利当然最好，但即使不盈利甚至微亏，也是可以接受的，因为这实质上相当于投资购买流量。例如，在拼多多平台上，只要价格具备竞争力，就能吸引大量订单。

（2）第二步：将平台客户引导到私域流量池

如果你的每笔订单都能盈利，可能对这一步不太在意（但这并不意味着你可以忽略私域流量的建设）。在私域流量思维下，应尽可能将每位来自平台的客户引导至自己的私域流量池。具体的引导方法会根据实际情况而异。

（二）从其他非电商平台获取流量

除了电商平台外，还有很多优质平台可用于引流。你可以根据自己所处行业的实际情况进行选择。

（1）分类信息平台

基本适用于各类线下服务类传统商家，如母婴、宠物、开锁、保洁等。你可以在这些分类信息平台上通过免费或付费方式发布信息以吸引潜在客户。例如，从事宠物用品的商家可以通过免费送宠物的方式来吸引关注，并留下联系方式以便后续沟通。

（2）饿了么等外卖平台

几乎适合各类商家，尤其是餐馆、水果蔬菜店、药店、便利店、小超市等。这类商家可以通过高性价比的商品引流，比如特价菜、特价水果等，然后引流至微信进行后续追销。

（3）美团等团购网站

适用于各种线下的娱乐商家、足疗店、餐饮商家等。他们能以极低的价格吸引顾客到店消费，提供良好的服务，然后让服务人员留下联系方式，导入私域流量池。

（4）抖音、快手等短视频平台

在这类平台上，做好内容是引流进入私域流量池的关键。可以观察同城的各类商家，他们已经在短视频平台上大量开展引流进入私域流量池的活动。

（三）线下流量

线下渠道也是非常优质的公域流量来源，我们可以把获取线下私域流量的方式分成两类：一类是有固定门店的，另一类是没有固定门店的（或者虽有固定地点，但人流量稀少，如小区内的美甲店等）。

（1）有固定门店的情况

拥有自己的门店通常意味着会有自然流量，如饭馆、理发店、足疗店、水果店、便利店、超市等。对于每一个上门的顾客，都应设法将他们纳入自己的私域流量池。常用的方法如下。

◆现金减免——几乎适用于所有类型的店面，告诉顾客加微信即可享受现金减免。

◆送东西——在餐馆，顾客点完菜后可邀请其加微信，并赠送指定菜品；超市购物后，结账时告知顾客加微信或微信群可获赠小商品。

◆会员赠送——特别适合餐馆等，提供会员价菜单，加微信或微信群即可赠送会员资格，享受会员优惠。

◆送代金券等——这样不仅能将线下流量导入私域流量池，还能促进二次消费。

◆非客户引流——对于进店但未消费的顾客，也可通过送赠品或代金券的方式邀请其加微信或微信群。

◆试吃的方式——非常适合超市、便利店、菜鸟驿站、水果店等人流量比较大的地方，具体可参照【私域实战技巧9】。

（2）自己没有固定门店

对于没有固定门店或门店位置不佳导致流量稀少的情况，需要采取更主动的策略。具体而言，我们可以参考下列内容。

【私域实战技巧8】利用双重诱饵加微信好友

【私域实战技巧90】传单模式搭建私域流量池的实操技巧

（四）粉丝裂变流量

在搭建私域流量池时，线下传统商家通过粉丝进行裂变的基本逻辑如下。

1. 核心基础：为粉丝提供高性价比的商品或服务

粉丝裂变传播的理论基础是口碑营销。美国营销学大师菲利普·科特勒将21世纪的口碑营销定义为：“由生产者以外的个人通过明示或暗示的方法，不经过第三方处理、加工，传递关于某一特定或某一种类的产品、品牌、厂商、销售者，以及能够使人联想到上述对象的任何组织或个人信息，从而导致受众获得信息、改变态度，甚至影响购买行为的一种双向互动传播行为。”而在这一传播行为中，口碑是目标，营销是手段，产品是基石。如果营销的产品不受消费者欢迎，很容易产生负面口碑，这不仅无法促进销售，甚至可能导致产品提前退出市场。所以，要实现粉丝裂变、扩充私域流量池的目标，核心基础就是为粉丝提供高性价比的产品或服务。

2. 渠道 1：通过利诱的方式引导粉丝传播

在三级诱饵理论中，一级诱饵是用来建立流量池的，而二级诱饵是用来裂变的。所以，我们可以通过利诱的方式引导粉丝进行裂变传播。具体而言，我们可以参考下列内容。

【私域实战技巧 8】利用双重诱饵加微信好友

【私域实战技巧 13】常见的干货资料形式有哪些

【私域实战技巧 14】如何制作一份能当作“诱饵”的干货资料

3. 渠道 2：通过主动的口碑传播实现流量池裂变

这里面的核心是实现病毒式营销，也就是让用户愿意主动进行正向的口碑传播，将自己的社交资源引入到你的私域流量池（如添加微信好友或者加入微信群）。

【私域实战技巧 96】线下商家如何通过口碑传播实现私域流量池裂变

（1）用户为什么要主动进行正向传播

根据马斯洛的需要层次理论，每一个行为背后的动机都可以分为五个层次。我们也可以从这五个层次出发，进行相应的设计。

◆生理需要

人们刚添加了一个不熟悉的微信好友或进入一个陌生的微信群时，可能会感到紧张或不适。这时候就可能需要通过不同的方式来消除这种紧张或不适的感觉，其中向朋友、亲友诉说（口碑传播）是一种很好的方式。

在建立私域流量池时，如果想实现正向的口碑传播，就必须消除那些可能引起用户紧张的因素。对于新加入的好友或群成员来说，这种紧张大多源于陌生感。所以，我们的目标是让用户愿意主动传播这样的信息：我加入这个私域流量池后，原本的紧张感因对方展现出的友好行为而消散了。

这也是为什么在建立私域流量池时，我们始终强调以下两点。

第一，添加好友后务必进行互动。当别人加你为好友时，切勿置之不理，否则很容易被拉黑，尤其是那些通过利益诱导方式添加的线下传统商家好友。一般而言，我们应确保进行至少三个层次的互动。首先，兑现承诺的利益诱导。例如，在运营电商号时，我们以电商运营干货为“诱饵”吸引好友。因此，一旦有人添加我们为好友，我们会立即发送干货下载地址和注意事项，以便给好友留下基础印象：添加我们为好友就能获得干货，无须担心受骗。这样，当这些粉丝的好友也有相应需求时，他们会优先推荐我们的微信名片。其次，打招呼互动。添加好友后一定要向对方致以问候，如餐馆老板可以这样说：“嗨，我是 XX 饭馆的 XX，感谢您的关注。关于餐品，欢迎您提出任何意见和建议。”最后，及时回复问题。当粉丝有疑问时，我们应在看到的第一时间给予答复，这一点至关重要。

第二，进群要有仪式感。新成员入群时，应有欢迎仪式、自我介绍和欢迎红包等环节。这些仪式感的内容能够迅速帮助新成员消除陌生感和紧张感。否则，如果新成员入群后无人理睬、无所适从，他们很快就会对这个群感到失望，进而选择屏蔽甚至退群。这样的情况下，他们又怎么可能愿意向自己的亲朋好友推荐呢？

◆安全需要

用户的不安全感可能来源于多个方面：添加好友或加入群聊后，他们可能会担心被骗、承诺的利益无法兑现，或者购买的产品和服务存在价格过高、跟不上潮流、性价比低等问题。在这种情况下，用户希望通过与亲朋好友分享来肯定自己的行为，并希望朋友因为自己的推荐而采取相同行动，从而找到更多的安全感。在建立私域流量池时，首先要确保你承诺的“诱饵”能够兑现。这是基础中的基础，只有这样才能满足用户的安全需要，进而促使目标受众愿意向他人推荐你的私域流量池。其次，我们需要采取一些措施来消除用户的购买疑虑、增加他们的安全感，比如提供 7 天无理由退换货等服务。

◆社交需要

大多数的口碑传播行为都发生在日常的社交场景中，比如朋友聚会时的聊天、群聊中的分享，以及朋友圈的状态更新等。所以，我们可以通过精心设计的方案来为用户创造这种社交环境。我们常用的方案技巧有以下两个。

第一，创造“惊喜”以触动用户。这是最为核心的一点。因为用户通常都乐于将那些能给他们带来惊喜的事物分享给他人。这种惊喜可以源于很多方面，比如精致的包装、意外的赠品、超出预期的产品质量（如特别甜的苹果、效果极佳的洗衣液）等。

当用户从你的产品或服务中感受到惊喜时，他们很有可能会通过社交聊天或朋友圈分享等方式，向自己的微信好友推荐你。例如，我的爱人长期从一位代购那里购物，因为性价比等各方面都非常满意，据我所知，她已经向至少 20 人推荐了这位代购的微信。

第二，鼓励社群内的买家秀。鼓励客户在群里分享订单。购买商品后，客户可将自己拍摄的实物图片、短视频等，都发到群里。这就相当于买家秀，但是这种买家秀要比平台（比如淘宝）上的买家秀更有威力，因为微信群里的买家秀可信度更高、对成交的引导作用更明显。对于分享订单的客户，我们可以给予红包奖励。奖励的形式一般有两种：私发红包和群内的专属红包。在实际操作过程中，我们更倾向于后者。微信群的专属红包只能由指定的人领取，但是群内所有人都可以看到，从而激励更多人分享订单。当然，分享的人越多，带来的成交机会就越多，成交所带来的盈利也远远大于红包的投入。

在活动开始时，我们可以先邀请一些熟悉的客户参与，通过私聊邀请他们在群里分享订单，并用红包表示感谢。随着活动的持续推进，分享的人会越来越多。

◆尊重需要

在这个动机下，消费者传递信息是为了满足其某些情感上的需要，例如展示自己的先知先觉或者紧跟潮流的时尚品位。特别是当他们的推荐导致他人购买相同产品时，他们会更加肯定自己并认为自己得到了他人的尊重。在这个环节，我们会做三件事情。

第一，给用户足够的尊重。当消费者感受到被尊重时，他们会愿意将这种“被尊重”的感觉分享给其他人。比如，发送生日祝福、进群红包等。具体可参照【私域实战技巧16】。

第二，传递健康积极的生活理念。我们通过精心策划的文案、短视频等多种形式，向目标受众传递积极、健康、充满正能量的生活理念。这种生活理念不仅让用户从内心深处产生共鸣和认同，更激发了他们与亲朋好友分享这种理念的强烈愿望。

第三，开展正向的社群打卡活动。我们组织了一系列正向的社群打卡活动，如客厅健身房挑战、一日生活规律化打卡、读书分享会、彩虹夜听等。这些活动旨在让目标受众更深入地理解和践行健康的生活理念，并乐于邀请自己的朋友一同参与。具体而言，我们可以参考下列内容。

【私域实战技巧 23】社群打卡活动的具体奖励形式

【私域实战技巧 24】社群打卡活动——一日生活规律化

【私域实战技巧 25】社群打卡活动——每天读几页书

【私域实战技巧 26】社群打卡活动——彩虹夜听

【私域实战技巧 27】社群打卡活动——客厅健身房

【私域实战技巧 28】社群打卡活动——每天学习一个小知识

◆自我实现需要

在“彩虹优选”双社电商项目中，我们致力于为用户提供一个实现自我价值的平台。通过推荐和分享优质产品，用户不仅能够满足社交需求，还能获得经济收益，从而实现个人价值和人生目标。

（2）正向口碑传播的五大要素

◆谈论者

谈论者是正向口碑传播的起点。在我们的模式中，谈论者主要指的是私域流量中的粉丝，即我们的微信好友和群成员。我们需要激发他们的积极性和热情，让他们在社交场合中乐于谈论和分享我们的私域流量池。

◆话题

要吸引粉丝关注和参与讨论，首先得给他们一个谈论你的理由。那么，如何才能让人们愿意谈论你的微信群和私域流量池呢？这就需要我们寻找并制造话题。以微信群为例，如果你每周五都定期开展红包雨活动，这就是一个绝佳的话题。想象一下，每周都有红包雨降临，这简直就是土豪行为啊！比如，你作为一个电商从业者，如果还拥有出众的容貌和身材，这无疑也是一个吸引眼球的话题。

◆工具

在私域流量运营中，传播工具的选择至关重要。微信群和朋友圈是实现一对多传播的最佳工具，它们能够帮助我们快速扩大影响力。当然，在实际操作中，一对一的单聊也是不可忽视的传播方式。

◆参与

企业应该主动参与到热点话题的讨论中，积极寻找与产品价值和企业理念相契合的接触点。网络中从来不缺话题，关键在于如何巧妙地利用这些话题，将企业的理念和产品的价值有效地传播出去。

◆跟踪

跟踪是一个事后监测的环节，旨在发现粉丝在传播过程中的反馈和意见。一旦发现有人在谈论你的社群，你应该根据实际情况进行处理。

(3) 正向口碑传播的关键策略

要让粉丝对你的私域流量池进行正向口碑传播，并愿意介绍更多的亲朋好友加入，你需要构建一个系统的营销过程。总结下来，以下四个关键策略可作为参考的底层逻辑。

◆有朗朗上口的口号

这种传播一定要注意：能够简单且快速地介绍给自己的亲朋好友。所以，一句朗朗上口的口号就很重要。在传统营销中，口号就是广告语，比如“怕上火就喝王老吉”“今年过年不收礼，收礼只收脑白金”等。你也应该为你自己的私域流量池，设计一句能够精准概括你所提供的产品或服务的口号。

◆顾客体验

某种意义上，这是私域流量的核心内容。顾客体验是顾客与企业产品、人员和流程互动的总和，要让顾客切身享受消费的乐趣，从而形成强烈的消费欲望，即“以自己希望的价格，在自己希望的时间，以自己希望的方式，得到自己想要的东西”。

◆注意细节

影响消费者口碑的有时并非产品主体，而是一些不太引人注目的“零部件”等。有时，一些“微不足道”的错误会引起消费者的反感。在私域流量池内，这些看似微小的细节往往对后续的运营变现产生关键影响。

◆服务周到

提供有价值的产品或服务，并制造传播点。企业首先要能提供一定的产品或服务，才能开展口碑营销，并据此提炼一个传播点。无论是个人朋友圈还是微信群，都应该有明确的产品或服务。

(4) 正向口碑传播的成功条件

在私域流量运营中，每个细节都是运营人员发挥才能的机会。请注意，在私域流量池内（尤其是微信群内），产品或服务的任何瑕疵都可能引发大问题。为了获得正向口碑传播，一定要提供好的用户体验、产品和服务。此外，运营人员还应帮助消费者方便快捷地获取商品、发布评论、传播观点，并放大良好口碑的影响力，尽可能地刺激购买行为。

下面这五个要点，是正向口碑传播成功的必要不充分条件。也就是说，掌握了这些不一定能获得营销上的突破，但不注意这些，你的正向口碑传播实践肯定不会有所成就。

◆寻找意见领袖

那些经常在微信上与你沟通、在群里发言互动的人，如果还是积极的、热情的、幽默的、充满正能量的，那么这些人一定拥有比较不错的社交资源和社交能力，这些都是意见领袖的种子用户。意见领袖需要在自己的小圈子内有一定的影响力，观点能够被接受，消费行为能够被模仿（至少是作为参考），这对于私域流量池裂变就足够了。

◆有传播的“病毒”

你要制作出能够让私域流量池里的用户愿意主动去裂变传播的“病毒”。在三级诱饵理论中，这就是一级和二级诱饵。一份稀缺的“病毒”，能够让裂变速度加快。

◆整合营销传播

当然，我们必须承认，极其主动的正向口碑传播是可遇不可求的。大多数情况下，私域流量池的运营人员必须辅助以相应的广告、素材、公关等多种整合营销方式，取长补短，发挥协同效应，才能达到传播效果最大化。

◆实施奖励计划

这其实也很好理解：让主动为你传播的人得到奖励，也就是我们三级诱饵理论中的二级诱饵。天下没有免费的午餐，这样的道理或许每个人都明白，但人性的弱点让很多人面对免费物品时总是无法拒绝。给消费者优惠券、代金券、折扣等各种各样的消费奖励，让他们帮你完成一次口碑传播过程，口碑营销进程也会因此大大提速。尤其是对于线下传统商家而言，这一点很重要，也很简单。

◆放低身段，注意倾听

在私域流量池内，一旦有人通过私聊或者在群内与你反馈关于产品或者服务的相关问题时，无论错在何方，首先要做的就是放下身段，注意倾听，并且即时地解决相关问题。

(5) 正向口碑传播过程中的误区

在实际运营过程中，私域流量池运营人员一定要注意规避正向口碑传播可能会碰到的一些误区。

◆误区 1：只要传播就能获得好口碑

有人认为只要进行口碑传播，就能为自己的产品创造良好口碑，这实在是太大的误区。口碑的形成有一个基本的要求，那就是必须确保产品的质量。劣质和低劣的产品无法提供良好的消费者体验，因此，良好口碑的形成也就无从谈起。

口碑营销的作用在于通过各种方式和手段加速优质产品良好口碑的传播和形成。它绝不是捏造口碑，更不是为劣质产品撒谎吹嘘。如果产品本身质量不过硬，其使用价值就会大打折扣，用户无论如何使用都不会产生良好的口碑。因此，无论广告多么醒目，无论宣传造势有多大的影响，都经不起消费者的考验。

当前，网络提供的平台使得消费者抱怨的门槛大大降低，且影响力爆发的可能性无限增大。如果是在微信群内，可能一个负面差评就能毁掉大多数群成员好不容易建立起来的忠诚度（当然，捏造的不会）。

◆误区 2：忽略负面口碑的存在

这个误区其实与上一个相辅相成。口碑是一把双刃剑，既可以为传统线下企业带来正面的推动力，也会因负面口碑的自发传播而带来极大的破坏力。数据统计显示，负面口碑的传播速度是正面口碑的十倍，因此绝不能放松对负面口碑的处理。

◆误区 3：口碑营销做的就是“病毒”，一触即百发

太多厂家谈及口碑营销时，必然要求“制造一个大事件”。然而，口碑营销其实是企业众多营销环节中的一环，将口碑营销从整体营销中剥离，仅依靠它来建立企业品牌是不科学的。很多时候，传统营销还是占据着品牌宣传的重要地位。做好传统营销，用口碑营销去补充和完善传统营销达不到的地方，才是正确的营销技巧。

◆误区 4：口碑营销是受限最少的传播方式

很多企业选择口碑营销的初衷，是因为在传播过程中受到越来越多法律法规的限制和

制约，而网络口碑营销似乎由于其提供的“想说就说”的低门槛而不受传播限制。然而，实际上口碑营销也有着自我的道德约束，超过这个范围的炒作必定会带来不良影响。互联网看似隐匿，实际上人们在其中的行为都被看得通透。企业应该通过正当的方法来促进良性口碑的产生和传播，以达到快速扩散口碑的目的。妄图用不当做法在互联网上谋取利益最终都会露馅，伤害企业和品牌。

五、传统线下商家私域流量池的运营

搭建私域流量池只是私域流量运营的起点，更为关键的是后期的维护。实际上，搭建私域流量池并不是一件特别复杂的事情，前提是你具备必要的资源并愿意去执行相关操作。大多数失败案例都发生在后续环节。没有系统的方法，往往会导致辛苦且付出较大成本建立的私域流量池变得鸡肋，甚至使大多数社群陷入 7 天必死的困局。

（一）私域流量与公域流量的玩法不同

与公域流量相比，私域流量的运营在四个方面有所不同。

（1）有限和无限的区别

从数量上看，对于公域流量而言，理论上只要投入足够的资金，就可以无限获取（当然，这种无限是相对的，比如线下的餐馆，其最大的流量受限于商圈范围内的消费者数量）；但私域流量的数量一定是有限的。这就引出了一个极其重要的结论：大多数失败的私域流量运营都是因为错误地将私域流量当成公域流量来运营。比如，将社交阵地（如微信群、朋友圈等）当成广告发布平台，依然把自己定位为信息的发布者，把私域流量池内的成员仅仅视为广告的接受者。如果依然按照“展现——点击——转化——客单价”的运营逻辑来安排营销活动，注定会失败。

（2）与流量的关系不同

对于商家而言，与公域流量中的客户是交易关系，而私域流量则必须建立在社交关系的基础之上。因此，公域流量是因为需求而购买，而私域流量是因为关系而购买。

（3）运营核心不同

我们前面提到过一个非常重要的问题：公域流量都是属于平台的。因此，公域流量的运营主要是为了单次成交（实际上，即使想实现多次成交也很难）；而私域流量的运营则必须着眼于多次成交。如果为了多次成交却采取“一锤子买卖”的做法，那无异于自毁前程。这也是为什么传销式的传统微商在几乎 90% 的失败率下还会透支自己的社交资源——因为他们都在做“一锤子买卖”。

（4）变现逻辑不同

实际上，变现逻辑会反过来影响运营逻辑。公域流量通常采用单点独立变现的方式；而私域流量则更倾向于多维立体变现，需要从多个维度（如时间维度、需求维度、影响力维度等）挖掘客户的终身价值。

（二）私域流量运营的三级诱饵理论

对于所有的传统线下商家而言，如果想建立并且运营私域流量池，提供高性价比的产品和服务是根本。因为只有优质的产品和服务，才能吸引顾客长期忠诚，并愿意进行口碑传播。在此基础上，私域流量运营的核心可以归结为三级诱饵理论。

（1）一级诱饵建流量池

想让别人进入你的流量池（加微信或者进入微信群），你需要给他们好处，这就是一级诱饵。这些好处可以是实物、虚拟产品，或者是非常大的优惠。如果你经营的是一家小超市，就可以在收银台宣传：加微信（或微信群）即可免费获得一包口香糖。

（2）二级诱饵进行裂变

如果想让流量池内的用户主动进行正向口碑传播，实现用户裂变增长，你就需要为这些用户提供额外的激励，即二级诱饵。例如，你可以推出三人团购享受更低价格的优惠活动，或者拉新人进群即可一元换购某种商品，又或者是发朋友圈集赞获得奖励等。

（3）三级诱饵运维管理

为了保持社群的长期活跃，你需要持续不断地为社群成员提供价值，这就是三级诱饵的作用。这些价值可以是免费的大咖分享、在线课程，或者是长期的优惠券等。

（三）私域流量池的日常运营维护技巧

【私域实战技巧97】线下商家私域流量池的日常运营维护技巧

所有的方法和技巧建立的基础都是：所提供的产品或服务必须具有特色的、高性价比，并有能力吸引和留住粉丝。在此基础上，虽然不同的产品的运营方法会有所区别，但以下几点是通用的。

（1）持续提供高性价比的爆品

无论是小餐馆每天推出的特价菜，还是社群团购每天可以推广的爆品，都能持续吸引顾客的关注和购买。

（2）日常的小恩小惠

在活跃社群的时候，你可以通过发放红包、进行限量秒杀、提供免费福利等方式，给予社群成员日常的小恩小惠。

（3）提供一些免费服务

例如，水果店可以为私域流量池内的用户提供免费的代购服务，如代购药品、日用品等。这样既能维护社群的忠诚度，又能活跃社群氛围。

（4）千方百计地维持社群活跃度

这是私域流量运营的核心目标。任何运营方法和技巧的最终目的都是保持社群的持续活跃度，一旦发现社群活跃度下降，就必须有吸引人的活动或方案跟进。

六、传统线下商家私域流量池的变现

其实不仅仅是传统线下商家，当前大多数私域流量运营方在变现层面存在着各种思维上的误区，主要体现为以下几点。

◆非重复性消费商品如何变现

很多商家之所以纠结是否应该做私域流量的根源就在这里：自己的商品或者服务很难

（甚至几乎不可能）有重复消费，即使成功建立了私域流量池，也不知道如何变现。比如，开锁服务、月子会所、五金电料、家用电器等，这类商品或服务在大多数情况下都只能产生一次性消费。

◆只能变现自己的商品

这又是一个关键的思维障碍：商家只熟悉自己所经营的产品或者服务，而私域流量池也是基于自身的客户建立起来的。然而，除非是超市、便利店、商场等零售终端，否则大多数商家所提供的产品或者服务都是有限的。再加上私域流量本身的有限性，这就很容易导致辛苦建立起来的私域流量池变得鸡肋，投入产出比不划算，变现能力乏力。例如，对于一个小餐馆来说，尽管口味可能很受欢迎，建立私域流量池也相对容易，但消费者不可能每天都来光顾。所以，从性价比的角度出发，这种情况下的私域流量运营可能就不如公域流量来得划算。

◆只能以推送商品的方式变现

变现是什么？当然是卖商品（服务）了。对于当前大多数运营人员来讲，所谓的变现往往就是推送产品广告，然后坐等用户看到、产生转化、购买更多。其实，结合私域流量有限性的特点，真正的变现应该是充分挖掘客户的终身价值，这包括时间维度、需求维度和影响力维度。所以，在变现途径上，至少有以下六种方式。

【私域实战技巧98】线下商家私域流量池的变现体系

（一）持续销售自己的产品

这是私域流量变现的根基。只要产品能够产生重复消费（或者是可以多次购买的服饰等类目），商家就应该以自身产品作为主要变现模式。毕竟私域流量池是靠当前的产品和服务建立起来的，这也是活跃社群的基础。例如，做餐馆的就应专心做好饭菜；做烘焙的就应专心卖面包。

当然，这里有一个初级延伸策略：如果产品线过于狭窄，可以考虑向同类需求延伸。比如，做餐馆的可以考虑与周边餐馆合作，在自己的流量池内通过他们的特色菜品进行变现；做婴儿奶粉的可以考虑引入其他的母婴用品进行变现。

需要注意的是，每个私域流量池都有其个性化特点，在实际变现过程中也会各显神通。但无论如何变通，都要遵循一个基本原则：优质的产品和服务是所有变现模式的基础。脱离了这个基础，私域流量池存在的根基就会动摇。

（二）团购其他高性价比的爆品

这其实是大多数私域流量拥有者会忽视但又非常好的变现模式，本质是利用自己的流量，通过其他商品进行变现。这类商品一般能满足大众需求，具有高性价比、有特色等特点，且往往从低客单价开始切入，以食品类（尤其是水果生鲜）为最佳破冰类目。

对于传统线下商家来说，在团购自身经营范围之外的商品或服务时，需要遵循以下操作流程和技巧。

（1）提前在群里安排好内部人员

由于是依赖于自有产品建立的私域流量池，所以直接进行外部产品团购可能会显得比较突兀，甚至会引起部分群成员的方案。因此，前五次团购最好采取推荐模式，并提前在群内安排好内部人员。这些内部人员需要在群内扮演一个积极、阳光、乐于助人、正能量的形象，为后期团购变现打下基础。他们需要经常参与群成员的讨论，积极参加活动，并配合自有产品的销售等。

（2）给群内的积极分子试吃

群主或管理员在平时的运营过程中，还要注意观察群内的积极分子，并与他们保持互动，建立良好的私人关系。在推荐团购前，可以私下给这些积极分子发送消息：亲，咱们群里的XX，家里是做水果批发生意的，前些天从山西运城订购了一批苹果，是果园直发的那种。昨天给我拿来一箱，尝了一下，味道非常不错，现在他想在我们群里进行一次团购。但我自己觉得好吃还不够，所以我从他那里订了几箱，想请你和其他几个平时在群里比较活跃的人都尝尝。我安排人给你送几个过去，你什么时候方便呢？

这样做的好处是，即使团购最终未能成功，你也通过这种方式给群成员带去了福利，这对于提高社群的黏性和忠诚度都非常有利。而且，只要产品性价比足够高，这些积极分子在团购时往往会起到很好的推动作用（在大多数情况下，他们自己也会购买）。

这里还有一个在日常操作过程中非常高效的技巧，但仅限于基于位置的传统线下商家，比如餐馆、便利店、水果店、菜鸟驿站等。在每次准备推荐团购之后的两三天，你可以随订单赠送试吃产品（非提前告知状态下），可以是一个苹果、一个橘子、一个香蕉等（如果单价比较高，可以用便携包装盒装一部分，比如西瓜、哈密瓜等）。这样，在做推荐团购的时候，你就可以在群里发如下文案：家人们，大家这几天是不是都收到了一个苹果？感觉怎么样，好不好吃？这是咱们群里的XX赞助的。他想在咱们群里做一次团购，所以先给大家做了一批免费试吃。

（3）以推荐的方式发起团购

前5次团购一定要以推荐的方式发起。一般的操作流程是：介绍卖家——介绍产品——介绍活动——正式团购接龙。我们以一次山西冰糖心丑苹果团购为例，整个团购流程可以这样进行。

首先，我们可以在群里发送以下文案：家人们，咱们群里的XX是做水果社群团购的。前几天，他从山西果农那里收购了5000箱山西运城的冰糖心丑苹果（为了保证新鲜，都是产地直发的）。他给我拿来了一些，味道非常好（就是大家这几天下单时收到的苹果）。现在准备在咱们群里搞一次团购。这款苹果每箱10斤，价格是XX元，但在群里的团购价只需XX元。

其次，将这款苹果的图片、短视频、图文信息等相关素材发到群里，让大家更详细地了解产品。

再次，需要介绍活动的玩法。我们通常会配合红包活动来增加趣味性，可以在群里发送以下文案：为了让这次团购活动更有意思，我们准备了一个活动。一会儿XX会发三轮红包，每轮红包的数量都是100个。大家来抢红包吧！手气最佳的人可以免费得到一箱苹果。其他所有抢到红包的人也可以直接抵扣现金5元。

最后，发起团购接龙就可以了。

（4）赞助社群活动

一般在第一次团购后，团购发起人与群成员之间的关系会进一步拉近。为了更方便地进行后期的团购行为，可以适时地赞助一些社群活动，以奖品的形式进行。当然，如果是基于位置的传统线下商家建立的社群，就更好办了：可以随订单赠送试吃产品。

（5）增加其他品类

在用水果生鲜类目进行破冰后，可以逐渐引入低客单价的网红食品、零食、本地特产、其他地方的特产等。同时，也可以参考其他社群场景的变现模式，对群成员进行团购产品征集。这一步骤的主要目的是让大家习惯在群内团购其他的商品。

（6）团购常规化

在进行5次以上的团购后，就可以考虑将团购活动常规化，设置团购小助手、选品团队等，定期举办团购活动。

（三）常规好物推荐

常规好物推荐通常在团购常规化后开始，推荐的产品数量应控制在10个以下，并且可以灵活地配合其他社群活动。在进行好物推荐时，务必提供充分的推荐理由、吸引人的产品文案、高质量的图片、详细的介绍，以及短视频等多种形式的内容素材。

（四）收会员费

收取会员费是一种可以大幅度提高客户忠诚度的变现模式。但前提是要提供持续高性价比的产品和服务，并建立科学的会员体系（包括会员专享政策等）。例如，有一家烘焙店制作的牛角面包非常受欢迎，每次在群里发布消息都会被迅速抢光。因此，他们推出了一个18元/年的会员产品，会员不仅可以享受优惠价格，还可以优先抢购牛角面包。

（五）其他合作变现

拥有私域流量池就意味着拥有了宝贵的流量资源。换句话说，你可以通过把流量卖给别人来进行变现。这时需要的是资源共享、通力合作，以及打通其他的变现渠道。比如，你拥有一家餐馆并建立了多个社群，那么就可以考虑与附近的足疗店合作，在群里发布到店的体验券等合作信息。

（六）社群的裂变和延展

对于传统的线下商家来说，社群的裂变与延展是实现社群变现的高级形态。在实际操作过程中，以下四点需要特别注意。

（1）精心维护第一批成员

务必让第一批种子用户从你这里得到实实在在的价值，得到真正的高性价比的商品、真正的实惠、真正的优质服务，以及良好的购物体验。

（2）拉人进群有优惠

设定明确的活动政策，告知群成员介绍新人进群可以享受优惠，如赠品、更高折扣或直接返佣金等。

（3）招募代理，裂变新群

比如，在建立基于社群的团购群后，可以在群内招募代理，进而在新的小区中裂变出新的社群。

（4）延展新的项目群

当积累了足够多的粉丝后，你就可以与周边的足疗店、水果店等合作，甚至可以延展出新的社群。

第七章 网红粉丝的运营与变现

需要明确的是，我们这里所指的网红是那些在各大平台（如淘系达人、微博网红等）上变现能力较弱的中小网红。因为头部和肩部网红（包括部分有特色的腰部网红）的变现能力相对较强，他们也会成为平台重点扶持的对象。当然，并不是说这些人没有私域流量运营需求，只不过相对于他们现在的赚钱方式和赚钱速度，私域流量运营确实不经济。

当前网红收入主要由五部分构成：广告收入、平台分成（如打赏等）、带货收入、商业活动费用、其他收入。看起来很可观，也很吸引人，但主要是针对腰部以上级别的网红来讲的。对于绝大多数的底层网红而言，生活其实很艰难。

任何平台都会遵循二八定律（甚至在互联网的马太效应下，这个比例可能更加悬殊）。例如，我认识的一位女网红拥有 20 多万粉丝，但她并不带货，只是通过直播 PK 获得收入。她的月收入上限为五六千，很多时候甚至只有两三千。大家可以去快手直播上看看，那些拥有 20 万粉丝的网红在直播的时候在线人数不超过 100 的情况并不少见。对于这些底层网红，打造私域流量池可能是他们突破困境的关键所在。

一、如何将平台粉丝引导进私域流量池

这是一个非常关键的问题，因为几乎所有平台都不会允许你公然将平台上的粉丝引导到自己的私域流量池（这很容易理解：平台辛苦且花费大量资源吸引来的粉丝，当然不希望被你轻松带走）。在实际操作过程中，我们可以运用以下几个细节技巧。

【私域实战技巧 99】网红如何将平台粉丝导入私域流量池

（1）利用个人介绍进行引导

当然，从表面上来看，各个平台通常不会允许在个人简介中直接展示个人微信号，因此我们需要采取既隐蔽又能让他人理解的方式，同时辅以一定的诱因进行引导。

◆不要直接写“微信”等字样

不要在个人简介中直接写“微信”等字样，可以使用谐音、图标或隐晦的词汇来表达。

◆个人介绍里面引导发私信

由于平台不希望用户在其上进行直接的社交活动（比如留微信），它们通常都提供了私信功能。因此，你可以以一种提供价值的方式，在个人介绍中引导用户给你发私信，并在私信回复中提供个人微信。例如，如果你是一个专注于星座主题的短视频创作者，可以在个人介绍中这样写道：想知道你下周的星座运势吗？快来给我发私信，告诉我你的星

座，我会为你免费解读哦！

当用户给你发私信时，你可以在私信中这样回复：由于内容较多，请加我的微信（注意避免直接使用“微信”二字），并备注XX，我会将详细结果发送给你。

◆一定要给别人一个愿意加你的理由

提供一个让粉丝愿意加你的理由。这通常涉及某种形式的利益诱导，即粉丝加你微信后能得到什么好处。这取决于你的定位和目标受众的需求。你可以提供的诱饵包括干货资料、独家福利、专业咨询、指导建议、会员资格、精美图片、在线课程等。

（2）利用短视频作品进行引导

当然，在短视频内容中直接展示微信号是不被允许的，这样做很可能导致视频被平台删除或限制。因此，更安全有效的做法是通过提供诱因在短视频中进行引导。具体引导方向包括以下三个。

◆引导用户在评论区互动

例如：“在评论区回复XX，即可免费获得XX东西”；“在评论区留言，即可获得XX福利”。当用户按照要求评论后，你可以回复他们：由于内容较多，请添加我的微信（注意措辞），并备注XX，我会免费为你分析解答。

◆引导用户查看个人介绍

例如：“想要获取更多福利，请查看我的主页并添加微信（在个人介绍中有引导信息哦）！”

◆引导用户通过私信联系你

例如：“私信联系我，即可获得专属优惠”；“私信联系我，免费领取一本电子书”。这种引导话术一般出现在视频的中间或结尾部分，但要注意植入得自然而不生硬，以提高引导效果。

（3）在直播时进行引导

同样需要注意提供诱因让用户有动力添加你的微信。在直播过程中，虽然可以直接说出微信号，但也要注意方式方法，避免被封禁。比如：你可以把微信写在一张纸上，然后放在直播间一个别人可以看到的地方，还可以引导看直播的人查看你的个人主页等。

二、网红粉丝群的运营

网红私域流量池的运营方法需要根据网红的定位来确定。目前来看，抖音上网红的定位主要是从四个不同的维度进行的。每个维度下社群的运营重点也会有所不同。建立在这个基础之上，我们可以进一步讨论适用于广大运营者的通用运营技巧。

（一）网红的定位方向

【私域实战技巧100】网红的定位方向实操

（1）根据自然特征进行定位

常见的定位方式包括特别漂亮、特别帅、特别高、特别矮、特别丑、身体某个部位特别好看，以及长得很像某一个明星等。对于这种网红，粉丝感兴趣的就是其自然特征。所以，在私域流量运营中提供价值时，就应该把粉丝感兴趣的内容呈现给他们。但需要注意的是，这些内容不能违反法律法规，也不能违背公序良俗。

（2）根据你区别于常人的特点进行定位

比如，你有一口流利的天津话，或者你身体的柔韧性特别好等。对于这些定位，运营的重点就是保持你的特点。无论是在与群成员沟通还是在提供价值时，都要突出和强化这些特点。

（3）根据你擅长或者能提供的价值定位

也就是打造一个专业的 IP 形象。比如，你很擅长做饭、擅长某一个才艺、擅长健身、擅长电商知识，甚至是你擅长打游戏、打篮球，或者说你写故事的能力特别强（可以拍各种各样的段子）等。在私域流量池的日常运营中，持续不断地输出你擅长的东西和价值是重点。

（4）根据自己所拥有的资源进行定位

如果你在某方面拥有得天独厚的资源，那也可以进行定位。比如，大衣哥的邻居，只需要拍大衣哥的日常，就能够每个月获得几千元的收入；如果你的家乡是珠宝首饰的集散地，那你就可以拍珠宝首饰的鉴赏视频或者直播挑珠宝。我有一个会员，家在河北枣强县大营镇，这个小镇出名的是皮草，号称“世界裘皮之都”。我这个会员做直播就是帮助大家挑各种皮草服饰和皮草制品。我在 2021 年年底的时候跟她见过一面，她告诉我一个月差不多可以赚两万多元。在运营过程中，这类网红必须围绕所拥有的资源持续输出价值。

（二）网红粉丝群运营技巧

【私域实战技巧 101】网红粉丝群的运营技巧

（1）制定好社群规则

一般社群的名称就是“XX 粉丝群”。社群成立的第一天，就要制定好社群规则，并且让每一个群成员都知道：什么能说，什么不能说。其中关键的几点是：不允许群成员发广告、乱发各种链接、砍价等，因为一旦有人做了，很快就会有很多人效仿；不允许在群里吵架、骂街、发充满负能量的内容，这会影响社群形象和社群稳定；不允许发违反法律法规的内容、反党反政府的内容或色情内容。

（2）培养社群管理员和小助手

网红粉丝群的运营必须从粉丝中培养管理员和小助手。这不仅仅是为了节省你自己的时间和精力成本，更重要的是为了打造一种社群归属感和社群黏性。社群的维护（尤其是违规粉丝的处理）、话题的引导、网红正面形象的传播、动态的播报等都要有专人负责。然后，你可以给这些负责人适当的奖励（不一定非得给现金）。我们合作的一个网红的粉丝群有一个制度：管理员轮值。只要达到一定的要求，就可以申请成为管理员，然后进行轮值。

（3）保持社群活跃度

网红粉丝群建立起来后，群主（如果精力可以，最好是网红本人；如果群很多，可以安排相应的工作人员来协助）一定要在群里多发言，多跟大家聊天，以保持社群活跃度。因为这类社群建立的理由就是“网红”本人，如果你都不出来跟大家沟通，那么这个群的存在价值就会大打折扣。

（4）定期举办社群活动

根据社群的定位，定期举办各种社群活动，比如猜成语、猜电视剧名称、猜歌名、生日祝福等。定期举办这些活动有助于形成习惯。只要社群保持活跃，就有无限可能的变现机会。具体而言，我们可以参考下列内容。

【私域实战技巧16】社群活动——送生日祝福

【私域实战技巧17】社群活动——拜师活动

【私域实战技巧18】社群活动——黑故事游戏

【私域实战技巧19】社群活动——猜歌名

【私域实战技巧20】社群活动——掷骰子游戏

【私域实战技巧21】社群活动——猜价格

【私域实战技巧22】社群活动——找产品

【私域实战技巧23】社群打卡活动的具体奖励形式

【私域实战技巧24】社群打卡活动——一日生活规律化

【私域实战技巧25】社群打卡活动——每天读几页书

【私域实战技巧26】社群打卡活动——彩虹夜听

【私域实战技巧27】社群打卡活动——客厅健身房

【私域实战技巧28】社群打卡活动——每天学习一个小知识

【私域实战技巧29】社群打卡活动——各种培训的社群打卡训练营

（5）持续不断地提供价值

每天群主都要在私域流量池内输出与社群定位相符的价值内容。例如，美妆类网红主要分享关于化妆、穿衣打扮方面的内容；亲子类网红主要分享关于育儿教育方面的内容。需要注意的是，分享的内容要与个人定位相符。如果自己是游戏主播，每天却只分享心灵鸡汤，自然无法激发粉丝们的热情，社群的黏性也会很快消失。

（6）打造社群归属感

通过活动、福利、沟通等方式，打造属于社群自己的“家人”文化、“老铁”文化，增强社群的归属感。有归属感的社群才是真正具有持久价值的社群。

三、网红私域流量池的变现

网红私域流量池建立起来后，除非本身就是以“好物分享”作为定位的，否则都不要急于变现。先通过社群互动、相关活动等稳定社群活跃度、社群黏性和社群归属感等，然后再考虑变现的问题。

【私域实战技巧102】网红私域流量池的变现体系

（1）相关产品优先变现

优先选择与自身定位相关的产品进行变现，这样更容易让粉丝接受。比如，你是一个烘焙网红，那就可以先做一些烘焙用的工具、原材料等；你是一个健身网红，就先做一些家庭用的健身小器材、瑜伽垫、弹力带等；你是一个育儿网红，那就先做母婴用品等。

（2）把社群团购常规化

除了与自身定位相关的产品外，生鲜水果仍然是最佳的破冰品类。在进行团购时，可以配合红包活动、给优质的粉丝邮寄试吃（我们在操作过程中发现，被邮寄过试吃装的粉丝几乎百分百会在团购的时候购买多件）等方式提高参与度。同时，要注意开始一次一团，逐渐将团购活动常规化（固定时间进行）。

（3）每日好物推荐

在社群的团购活动稳定，且消费者已经形成购买习惯（甚至购物依赖）的情况下，可以正式推出每日好物推荐环节。在实际操作过程中，注意以下几点。

◆每天固定时间推荐

注意避免现在私域流量运营中那种不分时间段、每天持续不断推荐各种产品的模式。除非你的购物粉丝非常精准、产品性价比极高、群主影响力极大，否则社群很容易成为死群，导致私域流量运营失败。因此，在进行每日好物推荐时，我们一般会选择特定时间段进行，配合活动，总计为期 2 个小时左右即可。你也可以将其理解成一个小型的图文直播。

◆推荐时内容一定要丰富

在进行推荐时，非常忌讳只会发产品购买链接和图片的方式。对于推荐类商品，消费者是有信息需求的，单纯的几张图片配合详情很难满足这一点。所以一定要全方位渗透，我们一般都是采用图文链接（产品软文）+短视频+图片+推荐文案+使用反馈的方式。

◆推荐的数量控制在 10 个左右

每天推荐的商品数量不宜过多，根据实际操作经验，控制在 10 个左右（针对网红粉丝群，因为网红的影响力较大，尤其是以“好物推荐”为定位的网红）效果最佳。同时，最好是同一主题，比如都是吃的、都是日用家居的、都是新奇特的、都是养生的等。这样在介绍时会更有层次感，场景化特征会更明显，不但可以提高转化率，对于提升客单价也有帮助。

（4）必须配合社群活动

社群活动主要是为了烘托销售氛围，如红包活动等。在实际操作过程中，以下两个小活动效果较好。

【私域实战技巧 21】社群活动——猜价格

【私域实战技巧 22】社群活动——找产品

（5）必须推荐高性价比的优质好物

在网红粉丝群中，绝大多数购买行为都是基于对网红的信任。所以，必须推荐真正高性价比的优质好物，千万不要欺骗粉丝。不管你是多大的网红，一次“翻车”就可能让你失去所有粉丝的信任。

（6）直播变现

直播变现对于网红来说是水到渠成的。当然，你也可以选择通过平台直播进行变现，但那样可能会受到较多限制。对于双社电商来说，我们提供了相应的直播平台和完整的供应链。只要你不违反法律法规、违背公序良俗，就可以在我们的平台进行直播。更重要的是，我们可以为你提供充足的流量支持。只要你的直播内容有吸引力、有看点，就会有成千上万的“彩虹客”（我们代理的称呼），将你的直播间分享到各自的私域流量池内。

（7）短视频变现

在我们平台进行短视频变现与在其他平台的区别就在于：只要你的内容足够好，你就不需要为流量发愁。我们拥有众多的代理和高黏性的私域流量池，可以让你的作品得到充分展现和曝光。

第八章　公众号粉丝的运营与变现

如果小微创业者没有非常强的创作能力或者专业的团队支持，我不建议他们再尝试运营公众号。当然，公众号作为一个可以承接多种形式内容的载体，在进行私域电商运营时，仍然可以在粉丝裂变等环节发挥一定作用。然而，如今的公众号运营已无法回避以下两大问题。

（1）各种原因导致打开率下降

这是非常严重的一个问题。阅读量的减少意味着很多变现模式成为空谈。造成公众号打开率下降的原因主要有以下三个。

◆公众的选择越来越多

今日头条、新闻客户端、各个短视频平台等为用户提供了丰富的信息获取平台。这些平台多采用去中心化的推荐机制，根据用户兴趣标签推送个性化内容，从而使用户在这些平台上停留的时间不断延长。

◆内容同质化

选题和内容的同质化使得读者对不同公众号文章的阅读兴趣大幅下降。某个热点话题出现时，几乎所有的公众号都争相报道，但发布的内容相似甚至完全相同，导致用户失去阅读兴趣。因此，具备强大创作能力的作者才能在公众号领域脱颖而出。

◆原创内容减少

小微创业者的知识储备有限，而用户对内容的输出需求却不断扩大。如果你不能为用户提供新鲜、有趣的内容，粉丝会快速抛弃你，不打开文章已经是比较好的结局了，取消关注会变得更加普遍。

（2）变现能力匮乏

目前公众号的变现途径主要有：平台广告收入（对于阅读量较小的公众号而言几乎可以忽略不计）；自接广告收入（针对目标人群精准且专业性强的公众号效果较好，例如我们有三个专门针对淘系商家的公众号，即使粉丝最少的也有 5 万多人，一条广告的收入可达 3000 元以上）；文章打赏收入（需要高阅读量、优质内容和忠实粉丝作为基础）；其他变现方式。

然而，这些变现模式都要依靠较多的粉丝和较高的阅读量才能实现。从公众号运营人员的视角看，变现能力日益受限。我们这里指的公众号要同时具备以下几个特征，才具备搭建私域流量池并持续稳定变现的能力：5000 以上的粉丝量、每篇文章 100 以上的阅读量及与我们平台的双社电商模式对接。

一、公众号私域流量池的搭建与裂变

有人会说：公众号本身不就是私域流量池了吗，为什么要多此一举？这个理解完全错误。公众号的粉丝虽然关注了你的内容，但大多数时候，他们并不能算作你的私域流量。因为私域流量的最核心特征是具备社交与沟通能力。而公众号上的留言和聊天功能，并不能真正意义上地实现这一点。

【私域实战技巧 103】引导公众号粉丝进入私域流量池的技巧

（1）准备吸引目标受众的诱饵

想要引导粉丝进入你的私域流量池（如添加微信），你需要给粉丝一个充分的理由。按照三级诱饵理论，你需要提前准备好让目标受众无法拒绝的“诱饵”。我们常用的“诱饵”有以下两种。

◆干货

针对目标受众的需求，准备好相应的干货资料，如文档、思维导图、视频课程、图片等。具体的操作技巧可以参照【私域实战技巧 14】如何制作一份能当作“诱饵”的干货资料。

◆福利

福利可以是实物商品，也可以是虚拟产品（如会员资格、付费工具的免费使用等）。具体可以参照【私域实战技巧 13】常见的干货资料形式有哪些。

（2）用公众号发布干货软文

在撰写具备高干货价值的软文并通过公众号进行群发时，有以下几个细节操作技巧值得注意。

◆一定要有一个吸引力足够的标题

好的标题对提高文章的打开率非常关键。如果你的粉丝数量有限，而打开率又低，那么公众号运营的难度会更大。关于标题的具体写作模板，可以参照【私域实战技巧 34】。

◆多处植入微信号

既然目的是引导粉丝进入私域流量池，就不要犹豫在文章中多次提及或展示你的微信号。以下是我们建议的一些合适的位置。

文章前三段（200 字内）——在这个位置出现的原因是：现代人的阅读耐心有限，如果你不能在很短的时间内（200 字内）吸引他们的注意力，他们可能会马上关闭文章去看其他内容。因此，在文章前三段（200 字内）就出现一次引导添加微信号的提示是很有必要的。

中间不起眼的位置——放在这里的原因是：如果有人转载你的文章，他们可能会直接复制粘贴。这样文章开头和结尾的广告很明显，他们可能会删除。但是中间的位置他们不一定能发现，这对于你来说就是“意外之喜”。

文章的结尾——如果一个粉丝读完了整篇文章，那基本意味着他对这篇文章很感兴趣。此时在文章结尾处再次抛出引导添加微信号的提示，加粉率会更高。

◆不要申请原创

很多人会觉得，申请原创不是更有利于版权的保护吗？没错，当你拥有很多粉丝和非常强的创作能力，能够完全依靠内容吸引粉丝并实现变现时，这确实是一个好选择。然而，对于大多数公众号运营者来说，这并不是一件很容易的事情。所以，不申请原创的好处是什么呢？任何人都可以自由转载和复制你的内容。万一对方没有删除你中间植入的微信号呢？这也可能为你带来额外的曝光和粉丝。

◆只分享部分干货

不要一次性分享所有干货内容，而是保留一部分悬念。这样才会让粉丝有更强的意愿添加你的微信号。

(3) 引导加微信并进行裂变

如果你只吸引粉丝加了微信，然后就此打住，那问题就在于：你的公众号粉丝数量是有限的，很快这个资源就会枯竭。因此，为了扩大公众号的影响力和粉丝基数，我们通常会引导粉丝添加微信并进行裂变。在粉丝成功添加微信后，我们建议他们将公众号文章分享到朋友圈，之后他们便可以获取你在公众号中承诺的干货福利。

(4) 群发消息推广

当然，你也可以直接通过群发消息（图片或文案）来推广。只要你的干货（福利）足够有吸引力，那这种方式也能带来不错的加粉效果。而且用户不需要打开文章，直接就可以看到推广信息。

二、公众号私域流量池的运营

公众号私域流量池的运营主要取决于你所发布软文的内容定位，特别是用于引导加入私域流量池的干货福利。例如，如果你发布的是关于小微创业的软文，那么私域流量池的运营就应该侧重于招募代理；如果是关于福利或日常生活的软文，则应该侧重于运营粉丝福利群（购物群）。对于大多数小微创业者而言（即粉丝数不多、变现能力匮乏、没有强大创作能力的人），引导他们建立私域流量池的主要方向包括招募代理团队和运营粉丝购物群。

(1) 粉丝购物群的运营

如果私域流量池的建立以“粉丝购物群”为目标，那么其运营方法与其他类型的粉丝购物群没有太大区别。具体可以参考本篇相关部分的内容。

(2) 创业群的运营

创业群运营的目标是组建属于自己的团队并招募代理。在实际运营过程中，相关思路如下。

◆群内传递积极的正能量

对于创业群来说，从双社电商项目的角度出发，主要目的就是招募彩虹客并组建自己的团队。因此，运营的核心就是在群内调动大家的创业热情和积极性。为了达到这个目的，平时应该多传递积极的正能量，多分享一些与创业相关的文章和资讯，因为创业本身就是一件积极且需要持续激励的事情。

◆邀请成功的人分享经验

找自己团队中做得比较成功的人进行分享，让他们从贴近现实的角度讲一讲自己做双社电商的故事。不夸大、不虚假，分享的都是平凡且可以实现的目标。

◆培养积极分子（意见领袖）

这些积极分子一方面可以活跃社群，另一方面也可以让更多的人对创业有兴趣、有信心，让他们感受到成功人士就在自己身边。

◆“双社电商”社群打卡训练营

具体操作方法见：【私域实战技巧31】社群打卡活动——双社电商训练营。

(3) 定位精准的粉丝群运营

根据自己的公众号定位进行社群运营。你需要明确私域流量池的性质是兴趣交流群、专业学习群还是内部会员群等，并参考前面分享的内容来制定相应的运营策略。

三、公众号私域流量池的变现

对于公众号私域流量池的变现，我们这里仅指购物粉丝群的变现，其他特定定位的社群，在前面都有相应的分享。对于创业社群而言，变现并非其核心目标，我们的核心目标是招募彩虹客，组建自己的团队，并通过团队成员的推荐佣金实现收益。

第九章　朋友圈变现实操

在谈论私域流量池时，我们通常关注的是社群和微信好友两部分。因此，变现也应从微信群和朋友圈两方面着手。不管是否建立社群，朋友圈的维护都是至关重要的。理念的传达、产品的介绍、活动的推广、爆品的打造、价值的分享，以及人设的塑造等主要都是通过朋友圈的运营来实现的。接下来，我们将重点介绍如何通过朋友圈变现。

一、微信朋友圈的本质

最近几年，频繁听到这样的话：现在谁还看朋友圈，只要一打开，全都是微商在做广告。这确实是一个悲哀，一个原本极好的基于社交的营销工具，就这么被传统的微商给糟蹋了。虽然你现在有超多获取信息的渠道，如今日头条、新闻客户端、微博、公众号、百度等，让你对朋友圈的依赖有所降低。虽然确实有很多的微商刷屏广告、无脑炫富、无脑心灵鸡汤、传销式招代理，让朋友圈乌烟瘴气。然而，你必须承认，在打开手机的时候，你哪怕只是看个时间，还会习惯性地打开微信，看看有没有消息。而点开微信后，顺手浏览朋友圈也是自然而然的行为。那么，将朋友圈作为运营的重要阵地是毋庸置疑的。如果你想通过朋友圈实现营销目标，那必须明确一点：用户希望在朋友圈看到什么内容。因此，营销信息的核心在于传递用户真正关心的内容。

想象一下，你希望在朋友圈看到什么呢？是铺天盖地的产品广告、无脑式的炫富，还是令人反感的心灵鸡汤和负能量抱怨？答案显然是否定的。因此，那些传统微商频繁发布这些内容的做法，无异于将自己困入了死局。

再想一下自己的需求，你希望从朋友圈中看到什么？这从侧面反映了朋友圈的本质：它是微信好友的动态展示、心情分享、有价值的内容推荐（如短视频、小游戏、直播等）、美图欣赏，以及生活点滴分享（如美食、旅行、购物等）的平台。

因此，如果我们对朋友圈的本质进行界定的话可以从以下五个方面来思考。这五个方面正是我们进行朋友圈运营和变现的底层逻辑。

◆生活日记本

朋友圈最初也是最核心的功能就是记录生活。你的微信好友希望通过朋友圈了解你的生活动态和心情。因此，朋友圈首先是一个生活日记本，也是一个让你的微信好友能够感受到你就在身边的重要工具。在进行朋友圈运营时，保持一定的生活化内容分享是十分必要的，这有助于增强与微信好友之间的情感联系和信任感。

◆价值输出工具

根据你自己的定位，可以通过朋友圈输出价值。价值的输出本身就是打造人设的过程。你可以申请一个公众号，在公众号里写文章，通过朋友圈来转发；也可以直接通过朋友圈发文字、图片等。

◆分享工具

在你看到一篇好的文章，一个好的视频，一场好的直播时，可以通过朋友圈进行一键分享。把好东西分享给你的好友，这本身就是一种沟通和交流方式。

◆人设打造工具

从头像选择、朋友圈封面设计到朋友圈发布的内容，每一个细节都有助于打造你的个人形象。别人会通过这些信息来判断你是专业的、充满正能量的、积极的人，还是一个消极的、充满负能量的人。

◆社交工具

朋友圈不仅是一个信息发布平台，还是一个社交工具。你可以给别人点赞，回复评论，与共同好友互动等。这些社交行为有助于增强你与好友之间的关系。

◆以推荐促成交的工具

朋友之间是要互相推荐的，你推荐的好的商品、好的饭馆儿、好的活动、好的课程，都有可能会基于信任而成交。

二、朋友圈运营维护的基本原则

朋友圈是私域流量运营的重要阵地。你要搞清楚在朋友圈发什么、怎么发、发多少的问题。下面我们来讲一些基本原则。（注：本部分和下一部分的内容在中篇第三章有简要介绍。为了让阅读更为便捷，同时进一步丰富【私域实战技巧】系列内容，会有相应的内容重复出现）

【私域实战技巧 104】朋友圈维护的基本原则

（1）什么能发，什么不能发的原则

这个原则其实已经在前面提到了：发你的微信好友想看的东西，他们不想看或者不喜欢看的东西就不要发。具体来说，以下是一些细节。

◆充满负能量的东西不要发。

◆丑化别人的东西不要发。

◆违背主流价值观的东西不要发。

◆可以发你的自拍、生活动态。

◆可以发你看到的好的内容。

◆可以发一些励志的内容。

◆推荐一些你认为很好的东西。

◆可以发一些对热点的评论。

◆可以发平台集中营销的一些爆品。

（2）朋友圈发布广告的基本原则

朋友圈当然可以发布产品广告，但我们必须牢记其本质作用：社交。因此，发布的内容应以推荐为核心，推荐是社交电商的焦点。我们之所以对朋友圈刷屏广告感到反感，就是因为他们发出来的东西，自己都没有试过。因此，我们才强调，如果要发产品的广告，一定要注意四个非常细节的内容。

◆最好自己亲身测试

当然，这要根据自己的实际情况，其一经济上是否允许，其二是否真的需要。只有你自己测试过了，才可以判断是否可以推荐给你的微信好友。更重要的是，你才会有更多的个性化的、属于你自己的推广素材。这样看起来更真实，社交属性才会更强，转化率才会更好。

◆集中精力推广少数精品

在朋友圈发布产品广告时，切忌频繁推送大量内容，以免浪费私域流量。如果你一次性推送了过多产品，会给人一种你没有真正试用过的印象。在私域环境中，没有亲身体验的产品推荐，很难获得他人的信任。因此，推荐产品时，一定要选择少数精品，并集中精力进行推广。

◆推广时要有节奏感

比如，最开始你发的朋友圈可以是“我准备买回来试一下”，过两天再发你试用（使用）的体验，最后再给出推荐。

◆不要直接发链接或者二维码

每次推广都应附上你自己的推荐语，并在下方提供二维码海报、宣传海报、购买链接等。

（3）发多少的原则

如果你分享推荐的东西一直都是很有价值的，那么一天发上几十条也没关系；但如果你发的是用户不爱看的东西，那么发一条都是多余的。从我们自己的精力、用户体验度、朋友圈运营效果三方面综合考虑，每天朋友圈的数量控制在5～10条都是合理的。如果你需要集中推荐一些爆品或者爆款活动，那么数量可以增加。

（4）什么时间发的原则

在社交电商或者微商培训时，有些“大咖”会言之凿凿地告诉你：每天6：00—8：00，12：00—13：00，17：00—19：00，21：00—23：00发朋友圈最为合适。因为在这几个时间段，人们是有时间看手机的，所以你发的东西更容易被看到，营销目的也更容易达到。咱们先说说这种言论中的逻辑错误。

第一，如果所有人都知道这些时间点大家有时间看手机，都在这几个时间段发，那你确信你发的内容更容易被看到吗？

第二，“被看到”和“被注意到”是一个概念吗？你要注意，用户在刷朋友圈的时候，会刷很长时间，所以相比于你什么时候发，你发的内容更关键。

第三，这几个时间段人们真有时间看手机吗？这个结论是“大咖”们自己“臆想”的，还是有数据支撑？手机最大的特点就是把人们的生活碎片化了。你难道只有这几个时间段看手机吗？你吃饭、坐公车、工作、开会的时候都不看手机吗？

所以，在大多数情况下，你想什么时候发朋友圈就可以什么时候发。尽管有些“大咖”会推荐特定的时间段，但我们发现，除了深夜等少数时间段外，发朋友圈的时间对营销效果的影响并不明显。

三、朋友圈运营实操技巧

大多数情况下，除了考虑一些基本原则外，对于朋友圈的维护并没有太多严格的限制。下面分享一些朋友圈运营的实操技巧。

【私域实战技巧 105】朋友圈运营的 19 个技巧

(1) 自己试用后再推荐比不用直接推荐的效果会更好

这个效果好，体现的核心指标就是转化率，我们是经过严格的数据测试的。所以，我们一般都建议各个小微创业者们，在推荐产品时，自己买回来一件试一下，原因如下。

◆买回来一定是很合适的

对于我们的双社电商项目，平台选取的商品在定价上已经具备很高的性价比。当你自用时，平台的系统设置允许你获得销售佣金，从而使你能够以非常优惠的价格购买商品。特别是对于那些有自己产品或者能够找到合适供应链的人来说，亲自测试就更加重要了。

◆自己用过之后，可以增强对产品的信心

其实道理也很简单：一件事情也好，一件产品也罢，如果连你自己都不自信，或者没信心，那么你在推荐的时候一定会有束手束脚的感觉。只有你自己有信心，在推荐时才会更“硬气”。

◆自己用过后，可以提供更多的推荐素材

通过使用产品，你能获得大量个性化的图片和视频素材。这些素材都是个性化的。在推荐爆品或者爆款活动时，相比于通用的网络素材，你自己的个性化素材更能吸引粉丝的注意。

◆推荐自己用的东西，更具备社交属性

你推荐的商品或服务，必须是你真正使用过并觉得好的，而不是仅仅因为你看到或感觉它不错就进行推荐。这种区别在用户体验上尤为明显，稍加留意就能感受到差异。所以，我们很抵制那些持续刷屏推荐大量商品的微商。无论是传统微商、淘宝客，还是所谓的社交电商，若采取这种方式，最终很大概率会失败。

(2) 分享产品或者内容时，一定要加上自己的推荐文案

很多人确实喜欢分享，只要看到好的内容就一键转发到朋友圈。从社交的角度来讲，分享一定是要有理由的。所以，不管是分享内容，还是分享产品，都要加上自己的推荐文案。这种推荐文案也没有什么固定的格式，注意以下三个小问题即可。

◆字数不要太多

三四行即可，没必要长篇大论，可以说一些你的感受、你的观点，说一下你为什么推荐。

◆引导粉丝点开链接

一般在推荐语的最后，加上一句话，表达的意思就是：感兴趣的话可以点开下面的链接。

◆适当用一些极限词、感叹词等

你的推荐语可以是：这是我见过最好的一篇关于如何育儿的文章；原来冬天这些东西都不能吃，我竟然长期吃第二种；对于这种无耻的行为，我们必须坚决抵制……

（3）不要遮遮掩掩

有一部分人好像觉得赚钱是一件很丢人的事情，既想赚钱，又怕被别人知道自己在卖东西，所以在朋友圈遮遮掩掩，不敢说自己是干什么的。如果真是这样的话，那我劝你放弃这件事情。通过自己的努力和本事合理合法地赚钱，不仅不丢人，反而是一种值得尊重的行为。所以，在朋友圈里面，该推荐商品就推荐商品，大大方方地告诉别人自己是做什么的。按照正确思路和理念运营私域流量，你不仅不会透支社交资源，反而会因为持续分享有价值的内容而成为一个意见领袖。

（4）展示出来一个活生生的人

从最本质上来讲，做私域电商是对“人”的运营。我们可以这样理解：人逐渐成为购物的核心入口。这种观点可能会颠覆你的认知。在传统理解中，我们通常认为购物的入口是线上或线下的售卖渠道。然而，如果你在日常生活中发现了越来越多的如下现象，那就说明，“人”正在逐渐成为购物的核心入口。

◆相比于电视上那些运动品牌的广告，在选择篮球鞋的时候，你更愿意相信你的篮球教练的推荐。

◆你大学同学的弟弟在澳洲留学，顺便做代购，所以你们家的很多消费品，都是通过他的朋友圈推荐，然后代购过来的。

◆你的岳母很喜欢某一个情感网红。不管这个情感网红推荐什么产品，你岳母购买的概率都很高。

◆你在刷朋友圈的时候，发现你的同事周末去了一家小龙虾餐厅。这家餐厅看起来很好。你向朋友要了这家餐厅的地址和联系方式，准备下个周末带着家人过去。

上述场景都说明，“人”正在逐渐成为新的购物入口。基于此，你一定要在朋友圈发一些生活的动态、自拍照等，进行真正有意义的社交。

（5）努力打造一个人设

其实，打造人设的过程就是塑造意见领袖形象的过程。在这里，我想先提醒大家注意几个关键点。

◆你一定要找到自己的专长或者兴趣点

专长和兴趣点是打造成功人设的核心要素。你不要觉得自己什么都不擅长，对什么都不感兴趣。哪怕你就喜欢吃喝玩乐，照样可以打造人设。我在天津的一个朋友，就是喜欢各种吃，天津大大小小的餐馆，各种有名的、没有名的吃饭的地方，都门儿清。大家想吃什么的时候，经常会在微信上问他。后来他干脆就建了一个群，在群里分享自己吃过的好吃的餐馆。有谁想找好吃的，也可以直接在群里问他。后来群里有了300多人，他搞了一次团购，团天津本地的一家店的酱牛肉。通过这次团购，这家店的酱牛肉一天就卖了200多斤。因此，只要你有自己的兴趣爱好，就一定有机会打造人设。

◆分享和推荐一定不要敷衍了事

打造人设一定要通过分享和推荐来进行，其实道理很简单：你给别人提供价值，别人才会信任你。所以这一点很关键：你的分享和推荐一定不能敷衍了事。换句话说，你一定要给目标受众提供真正有价值的东西。你决不能仅仅为了赚钱而推荐，推荐的产品一定是真正高性价比的产品。

◆保持活跃

打造人设的本质目的是维护社交资源。你在朋友圈和社群里要保持一定的活跃度。比如：

看到别人发的朋友圈，一定要点个赞；如果你可以发表见解，就评论一下别人发的朋友圈；要多在微信群里面发言，有人说话就回复一下；对于你自己的群，每天发言，维持社群活跃度，是你基本的运营职责。

◆乐于助人

一个喜欢帮助别人的人，更容易得到尊敬（实际上，你爱帮助别人，这本身就是一种非常好的人设）。所以，当有人在群里问题时，你要积极回答。当别人遇到困难时，你要尽力帮别人解决问题。

◆坚持下去

其实这一点说起来最简单，做起来最难。打造人设不是一天两天的事，需要长期坚持。

(6) 经常与别人在朋友圈互动

这一条在前面已经提到了，目的很简单：刷存在感。除了发朋友圈外，你还要经常给别人点赞、评论等，注意评论的时候，不要找别人不爱听的说。别人如果给你评论了，一定要注意及时回复。

(7) 学会在评论区营销

一个优秀的私域流量运营人员一定要学会在朋友圈的评论区进行营销。在长期实践过程中，我们总结出以下几个技巧。

◆发圈推荐（或者介绍），评论区引导下单

在发朋友圈时，你需要以推荐、介绍为主，可以在评论区评论，以评论引导下单。具体可采用以下话术：可以点击上面的链接直接下单购买；可以直接长按上图识别二维码购买；感兴趣的话可以点开上面的链接看一下；如果你也想要，可以微信联系我，我发你购买链接。

◆评论区进行继续教育和引导

其实，评论区的继续教育和引导是对朋友圈内容的补充。在发布朋友圈时，我们可以先发布核心内容，然后通过评论区发布补充内容。

◆集中回复问题，进行二次营销

我们可以通过公开评论的方式进行集中回复。这样不仅能解决用户的疑惑，还能实现二次营销的目的。这种方式实际上与上一条提到的策略有异曲同工之处。

◆私人问题，公开回复

尤其是对一些询问下单方式的评论，采取公开回复的方式最为妥当，因为这种方式能确保所有人都看到。比如，你可以回复：王总，您要的五箱苹果我已经给您安排好了，等着收货就行了；张姐，这款苹果您放心，不好吃我全额退您钱。

（8）注意朋友圈折叠问题

朋友圈折叠包括部分折叠和全部折叠两种。如果你写的字数太多，那只能显示其中的一部分，剩下的部分需要点击“全文”查看。对于部分折叠问题，我们通常要注意以下两点。第一，把需要在微信朋友圈发布的内容分开，其中一部分内容直接在朋友圈发布，另一部分内容通过评论区补充。第二，朋友圈内容应避免过于冗长，因为用户通常是在碎片化时间里浏览朋友圈，难以持续专注于长篇内容。

全部折叠通常发生在你拥有多个账号并复制粘贴相同朋友圈内容的情况下。如果原朋友圈的内容字数稍多，进行复制粘贴就可能导致全部折叠。在这种情况下，首先要注意精简内容，尽量避免全部折叠的情况发生；如果内容确实难以精简，可以通过评论区进行补充。

（9）学会配图（图文并茂）

相比于干巴巴的文字，图文并茂的表达方式更容易被关注。一方面大家要养成在日常生活中随手拍照的习惯；另一方面要积累好看的图片。

（10）注意对积极健康的生活理念的日常传播

我们倡导一种积极健康的生活理念，追求高效工作的同时，也要适度享受生活。因此，在朋友圈传播正能量的、积极的内容至关重要，以体现这种生活理念。一方面，我们平台会为大家提供丰富的相关素材（通过指导老师的朋友圈发出）；另一方面，大家平时也应注重积累这类内容。

（11）学会在朋友圈预热和埋伏笔

如果你想策划一场秒杀活动，那千万不要等活动开始了才在朋友圈发布推文。一定要学会提前预热，提前在朋友圈发活动通知等。这种通知也可以采用埋伏笔的方式，以增加悬念和吸引力。

（12）擅长用朋友圈搞活动

准备一些小奖品，其实用不了几个钱，就可以快速的把微信好友活跃起来。我们平台也会针对高级会员，提供这种福利奖品（免费提供），帮助大家活跃朋友圈。

（13）关于朋友圈发各种截图

在发朋友圈截图时，一定要确保聊天截图、成交截图、售后截图、复购截图、群聊天截图等的真实性，不要作假。在发布之前，最好征求客户的意见。如果客户不愿意，可以考虑给头像和昵称打上马赛克或者不发布。

（14）不要轻易刷屏

前面我们讲过一个基本原则：朋友圈每天发多少内容，其实没有明确的数量规定，关键是发什么样的内容。如果是在进行价值输出，或者准备集中精力推广一款爆款产品，即使条数多一些也是可以的（我们最多的一次，一天发了将近 20 条，也没有产生什么不良影响）。但是切记：除非你能确保你发的内容不会引起反感，否则不要轻易刷屏，尤其是产品的刷屏（这是很多传统微商的惯用伎俩，一天甚至能发 100 条以上的朋友圈）。因为这样做已经严重地骚扰了你的用户，最终的结局只能是被屏蔽或者拉黑。

（15）朋友圈内容要有目的性

为什么要发这条朋友圈？这很关键！是想让别人点赞、评论，还是为了介绍、推荐。

目的不同，会决定这条朋友圈的口吻、语气、布局都不一样。所以，在编写内容时，我们更倾向于有差异性、新鲜感的内容，针对不同的目的和场景，进行个性化设计。你可以借鉴别人的内容，但是要体现你的特色。

（16）朋友圈可以带有一定的娱乐性

大家都是喜欢快乐的，所以朋友圈不要死板，要具备一定的娱乐性。你看到的有意思的新闻、短视频、图片，都可以发到朋友圈里。另外，自黑也是娱乐性的一个非常重要的表现形式。你可以在朋友圈发一些自己编的笑话、自己遇到的一些糗事，或者发一些自己日常比较“丑”的照片，这就是一种娱乐性的技巧。情商有多高决定你的私域电商做得有多好。自黑能够展示你的不完美一面，这需要勇气，同时也是自信的一种表现。另外，当你进行自黑时，互动性也会增强。

（17）一定要通过朋友圈建立起信任

传统微商的朋友圈都是围绕着产品展示来进行的，这是平台电商思维。但实际上，这种方式很容易引起反感。社交电商是基于信任而成交的。所以，发朋友圈的过程本身就应该是一个建立信任度的过程。通过塑造积极、健康、阳光、充满正能量的形象，通过持续不断的互动沟通及专业知识的输出，来培养用户对你的信任感。

（18）展示正向的日常品质生活

我们前面提到过，你要在你的朋友圈展示你的生活动态，但这并不意味着你什么都可以展示。什么叫作正向的日常生活品质呢？旅游、健身、运动、学习、看书等才叫有品质的生活。成天晒睡觉、熬夜、抽烟喝酒、打架骂街等不良行为是不合适的，这只会让你的形象在微信好友心目中越来越低。在这里告诉大家一个小技巧。在朋友圈里每天晒两个内容：一个是你的运动日常打卡（跑步、健身、跳绳、户外打球等都可以）；第二个是你的学习日常打卡，比如读书笔记、读书心得等。这两件事情你只要坚持做其中一个，就可以非常容易地树立一个积极的正面形象，因为“坚持”本身就是一个让大家非常佩服的好习惯。

（19）做一些有奖互动

为了提高朋友圈的互动性（如点赞或者评论），你可以经常搞一些有奖互动，奖品无须多昂贵或多大量。比如，你可以设定第多少个点赞的人将获得一个小礼品（或者发一个红包）。你还可以让互动更有趣，比如发一张自拍照，并配文：用一句话形容一下我有多漂亮，我会选出最好的一句，并赠送一个充电宝。

四、朋友圈变现实操技巧

其实，朋友圈的变现与运营是分不开的，运营过程很多时候就是变现的过程。所以，在这部分的实操分享中，对于前面已经介绍过的内容，我会简单一带而过。

【私域实战技巧 106】朋友圈变现实操技巧

（1）集中推广一个产品

传统微商之所以会透支社交资源、被拉黑屏蔽，其中一个重要原因就是刷屏发广告，这是平台电商所带来的惯性思维（如展现、点击、转化、客单价等）。这种模式至少存在三个缺陷：其一，刷屏的都是硬广告，容易引起消费者的反感；其二，朋友圈信息的特点（碎片化导致的信息量很少）使得每个产品都无法得到充分展示；其三，频繁发布不吸引微信好友兴趣的信息，很容易导致他们为了降噪而采取拉黑或屏蔽的行为。因此，朋友圈变现的第一个重要技巧是集中推广一个产品。这包含以下三层含义。

◆在某一段时间内的集中推广

不要在一天内推广多个产品，而是在一天（甚至更长的时间内）集中推广一款产品。比如，当我们推荐一款苹果时，我们会通过试吃、预热等多个环节在朋友圈进行宣传。

◆营销资源的集中利用

这些营销资源包括你准备赠送的福利、准备发的红包，甚至有的人可能会投放外部广告（如让别人转发并给予红包奖励）。你可以将这些资源集中起来，专注于推广一个产品。

◆创作精力的集中投入

朋友圈变现涉及文案编辑、图片制作，甚至还要包括软文的写作、活动设计等方面。单独推广一个产品时，你的创作精力会更加集中。

（2）*多维度介绍*

我们一直强调一个观点：平台电商主要解决消费者的刚性需求，而私域电商则是解决消费者的软性需求（非刚需）。对于非刚需来讲，简单的介绍很难激发消费者的潜在需求。所以，在朋友圈变现时，我们需要对产品进行多维度的介绍，让微信好友对产品能有一个全方位的了解，这本身也是一个教育消费者的过程。举个简单的例子，如果你想推荐一款能够清热降火的养生花草茶，所谓的多维度介绍应该是这样的：介绍上火的一些表现形式、上火对身体的害处、上火的原因、上火后应该如何健康安全地去火、你的这款花草茶的优势、为什么你的这款花草茶是一款降火佳品，以及这款花草茶的冲泡方法等。只有这种多维度的介绍，才能最大限度地起到教育消费者，进而引导消费的作用。

（3）*多种形式介绍*

一般在朋友圈卖货变现时，介绍产品信息最核心的就是图片和文案。但从推荐引导消费的角度来看，这是远远不够的，因为消费者需要更加立体的信息展示。因此，我们应该充分利用朋友圈“能够承载多种形式信息”的特点，通过图片、文案、短视频、文章等多种形式进行立体化、全方位的介绍。

（4）*以推荐的形式进行*

平台思维下的传统微商往往会把朋友圈当成广告发布平台，所以通常都是自卖自夸式的传播。然而，真正朋友圈卖货的本质应该是以推荐形式来进行的。这种推荐应该是建立在你充分了解产品和消费者需求基础上的推荐，而不是生硬的“推销”。举个例子，你有一款面膜，我们在朋友圈经常看到的推荐文案可能是：给大家推荐一款很好用的面膜，这款面膜的功效是……，成分是……，这款面膜原价 XX 元，我朋友圈的好友仅需要 XX 元。

这种推荐文案确实有点像硬广告。而真正的朋友圈推荐应该是更自然、更贴近生活的。比如，你可以参考以下步骤推荐产品。

◆第一步，不介意的话，可以先在朋友圈发一张自己敷面膜之前的自拍照，然后文案可以是：最近因为XX原因，连续熬了好几天夜了，明显看着肤色又暗淡多了。忙得连面膜都没顾得上，今晚无论如何也要敷一下。

◆第二步，再晒一张敷完面膜后的自拍照，然后文案可以是：昨晚敷了个面膜，戴了个眼罩，美美地睡了一觉（可能因为太累了），今天看起来气色好多了。

◆第三步，推荐你的面膜，以自己试用并真心推荐的口吻来写文案，例如：亲们，我最近一直在用这个面膜，效果真的不错。尤其是经常熬夜导致肤色暗淡的小伙伴，我一般都是在敷面膜后，直接睡上一觉，第二天起来气色都会好很多。想要的小伙伴们可以跟我联系。

◆第四步，详细介绍产品的相关信息，比如附上产品图片、详细列举功效等。这样可以让感兴趣的朋友们更加全面地了解产品。

（5）内容进行引导

对于朋友圈的营销变现行为，常规情况下，我们需要通过精心策划的内容来引导消费者。这意味着我们需要制作更加立体、层次丰富的内容，以教育消费者并激发他们的购买欲望。这也是我们双社电商项目的核心理念。因此，我们为每一个参与项目的小微创业者准备了丰富的图文、短视频、直播、活动等内容素材。大家只需根据自己微信好友的实际需求和兴趣点，将这些素材分享到朋友圈进行推荐即可。

（6）有自己的真实“买家秀”

大多数传统微商（尤其是那些“传销式”面膜微商）的买家秀都是商家统一提供的，一般选择的都是一些小模特、小网红或小明星。对于消费者而言，这种买家秀已经失去了吸引力。一方面，它们离消费者的真实生活太远，脱离了私域电商的“社交”本质；另一方面，消费者普遍都能识别这种广告了，因此对它们不感兴趣。没有兴趣去了解。在朋友圈营销变现中，最好的买家秀就是自己的真实体验。

通过自己使用产品并分享使用过程中的感受和效果，你可以为消费者提供更加真实可信的推荐素材。无论是图片、文案还是视频，你在使用过程中产生的推荐素材都是个性化的，更能引起消费者的共鸣和兴趣。更为重要的是，自己使用后的推荐更具备社交属性。你的推荐是基于自己真实的使用体验和满意度，而不是仅仅看了广告或听了别人的描述就做出的推荐。这对于消费者来说是有本质区别的，他们能够从你的推荐中感受到更加真实的信息。

（7）朋友圈营销推广活动

朋友圈同样可以策划一些很有意思的营销推广活动。这些活动不仅可以增强与微信好友的互动性，还有利于产品的变现。在实际操作过程中，我们经常使用的活动有以下几种。

◆点赞有奖

发布一条朋友圈内容（如介绍产品的软文、植入广告的短视频、直播预告等），然后在评论区第一条发布一条评论：小伙伴们，快来给我这条朋友圈点赞吧！第8个、18个、28个点赞的朋友将会免费获得文章中（或短视频里）介绍的XX产品一个，价值XX元。另外，所有点赞的朋友都可以获得一张10元的代金券，可以直接用于购物抵现。快来找我领取吧！

◆互动评论有奖

互动评论有奖活动一般在你集中推某个爆品的时候使用，这样可以轻松地在朋友圈里展示你对这个产品的推荐和介绍。同时，此活动还能激发大家的社交互动。比如，你可以发布这样一条朋友圈：家人们，情人节到了。来做个小游戏吧，请在评论区对我说一句情话（男女均可参加哦）。我会分别选择最动听、最幽默和最有文艺范儿的三句话。获奖的小伙伴将获得我最近一直在朋友圈推荐的苹果。

注意，为保证活动的参与度，务必让每个人都能够轻松参与，比如要求发布生日祝福语、评价你的自拍照等。同时，为了达到更好的效果，建议配合微信群发消息进行推广。

◆利用红包裂变

这个活动的目的是实现你推广内容的裂变传播，无论是为了增加好友数量还是促进产品销售，都可以尝试。具体操作步骤如下。

第一步，选择或者制作要推广的图文链接。进行裂变传播时，建议使用图文链接的形式，里面可以包含文章、视频、音频等多种媒体信息。

第二步，将链接分享到朋友圈并附上推荐文案。在分享时，记得加上一段吸引人的推荐文案。

第三步，在评论区说明活动规则："各位小伙伴，只需原文转发我这条朋友圈（包括链接和文案），并截图发给我，即可领取一个感谢红包哦！"

第四步，配合微信群发消息，让活动效果加倍。

◆找不同

以产品为主体，制作两张图片，然后由美工设计人员在两张图片中做出3～5处不同的地方。注意确保这几处不同能够让大家比较轻松地找出来。然后将这两张图片发到朋友圈，并附上以下文案：小伙伴们，来玩游戏啦！下面这两张图片中有X处不同的地方，大家快来找一找吧。最先找出来的3个人将会免费获得图片中的XX产品一份哦！大家也可以翻看我其他的朋友圈，便于你更详细地了解这个产品。

第十章　微信群发变现实操

私域流量变现过程中，群发是一个非常重要的工具。微信自带的群发助手功能也证明了这一点：高质量的群发对营销变现有很大帮助。“群发”是从营销者的角度出发的概念，对于接收者来说，这是一次“一对一”的沟通，因此互动性更强。在实际操作中，需要注意的技巧包括：怎么发、什么时候发、发什么内容、发的频次等。

一、微信群发的注意事项

微信群发是一件非常强大的营销工具，与朋友圈相比（当然，这里并不是在否定朋友圈的营销效果），其最大的优势在于：你发布的朋友圈内容可能会因为被屏蔽、信息过多被忽略，或者微信好友不习惯刷朋友圈等原因，导致即使内容再好也无法达到预期效果；然而，微信群发是直接推送到个人，具有一对一的性质。只要你没有被对方拉黑，你的消息就一定能够被对方看到。在进行群发时，首先需要注意以下事项。

【私域实战技巧 107】微信群发的注意事项

（1）避免直接发送硬广告

传统微商在进行群发时，常常直接发送硬广告，将微信当作广告发布平台。然而，我们必须注意：微信的本质是社交平台，尤其是在群发时，从受众的角度来看，这属于一对一的沟通。没有人愿意自己的微信好友给自己发送广告，尤其是硬广告。因此，直接发送广告的效果往往会很差。我们在进行微信群发时，通常会通过相关的活动进行引导和激励。即使一定要打广告，也要尽可能让广告内容软化、有趣化，让别人看起来觉得比较轻松。

（2）给别人一个帮忙的理由

我们经常会收到这样的群发消息：帮忙点赞第一条朋友圈、帮忙转发一下第一条朋友圈等。即使是你的好朋友，这种频繁请求帮忙的群发行为也会让人感到不适。没有人有“一定要帮忙”的义务，一次可以，但两次、三次呢？所以，如果你需要通过微信群发请求微信好友帮忙，就应该给出一个合理的理由，比如提供抽奖机会、红包感谢等。

（3）使用能够拉近关系的个体称呼

前面提到过，从被群发者的角度来讲，群发与一对一私聊没有区别。每个人都希望自己能够被区别对待，能够成为“VIP”。虽然大多数情况下，我们能够判断出对方是在群发消息，但为了提升用户体验和避免不必要的困扰，我们仍应关注细节，将这种影响降至最低。比如，群发时我们不要用那种集体性称呼，比如“老板们”“大家”“亲们”等，而应该选择类似于“亲爱的”“老铁”“老板”“掌柜”的等个体性称呼。

（4）采用关心式的询问或请教方式

询问或请教的内容往往更能引起人们的兴趣，更愿意与你互动。比如，我们在群发时，通常会在最前面加上一句：“XX，在吗？最近生意怎么样？”然后再输入其他内容。或者以请教的口吻开始交流。

（5）关于群发时间的选择

一般情况下，我们不会忽略微信好友的消息。所以在进行群发时，对于时间的要求并不严格，你的目标受众可能并不会立即看到消息，但一般都会在稍后查看。不过根据我们的测试经验，从营销效果来看，以下时间段仍然是优先选择的：上午10点至11点、下午1点至2点、晚上8点至10点，以及周末。这些时间段用户查看手机的概率较高（即使在工作，这个时间段也会稍微放松一下），看到你的消息有时间进行后续操作。一般不建议在节假日进行群发，因为这个时间段很多人会选择出行游玩或聚会等，没有太多时间查看和回复消息及进行后续操作。

（6）原创用心好于“华丽”的复制粘贴

尤其是在群发一些节日祝福的时候，很多人会直接复制粘贴那些看起来很漂亮的句子。比如春节，大家会收到很多一样的节日祝福。不是说这些祝福不精彩，但是发的人多了，也就没有人在意了。真正用心的祝福应该是原创的，是你自己亲手打出来的文字。即使没有华丽的辞藻和绚丽的格式，只要用心了，别人就能够感受到。

（7）群发的内容要差异化

针对你的亲朋好友、老客户和刚加进来的新好友，由于他们与你的关系不同，所以在群发内容上也应该有所区别。这也是为什么我们一直建议，对你的每一个客户，都要做好标签分组的原因。

二、微信群发的禁忌

虽然微信是进行私域流量运营的优秀工具，给予了很大的营销自由度，但这并不意味着微信群发可以随意进行。在实际操作过程中，还是有一些需要遵守的规则和禁忌的。

【私域实战技巧108】微信群发的三大禁忌

（1）一定不要“清粉”群发

很多人的手机上都收到过来自朋友的“清粉提示”：我正在清理微信僵尸粉，非常好用，打扰请谅解，扫码（或者点击链接）免费清理。暂且不说这种应用（或者网站）可能存在网络安全风险，即使它是安全的，你觉得这种群发行为对你有什么好处吗？这种行为有害无利。即使你的微信中确实存在已经将你拉黑的好友，你不进行清理，对你也几乎没有影响（除了让你知道你被很多人拉黑，可能会让你感到郁闷以外）；更重要的是：你不群发这条消息还好，群发了反而会提醒一些人抓紧将你拉黑。笔者就经常这样做，收到这种消息后，如果发现跟对方没有其他的交流，也不认识对方，就会直接将其拉黑。

（2）不要群发违规的信息

微信官方有明确规定，个人账号不得发布、展示、传播各类“违法违禁品”的售卖信息，包括但不限于：野生动物违禁品、公民隐私信息、违法办证、管制器械、淫秽色情、催情迷药、各种非法工具外挂、药品医疗器械、非法保健品等。另外，包括反党反政府的内容、充满负能量的内容、传谣造谣的内容等，都不要在微信群发时出现。

（3）不要频繁群发

无论发送什么内容，都应避免频繁群发，否则会引起大部分好友的反感，他们可能会屏蔽你或直接将你拉黑删除。在正常情况下，一周一次的群发频率是可以接受的。但有一个特殊情况：当你的大部分微信好友都是纯购物粉丝时，如果你打算集中精力推广一个爆款产品，并且有限时限购政策，那么可以在一段时间内多次群发相关信息。

三、微信群发的操作技巧

【私域实战技巧109】微信群发的五大操作技巧

（1）明确群发目的

在进行群发之前，我们首先要明确此次群发的目的，是为了销售产品、配合朋友圈的活动、激活客户，还是给老客户送上祝福等。只有明确了目的，我们才能制定出完善的群发计划，这包括确定群发的对象、发送的时间、发送的条数，以及内容类型（如文案、图片等）。

（2）对用户进行标签分组

这一步骤至关重要。在进行私域电商营销时，我们需要用心对待每一个客户，根据他们的不同特征划分出不同的标签分组。这样，每一类客户都能接收到更有针对性的营销信息。

（3）群发时不要选择太多人

微信群发一次最多可以发送给200人。但我们一般建议不要将200人的名额全部用完，而是根据实际情况（如你的咨询能力、用户黏性等）适当减少发送人数。如果用户黏性较高，咨询或互动需求较大，那么每次群发的人数就应相应减少。

（4）尽量发文字

文字虽然没有图片或视频看起来丰富，但在实际推广过程中，我们发现：文字的效果往往更好。这是因为文字信息更直观，用户可以直接阅读，而无须点击查看。不要小瞧这一点差异，大多数人都是比较懒的。

（5）微信群发与朋友圈活动相配合

在实际操作过程中，我们可以将微信群发与朋友圈活动相配合。比如，可以在朋友圈发起点赞有奖、评论有奖、红包裂变等活动，然后通过群发的方式将活动信息通知给目标受众。

附录1：私域微商社交沟通的26个实战技巧

（1）多在末尾加一些语气助词

语气助词有很多，比如呢、哦、呀、啊等。不管你是否承认，在聊天过程中，在句子末尾加一些语气助基本上都会间接地提升你给人的第一印象。有些男性可能会觉得，加上这些助词后会显得缺乏阳刚之气。这个观点本身就有些大男子主义。大家可以观察一下，微信上经常和你聊天的人都是谁？是不是你的好闺蜜、好朋友等？在聊天的时候加上一些语气助词，代表你当时是愿意跟对方沟通的，这很容易产生信任感，让对方接纳你。

（2）关于抢红包

在群里发红包和抢红包本身也是一种交流方式。一定要注意：不要只做一个闷声抢他人红包的人。有些人甚至会设置专门的抢红包提醒软件，以确保能在第一时间抢到群里的红包。在实际操作中，你至少需要注意以下几点。

◆不该抢的红包不要抢。比如，指明给特定人的专属红包、他人用于求助的红包（而你又不能帮助对方解决问题）、专门的感谢红包（你并没有为对方提供帮助）等，这些都不应去抢。

◆领了红包后要表示感谢。即使只是发个表情，也是一种沟通态度的体现。

◆不要只发不抢。特别是参与一些祝福红包等活动时，抢的次数多了就要适当发一些红包，不论金额大小，这都是一种互动沟通。

◆不要“逼着”别人发红包。在大多数情况下，@别人要求他们发红包都被视为不礼貌的社交行为。但有一种例外情况，那就是在大家事先沟通好的红包游戏中，轮到某些人发红包而他们没发时，游戏的组织者可以提醒他们发红包。此外，应避免使用诸如“群里就你没发红包了”、“我还没见过你发红包”或“你这么大老板还不发个红包啊”等言论。

◆不要在领导之前发红包。对工作群而言，如果领导没有发红包，你最好不要轻举妄动，尤其是在春节等喜庆节日时更应注意。

◆礼尚往来。如果别人在节假日给你发了一个祝福的红包，在大多数情况下，你最好以相同的方式回应对方，并且金额稍微多一些。例如，如果对方给你发了6.66元，你可以回一个8.88元，这是一种非常绅士的沟通技巧。

◆发红包要有理由。即使你是为了营销或展示自己的财力而发红包，也需要给出一个合适的理由。这样做不仅能让你的红包更有意义，也能增加群聊的活跃度。

（3）添加好友的基本礼仪

不管是因为什么，如果是你主动添加了别人，不要一句话都不说，这样显得你没有诚意。你应该清楚地介绍自己和添加对方的原因，这是一个破冰的过程，有利于建立更为深入的联系。另外，请注意不要多次重复添加同一个人，如果对方在两三次内没有回应你的添加请求，那就要想一下对方为什么不添加自己了。

如果你想帮人介绍朋友，不要直接推送名片过去，而应该先说明原因，并征得双方当事人的同意。想象一下，在现实生活中，有人未经你同意就直接把你的电话给别人，你的心情会是什么样呢？

（4）慎用语音

对于关系亲近的家人和朋友，发语音消息没什么问题。但是，对于不熟悉的人、工作场合，以及在群聊中（除非是由彼此都很熟悉的人建立的群），一定要谨慎使用语音消息，尤其是长段语音。这不仅可能引起沟通对象的反感，而且相比文字信息，语音消息的提取重要内容效率更低，且容易断续，导致需要重复听取。如果你确实觉得语音方便，可以考虑使用语音转文字功能。另外，如果别人给你发送了语音消息，你应尽量以语音回复，特别是当你的领导或上级与你沟通时。

（5）想说的尽量一起说

大多数人都很反感这种沟通方式：微信提示音不断响起，打开后发现是同一个人连续发送了多条信息，甚至可能每个表情都单独发送一条。在微信聊天时，为了提高效率，最好将信息整合后发送。你的沟通目的不就是为了让对方给你一个你想要的回应吗？因此，信息可以分段，但要尽量简洁和凝练，让对方能够一眼看到重要的内容。

（6）重要的事情打电话说

如果你确实有非常重要的事情需要沟通，那么请直接打电话。因为微信沟通无论是文字还是语音都可能比较烦琐且容易遗漏重要信息。而且你发送的微信消息对方可能因为各种原因无法即时查看和回复。所以对于很重要的事情请直接拨打电话（注意：是拨打电话而不是发送语音通话或视频通话请求）。

（7）在征得对方同意后再发语音或者视频通话

我们的理念是：即使与很熟悉的人沟通，如果想通过语音通话或者视频通话与对方交流，也要先问对方是否方便。因为如果对方正在开车、开会、上课或者其他需要保持安静的情况下忘记调静音设置，就会给对方带来困扰甚至麻烦。尤其是那些一次没有联系上就开始连续打电话的行为会让人感到反感。很简单的一个道理：有修养的人都要照顾别人的感受，并尽量为别人提供方便。

（8）未经别人允许的聊天截图不要随便发

发布与客户的聊天记录，是做私域流量时非常重要的一种手段。然而，必须遵循一个基本原则：如果你想在朋友圈或者群里发分享与客户的聊天记录，一定要征得对方的同意，否则就是一种不礼貌、不道德的行为。微信的截图往往只展现沟通的一部分，无法完整反映全部内容，大多数人都不希望自己的私人对话被任意转发，尤其是当截图可能导致断章取义时。即使你获得了对方的许可，也建议在发布时对头像和姓名进行马赛克处理，并发送一个小红包以示感谢。

（9）未经证实的事情不要随便传播

在群聊、朋友圈等社交场合，不要轻信并传播未经证实的信息，包括谣言、捐赠衣物请求、儿童走失通知、筹款链接等。随意传播这类信息不仅会对他人造成干扰，还可能成为谣言传播的帮凶。

（10）尽量少发拉票和求赞的信息

在微信群、私聊窗口和朋友圈中，我们经常能看到拉票和求点赞的消息。虽然这种现象很普遍，但我们仍应尽量减少这类消息的发送。如果真的需要求助，至少要表达感谢，避免简单地说一句“帮忙点个赞”，因为没有人有义务帮助你。

（11）清理僵尸粉的信息不要发

大家经常会收到一些由软件自动发送的“清理僵尸粉”之类的群发信息。对此，我郑重提醒：请不要发送这类信息，因为它对你没有任何好处。有人可能会说，这样可以帮我清理微信空间。但实际上，你清理完好友后，微信或手机的速度并不会因此变快。相反，它带来的弊端却非常明显：你可能会发现自己被很多人拉黑了，这会让你心情不好吧；而有些人本来并没有拉黑你，但你发了这样一条消息后，他们反而把你拉黑了（我就经常这样做，除非是我的亲朋好友，否则只要有人给我发这种消息，我一定会拉黑他们）。

（12）不要在深夜发信息

一般来说，夜里 11 点以后就不宜再给别人（包括群聊）发消息了。除非是万分紧急的情况（请注意，这里所指的“万分紧急”是那些必须立即处理，刻不容缓的事务），这时可以选择打电话沟通。否则，在这个时间段发送微信消息，尤其是当对方未设置静音而被微信提示音打扰时，会被视为一种非常不礼貌且对他人造成极大不尊重的行为。

（13）少说甚至不说脏话

你可以性格直爽、幽默风趣，但这并不意味着你可以说脏话。实际上，没有多少人会欣赏你的过分直爽，哪怕彼此都很熟悉。有些人认为说脏话代表强悍和勇敢，但是要注意：微信是社交工具，不是战场。尤其是在群里，动辄使用粗鲁的脏话只会让人对你的素质产生怀疑，给人留下不良的第一印象。

（14）不要拐弯抹角

当你需要与别人沟通时，请避免使用诸如“在吗?”或“方便吗?”等开场白。这些没有太大的意义，对方不方便或者没空，你是准备不继续沟通吗？所以，直接开门见山，把你要沟通的事情，简明扼要地说清楚。

（15）尽可能回复每一条信息

除去那些频繁的硬广告、清理人的群发等无效信息外，对于别人给你发的消息，即使再晚看到，也要回复一声。这包括各种节日祝福语等群发消息。当别人向你传递信息时，你的回复就是完成了一次有效的社交互动。

（16）不要频繁邀请同一个人进群

如果你创建了一个微信群并邀请某位朋友加入，但是对方两三次都没有同意，那就不要再邀请对方了。这可能是因为对方真的没看到邀请，或者对加入该群完全不感兴趣。频繁邀请只会透支你的社交资源，让对方感到不适。

（17）不要敷衍对方

当你不想跟对方聊天了，请不要敷衍对方，比如发个表情，或者发“呵呵”“哦”“嗯”等语气词。你可以找一个合适的理由礼貌地告知对方，比如：“不好意思啊，我马上要开车了，先不聊了”或者“我明天还要早起，先睡了，晚安”。

（18）不要追问别人的隐私

如果对方没有主动说，那么就不要去追问。人与人之间的相处需要保持一定的界限，这是对彼此基本的尊重。不仅与陌生人之间应当如此，即使是面对非常熟悉的人，也应当尊重对方的自由和个性。

（19）在群聊中保持和谐

在群聊中，无论是作为运营人员还是普通成员，都应该避免引起争议或冲突的行为。比如，不发起或参与容易引起对立的话题讨论，不传播容易让人误会的图片或文案。即使你不同意对方的观点，也要尽量保持和谐的状态。

（20）过于低俗的东西不要发

避免在社交媒体上发送低俗的图片、段子或短视频等内容。虽然在某些情况下这些内容可能被视为调节气氛的手段，但它们很容易损害你的个人形象。除非社群本身定位为低俗类型，否则很容易引起别人的反感。

（21）不要把个人恩怨搬到群里

即使对方的行为让你感到非常生气，也不要将聊天记录或对方的个人隐私公开发布到群聊中。这样做会让群内其他成员对你产生敬而远之的态度，甚至可能导致他们直接退群，因为这样的行为会破坏群聊的安全感。

（22）不要在群里过度炫耀自己

也许你只是为了一时痛快，也许是为了吸引别人的注意，得到别人的羡慕或掌声。但请注意，在群里这样做，哪怕你说的是真的，也可能会被人误认为是吹牛，从而引起别人的反感。如果你真的很有钱，是个大佬，有很多低调的方式可以展现你的实力，反而能赢得更多人的尊重。比如，当群里有人发起捐款时，你多捐一些就是一种很好的体现。

（23）善于利用花式表情包

平时要注意多收集各种有趣的表情包，因为它们在很大程度上能展现你的聊天技巧，也可以传达你的友善和活跃。如果你实在不知道去哪里收集，告诉你一个简单的方法：当你想表达某个意思时（不要太复杂），打开微信的搜索功能，在表情搜索中输入你想表达的意思，然后选择一个不俗套、有趣且你喜欢的表情包。

（24）学会用“+1”比发表深刻见解更好

在群聊中，大多数人都希望得到别人的关注和认可。与其努力卖萌、发红包或装深沉来吸引注意，不如先成为一个善于为别人鼓掌的人。你可以用“+1”“说得很对”“真厉害”等表达方式来赞同和鼓励他人。

（25）不要强行扭转画风

当群成员就某个话题聊得正欢时，突然插入一个与主题无关的内容是不礼貌的行为。这会让聊天变得尴尬，也显得你很不尊重他人。如果你想在群聊中分享一些内容或询问问题，请确保它们与当前的聊天主题相关，并且有自然的场景导入。如果真的需要打断别人讲话，一定要说抱歉。

（26）会用@和引用

在群聊中，当聊天内容较多时，很容易忘记之前别人回复自己的话或询问的内容。这时，你可以熟练使用@和引用功能来提醒对方或引用对方的话。这样做即使对方当时不在场，过后也能轻松找到相关信息。

附录2：109个私域实战技巧

【私域实战技巧1】在群内通过“送宠物”的方式加微信好友
【私域实战技巧2】在群内通过“送母婴闲置用品”的方式加微信好友
【私域实战技巧3】在群内通过“送各种会员卡”的方式加微信好友
【私域实战技巧4】在群内通过“送会员资格或者课程”的方式加微信好友
【私域实战技巧5】通过在一切可行的社区（平台）免费送东西的方式添加微信好友
【私域实战技巧6】女性账号在群里请教问题，被动加好友
【私域实战技巧7】分享内容送东西，被动添加微信好友
【私域实战技巧8】利用双重诱饵加微信好友
【私域实战技巧9】通过在线下渠道送试吃的方式加微信好友
【私域实战技巧10】美团等平台上的线下商家如何拓展私域流量池
【私域实战技巧11】便利店、小超市、菜鸟驿站等如何储存私域流量
【私域实战技巧12】线上店铺如何储存私域流量
【私域实战技巧13】常见的干货资料形式有哪些
【私域实战技巧14】如何制作一份能当作“诱饵”的干货资料
【私域实战技巧15】社群活动——根据海报猜电视剧名称或电影名称
【私域实战技巧16】社群活动——送生日祝福
【私域实战技巧17】社群活动——拜师活动
【私域实战技巧18】社群活动——黑故事游戏
【私域实战技巧19】社群活动——猜歌名
【私域实战技巧20】社群活动——掷骰子游戏
【私域实战技巧21】社群活动——猜价格
【私域实战技巧22】社群活动——找产品
【私域实战技巧23】社群打卡活动的具体奖励形式
【私域实战技巧24】社群打卡活动——一日生活规律化
【私域实战技巧25】社群打卡活动——每天读几页书
【私域实战技巧26】社群打卡活动——彩虹夜听
【私域实战技巧27】社群打卡活动——客厅健身房
【私域实战技巧28】社群打卡活动——每天学习一个小知识
【私域实战技巧29】社群打卡活动——各种培训的社群打卡训练营
【私域实战技巧30】社群打卡活动——创业训练营
【私域实战技巧31】社群打卡活动——双社电商训练营
【私域实战技巧32】社群分享嘉宾的主要来源
【私域实战技巧33】社群主题分享的常见形式
【私域实战技巧34】17个标题写作模板

【私域实战技巧 35】如何准备社群分享的内容
【私域实战技巧 36】如何做一次有组织、有针对性的社群答疑
【私域实战技巧 37】如何在社群内组织一次成功的话题讨论
【私域实战技巧 38】如何利用红包活动增加朋友圈互动
【私域实战技巧 39】如何用红包实现内容的裂变传播
【私域实战技巧 40】红包活动与微信公众号相结合，实现私域流量池裂变
【私域实战技巧 41】红包活动——进群的欢迎红包
【私域实战技巧 42】红包活动——签到红包强化社群记忆
【私域实战技巧 43】红包活动——烘托气氛的节日红包
【私域实战技巧 44】红包活动——如何通过红包雨裂变私域流量池
【私域实战技巧 45】红包活动——下起红包雨变“土豪”
【私域实战技巧 46】红包活动——红包见面礼的玩法
【私域实战技巧 47】红包活动——用红包激活沉睡群的方法
【私域实战技巧 48】红包配合营销活动——抢红包得代金券
【私域实战技巧 49】红包配合营销活动——手气最佳，运气翻倍
【私域实战技巧 50】红包配合营销活动——“手气最佳，运气翻倍”玩法升级
【私域实战技巧 51】红包配合营销活动——红包奖励社群买家秀
【私域实战技巧 52】红包配合营销活动——红包提醒营销活动
【私域实战技巧 53】红包配合营销活动——请人帮忙，红包开道
【私域实战技巧 54】红包配合营销活动——安慰输掉的人
【私域实战技巧 55】红包配合营销活动——红包雨建立私域流量池
【私域实战技巧 56】如何打造新人入群时的仪式感
【私域实战技巧 57】如何在群内固定地提供价值
【私域实战技巧 58】意见领袖形成信任度的 12 种模式
【私域实战技巧 59】如何做一次高质量的主题分享
【私域实战技巧 60】如何在社群内做专业的答疑输出
【私域实战技巧 61】如何写一篇专业的文章
【私域实战技巧 62】10 种专业文章的类型
【私域实战技巧 63】文章开头的 6 种写法
【私域实战技巧 64】文章结尾的 5 种方式
【私域实战技巧 65】在别人社群变现的步骤及实操技巧
【私域实战技巧 66】社交能力比较强的人如何搭建吃喝玩乐群
【私域实战技巧 67】出租车（网约车）司机如何搭建吃喝玩乐群
【私域实战技巧 68】吃喝玩乐群的多维变现实操流程
【私域实战技巧 69】如何在陌生人社交群内运营变现
【私域实战技巧 70】如何搭建小区业主交流群
【私域实战技巧 71】如何通过小区业主群进行多维变现
【私域实战技巧 72】会员群实名结束后的运营与变现

【私域实战技巧 73】如何建立一个兴趣交流群
【私域实战技巧 74】如何打造社群归属感
【私域实战技巧 75】拥有特殊身份的人如何快速建立私域流量池
【私域实战技巧 76】拥有特殊身份的人如何策划一次周密的团购行为
【私域实战技巧 77】“客厅健身房”活动的宣传与推广技巧
【私域实战技巧 78】“客厅健身房”活动的变现模式
【私域实战技巧 79】如何利用“客厅健身房”活动裂变私域流量
【私域实战技巧 80】“彩虹夜听”活动的实操变现
【私域实战技巧 81】“读书”活动的实操变现
【私域实战技巧 82】各种学习成长活动的实操变现
【私域实战技巧 83】“深夜食堂”小微创业项目实操
【私域实战技巧 84】“深夜食堂”项目如何去跟传统线下商家洽谈合作
【私域实战技巧 85】搭建“深夜食堂”项目的私域流量池
【私域实战技巧 86】外卖骑手如何搭建自己的私域流量池
【私域实战技巧 87】“深夜食堂”项目的多维变现体系
【私域实战技巧 88】“同城代购”小微创业项目实操
【私域实战技巧 89】直接拉人建群做“生鲜水果”团购小微创业项目
【私域实战技巧 90】传单模式搭建私域流量池的实操技巧
【私域实战技巧 91】“水果生鲜”团购项目的日常运营技巧
【私域实战技巧 92】如何建立基于位置的社群
【私域实战技巧 93】平台商家在搭建私域流量池时应遵循的原则
【私域实战技巧 94】平台商家私域流量池的变现体系
【私域实战技巧 95】传统线下商家私域流量的获取渠道
【私域实战技巧 96】线下商家如何通过口碑传播实现私域流量池裂变
【私域实战技巧 97】线下商家私域流量池的日常运营维护技巧
【私域实战技巧 98】线下商家私域流量池的变现体系
【私域实战技巧 99】网红如何将平台粉丝导入私域流量池
【私域实战技巧 100】网红的定位方向实操
【私域实战技巧 101】网红粉丝群的运营技巧
【私域实战技巧 102】网红私域流量池的变现体系
【私域实战技巧 103】引导公众号粉丝进入私域流量池的技巧
【私域实战技巧 104】朋友圈维护的基本原则
【私域实战技巧 105】朋友圈运营的 19 个技巧
【私域实战技巧 106】朋友圈变现实操技巧
【私域实战技巧 107】微信群发的注意事项
【私域实战技巧 108】微信群发的三大禁忌
【私域实战技巧 109】微信群发的五大操作技巧